KB066317

모나리자의 집은 어디인가

모나리자의 집은 어디인가—문화유산을 둘러싼 갈등과 분쟁의 세계사

초판 1쇄 인쇄 2023년 10월 23일
초판 1쇄 발행 2023년 10월 30일

지은이 김병연
펴낸이 정순구
책임편집 조수정
기획편집 조원식 정윤경
마케팅 황주영

출력 블루엔
용지 한서지업사
인쇄 한영문화사
제본 한영제책사

펴낸곳 (주) 역사비평사
등록 제300-2007-139호 (2007.9.20)
주소 10497 : 경기도 고양시 덕양구 화중로 100(비전타워21) 506호
전화 02-741-6123~5
팩스 02-741-6126
홈페이지 www.yukbi.com
이메일 yukbi88@naver.com

ISBN 978-89-7696-582-0   03900

이 도서는 2023 경기도 우수출판물 제작지원 사업 선정작입니다.

모나리자의 집은 어디인가

문화유산을 둘러싼
갈등과 분쟁의 세계사

김병연 지음

역사비평사

예술품 이면의 역사에 대하여

오른쪽 그림은 죽음을 맞이하는 한 여성을 묘사하고 있습니다. 정사각형에 가까운(50×50.5cm) 이 그림은 오스트리아를 대표하는 황금의 화가 구스타프 클림트Gustav Klimt(1862~1918)의 작품입니다. 아름답고 젊은 여성이 순수한 사랑을 상징하는 흰색과 빨강의 카네이션으로 둘러싸여 있는데, 얼굴은 창백하지만 아직은 약간의 홍조를 띠고 있으며, 잠이라도 자는 듯 평온하게 머리를 베개에 뉘어 놓았습니다. 대칭되는 색들로 인해 그녀의 죽음에서 슬픔과 숭고함이라는 이질적인 감정이 동시에 느껴집니다. 이 그림이 그려졌을 무렵 빈(Wien, Vienna) 사람들은 영국 화가 밀레이John Everett Millais(1829~1896)의 〈오필리아〉(1851~1852)를 떠올렸다고 합니다. 밀레이의 그림은 익사하기 직전의 오필리아가 물 위에 떠서 노래하는 장면을 묘사하고 있습니다. 오필리아는 셰익스피어의 희곡 『햄릿』(1601)에서 순수한 마음으로 햄릿을 사랑했지만 배반당한 비극적인 여성이었습니다. 허공을 응시하며 노래하는 오필리아는 클림트 그림 속 여성과 놀라울 만큼 닮았습니다.

하지만 여러분이 이러한 감상법에만 의지한다면 클림트 그림 속 여성을

〈임종을 맞이한 리아 뭉크〉 또는 〈리아 뭉크 I〉, 1912,
구스타프 클림트, 개인 컬렉션

둘러싼 모든 폭력의 역사는 은폐될 것입니다. 우리는 흔히 어떤 사람을 이해하려 할 때 그의 출생과 성장, 죽음이라는 생애주기를 탐구합니다. 중요한 것은 예술품 또한 태어나고 성장하며 소멸한다는 사실입니다. 흔히 예술품의 생애주기를 '출처(provenance)'라고 부릅니다. 만일 우리가 클림트의 〈임종을 맞이한 리아 뭉크Ria Munk on her Deathbed〉(1912)에 대한 출처를 학습하게 된다면 전혀 다른 의미를 깨닫게 될 것입니다.

　이제, 그림 이면에 감추어진 폭력의 역사를 살펴볼까요? 클림트의 그림 속 여성은 오스트리아 빈 태생의 마리아 뭉크Maria Munk(1887~1911)입니다. 그녀가 스물네 살 되던 1911년에 비극을 잉태하게 될 희극이 찾아옵니다. 독일의 시인이자 작가인 마흔 살의 한스 하인츠 에베르스Hanns Heinz Ewers(1871~1943)를 사랑하게 된 것입니다. 그녀의 바람대로 두 사람은 약혼했고, 당시 관행에 따라

신부 측에서 에베르스에게 상당한 지참금을 지급할 예정이었습니다. 하지만 혹독히 추웠던 그해 겨울, 에베르스는 갑작스럽게 파혼을 선언합니다. 파혼의 이유가 무엇이었는지 명확하게 드러난 바는 없습니다. 재능 있고 자유분방한 에베르스가 오스트리아 명문가에서 살아온 마리아의 성향을 답답하게 생각했을 수도 있겠지요.

마리아는 에베르스의 파혼을 받아들일 수 없었고 끝내 극단적인 선택을 합니다. 1911년 12월 28일 정오, 마리아는 권총으로 자신의 심장을 쐈습니다. 그러나 그녀의 죽음은 세간의 이목을 끌지 못했습니다. 당시 빈에서는 이성 간의 단절된 관계로 인한 자살을 당연하게 받아들이는 분위기였습니다. 아마도 독일 문호 괴테^{Johann Wolfgang von Goethe(1749~1832)}의 영향이었을 것입니다. 괴테는 1774년 『젊은 베르테르의 슬픔』을 썼습니다. 소설 속 주인공 베르테르는 당대 귀족 문화의 관습에 울분을 느끼며 반항하는 젊은 지식인으로, 권총 자살로 생을 마감했습니다. 이후 유럽에 베르테르 열병(Werther -Fieber)이 퍼져 나가면서 모방 자살이 뒤따랐습니다. 1974년 사회학자 데이비드 필립스^{David Philips}는 유명인의 자살을 모방한 죽음이 확산하는 현상을 '베르테르 효과'라고 명명했습니다.

마리아의 권총 자살은 당시 빈 사람들에게는 통속적인 사건으로 치부되었으나 가족들에게는 큰 충격이었을 것입니다. 특히 어머니 아란카 뭉크^{Aranka Munk(1862~1941)}는 딸의 죽음을 쉽게 받아들일 수 없었습니다. 아란카는 부유한 유대계 혈통의 퓰리처 가문 출신으로, 미국 저널리스트 조셉 퓰리처^{Joseph Pulitzer(1874~1911)}의 조카이기도 합니다. 미국에서 가장 권위 있는 '퓰리처상'은 조셉 퓰리처의 유언에 따라 창설된 보도·문학·음악상이며 특히 언론 분야 쪽이 유명합니다. 1882년 아란카는 폴란드 기업가 알렉산더 뭉크^{Alexander Munk}와 결혼해 릴리, 마리아, 롤라 등 세 딸을 낳았습니다. 아란카는 둘째 딸 마리아가 생생하게 살아있을 때의 모습을 기억하고 싶었습니다. 그 무렵 빈에서는 부유한 유대인들이 구스타프 클림트, 에곤 실레^{Egon Schiele(1890~1918)} 등의 모더니즘 화가들을 후원하는 풍조가 성행했습니다. 특히 아란카의 동생 세레나 레더러^{Serena Lederer(1867~1943)}는 클림트와 오랜 친분이 있었습니다. 그 덕분에 아란카는 세레나를 통해 딸 마리아의 초상화를 클림트에게 부탁했습니다.

원래 유럽에서는 사람이 죽었을 때 '사후 초상화(Posthumous Portrait)'를 그리는 관행이 있었습니다. 사후 초상화는 장례 의식이 진행되는 동안 의뢰되어 고인을 추억할 수 있도록 생전의 활기찬 모습을 담아냈습니다. 살아 있는 사람의 초상화와 구분하기 위해 정지된 시계나 시든 장미 등 도상학적 단서를 곳곳에 숨겨두는 상징주의 기법을 도입했기 때문에 양식화되는 경향이 있었으며, 19세기 미국에서는 이 사후 초상화가 가장 큰 미술품 시장을 형성하기도 했습니다. 이에 비해 '임종 초상화(Deathbed Portrait)'는 고인의 죽기 직전 모습을 그렸기 때문에 경우에 따라서는 그림을 보는 사람이 불편할 수 있습니다. 따라서 종교적 이유가 아니라면 임종 초상화를 그리지 않아 크게 발달하지는 못했지만 흥미롭게도 당시 빈의 부유층에서는 임종 초상화가 유행하고 있었습니다.

빈을 대표하는 화가 클림트는 몇 장의 사진에 의지하여 1912년 〈임종을 맞이한 리아 뭉크〉를 완성했습니다. 임종 초상화임에도 불구하고 클림트는 마리아를 아름답고 생동감 있게 묘사하고 싶었던 것 같습니다. 꽃으로 둘러싸여 있는 그녀는 입을 살짝 벌리고 있어 마치 방금 잠든 모습처럼 보입니다. 그러나 아란카는 딸의 임종 당시 초상화를 거부했습니다. 클림트의 작품이 아름답기는 하지만 딸의 죽음을 매일 보는 것은 괴로운 일이기 때문입니다. 아란카는 딸이 일상의 활기 속에서 생생하게 묘사되기를 희망했습니다.

〈무용수〉 또는 〈리아 뭉크 II〉, 1916~1918년경,
구스타프 클림트, 개인 컬렉션

결국 아란카는 1913년 클림트에게 딸의 두 번째 초상화를 의뢰했습니다. 이 또한 논란을 불러일으켰습니다. 남아 있는 기록이 없어 두 번째 초상화의 실체를 정확하게 알 수는 없지만 반나체의 여성을 묘사한 것으로 보입니다. 아란카로부터 두 번째 초상화마저 거부당하자 클림트는 이 그림을 수정했습니다. 완성된 그림은 관능적이고 가슴을 드러낸 무용수로 묘사되어 있습니다. 이 여성은 궁정오페라발레단 무용수였던 요한나 유슬Johanna Jusl(1890~1969) 이라는 소문이 빠르게 퍼졌습니다. 클림트의 메모에 따르면 그녀는 1917년 1~11월까지 총 33일 동안 클림트의 화실에 모델로 있었다고 합니다. 이러한 뒷이야기가 있어 두 번째 초상화는 〈리아 뭉크 II〉라는 이름보다 〈무용수Die Tänzerin, The Dancer〉라는 명칭으로 더 널리 불려집니다. 그림 속 여성의 뺨에는 희미한 장밋빛이 감돌고 있으며 전체적으로 동양적인 느낌을 자아냅니다. 이 그림은 판매되지 않고 클림트의 작업실에 보관되었는데 지금은 개인이 소장하고 있습니다.

아란카가 생생하게 살아 숨 쉬는 딸의 초상화에 대한 희망을 완전히 버린 것은 아니었습니다. 1917년에 들어서 클림트는 마리아의 세 번째 초상화를 그리기 시작했습니다. 세 번째는 〈여인의 초상Frauenbildnis〉이라는 타이틀이 붙은 그림으로, 클림트가 그린 가장 큰 전신 초상화(180.7×89.9cm)이자 사후 초상화입니다. 하지만 이번에도 어김없이 불운이 찾아왔습니다. 1918년 1월 클림트는 작업실에서 마리아의 세 번째 초상화를 그리는 중에 뇌졸중으로 쓰러져 끝내 사망했습니다.

세 번째 초상화 속 여성은 분홍빛 뺨과 검은 눈동자를 지니고 꿈꾸는 듯 미소를 지으며 수많은 꽃 속에 파묻혀 있습니다. 그런데 긴 드레스에 목탄 스케치의 흔적이 그대로 남아 있어 불완전해 보입니다. 이 그림은 미완성작임에도 불구하고 아란카가 흔쾌히 수령했습니다.

클림트와 세 점의 초상화를 둘러싼 이야기는 여기서 끝나지 않습니다. 사실 지금부터 그림을 둘러싼 진짜 비극이 시작됩니다. 마리아의 모계 혈통이 유대계이기 때문에 비롯된 비극입니다.

〈여인의 초상〉 또는 〈리아 뭉크 III〉, 1917~미완성, 구스타프 클림트, 개인 컬렉션

첫 번째 비극은 마리아의 파혼자였던 에베르스와 관련이 있습니다. 그는 뱀파이어와 같은 공포를 주제로 작품을 창작하여 '독일의 에드거 앨런 포'라고 알려졌는데 그의 삶도 포만큼 불행했습니다. 에베르스는 제1차 세계대전 동안 위조된 스위스 여권으로 미국에서 간첩 활동을 하다가 1918년 체포되어 조지아주의 오글소프(Oglethorpe)에 있는 수용소에서 생활했습니다. 1919년 석방된 후에는 히틀러의 열렬한 지지자로 활동했으며 1931년 나치당에 가입했습니다. 하지만 에베르스는 동성애적 성향으로 인해 나치로부터 외면

받았습니다. 그의 작품 대부분이 독일 애국주의를 표방했음에도 1934년 창작 활동이 금지되고 재산까지 압수되었습니다. 수많은 나치 동조자들의 청원이 제출된 후에야 금지령이 풀렸지만 1943년 결핵으로 사망했습니다. 만약 1911년 마리아가 권총 자살을 하지 않았다고 하더라도 두 번의 세계대전이라는 극단적 상황 속에서 열렬한 나치 당원인 에베르스와 유대 혈통의 마리아가 행복한 삶을 가꾸어 나갈 수 있으리라는 것은 상상하기 어렵습니다. 어쩌면 이들의 만남은 처음부터 잘못된 운명이었는지 모릅니다.

두 번째 비극은 아란카를 향하고 있었습니다. 아란카는 1913년 남편과 이혼하고 셋째 딸 롤라와 함께 오스트리아의 중부 도시 바트 아우스제(Bad Aussee)에 있는 호숫가 별장에서 살았습니다. 아란카의 기쁨은 별장에 걸린 마리아의 세 번째 초상화를 보며 딸을 회상하는 것이었습니다. 그런데 1938년 불행이 찾아왔습니다. 나치 독일이 1938년에 오스트리아를 병합한 데 이어 이듬해 폴란드를 공격하면서 제2차 세계대전이 발발한 것입니다. 이는 나치의 인종주의 말살정책이 오스트리아에 거주하는 유대인에게도 적용된다는 것을 뜻합니다. 아란카는 나치의 비밀국가경찰(Gestapo)에 의해 폴란드 우츠(Lodz)로 추방되었고 1941년 11월 26일 일흔아홉 번째 생일을 하루 앞두고 살해되었습니다. 딸 롤라 또한 폴란드 헤움노(Chełmno)의 강제수용소로 보내진 뒤 1942년 9월 살해되었습니다. 아란카의 모든 재산은 1942년 나치에게 몰수당했습니다. 그야말로 홀로코스트(Holocaust)의 희생자였습니다. 홀로코스트는 나치 독일의 유대인 학살을 가리키는 말로 그리스어에서 유래합니다. 히브리어로는 재앙을 뜻하는 '쇼아(Shoah)'로 부르기도 합니다. 나치 독일은 경멸적 표현인 '유대인 문제의 최종 해결책'이라는 문구를 사용했는데 실제로 유럽에서만 600만 명 이상의 유대인을 살해했습니다.

그렇다면 마리아의 세 번째 초상화의 행방은 어떻게 되었을까요? 첫 번째와 두 번째 초상화는 아란카가 수령을 거부하여 클림트의 작업실에 있다가 처분되었지만, 세 번째 초상화는 아란카가 수령했기에 1942년 나치의 비밀 국가경찰에 몰수되는 운명을 피하지 못했습니다. 그러고서 곧바로 같은 해 독일 베를린에서 나치 약탈품 수집가로 악명 높았던 볼프강 구를리트^{Wolfgang} ^{Gurlitt(1888~1965)}의 손으로 넘어갔습니다.

구를리트는 제2차 세계대전이 끝난 후 신분 세탁을 했습니다. 1946년 오스트리아 시민권을 취득했고 린츠시가 설립한 노이에갤러리(Neue Galerie der Stadt Lintz)에 자신의 소장품을 무상으로 대여하면서 초대 관장이 되었습니다. 1953년에는 자신의 소장품 중 유화 76점과 판화 33점을 린츠시에 판매해 금전적 이득을 취했습니다. 이때 매각한 유화 중에 마리아의 세 번째 초상화가 포함되어 있었습니다. 구를리트는 자신이 단순한 판매자가 아니라 권위 있는 후원자라고 생각하여 갤러리 명칭에 본인의 이름을 넣어달라고 요구했습니다. 결국 린츠시는 그의 요구를 받아들여 '린츠시 노이에갤러리, 볼프강구를리트박물관(Neue Galerie der Stadt Lintz, Wolfgang-Gurlitt-Museum)'으로 개명했습니다. 하지만 구를리트가 기획한 대부분의 전시회는 예술품 판매가 목적이었고 미술관을 돈벌이에만 이용했습니다. 참다못한 린츠시가 1956년 그를 관장직에서 해고했지만 갤러리 명칭만은 바로잡지 못했습니다. 1960년에 린츠시가 명칭 변경을 추진하자 구를리트는 소송까지 제기하면서 막아섰습니다. 2003년에서야 린츠시는 갤러리를 새로운 건물로 이전하고 명칭도 '렌토스미술관(Lentos Kunstmuseum Lintz)'으로 바꿀 수 있었습니다.

렌토스미술관이 마리아의 세 번째 초상화를 소장하고 있다는 사실이 알려지면서 유럽에 거주하던 아란카의 상속인들이 반환 문제를 제기했습니다. 결국 2009년 6월 린츠시 의회는 정당한 소유자인 아란카의 상속인들에게 마리아의 세 번째 초상화를 반환해주기로 결정했습니다. 상속인들은 2010년 6월 크리스티 런던 경매를 통해 마리아의 세 번째 초상화를 1,880만 파운드(한화 약 310억 원)에 판매했고, 현재는 개인 소장품으로 여러 미술관에서 전시되고 있습니다.

예술품은 태어나고 성장하며 때때로 고통을 받기도 합니다. 하나의 예술품을 온전하게 이해하기 위해서는 역사적 맥락과 출처를 살펴보아야 합니다. 예술품은 창작되기도 하지만 약탈되기도 한다는 점에서, 창작품으로서의 예술적 성과와 의의를 아는 것도 중요하지만 약탈과 대항의 서사를 통해 교훈을 얻는 것 또한 중요합니다. 이 점이 이 책을 쓰게 된 직접적인 동기입니다. 천재적인 예술적 재능에도 불구하고 친나치 성향으로 인해 에베르스의 작품은 전 세계로부터 외면받고 있지만, 마리아의 초상화는 오늘날까지 살아남아 전 세계의 사랑을 받고 있습니다. 만일 여러분이 마리아의 초상화를 보게 된다면 그 이면의 역사를 기억해주기 바랍니다. 또한 이 책을 통해 예술품 약탈에 대항하는 인류의 참된 지혜를 만나보길 기대합니다.

1부

문화유산 개념 형성의 역사

들어가는 글

우리는 흔히 과거로부터 내려온 가치 있고 중요한 물건을 문화유산이라고 부릅니다. 재미있는 사실은 문화유산의 개념이 국제법에 처음 등장한 때가 비교적 최근인 1954년이었다는 것입니다. 어떻게 보면 국제사회가 문화유산이라는 용어를 사용한 것은 20세기의 대사건이라고 할 수 있습니다. 영국의 엘리자베스 2세[Elizabeth II (1926~2022)]가 대관식을 치르고 여왕의 자리에 오른 것이 1952년인데 그로부터 2년 뒤에 문화유산 개념이 출현한 것은 문화유산을 단순히 옛것이라고 치부할 수만은 없다는 점을 시사합니다.

사실 문화유산이라는 용어의 도입은 '인류가 소를 잃고 얻어낸 값비싼 외양간'과 같다고 할 수 있습니다. 제2차 세계대전을 겪으면서 문화유산은 한번 훼손되면 대체할 수 없다는 교훈을 얻은 것입니다. 1954년 각국 정부 대표들이 네덜란드 헤이그에 모여 무력 충돌 과정에서 문화유산을 보호하기 위한 협약을 채택했습니다. 이렇게 해서 탄생한 「무력 충돌 시 문화재 보호 협약」('1954년 헤이그협약')에서 역사상 최초로 문화유산 용어가 사용된 것입니다.(이 책에서는 문화재, 문화유산 등의 용어를 구분하지 않고 '문화유산'을 일반적으로 사용합니다.)

우리나라에 문화유산이라는 용어가 도입된 때는 1960년으로, 일본의 영향이 컸습니다. 1949년 1월 일본 나라현奈良県의 호류지法隆寺 금당벽화 대부분이 화재로 소실되는 참극이 발생했습니다. 일본 정부는 1950년 5월 3일 아시아에서는 최초로 문화유산 개념을 도입하여 「문화재보호법」을 제정했습니다. 문화유산은 한번 파괴되면 무엇으로도 대신할 수 없다는 점에서 보호 방안을 마련한 것입니다. 한국은 일본의 사태를 거울삼아 국무원령 제92호로 1960년 11월 10일에 공포된 「문화재보존위원회규정」에서 문화유산 개념을 처음 도입했습니다.

고대부터 부족 간, 국가 간의 정복 전쟁은 매우 빈번했습니다. 전쟁 중에 정부기관, 교회, 학교, 개인 등이 소유하고 있는 귀중품이나 예술품을 약탈하는 것은 흔한 일이었습니다. 승전을 기념하기 위한 방법 중 하나가 전리품을 취득하는 것이기도 했습니다. 그렇다면 인류에게 남겨진 과제는 분명합니다. 문화유산 개념이 비록 1954년에 도입되었지만 고대 로마시대부터 현대에 이르기까지 전쟁 과정에서 귀중품이나 예술품이 전리품이 되지 않도록 대상을 특정하고 규범을 만드는 일입니다. 이것이 바로 인류가 예술품을 보호하기 위해 어떤 노력을 해왔고 이를 통해 문화유산의 개념을 어떻게 발전시켜왔는지를 보여주는 역사적 증거이기 때문입니다.

01
〈티투스 개선문〉과 약탈의 권리

고대 로마, 예술품을 전리품으로 약탈하다

전쟁의 승리를 기념하는 방식에는 여러 가지가 있습니다. 정복 전쟁이 활발했던 고대사회에서는 전쟁의 당위성을 알리기 위해 화려하고 특별한 승전 의식을 거행했습니다. 고대 로마의 경우 개선문을 세워 승전한 장군을 신격화했습니다. 4세기까지 로마는 수도와 정복지에 모두 36개의 개선문을 건립했습니다. 이 개선문들의 형태는 다양합니다. 하나의 문으로만 세워지거나 세 개의 문이 중첩된 모양도 있는 등 제각각이었습니다.

개선문에서는 다양한 승전 의식이 행해졌습니다. 그중 주목할 만한 것은 '메멘토 모리(*Memento Mori*)' 의식입니다. 메멘토 모리는 오늘날까지 서구 사회의 세계관에 중요한 영향을 미치고 있습니다. 승전하고 돌아온 장군은 개선문을 통과하며 위풍당당한 위용을 드러내지만 겸손함도 함께 요구받았습니다. 바로 개선장군이 행진할 때 노예에게 행렬 뒤에서 큰소리로 '메멘토 모리'를 외치게 한 것입니다. 메멘토 모리란 '당신이 언젠가 죽는다는 것을 기억하라'라는 뜻입니다. 오늘은 승리를 거둬 기세 좋게 이곳을 지나가지만 당신도 언젠가 죽을 수 있으니 겸손하라는 것이었습니다.

〈오랑주 개선문〉 프랑스 오랑주(Orange)에 소재하며, 세 개의 아치 형태로 이루어진 개선문입니다.
로마 아우구스투스 황제 시대에 세워졌다고 합니다.

　다양한 개선문 중에서 우리의 눈길을 끄는 것은 가장 오래된 〈티투스 개선
문〉입니다. 이 개선문은 로마의 중앙광장인 포룸 로마눔(*Forum Romanum*)에
서 콜로세움까지 연결된 '성스러운 길(Via Sacra)'의 가장 높은 지점에 위치하
고 있습니다. 누군가 특별한 목적으로 건립했다는 것을 알 수 있습니다. 바
로 도미티아누스Domitianus(51~96) 황제가 자신의 형 티투스Titus(39~81) 황제를 기
리기 위해 서기 81년에 세운 개선문입니다. 이 개선문은 16세기 이후 유럽
각국에 세워진 개선문의 일반적인 모델이 되었다고 하는데, 그중에서도 대표
적인 것이 프랑스 파리의 개선문입니다.
　〈티투스 개선문〉을 찬찬히 살펴보면 두 개의 인상적인 부조를 만날 수 있
습니다. 하나는 북쪽 기둥에 새겨진 것으로, 티투스 황제가 네 필의 말이 이

〈티투스 개선문〉 서기 81년에 건립되었으며 현존하는 가장 오래된 개선문입니다. 포룸 로마눔에서 콜로세움까지 연결된 성도聖道(Via Sacra)의 가장 높은 곳에 위치해 있습니다. 뒤쪽에 콜로세움이 보입니다.

끄는 전차에 올라 시가행진을 하는 모습입니다. 황제의 뒤를 노예들이 뒤따르며 '메멘토 모리'를 외치는 소리가 생생하게 들리는 것 같습니다. 또 다른 하나의 인상적인 부조는 남쪽 기둥에 있습니다. 로마 군인들로 보이는 사람들이 어떤 물건을 어깨에 메고 이동하는 모습입니다. 이 개선문은 동생 도미티아누스 황제가 형의 특별한 업적을 위해 건립했으므로 남쪽 기둥에 새겨진 부조 또한 티투스의 위대한 성과를 드러낸 것이라고 짐작할 수 있겠지요.

티투스의 위대한 업적은 무엇이었을까요? 티투스는 황제가 되기 전 제1차 유대-로마전쟁(First Jewish-Roman War, 66~73)에 참전한 군사령관이었습니다. 아버지 베스파시아누스$^{Vespasianus(17~79)}$가 서기 69년에 황제가 되었을 때 당시 로마의 식민지였던 예루살렘에서는 유대인들이 독립전쟁을 벌이고 있

〈티투스 개선문〉의 북쪽 기둥 안쪽에 새겨진 부조

〈티투스 개선문〉의 남쪽 기둥 안쪽에 새겨진 부조

었습니다. 티투스는 아버지를 위해 유대인들을 진압하고자 서기 70년에 최고사령관으로 예루살렘에 파견되었던 것입니다. 〈티투스 개선문〉의 남쪽 기둥 안쪽에 새겨진 부조는 바로 예루살렘을 함락하여 성전을 파괴하고 약탈하는 장면을 묘사한 것입니다.

티투스는 순례자들이 유월절을 기념하기 위해 예루살렘에 들어가는 것을 허용했으나 나가는 것은 금지하여 예루살렘은 음식과 물이 급속하게 바닥날 수밖에 없었다고 합니다. 또 군대를 동원하여 성전을 공격하는가 하면 성문을 부수고 불태웠습니다. 이후 티투스는 예루살렘이라는 이름을 아무도 기억하지 못하도록 모든 것을 파괴하라는 명령을 내렸습니다. 이 전쟁으로 수십만 명이 사망했고 수만 명이 포로로 붙잡혔으며 살아남은 유대인들은 페르시아, 바빌로니아 등지로 흩어져 디아스포라(Jewish diaspora)를 형성했습니다. 디아스포라는 '이산' 또는 '파종'을 뜻하는 고대 그리스어로, 한 민족이 타민족의 침략을 받아 본국을 떠나 외국으로 대규모 이전할 때 일컫는 말입니다. 그야말로 참혹한 전쟁의 결과였습니다.

그런데 〈티투스 개선문〉 남쪽 기둥 안쪽의 부조를 자세히 보면 로마 병사들이 일곱 갈래로 이루어진 촛대를 운반하는 장면이 눈에 띕니다. 바로 유대의 상징인 '메노라(menorah)'입니다. 메노라는 히브리어로 '촛대'를 의미하는데 유대교의 제사 의식에서 중요한 의미를 지니고 있습니다. 히브리어 『성경』에 따르면 하느님이 직접 메노라의 설계를 모세에게 계시했다고 합니다. 이렇듯 종교적 상징성이 큰 메노라는 순금으로 만들었고 신선한 올리브 기름으로만 등불을 밝혔습니다. 〈티투스 개선문〉 남쪽 기둥 안쪽의 부조는 바로 로마 병사들이 예루살렘 성전에 있던 메노라를 약탈하여 로마로 옮기는 장면을 묘사했습니다. 메노라는 오늘날 이스라엘의 국장國章에서도 볼 수 있을 만큼 유대를 상징하는 것입니다.

메노라 왼쪽은 이스라엘 국장에 그려진 메노라, 오른쪽은 이스라엘 성전연구소가 재현한 예루살렘 성전 메노라입니다.

이제 중요한 것은 로마 병사들이 '왜 메노라를 약탈했을까?'를 넘어 '어떻게 메노라의 약탈이 가능했을까?'입니다. 고대 로마야말로 오늘날 법치주의의 기원이기 때문입니다. 고대 로마에서 허용된 예술품 약탈의 법적 근거를 알아야만 우리는 역사의 흐름 속에서 문화유산 보호의 법적 논리를 발전시킬 수 있습니다. 로마법상 전쟁은 국가의 합법적인 정책이었습니다. 곧 전쟁은 포로와 전리품을 정당하게 얻을 수 있는 수단이라는 뜻입니다. 고대 로마에서는 전쟁이 선포되면 적의 재산은 무주물無主物(res nullius), 즉 주인이 없는 물건으로 최초 발견자가 선점할 수 있는 권리가 인정되었습니다. 선점으로 소유권을 취득할 수 있었던 것입니다. 따라서 전쟁 중 적의 재산을 포획하면 전리품으로서 그것은 오로지 포획자의 몫이었습니다. 말 그대로 '약탈의 권리(jus praedae)'가 인정된 것입니다. 〈티투스 개선문〉에 보이는 메노라는 고대 로마의 관점에서 보면 제1차 유대-로마전쟁이 발발하는 순간 무주물이었고 약탈하더라도 선점에 의해 합법적으로 취득할 수 있는 물건이었습니다. 로마 군인에게 예루살렘 성전에 대한 '약탈의 권리'가 주어진 것입니다.

고대 로마법상 '적의 재산'에 대해 약탈의 권리가 인정되었으나 이후 어느 순간 어느 예술품에 대해 약탈의 권리가 제한되기 시작한다면 어떨까요? 아이러니하게도 그렇게 되었을 때 인류의 지성이 확립되었다고 할 수 있으며 문화유산 개념이 형성되었다고 볼 수 있습니다. 고대 로마시대에 예술품은 전리품으로서 약탈 대상이었으나 중세 이후 이를 제한하기 위해 인류의 부단한 노력이 이어졌고, 그 결과물이 오늘날의 문화유산 개념으로 형성된 것이기 때문입니다.

02
문화유산 보호와 중세 가톨릭교회의 시대적 공헌

중세 가톨릭, 교회 재산의 약탈을 불법화하다

고대 로마에서 전쟁은 언제나 군주의 의지에 달렸고 합법적인 국가정책이었습니다. 이러한 이유에서 문화유산 약탈 또한 합법이 되는 셈이었습니다. 하지만 중세 시기에 피비린내 나는 전쟁이 계속되자 교회는 신의 이름으로 전쟁을 중단시키길 희망했습니다. 대표적인 것이 '하느님의 평화와 휴전(*Pax et treuga Dei*)' 운동입니다. 이 운동은 중세 가톨릭이 앞장섰던 세계 최초의 대중적 평화운동이기도 합니다. 로마 가톨릭은 초기 교회의 사도 회의를 모방하여 공의회 문화를 발전시켜오고 있었습니다. 교회 지도자, 신학자, 신도 대표들이 한곳에 모여 교회의 중요한 문제나 방향성을 의논하고 결정하는 것입니다. '하느님의 평화(*Pax Dei*)'는 주로 10세기부터 12세기에 활발하게 전개되었고, 교회와 성직자, 비전투원인 여성을 보호하기 위해 표방되었습니다. 사적 전쟁과 폭력이 만연해지자 989년 샤루 공의회(Synod of Charroux)는 '하느님의 평화'를 선포했습니다. '하느님의 평화'에서 발전한 이념이 '하느님의 휴전(*Treuga Dei*)'입니다. 1027년 툴루즈 공의회(Council of Toulouges)에서는 귀족들이 폭력을 행사할 수 있는 요일과 시간을 특정하고자 했습니다. 이

는 폭력과 전쟁을 장려하기 위한 것이 아니라 제한하기 위한 목적에서 비롯되었지요.

　중세시대에 '하느님의 평화와 휴전' 운동이 가능했던 이유는 무엇일까요? 전쟁에 대한 이해가 고대 로마와는 완전히 달랐기 때문입니다. 고대 로마에서 군주의 폭력은 언제나 정당하고 합법적으로 인정되었습니다. 따라서 평화란 군주의 폭력을 제한하는 것이 아니라 더 큰 폭력으로 제압하는 것이었습니다. 하지만 중세시대는 그렇지 않았습니다. '하느님의 평화와 휴전' 그 이면에는 전쟁을 '정당한 것'과 '정당하지 않은 것'으로 구분하는 것이 전제되어 있기 때문입니다. 이 같은 구분과 개념 규정은 인류 역사에서 매우 획기적인 발전이라고 할 수 있습니다. 개념적으로 '불법적인 전쟁'이 인정된다면

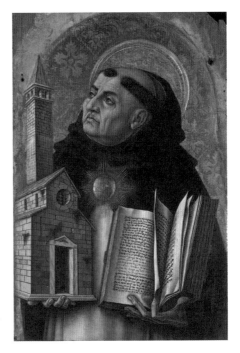

토마스 아퀴나스

〈토마스 아퀴나스〉, 1476, 카를로 크리벨리[Carlo Crivelli(1430~1495)]. 토마스 아퀴나스가 『신학대전』을 들고 있는 모습입니다.

'불법적인 약탈' 또한 성립 가능하기 때문입니다.

이것이 바로 전쟁 중 문화유산 보호에 가장 큰 영감을 준 '정당한 전쟁(just war)' 이론입니다. 신학자이자 신부였던 토마스 아퀴나스[Thomas Aquinas(1225~1274)]가 이 이론을 정립했습니다. 그는 저서 『신학대전』 제2부에서 "전쟁을 수행하는 것이 항상 죄인가?"라는 물음에 특정한 경우에는 그렇지 않다고 했습니다. 주목해야 할 부분은 전쟁을 불법적인 것으로 보되 합법적인 것이 되기 위한 몇 가지 예외를 인정했다는 점입니다. 이 가톨릭 지도자의 드라마틱한 반전反戰의 미장센에서 전쟁은 군주의 허락뿐만 아니라 정당한 원인과 올바른 의도가 있을 때 가능한 일이었습니다. 현대 문명이 축적해온 사고 체계로 보면 군주의 허락에 대한 전제조건이 없는 상황이기 때문에 전쟁의 합법성은 정당한 원인을 어떻게 제공하느냐의 문제로 귀결됩니다.

전쟁의 합법성을 심사하는 기준이 바로 '정의(justice)'입니다. 중세 가톨릭 교회에서 '정당한 전쟁' 이론의 도입은 무분별한 전쟁을 방지하고 군주의 개전권(*jus ad bellum*)을 제한했으며, 전쟁법(*jus in bello*)의 발전을 가져왔습니다. 전쟁법은 전쟁을 정당화하기 위해서가 아니라 오히려 그 참혹함을 방지하기 위한 것이었고, 또한 고대 로마에서 성립하여 이어져온 '약탈의 권리(*jus praedae*)'를 제한하는 데 직접적인 영향을 미쳤습니다. 중세에 들어 '정당한 전쟁'과 '부당한 전쟁'을 구별하기 시작했다는 것은 인류가 문화유산을 단순히 전리품 취득의 대상으로 보는 시각에서 벗어났다는 것을 의미합니다. 곧 '합법적 약탈(*praeda licita*)'과 '불법적 약탈(*praeda illicita*)'을 구별할 수 있게 된 것입니다. 불법적 약탈의 대상은 시간이 흐르면서 확대되어 오늘날 보존하고 지켜야 할 문화유산 개념으로 성장했다는 중요한 함의를 담고 있습니다.

하지만 여기에는 중세 유럽이라는 시대적·지역적 한계가 반영되어 있습니다. 중세 가톨릭 사회에서 불법적 전쟁이란 교회를 상대로 하는 전쟁을 의미합니다. 따라서 불법적 약탈 또한 교회 재산에 한정된 개념입니다. 약탈의 불법화 규정이 종교의 신성함 때문이었지 근대적 개념으로서 문화유산을 보호하려는 이유에서 기인한 것은 아니었습니다. 909년 트로슬리 공의회는 교회 재산의 파괴를 신성 모독으로 공표했고, 989년 샤루 공의회는 예배 장소와 교회 재산에 대한 보호를 선언했습니다. 또한 신성로마제국의 프리드리히 1세^{Friedrich I(1122~1190)}는 이탈리아 원정으로 많은 도시를 약탈하고 파괴하면서도 교회에 대해서만은 약탈을 금지하는 칙령을 발표하기도 했습니다.

교회를 '향한' 전쟁은 불법이었으나 교회를 '위한' 전쟁은 장려되기도 했습니다. 바로 성전聖戰입니다. 교황 우르바노 2세^{Pope Urban II(1035~1099)}는 1095년 클레르몽 공의회를 통해 처음으로 십자군의 소집을 요구했습니다. 당시 동로마제국은 1071년 셀주크튀르크와 벌인 만지케르트 전투(Battle of Manzikert)에서 패배하면서 소아시아 대부분을 상실하고 수도 콘스탄티노플이 이슬람과 직접 마주해야 하는 절체절명의 위기에 놓여 있었습니다. 이때 교황 우르바노 2세가 클레르몽에서 이슬람으로부터 예루살렘의 해방을 주장하며 "신이 바라신다(*Deus vult*)"라고 크게 외쳤습니다. 오늘날 튀르키예 영토에 속하는 아나톨리아를 점령한 셀주크튀르크에 대항하여 동로마제국을 군사적으로 원조하기 위해서였습니다. 중세 시기 전쟁의 합법과 불법을 가르는 기준은 오직 '신의 뜻'이었습니다. 신의 온기가 가득했던 교회 재산이야말로 인간의 이기적인 소유욕에서 보호되어야 하는 것은 그 시대에 당연한 일이었습니다.

03
예술품 보호를 향한 르네상스의 헛된 희망

르네상스, 약탈의 불법화를 예술품까지 확대하려 노력하다

르네상스(Renaissance)는 '재생' 또는 '부활'을 뜻하는 프랑스어에서 유래하며, 14~16세기까지 이탈리아를 중심으로 서유럽에서 나타난 문화부흥운동을 일컫습니다. 르네상스 사상가들은 중세시대가 문화의 쇠퇴기라고 여겼습니다. 그들은 그리스·로마시대의 철학과 예술을 강조했고, 이를 바탕으로 사상·문학·미술·건축 등 다방면에서 유럽에 새로운 문화를 꽃피우고자 했습니다.

중세와 르네상스는 특히 예술 측면에서 분명하게 구분됩니다. 중세는 '신'이 중심이 되는 시대였습니다. 그림의 주인공 역시 신이거나 성인이었습니다. 문제는 중세의 화가들이 그림을 그릴 무렵 예수는 이미 세상을 떠나고 없다는 사실이었습니다. 다시 말해 신을 대면하여 실제로 보고 그릴 수 없었던 것입니다. 그렇다면 중세의 화가들은 어떻게 그림을 그렸을까요? 바로 '현현顯現(Incarnation)'의 방법이었습니다. 그들은 스승이 그린 신의 모습을 보고 따라 그렸고, 그 스승도 자신의 선대 스승의 그림을 보고 따라 그렸던 것이지요. 이러한 방식으로 몇 대를 거슬러 올라가면 정말로 신과 대면했던

최초의 순간을 만날 수 있지 않았을까요?

현현과 종종 비교되는 말이 '공현公現(Epiphany)'입니다. 공현은 예수의 신성神性이 공식적으로 처음 드러나는 것을 뜻합니다. 흥미롭게도 기독교 각 교파는 공현의 의미를 달리 부여하여 기념일도 다릅니다. 로마 가톨릭에서는 동방박사가 예수를 찾아온 1월 6일을 공현일로, 동방정교회에서는 예수가 세례자 요한에게 세례를 받은 1월 19일을 공현일로 기념합니다. 그만큼 현현과 공현은 신의 실체를 드러내는 일이 종교적으로 큰 의미를 갖는다는 것을 뜻합니다. '신의 드러남'이 인간의 의지와 무관하다는 점을 강조하기 위해 중세 예술은 신의 초상화를 가리켜 인간의 손을 거치지 않는다는 뜻에서 '아케이로포이에타(acheiropoieta)'라고 불렀습니다. 이것이 현현의 정확한 의미입니다.

중세시대 현현의 방식은 '성 베로니카의 베일(Veil of Saint Veronica)'을 통해 알 수 있습니다. 성 베로니카의 베일 이야기는 예수의 수난을 의미하는 '십자가의 길(Via Dolorosa)'에서 시작됩니다. 베로니카는 십자가의 길을 따라 갈보리(Calvary)로 향하는 예수를 여섯 번째 처소에서 만났습니다. 예수의 얼굴은 피와 땀으로 범벅되어 있었습니다. 이때 베로니카는 베일을 꺼내 예수의 얼굴을 닦았습니다. 순간 베일에는 예수의 얼굴 형상이 그대로 드러났습니다. 이후 베로니카는 로마 황제 티베리우스Tiberius(BC42~AD37)에게 예수의 형상이 드러난 베일을 선물했습니다. 전설에 의하면 예수의 얼굴이 현현된 베일은 사람을 치료하고 죽은 자를 살리기까지 했다고 합니다. 이후 화가들은 예수의 얼굴이 현현된 베로니카의 베일을 보고 신을 따라 그리기 시작했습니다. 신기하게 느껴질 수 있는 사실 하나는 베로니카가 로마 가톨릭의 성녀로 알려져 있는데 그녀의 이름은 라틴어로 '베라 이콘(Vera icon)', 즉 참모습이라는 뜻으로 어쩌면 예수의 형상이 드러난 그 자체일 수 있습니다. 따라서

〈베일을 들고 있는 성 베로니카^{Saint Veronica}〉, 1470, 한스 멤링^{Hans Memling(1430~1494)}, 미국 내셔널갤러
리 소장

중세 가톨릭이 신의 얼굴이 현현된 그림들을 약탈로부터 보호하고자 했던
것은 당연한 일인지 모릅니다. 교회의 예술품이란 바로 '지금까지 남아 있는
신의 온기'이기 때문입니다.

하지만 르네상스 시대는 달랐습니다. 르네상스의 첫 문을 연 화가는 조
토 디 본도네^{Giotto di Bondone(1267~1337)}라고 할 수 있습니다. 대문호 단테^{Dante}
^{Alighieri(1265~1321)}는 『신곡』(1308~1320)에서 "치마부에의 시대는 갔다. 지금부터
조토의 시대다"라고 극찬했습니다. 피렌체의 화가 치마부에^{Cimabue(1240~1302)}
는 조토의 스승으로서 중세 비잔틴 예술의 거장이었습니다. 원래 이름은 베
치비에니 디 페포^{Bencivieni di Pepo}인데 성격이 거칠고 괴팍하여 '황소 머리'라

〈성탄^{The Nativity}〉, 1305~1306, 조토 디 본도네.

이탈리아 파도바(Padova)에 있는 스크로베니 예배당(Scrovegni Chapel)에 조토 디 본도네가 그린 프레스코화입니다. 하나의 그림에 두 가지 에피소드를 함께 그리는 중세의 특징이 여전히 남아 있습니다. 왼쪽에는 아기 예수의 탄생 장면이, 그리고 위쪽과 오른쪽에는 천사들이 성탄을 알리는 장면입니다. 르네상스 미술이 중세와 확실히 다른 점은 하나의 그림에 하나의 에피소드를 그렸다는 것인데, 이 그림은 중세에서 르네상스로 넘어가는 과도기의 특징이 잘 나타나 있습니다.

는 뜻의 치마부에로 불리며 더 널리 알려졌습니다. 단테는 왜 조토를 그렇게 높게 평가했을까요? 그 이유는 치마부에와 조토의 일화를 통해 알 수 있습니다. 치마부에가 피렌체 인근 베스피냐노(vespignano) 마을을 여행했을 때의 일입니다. 그는 지나가다가 바위에 양 그림을 그리고 있던 조토를 만났습니다. 이 광경을 본 치마부에는 매우 놀랐다고 합니다. 조토가 양 그림을 너무 잘 그렸기 때문입니다. 이후 치마부에는 어린 조토를 자신의 제자로 삼았습니다. 이 이야기는 르네상스 예술의 핵심을 보여주고 있습니다. 르네상스

의 시작을 상징하는 조토는 양을 '있는 그대로' 잘 그려서 치마부에의 눈에
띈 것입니다. 당시 인물화는 정면 모습을 그리는 것이 관례였는데 조토는 그
러한 중세의 화법 관례에서 벗어나 측면과 후면을 묘사하는 등 이전에 볼 수
없었던 공간감을 만들어냈습니다. 르네상스 예술의 핵심은 바로 이러한 재현
再現(Representation)'의 기법에 있었습니다. 요컨대 '얼마나 닮게 그리느냐'가
르네상스 예술의 화두였습니다. 그것은 '지금 인간이 그대로 바라보는 세속'
이었던 것입니다.

세속의 아름다움을 있는 그대로 묘사하기 위해 르네상스 시대의 화가들은
끊임없이 노력했습니다. 이탈리아 화가 마사초^{Masaccio(1401~1428)}는 선원근법線
遠近法(Liner perspective)을 정립했습니다. 선원근법은 3차원의 자연을 소실점
을 이용해 2차원의 평면에 옮겨 담는 과정에서 멀고 가까운 거리감과 공간
감을 표현하는 기법입니다. 중세시대의 그림이 신이 인간을 내려다보는 시선
을 구조화한 역원근법逆遠近法(inverted perspective)으로 그려졌다면, 르네상스
화가 마사초의 선원근법은 인간이 바라보는 시선을 구현한 것입니다.

천재 화가 레오나르도 다빈치^{Leonardo da Vinci(1452~1519)}는 명암법의 일종인 스
푸마토(Sfumato) 기법을 창안하여 그림을 그렸습니다. 스푸마토란 이탈리아
어로 '연기처럼 사라지다'라는 뜻으로, 경계선의 구분을 흐리게 하여 부드럽
게 처리하는 기법입니다. 인체의 윤곽선을 표현하는 데 중요합니다. 다빈치
의 대표작인 〈모나리자〉를 보면 턱에서 목으로 이어지는 부분이 뚜렷한 윤
곽선으로 그려지지 않고 자연스럽게 번지듯 어둡게 칠해져서 마치 현실의
사람인 듯 실감납니다. 이처럼 르네상스 화가들은 종교적 성스러움이 아니라
세속적 삶의 아름다움을 있는 그대로 표현하고자 했습니다.

이제 여기서 우리는 질문해야 합니다. 과연 "세속적인 그림에도 중세 교회
의 재산이 누려왔던 '전쟁 중 약탈되지 않을 권리'를 부여할 수 있을까?" 약

역원근법으로 그려진 벽화

〈전지전능한 지배자, 그리스도^{Christ Pantocrator}〉, 1180~1190.
이탈리아 시칠리아의 몬레알레 대성당(Monreale Cathedral)
에 그려진 프레스코화입니다. 이 프레스코화의 가장 특징
은 신이 인간을 내려다보는 시선을 구조화했다는 것입니다.
이를 '역원근법'이라고 하며, 중세 미술의 특징이라고 할 수
있습니다.

선원근법으로 그려진 벽화

〈복음서 저자 요한과 성모 마리아 그리고 두 명의
기증자가 함께 있는 성스러운 삼위일체^{Holy Trinity}〉,
1425~1428, 마사초.
이탈리아 피렌체의 산타 마리아 노벨라 성당(Santa
Marina Novella)에 마사초가 그린 프레스코화입니
다. 선원근법이 처음 적용된 그림으로, 소실점은
관람객의 눈높이에 맞춰져 있습니다.

전쟁 중 전투원에게 예술품 보호의 의무를 역설한 논문 왼쪽은 프르질루스키가 1553년에 쓴 「폴란드 왕국의 법률 또는 법령과 특권」이고, 오른쪽은 겐틸리스가 1690년에 쓴 「전쟁에서 허용되는 것에 관한 논문」입니다.

탈의 불법화가 중세 기독교의 신에게 헌정된 교회 재산을 향하고 있으니 르네상스 시대를 거치면서 인간 중심의 예술품에까지 그 개념이 확대되는 것은 자연스러운 일이었습니다. 이 질문에 법학자들이 고민했습니다. 그들은 무력 충돌 과정의 전투원들에게 예술품 보호의 의무를 부과하기 위해 치열하게 논쟁했습니다. 특히 폴란드의 법학자 프르질루스키[Jakub Przyluski(1512~1554)]는 1553년 논문 「폴란드 왕국의 법률 또는 법령과 특권」에서, 겐틸리스[Justini Gentilis]는 1690년 「전쟁에서 허용되는 것에 관한 논문」에서 신앙의 대상이 아닌 예술품의 세속적 특성에 따른 전시戰時 보호 방안을 고민했습니다.

하지만 의식이 규범이 되기 위해서는 몇몇 선각자의 외침만으로는 불가능합니다. 그 사회에서 통용되는 제도적 합의 절차를 거쳐야 합니다. 결과적으로 규범 측면에서 전쟁으로부터 예술품 보호라는 르네상스의 세속적 욕망은 실현되지 못했습니다. 국제법의 아버지로 불리는 네덜란드의 휴고 그로티우스^{Hugo Grotius(1583~1645)}는 심지어 고대 로마의 '약탈의 권리'를 계속 고집했습니다. 그로티우스는 1625년에 발간된 역작 『전쟁과 평화의 법』에서 "적을 해할 때 신체와 재산 모두 허용되며 정당한 명분을 위해 전쟁을 치르는 자뿐만 아니라 그 어느 쪽도 무차별적으로 허용된다"고 강조했습니다. 예술품을 포함한 적의 재산에 대해 무차별적인 '약탈의 권리'를 인정한 것입니다. 중세 가톨릭은 교회 재산이 약탈되는 것에 대해 불법임을 이뤄냈으나 예술과 문학을 사랑했던 르네상스 시대까지 이어지지는 못했습니다. 전쟁 중 예술품의 약탈 방지는 선각자들의 희망에 불과했던 것입니다. 이제, 전쟁 중 예술품 보호의 시대적 과제는 근대국가의 책무로 넘어가게 되었습니다.

04

1648년 근대의 시작과 사유재산의 보호

「1648년 뮌스터조약」, 사유재산의 외투를 두르고 예술품 약탈을 금지하다

고대 로마에서는 전쟁 중에 적의 재산을 약탈하는 것이 합법이었습니다. 중세에 이르러 '정당한 전쟁' 이론이 정립되면서 교회 재산에 대한 약탈이 불법화되었습니다. 르네상스 시대에 예술가들은 세속적 아름다움을 재현하기 위해 노력했고, 법학자들은 교회 재산에 속하지 않은 예술품에 대해서도 전쟁 중 약탈을 불법화하기 위해 치열하게 논쟁했습니다. 지금부터는 법규로서 전쟁 중 예술품 보호가 정착되어가는 과정의 실체를 확인하는 일이 중요합니다.

유럽 국가들은 전쟁 상태를 종결하고 평화를 회복하기 위해 강화조약講和條約(peace treaty)을 체결했습니다. 전쟁의 승리자는 강화조약을 통해 패배자에게 가혹한 책임을 부과했습니다. 여기에는 국경선의 변경뿐만 아니라 전쟁배상금 부과, 전쟁범죄자 처벌, 약탈 재산 처리 등도 포함되었습니다. 강화조약을 체결하는 과정에서 적의 재산이라 하더라도 약탈품을 원소유자에게 돌려주는 규정을 발견할 수 있다면, 이것이야말로 전쟁 중 예술품 보호의 실체를 확인하는 강력한 증거라고 할 수 있습니다.

성교회(독일어: All Saints' Church, 줄여 소개교회Schlosskirche) 비텐베르크성에 딸려 있는 부속 교회로, 종교개혁의 불길이 타오르기 시작한 곳입니다. 이 교회에 루터의 '95개 논제'의 문이 있습니다.

유럽 역사에서 근대의 출발은 전쟁과 관련이 있습니다. 이것은 로마 교황과 신성로마제국이 구축해왔던 세계관과의 단절을 의미합니다. 이 새로운 변화는 1517년 독일 신학자 마르틴 루터$^{\text{Martin Luther(1483~1546)}}$의 종교개혁 요구에서 출발합니다. 당시 유럽은 정치적으로는 신성로마제국 황제의 통치를 받았고 종교적으로는 로마 교황의 영향력 아래 있었습니다. 루터는 비텐베르크대학 교수이자 선교와 교육을 강조하는 아우구스티노 수도회(Ordo Sancti Augustini) 신부였습니다. 그는 성 베드로 대성당의 보수공사를 위해 면죄부를 발행하던 로마 교황 레오 10세$^{\text{Pope Leo X(1475~1521)}}$에게 저항했습니다. 루터는 비텐베르크 교회 문에 '95개 논제'를 붙이며 새로운 시대를 향해 나아갔습니다.

루터의 논제는 유럽을 뒤흔들어 놓았습니다. 마침내 신성로마제국 황제 카

95개 논제의 문(Thesentür) 루터의 '95개 논제'가 걸렸던 비텐베르크성 부속 교회의 문으로, 7년전쟁(1756~1763) 때 소실되었다가 1858년 루터의 375번째 생일에 새로 설치했습니다.

를 5세^Karl V (1500~1558)는 1555년 아우크스부르크에서 제국회의를 소집하여 "제후의 신앙에 따라 제후가 다스리는 지역의 신앙을 결정한다"는 칙령을 발표했습니다. 신교(프로테스탄트)의 자유를 인정한 것입니다. 이 시기 신성로마제국은 영주가 다스리는 4,000여 개의 크고 작은 도시들로 구성되었는데 1555년 아우크스부르크 제국회의에서 비교적 규모가 큰 65개 도시가 자유제국도시로 인정되는 영예를 안았습니다. 자유제국도시는 지방 영주가 아니라 황제의 칙령에 따라 자치를 누리는 도시입니다.

　구교(가톨릭)와 신교는 세계관에서 뚜렷한 차이가 있었습니다. 당시 유럽은 자유제국도시를 중심으로 상공업과 금융업이 발전하고 있었는데, 구교는 그렇게 돈을 벌여들이는 것을 죄악시했습니다. 구교의 세계관은 시대의 흐름에 뒤처졌고 시대의 발전에 장애가 되었던 것입니다. 이러한 이유로 자유제국도시에 거주하는 상인이나 수공업자 들은 신교를 지지했습니다. 신교의 영향력이 확대되자 신성로마제국이 위기를 느끼기 시작했습니다. 1618년 황제 페르디난트 2세^Ferdinand II (1578~1637)는 신교의 자유를 보장했던 「1555년 칙령」을 취소했습니다. 당시 페르디난트 2세는 신성로마제국의 황제이자 독일 보헤미아(Bohemia, 지금의 체코 지역)의 왕을 겸했는데, 신교를 지지하는 자유제국도시였던 보헤미아가 그의 칙령 취소 조치에 저항했습니다. 1618년 보헤미아 의회는 페르디난트 2세를 '독일의 왕'에서 끌어내리고 그 자리에 라인강북쪽 팔츠(Kurpfalz)의 선제후選帝侯인 프리드리히 5세^{Friedrich V (1596~1632)}를 세웠습니다. 이 사건은 곧 전쟁을 의미했습니다. 바로 '30년전쟁'(1618~1648)입니다. 30년전쟁이 끝난 뒤 1648년 5월과 10월에 두 개의 강화조약, 즉「1648년 오스나브뤼크조약」과「1648년 뮌스터조약」이 체결되었습니다. 뮌스터와 오스나브뤼크 모두 독일의 베스트팔렌 지역에 위치하고 있어 이 두 조약을 묶어서 흔히「1648년 베스트팔렌 평화조약」으로 부르고 있습니다. 역사학자들은「1648년 베스트팔렌 평화조약」을 근대국가의 출발점으로 보면서 특별한 의미를 부여합니다.

30년전쟁과 관련하여 또 하나의 주목할 전쟁이 있습니다. 네덜란드 독립전쟁을 의미하는 '80년전쟁'(1568~1648)입니다. 30년전쟁이 독일 영주들 사이의 전쟁에 프랑스, 스페인, 스웨덴, 덴마크 등 이웃 국가들이 참전하면서 국제전으로 확대되었다면, 80년전쟁은 스페인의 속령이었던 네덜란드의 17개 주가 스페인에 대항해 벌인 독립전쟁이었습니다. 두 전쟁 모두 종교 갈등의 모순이 폭발했으며 근대국가의 기틀을 마련했다는 점에서 의의가 있습니다. 종교의 자유는 자유제국도시의 번영을 가져왔고 중세에서 이탈하려는 원심력이 되어 유럽을 휘몰아쳤습니다.

그런데 30년전쟁과 80년전쟁의 강화조약을 체결하는 시점이 1648년이라는 사실이 흥미롭습니다. 80년전쟁으로 스페인과 네덜란드는 1648년 1월에 강화조약을 맺고 네덜란드의 독립을 승인합니다. 이 강화조약이 독일 뮌스터에서 체결되어「1648년 뮌스터조약」으로 불리게 됩니다. 30년전쟁이 끝나고

〈전쟁의 비참과 불행The Miseries and Misfortunes of War〉, 18개 연작 중 11번째 '교수형', 1633, 자크 칼로, 호주 뉴사우스웨일스미술관(Art Gallery of New South Wales) 소장

자크 칼로Jacques Callot(1592~1635)는 프랑스 낭시의 귀족 출신 판화가입니다. 1612년부터 플로랑스 지방에서 화가 경력을 쌓았습니다. 그런 그에게 30년전쟁은 큰 충격을 주었고 예술적 전환점을 맞게 된 계기가 되었습니다. 1632~1633년 동안 전쟁의 비참함을 고발하는 판화 연작을 제작했습니다. 그는 30년전쟁을 파노라마 형식으로 구성하며 사실성을 부각했습니다. 위 작품은 연작 11번 '교수형No. 11, The Hanging'으로, 자신과 종교적 신념이 다른 사람들을 커다란 나무에 매달아 죽이는 모습입니다. 30년전쟁의 비참함을 고스란히 드러내는 대표 작품입니다. 칼로는 18세기 스페인전쟁의 참혹함을 다뤘던 프란시스코 고야Francisco de Goya(1746~1828)의 82점 연작인 〈전쟁의 참화The Disasters of War〉에 영향을 준 것으로 평가받고 있습니다.

체결된 두 개의 강화조약 중 하나도 「1648년 뮌스터조약」(1648년 10월 프랑스와 신성로마제국 간에 체결)인데 80년전쟁의 종결 후에 맺은 조약도 이름이 같습니다. 똑같은 이름의 조약이 역사상 두 개가 존재하는 것이지요. 일부에서는 30년전쟁과 80년전쟁이 시기적으로 중첩된다는 점에서 스페인과 네덜란드 간 1648년 1월의 뮌스터조약을 「1648년 베스트팔렌 평화조약」의 범주에 포함하기도 합니다.

예술품 보호를 고민하는 입장에서는 80년전쟁의 강화조약인 1648년 1월의 「뮌스터조약」에 주목하고 있습니다. 80년전쟁의 종결을 위한 협상은 2년 전인 1646년 봄부터 시작되었습니다. 당초에는 휴전 협상이 먼저 개시되었으나 같은 해 9월 네덜란드에서 휴전 협상을 강화 협상으로 변경할 것을 제안하여 스페인이 수락한 것입니다. 네덜란드는 71개 조항으로 구성된 조약문 초안을 마련했고 협상을 통해 일부 조항이 수정되면서 1648년 1월 뮌스터에서 79개 조항에 이르는 강화조약을 체결했습니다.

80년전쟁이 비정상적으로 길고 파괴적이었기 때문에 양측은 「1648년 뮌스터조약」을 통해 사유재산 보호를 위한 정교한 규정을 마련할 수 있었습니다. 79개 조항 중 주목해야 하는 것은 제24조입니다. 제24조는 전쟁 중 압수되거나 몰수된 모든 사유재산의 '원상회복(restitution)'을 규정하고 있기 때문입니다. 원상회복이란 전쟁 중 재산의 약탈이 불법이므로 전쟁 책임을 물어 해당 재산을 원소유자에게 돌려준다는 의미입니다. 재산의 원소유자를 비롯해 상속인들은 법원을 통해 구제받을 필요 없이 '자신의 권한으로 소유권을 되찾을 수 있는 권리(possessie vandien aennemen)'를 부여받게 되었습니다. '전쟁 중 사유재산의 약탈 금지 원칙'이 인류의 역사에 처음으로 등장한 것입니다.

이로써 예술품 보호의 역사는 새로운 진전을 맞이했습니다. 고대 로마의 경우 전쟁 중 적의 재산은 무주물이므로 무차별적인 약탈이 허용되었고, 중

「1648년 뮌스터조약」 〈스페인과 네덜란드 간의 1648년 뮌스터조약 비준 선서〉, 1648, 헤나르트 테르보르흐$^{Gerard ter Borch(1617~1681)}$. 1648년 스페인으로부터 네덜란드가 공식적으로 독립을 승인받는 순간을 묘사한 그림입니다. 영국 런던 내셔널갤러리 소장.

세 시대는 교회 재산에 한정하여 약탈을 제한했지만, 1648년에 이르러 마침내 사유재산은 어떠한 경우에도 전쟁 중 약탈이 금지된 것입니다. 이제 예술품은 사유재산이라는 외투를 두르면 약탈이 금지된다는 것을 의미합니다. 스페인과 네덜란드가 체결한 「1648년 뮌스터조약」은 전쟁으로부터 예술품을 보호하고자 했던 선지자로서의 역할에 충실했습니다. 문화유산 보호와 관련하여 다음으로 필요한 과제는 무엇일까요? 전쟁 중 사유재산의 약탈 금지를 확대하여 국가나 지방정부의 특정 재산에까지 약탈이 금지될 수 있는 대상과 조건을 탐구하는 일입니다. 국가나 지방정부의 특정 재산이 사유재산이 아님에도 전쟁 중에 약탈이 금지된다면 그것이야말로 '문화유산' 개념이 형성된 것이라고 할 수 있습니다.

사유재산 보호는 근대적 세계관의 핵심 이념입니다. 이를 사상적으로 뒷받침한 이론이 계몽주의 철학입니다. 영국 철학자 존 로크[John Locke(1632~1704)]가 대표적입니다. 존 로크는 1689년 『통치론』에서 "정복자는 적의 생명은 빼앗을 수 있어도 적의 재산은 빼앗을 수 없다"고 주장했습니다. 섬뜩하기는 하지만 사유재산 보호의 당위성을 존 로크처럼 멋지게 표현해낼 수 있을까요? 프랑스 철학자 장 자크 루소[Jean Jacques Rousseau(1712~1778)] 또한 사유재산의 엄격한 보호를 주장했습니다. 1762년 『사회계약론』에서 전쟁을 국가들 사이의 관계로 정의하며, "전쟁으로부터 시민과 재산이 배제되어야 한다"고 강조했습니다.

재산권을 흔히 '타고난 권리'라고 말합니다. 1789년 프랑스혁명에 따라 재산은 생명, 자유와 함께 3대 기본 인권으로 인식되었습니다. 프랑스 국민회의가 채택한 「인간과 시민의 권리선언」('프랑스 인권선언')에는 계몽주의 정신이 고스란히 담겨 있습니다. 이 선언문은 자유와 평등을 비롯해 인간이 마땅히 누려야 할 권리로 소유권을 명시하고 있다는 점에서 중요합니다. 특히 소유권에 대해서는 유일하게 신성불가침의 지위를 부여하고 있습니다. 선언문 제17조는 "소유권은 신성불가침이고 보상이 전제되지 않으면 침탈할 수 없다"고 규정하여 재산권 보호를 핵심 이념으로 제시하고 있습니다. 스페인과 네덜란드 간의 「1648년 뮌스터조약」에서부터 쉼 없이 달려온 '전쟁 중 사유재산의 약탈 금지 원칙'은 계몽주의 및 「프랑스 인권선언」과 맞물리면서 바야흐로 되돌릴 수 없는 역사의 수레바퀴가 되었습니다.

05
나폴레옹의 약탈과 하이델베르크 원칙

하이델베르크 원칙, '예술품의 원소재지 반환'을 선언하다

우리는 '전쟁 중 예술품 보호'의 관점에서 고대 로마시대부터 유럽의 역사를 순례하고 있습니다. 흥미로운 점은 유럽의 전쟁사를 통해 오히려 예술품 보호의 역사가 성장한다는 사실을 알 수 있다는 것입니다. 17세기 유럽에서 도시 상공업의 발달은 신교 출현의 사회적·경제적 배경이 되었으며 사유재산 보호라는 근대 이념이 형성하는 데 큰 영향을 미쳤습니다. 「1648년 뮌스터조약」에 이어 계몽주의와 「프랑스 인권선언」은 사유재산 보호의 강력한 후견인이었습니다. 「1648년 뮌스터조약」의 경우 그 형식이 강화조약이라는 점에서 승자와 패자 모두에게 균등하게 적용되지는 않았지만 시대정신은 예술품을 사유재산이라는 이름으로 보호하는 것이었습니다.

하지만 1789년 프랑스혁명이 이념에 집착한 나머지 예술품을 파괴하거나 약탈하는 데 더 많은 자유를 향유했다는 사실은 역사의 아이러니입니다. 프랑스 혁명가들은 '구체제 타파'라는 관점에서 봉건성을 지닌 예술품이 폭정 시대의 기억이므로 파괴해야 할 것인지, 아니면 프랑스가 새로운 방향으로 나아가는 데 도움이 되도록 보존해야 할 것인지를 두고 고민했습니다. 결국

1792년 8월 14일 프랑스 의회는 구체제를 상징하는 기념물을 파괴할 수 있는 법령을 채택했습니다. 구체제의 폭정과 관련 있는 예술품은 프랑스 국민을 위해 과감하게 제거되어야 했고, 특히 청동으로 제작된 예술품은 녹여서 대포와 같은 군사 무기로 만들 수 있기에 유용하다고 판단했습니다.

이 같은 분위기 속에서 프랑스 혁명가들은 다른 나라의 왕족이나 종교 지도자들이 소장하고 있던 예술품을 '해방'하고 루브르박물관에서 일반 대중을 상대로 전시할 의무가 있다고 생각했습니다. 이런 인식은 프랑스가 바티칸과 같은 이탈리아의 여러 도시국가와 전쟁을 벌이는 동시에 예술품 약탈에 가담했던 이유이기도 했습니다. 프랑스혁명은 정치적으로는 새로운 시대의 변혁을 갈망했지만 문화유산 보호의 관점에서는 오히려 퇴보로 일컬을 수 있을 만큼 전혀 다른 인식을 나타냈습니다. 구체제의 감성이 깃든 예술품은 약탈하더라도 면죄부를 받았고 나아가 루브르박물관으로 옮겨 전시하여 구체제 타파라는 혁명 정신의 선전 도구로 이용되었습니다.

프랑스혁명이 불러일으킨 두 개의 전쟁이 있습니다. 바로 프랑스혁명전쟁(1792~1802)과 나폴레옹전쟁(1803~1815)입니다. 프랑스혁명전쟁은 1789년 프랑스혁명으로 탄생한 프랑스 공화국 정부와 그에 반대하는 세력 간의 전쟁입니다. 프랑스 공화제의 반대편에 오스트리아, 영국, 러시아, 프랑스 왕당파 등이 참여했습니다. 이 전쟁은 프랑스혁명의 여파가 자국에까지 파급될까 두려움을 느낀 오스트리아가 프랑스를 간섭하자 1792년 4월 20일 프랑스 혁명 정부가 선전포고를 하면서 시작되었습니다. 전쟁 과정에서 나폴레옹[Napoléon Bonaparte(1769~1821)]이 권력을 장악했고 결국 1802년 전쟁에서 승리했습니다. 하지만 평화는 짧았습니다. 1년 후 나폴레옹은 다시 전쟁을 시작했습니다.

나폴레옹전쟁은 프랑스혁명의 연장선 위에 있습니다. 나폴레옹은 정복 전쟁 과정에서 혁명 이념을 선전하고 전파함으로써 유럽의 정치 지형을 바꾸

나폴레옹의 예술품 약탈 〈프랑스 과학 예술 기념물의 승리의 입성Entrée Triomphale des monuments des sciences et des arts en France〉, 1798, 피에르 가브리엘 베르토Pierre-Gabriel Berthault, 파리 국립자연사박물관 소장. 프랑스혁명전쟁에서 약탈한 예술품을 파리로 들여오는 장면입니다.

어 놓았습니다. 이러한 나폴레옹을 결정적으로 막아선 것은 영국이었습니다. 영국은 전통적으로 대륙 문제에 불간섭주의를 표방했지만 나폴레옹을 세력 균형의 파괴자로 인식하여 연합전선에 참여했습니다. 특히 영국은 프로이센, 네덜란드와 제7차 연합전선을 구축하여 1815년 6월 워털루전투에서 승리했습니다. 워털루전투는 나폴레옹에게 내린 정치적 사망 선고였습니다. 유럽은 이제 '좋은 시절(Belle Époque)', 100년간의 평화가 찾아오게 됩니다.

나폴레옹전쟁이 끝나가자 대프랑스 동맹을 맺었던 유럽 각국은 프랑스에 전쟁의 책임을 묻기 위해 모였습니다. 바로 1814년 9월 오스트리아 외무상 메테르니히Klemens von Metternich(1773~1859)가 주도하고 연합국이 참여하는 빈회의(1814~1815)입니다. 빈회의의 목적은 1792년 프랑스혁명전쟁이 발생하기 이전의 유럽 왕정복고 체제로 돌아가는 것이었습니다. 과거 질서나 체제로 회귀하는 것을 반동주의反動主義(reactionism)라고 부르는데, 1815년의 빈회의가 그랬습니다. 세력 균형과 정통주의를 외치며 프랑스혁명이 이룩해온 성과를 제거하는 데 몰두했던 것입니다.

빈회의에서 우리의 관심을 끄는 것은 프랑스군이 약탈한 예술품의 처리 문제입니다. 프랑스는 봉건성을 띠거나 종교적 압제자들이 소장했던 예술품은 혁명 정신과 배치된다고 인식하여 파괴하거나 약탈한 후 루브르박물관에서 전시하는 방식을 택했습니다. 어찌 보면 루브르박물관은 프랑스군의 약탈품 창고였던 셈입니다. 1802년에는 승전의 성과를 극적으로 보여주기 위해 루브르박물관의 명칭을 '나폴레옹박물관(Musée Napoléon)'으로 변경하기까지 했습니다. 그러나 전쟁이 끝나고 개최된 빈회의는 프랑스에 전쟁 책임을 묻는 연합국들의 회의체입니다. 회의 결과, 프랑스군이 약탈한 600여 점 중 300여 점이 이탈리아로 돌아갔습니다.

프랑스혁명전쟁 과정에서 나폴레옹은 1796년 군대를 이끌고 알프스를 넘어 이탈리아로 진격했습니다. 그는 이탈리아 도시들을 정복하면서 600여 점의 예술품과 조각상을 약탈했습니다. 나폴레옹의 약탈품에는 베네치아와 바티칸의 귀중품도 포함되어 있었습니다.

베네치아에서는 파올로 베로네세Paolo Veronese(1528~1588)의 1563년 작품 〈가나의 혼인 잔치The Wedding at Cana〉를 약탈했습니다. 가로 9.94m, 높이 6.77m로, 루브르박물관의 소장품 중에서 가장 큰 그림입니다. 이 작품은 『요한복음』에 기록된 예수의 일곱 가지 기적 중 첫 번째 기적을 보여주고 있습니다. 혼인 잔치에 참석한 예수가 포도주가 떨어지자 물로 포도주를 만든 기적을 행한 것입니다. 베로네세는 이 장면을 화려한 베네치아 화풍으로 표현했습니다. 탁자 위 풍성한 음식들과 화려한 건물들, 그리고 130명이나 되는 등장인

〈가나의 혼인 잔치〉, 1563, 파올로 베로네세, 프랑스 루브르박물관 소장

물은 결혼식을 더 드라마틱하게 만들어주고 있습니다. 결혼식 주인공인 신랑과 신부는 화려한 의상을 입고 왼쪽 끝에 앉아 있으며, 예수와 마리아와 제자들은 검소한 복장으로 정중앙에 자리하고 있어 호화스럽고 떠들썩한 가운데 종교적 경건함이 느껴집니다. 나폴레옹이 폐위되면서 일부 약탈품이 반환되었으나 〈가나의 혼인 잔치〉는 제외되어 지금도 루브르박물관이 소장하고 있습니다.

바티칸에서는 고대 그리스의 걸작 〈라오콘 군상〉을 비롯해 〈하이델베르크 장서〉가 약탈당했습니다. 〈라오콘 군상〉은 로마 티투스 황제부터 나폴레옹까지 모두 탐낸 유럽 최고의 조각품입니다. 1506년 1월 14일 로마를 떠들썩하게 한 조각품이 발견되었습니다. 한 농부가 로마 산타 마리아의 마조레 대성당(Basilica di Santa Maria Maggiore) 인근 포도밭에서 티투스 황제의 궁전으로 추정되는 지하 밀실을 발견한 것입니다. 그곳에는 로마인들이 1,500년 동안 갈망해온 〈라오콘 군상〉이 있었습니다.

신화에 따르면 트로이의 사제인 라오콘은 트로이전쟁 때 그리스 연합군의 계략을 간파하고 트로이 성안에 목마를 들여오는 것을 반대했습니다. 이 때문에 라오콘은 바다의 신 포세이돈의 노여움을 샀고 포세이돈이 보낸 두 마리의 뱀에 칭칭 감겨 두 아들과 함께 살해당했습니다. 하지만 로마는 트로이의 충신 라오콘을 숭상했습니다. 트로이가 로마 건국과 연결되기 때문입니다. 로마 건국의 아버지는 트로이의 영웅 아이네아스(Aeneas)입니다. 아이네아스는 트로이 왕족인 안키세스와 여신 아프로디테의 아들이라고 합니다. 아이네아스는 트로이가 멸망한 후 신들의 계시를 받고 트로이 유민을 이끌고 로마제국의 모태가 되는 라비니움을 세웠습니다. 로마인들에게 라오콘은 트로이의 멸망을 막고자 했던 순교자였습니다.

〈라오콘 군상〉은 원래 그리스 남쪽의 로도스섬에서 청동으로 제작되었다가 나중에 대리석으로 다시 제작된 것으로 보고 있습니다. 로마는 왜 로도스섬에 있던 〈라오콘 군상〉을 가져왔을까요? 바로 로마 건국의 정당성을 상징하기 때문입니다. 라오콘은 트로이의 멸망을 막고자 했던 숭고한 순교자이며 그의 신상은 곧 로마에게는 장엄함과 위대함, 그리고 건국의 절대적 정당성을 부여하는 것입니다. 〈라오콘 군상〉의 이러한 상징성을 가장 잘 이해했던 사람은 교황 율리오 2세[Pope Julius II (1443~1513)]였습니다. 로마 포도밭에서 〈라오콘 군상〉이 발견되었을 때 그는 미켈란젤로[Michelangelo Buonarroti(1475~1564)]와 함께 피렌체의 건축가 줄리아노 다 상갈로[Giuliano da Sangallo(1445~1516)]를 현지에 파견했습니다. 이후 미켈란젤로의 책임하에 〈라오콘 군상〉을 바티칸박물관

〈라오콘 군상〉, BC 150~BC 50년경, 로도스섬의 조각가 세 명(아게산드로스, 아테노도로스, 폴리도루스)의 합작, 바티칸박물관 소장

으로 옮겼습니다. 이제 바티칸은 1,500년 동안 갈망해온 로마의 상징을 손에 넣은 것이었습니다.

　이 로마의 상징물에 대한 가치를 나폴레옹 또한 잘 알고 있었습니다. 나폴레옹이 이끄는 프랑스군은 1798년 7월 로마를 점령하며 〈라오콘 군상〉을 약탈했습니다. 그리고 1800년 11월 루브르박물관이 나폴레옹박물관으로 명칭을 바꾸어 재개관했을 때 전시되었습니다. 이 과정은 나폴레옹과 관련된 행사를 그림으로 기록한 뱅자맹 지스Benjamin Zix(1772~1811)의 작품을 통해 알 수 있습니다. 1810년 작품 〈라오콘 군상 앞에 있는 밤의 나폴레옹과 마리 루이즈Visite aux flambeaux faite par l'Empereur et l'impératrice〉는 나폴레옹과 왕비 마리 루이즈Marie-Louise가 박물관에 전시된 〈라오콘 군상〉을 감상하는 장면이 나타나 있습니다. 그러나 빈회의를 통해 프랑스가 약탈해 간 예술품 일부가 이탈리아에 반환되었고, 그중 〈라오콘 군상〉이 포함되었습니다.

우리가 주목해야 하는 또 하나는 바티칸이 소장했던 하이델베르크대학 도서관(Bibliotheca Palatina)의 고서('하이델베르크 장서')입니다. 하이델베르크대학 도서관은 오늘날까지 유럽에서 매우 고귀한 문화의 원천 중 하나로 평가받고 있습니다. 이러한 문화적 상징성은 오히려 역사적 고난이 되기도 합니다. 전쟁 상대자들에게는 더할 나위 없는 전리품이 되기 때문입니다. 도서관이 자리 잡는 데는 팔츠(Pfakz)의 선제후 오테인리히[Ottheinrich, 오토 하인리히 Otto Heinrich(1502~1559)]의 노력이 컸습니다. 그는 1556년부터 3년간 하이델베르크를 통치하면서 루터교 신앙을 지지하고 과학을 장려했습니다. 특히 책 수집에 열성적이어서 자신의 후계자가 장서 수집에 적극 나서도록 유언을 남기기도 했습니다. 이런 노력으로 〈하이델베르크 장서〉의 기초가 마련되었습니다.

〈하이델베르크 장서〉는 30년전쟁으로 인해 험난한 운명을 맞이합니다. 정치적으로 신교를 지지하던 하이델베르크가 1622년 9월 틸리 백작[Johann Tserclaes, Count of Tilly(1559~1632)]에게 정복된 것입니다. 틸리 백작은 '갑옷을 입은 수도사', '마그데부르크의 도살자'로 불릴 만큼 신교를 탄압하는 데 적극적이었습니다. 30년전쟁 때 신성로마제국의 군대를 지휘했으며 그 누구보다 〈하이델베르크 장서〉가 신교의 정신적·문화적 열망이라는 점을 잘 알고 있었습니다. 틸리 백작은 독일에서 반종교개혁의 선봉에 서서 구교의 수호자를 자처했던 바이에른의 공작 막시밀리안[Maximilian I (1573~1651)]에게 〈하이델베르크 장서〉의 관리를 맡겼습니다. 전리품을 통해 승리를 만끽하고 싶었던 막시밀리안은 주저함 없이 〈하이델베르크 장서〉를 로마 교황 그레고리오 15세[Pope Gregory XV(1554~1623)]에게 양도했습니다. 그리고 1623년 교황의 명령에 따라 3,500여 점의 필사본과 13,000여 점의 판화가 바티칸으로 옮겨졌습니다.

바티칸으로 이전된 〈하이델베르크 장서〉는 이후 한번 더 수난을 겪게 됩니다. 나폴레옹의 이탈리아 침략으로 바티칸은 1797년 「톨렌티노조약(Treaty of Tolentino)」을 맺고 〈하이델베르크 장서〉 37점을 프랑스에 양도했습니다. 〈하이델베르크 장서〉는 독일 30년전쟁에서는 신교에 대한 구교의 문화적 승리를 의미했지만, 프랑스혁명전쟁에서는 구체제의 봉건성을 타파하는 혁명 성과를 상징했습니다. 그러나 워털루전투에서 프랑스가 전쟁에 패하자 새로운 전기가 마련되었습니다. 빈회의에서는 〈하이델베르크 장서〉의 처리 문제로 고심했습니다. 약탈지는 '바티칸'이지만 원소재지는 '하이델베르크'이기 때문이었습니다.

결국 〈하이델베르크 장서〉를 원소재지로 귀환하려는 노력이 이어졌습니다. 빈회의는 나폴레옹 군대가 약탈한 필사본 37점의 소장처로 원소재지인 하이델베르크를 지목했고, 바티칸 또한 1816년에 독일어 필사본 847점을 원소재지로 돌려보냈습니다. 여기서 중요한 점은 '약탈 문화유산의 원소재지 귀환 원칙'이 비록 완전하지는 않지만 국제사회에서 자리매김되기 시작했다는 것입니다. 현대사회의 실제적 노력이 「1970년 유네스코협약」임을 감안할 때 그 결정은 150여 년 전의 놀라운 혜안입니다. 바로 약탈 문화유산의 원소재지 반환을 의미하는 '하이델베르크 원칙'이 탄생한 것입니다.

【 더 알아보기 】   1797년 「톨렌티노조약」과 〈나폴레옹 동상〉

1797년 「톨렌티노조약」은 나폴레옹의 이탈리아 정복 전쟁 후 프랑스 혁명정부와 로마 교황청 사이에 체결된 강화조약으로, 바티칸에 전쟁배상을 부과하기 위한 것입니다. 양측은 9개월간 강화 협상 끝에 바티칸 관할의 교황령인 아비뇽(Avignon)과 콩타브네생(Comtat Venaissin)을 프랑스에 할양했고, 100여 점의 바티칸 예술품은 전리품이 되어 루브르로 이전되었습니다.

나폴레옹의 약탈품 문제가 해결된 것은 1815년 빈회의였습니다. 바티칸은 이 중대한 임무를 유명 조각가인 안토니오 카노바Antonio Canova(1757~1822)에게 맡겼습니다. 카노바는 교황청 전권대사로 임명되어 빈회의에 참석한 각국 군주와 정치가 들을 설득했습니다. 당시 빈회의에서 각국 대표들은 나폴레옹 약탈품 처리를 위해 교황청의 사명을 띠고 활동하는 카노바에 열광했고 영국 정부는 그를 후원했습니다. 마침내 바티칸은 나폴레옹이 약탈한 예술품을 반환받을 수 있었습니다.

한편 나폴레옹과 카노바의 이야기는 매우 흥

〈평화의 중재자 마르스 역의 나폴레옹〉, 1802~1806, 안토니오 카노바, 영국 앱슬리 하우스 소장

미롭습니다. 나폴레옹은 1799년 쿠데타로 권력을 잡은 후 자신의 동상 제작을 카노바에게 부탁했습니다. 카노바는 이 제안을 수차례 거절했지만 나폴레옹의 간곡한 설득 끝에 1802년 파리에 다녀옵니다. 로마로 돌아온 그는 1806년에 동상 〈평화의 중재자 마르스 역의 나폴레옹Napoleon as Mars the Peacemaker statue〉을 완성했습니다. 원래 이 동상은 루브르박물관이 나폴레옹박물관으로 명칭이 바뀐 이후 대중에게 전시될 예정이었습니다. 완성된 동상이 나폴레옹에게 첫선을 보인 것은 1811년 4월이었습니다. 하지만 나폴레옹은 카노바가 제작한 동상이 키가 크고 이상적인 영웅의 모습이어서 작고 뚱뚱한 자신과 비교되는 것을 우려하여 끝내 동상 인수를 거부했습니다. 결국 카노바는 〈나폴레옹 동상〉을 팔 수밖에 없었습니다. 1816년 영국 정부는 6만 6,000프랑에 〈나폴레옹 동상〉을 구매했고, 조지 4세George IV(1762~1830)는 이 동상을 워털루전투에서 승리한 웰링턴Arthur Wellesley Wellington(1769~1852)에게 선물했습니다. 이후 〈나폴레옹 동상〉은 웰링턴의 런던 저택이었던 앱슬리 하우스(Apsley house) 계단 옆에 전시되고 있습니다.

06
문화유산 보호를 위한 신생국 미국의 기여

신생국 미국, 전쟁 중 약탈 금지를 국가와 지방정부 예술품으로 확대하다

앞서 「1648년 뮌스터조약」과 「프랑스 인권선언」을 통해 사유재산 보호의 규정이 어떻게 마련되었는지 살펴보았습니다. 문화유산 보호라는 관점에서 볼 때 그다음 풀어야 할 과제는 사유재산 보호의 혜택을 국가나 지방정부가 소유한 예술품에까지 확대하는 일이었습니다. 예술품은 가치의 문제이지 소유의 문제가 아니므로 예술품 자체의 특성에 따른 보호를 고민할 필요가 생긴 것입니다. 사실 이 문제에 대한 해결은 르네상스 시대 법학자들의 열망이기도 했습니다. 그 가능성을 신생국 미국에서 찾을 수 있습니다.

1776년 대내외에 독립을 선포하고 1783년 영국으로부터 완전히 독립한 이 신생국은 분주했습니다. 1860년 공화당원 링컨^{Abraham Lincoln(1809~1865)}이 미국 대통령에 당선된 뒤 정치적 노선 차이로 인해 1861년부터 앨라배마주를 비롯해 남부 7개 주가 연방에서 탈퇴했습니다. 이후 남과 북으로 갈라져 내전을 벌였습니다. 1863년 1월 1일 링컨은 '노예해방선언'을 발표했고, 전쟁은 더 치열해졌습니다.

그해 4월 24일 링컨은 「일반명령 제100호(General Orders No. 100)」로 알려

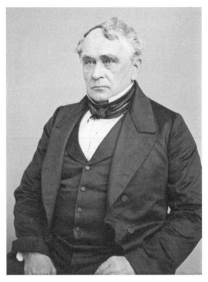

리버는 1800년 프로이센 왕국의 수도였던 베
를린의 부유한 유대인 가문에서 태어났으나
1827년 미국으로 이민을 갔습니다. 사우스캐
롤라이나대학에서 역사와 정치·경제 등 다방
면을 가르쳤고, 1856년 컬럼비아대학의 역사·
정치학 교수가 되었습니다. 1861년 남북전쟁
이 발발하자 리버는 정치적으로 링컨을 지지
했습니다.

진 역사적인 문서에 서명했습니다. 바로 「야전에서 미 연방정부 육군에 대한
훈령(Instructions for the government of armies of the united states in the field)」
입니다. 이 훈령은 독일계 이민자 프란시스 리버$^{Fransis\ Lieber(1800~1872)}$가 초안
했기에 「리버법전(Liber Code)」(1863)으로도 불립니다. 리버는 나폴레옹전쟁
에 프로이센군으로 참전했는데 1815년 워털루전투에서 부상을 입었습니다.
그의 참전 경험은 뉴욕 컬럼비아대학 교수로 있을 때 전쟁법을 연구하는 계
기가 되었습니다. 큰 전쟁은 더 큰 윤리의 딜레마를 부릅니다. 전쟁은 으레
참혹했고 늘 인간 본성의 가장 깊은 곳을 향해 질문을 던졌습니다. 그 참혹
함의 정도를 낮추려고 노력하는 것이 전쟁법의 영역이었습니다. 이 점에서
링컨과 연방정부는 영리했습니다. 리버를 워싱턴으로 초대하여 157개 조항
의 전쟁법규를 만든 것입니다.

「1863년 리버법전」은 인도주의자로서 리버가 평생 가꿔온 신념이 온전히

담겨 있습니다. 그는 '전쟁은 단순한 야만 행위가 아니라 법의 적용을 받아야 하며, 군인은 자제하고 규칙을 따라야 한다'는 관점에 기초하여 전쟁법규를 초안했습니다. 그에 따라 법전 제15조는 "공공 전쟁에서 서로에 대해 무기를 드는 사람들은 도덕적 존재로서 상대방뿐만 아니라 신에게도 책임을 지는 것을 중단하지 않는다"고 규정한 것입니다. 리버는 이 원칙을 세밀하게 살피면서 두 가지 규범을 확립했습니다. 첫 번째는 잔인하거나 불필요한 고통을 피해야 하며, 두 번째는 부상당한 군인이 더는 다치지 않도록 의료 지원을 받아야 하는 것입니다.

한편 「1863년 리버법전」에는 서구 유럽의 강화조약에서는 찾아볼 수 없었던 문화유산과 관련된 세 개 조항(제34~36조)이 처음으로 포함되었습니다.

> **제34조** 일반적으로 교회, 병원, 기타 자선기관 및 교육기관 또는 지식 증진 목적의 재단인 공립학교, 대학, 연구 아카데미, 관측소, 미술관, 과학관 등에 속하는 재산은 제31조에서 의미하는 공공재산(public property)으로 간주하지 않는다.　　　　　　　　　　　　　　—「1863년 리버법전」

문화유산이라는 용어를 국제사회가 처음 도입한 것이 「1954년 헤이그협약」인데 「1863년 리버법전」 제34조는 그 용어를 '교회, 병원, 자선기관이나 교육기관을 비롯해 미술관이나 과학관 등에 속하는 재산'이라고 하여 서술형 범주로 표현하고 있습니다. 예술품의 가치나 정체성이 아니라 소장기관의 기능적 특성에 따라 보호하는 방식입니다. 또한 이 범주들에 포함된 재산은 "공공재산으로 간주하지 않는다"고 명시했습니다.

여기서 "공공재산으로 간주하지 않는다"는 말은 무슨 의미일까요? 국가나 지방정부의 재산이라 하더라도 제34조의 범주에 속하는 재산은 사유재산으로 간주하겠다는 뜻입니다. 즉, 「1648년 뮌스터조약」에서 규정한 '사유재산의 약탈 금지 원칙'을 기능적 측면에서 확대한 것입니다. 이를 가리켜 「리법법전」이 '간주' 조항을 통해 미술관이나 교육기관 등이 소유한 예술품 등을 사유재산으로 간주하고, 나아가 「1648년 뮌스터조약」을 적용하여 약탈 금지의 혜택을 부여한 것이라고 설명할 수 있습니다.

이러한 이유로 「1863년 리버법전」은 세계 최초의 문화유산 보호 법전으로 평가되며 시대를 선도했다고 할 수 있습니다. 제35조와 제36조는 설사 적대국의 재산이라도 예술품에 대해서는 손상되지 않도록 안전한 대피를 보장했고 사적인 약탈을 금지했습니다. 문화유산 보호를 위한 이 세 개의 조항(제34~36조)은 단순한 미사여구가 아닙니다. 리버는 이를 '평화를 보장하기 위한 조치'라고 평가했습니다. 그는 나폴레옹과 프랑스에 대항해 정치적 변혁기의 한복판에서 실제로 전투에 참여해 싸운 사람입니다. 나폴레옹과 프랑스가 승전을 기념하기 위해 이탈리아에서 예술품을 약탈하고 심지어 혁명 성과로 포장하여 루브르에서 전시하는 것을 지켜봤습니다. 만약 승리자가 예술품을 전리품으로 약탈한다면 이것은 수백 년이 지나도 국가 간의 평화를 위협하는 위험 요소로 남아 있을 수밖에 없습니다. 아마도 리버는 「1863년 리버법전」의 초안을 작성할 때 자신이 참전했던 전쟁에서 나폴레옹의 약탈 행위와 뒤이은 비통함을 기억해냈을 것입니다. 「1863년 리버법전」에 대한 국제적 평가는 주목할 만합니다. 특히 국제적십자위원회는 "전쟁법을 성문화하려는 최초의 시도이며, 1874년 브뤼셀회의(☞ 07장 64쪽 참조)를 포함해 1899년과 1907년 헤이그 평화회의 때 육전陸戰에서의 전쟁법규를 채택하는 자극이 되었다"고 평가했습니다.

07
국제인도법과 문화유산 보호

전쟁 중 문화유산 보호, 국제인도법이 되다

전쟁 중에 잔인한 무기의 사용을 제한하거나 포로·부상병·민간인 등의 희생자를 보호하는 법령을 '전쟁법'이라고 합니다. 요컨대 전쟁을 수행하는 과정에서 지켜야 하는 법입니다. 오늘날 국제사회는 전쟁을 불법으로 규정하며 전쟁법이라는 용어 대신 '국제인도법(International humanitarian law)'이라는 표현을 더 많이 사용하고 있습니다. 인간의 생명과 존엄을 보장하기 위해 국제인도법은 '전쟁 중에도 자비를(*Inter Arma Caritas*)'이라는 표어를 내세웁니다. 우리는 앞에서 고대 로마시대부터 전쟁 중에 예술품을 어떻게 보호하느냐 하는 문제를 탐구해왔습니다. 전쟁 중의 희생을 방지하는 것에는 예술품 보호도 포함되므로 이 역시 국제인도법의 영역에 속합니다. 문화유산 용어가 처음 사용된 것이 제2차 세계대전 후 반성 차원에서 채택한 「1954년 헤이그 협약」임을 돌이켜볼 때 문화유산의 탄생은 국제인도법과 직접적인 관련이 있습니다.

국제인도법의 탄생에 기여한 사람은 스위스 제네바 출신의 사업가 앙리 뒤낭Jean-Henri Dunant(1828~1910)입니다. 뒤낭은 알제리에서 사업을 계획했는데

앙리 뒤낭
『솔페리노의 회상』의 작가이며 국제적
십자위원회의 창시자입니다. 전쟁터에
서 부상자를 돌보는 일은 적군과 아군
을 가리지 않으며, 이 일을 방해하거나
공격해서도 안 되고 중립성을 인정해야
한다고 주장했습니다. 그 공로가 인정되
어 1901년 제1회 노벨평화상을 받았습
니다.

현지의 정세 불안과 자금난 등으로 차질이 생기자 프랑스 황제 나폴레옹 3
세Charles Louis Napoléon Bonaparte(1808~1873)에게 직접 도움을 청할 결심을 합니다.
당시 알제리는 프랑스의 식민 지배를 받고 있었으므로 황제에게 사업을 청
탁하려고 했던 것입니다. 당시 나폴레옹 3세는 이탈리아에서 사르데냐 왕국
과 연합하여 오스트리아와 전쟁을 벌이고 있었습니다. 뒤낭은 나폴레옹 3세
를 만나러 가던 중 1859년 6월 24일 이탈리아 북부 롬바르디아 지방의 솔페
리노(Solferino)를 지나다가 양측의 전투를 직접 목격했습니다. 그곳에서 잔인
하고 참혹한 광경에 충격을 받아 그는 인근 마을 사람들을 중심으로 구호대
를 조직했습니다. 구호대는 '모두는 형제다(Tutti fratelli)'라는 슬로건 아래 아
군과 적군을 가리지 않고 부상자를 치료했습니다. 나중에 제네바로 돌아와
그때의 참상과 경험을 쓴 『솔페리노의 회상A Memory of Solferino』(1862)을 출
간했습니다. 이 책에서 뒤낭은 부상당한 군인들을 치료할 수 있는 '중립적인
조직'의 설립을 강조했고, 많은 사람이 뜻을 같이했습니다. 그렇게 탄생한 국

제기구가 1863년에 설립된 국제적십자위원회(International Committee of the Red Cross)입니다.

전쟁 중 부상자나 포로와 같은 희생자를 보호하기 위한 국제인도법의 발전에 우리는 왜 문화유산의 관점에서 주목해야 할까요? 다시 말해 전쟁으로부터 예술품을 보호하는 일과 국제인도법 간의 유용성은 무엇일까요? 19세기 유럽 사회에서는 '국제 공동체는 금지되지 않는 모든 것이 허용된다'는 주장이 독버섯처럼 퍼지고 있었습니다. 바로 법실증주의에 기초한 유럽중심주의였습니다. 법실증주의는 국가의사가 곧 합법이라는 태도를 의미합니다. 법실증주의에 따르면 국가는 전쟁을 수행하는 데 필요한 무엇이든 허용됩니다. 군사적으로 필요하면 문화유산을 파괴하거나 약탈할 수도 있습니다. 고대 로마에서 공공연히 인정된 '약탈의 권리'와 유사합니다. 그들은 '필요는 법을 모른다'는 모토를 내세웠습니다. 국가의사에 기초하는 한 전쟁은 옹호되며, 국가의 최종 목적은 생존이고 이를 위해 국가의 선택에 제한이 없어야 한다고 강변합니다. 이것을 법의 언어로 '군사적 필요성의 원칙(principle of military necessity)'이라고 불렀습니다.

이 같은 19세기 유럽의 법실증주의에 대항할 수 있는 방어책에는 무엇이 있을까요? 그 방책은 전쟁 자체의 참혹함을 이유로 전쟁 수행에 대한 국가의 사를 제한하는 것입니다. 이것이 바로 국제인도법의 참다운 의미입니다. 국제인도법의 관점에서는 전쟁 중에 문화유산을 보호하기 위해 국가의 동의 여부와 무관하게 국가의 전쟁 수행을 제한할 수 있어야 합니다. 이러한 상황에서 신생국 미국이 들고나온 「1863년 리버법전」이 유럽으로부터 환영을 받았던 것입니다. 다행스럽게도 앙리 뒤낭의 『솔페리노의 회상』이 출간된 후 유럽 사회에서는 전쟁의 참혹함을 통제하려는 인도주의 신념이 싹트고 있었습니다.

1880년경의 마르텐스

러시아의 국제법 학자이며 외교관으로도 활동했습니다. 제1, 2차 헤이그 평화회의(1899, 1907)와 포츠머스 강화회의(1905) 때 러시아 대표로 활약했으며, 알렉산드르 2세의 지원을 받아 전쟁법 초안을 마련했습니다.

여기에 러시아가 호응했습니다. 알렉산드르 2세$^{Aleksandr\ II(1818\sim1881)}$는 러시아의 변혁기를 이끈 이상주의자였습니다. 그는 집권(1855~1881)하자마자 크림전쟁(1853~1856)을 통해 확인된 러시아의 후진성을 극복해야 했습니다. 알렉산드르 2세를 상징하는 개혁 정책은 1861년의 농노해방령입니다. 황제 즉위 6주년을 기념하는 형식으로 발표되었는데 귀족들이 크게 반발했습니다. 그는 「1863년 리버법전」의 영향으로 유럽에 불어닥친 인도주의 열풍과 자신의 이상주의를 적극 활용하여 전쟁법에 대한 새로운 패러다임을 만들고자 했습니다.

알렉산드르 2세는 1874년 7월 27일 유럽 대표들을 브뤼셀로 초청하여 러시아 외교관이면서 국제법 학자인 마르텐스$^{Fyodor\ Fyodorovich\ Martens(1845\sim1909)}$가 작성한 전쟁법 초안을 기초로 새로운 국제규범이 수립되기를 희망했습니다. 러시아는 「1863년 리버법전」에 영향을 받은 마르텐스 초안이 유럽의 지향

점을 담은 국제조약으로 성장하기를 바란 것이지요. 그러나 유럽 15개국 대표들이 모인 브뤼셀회의에서 조약을 성립시키지는 못했습니다. 영국이 러시아를 견제하기 위해 마르텐스 초안이 구속력을 갖는 국제조약으로 성립되는 것을 막아섰기 때문입니다.

브뤼셀회의에서 참가국의 비준 거부로 인해 비록 국제조약으로 발효되지는 못했으나 「1874년 브뤼셀선언」이 채택되었습니다. 이 선언은 총 56개 조항으로 이루어져 있는데, 그중 눈길을 끄는 조항은 제8조입니다.

> **제8조** 종교·자선·교육·예술·과학에 전념하는 기관의 재산은 지방정부 재산이거나 심지어 국유재산인 경우에도 사유재산으로 간주되어야 한다. 이러한 성격의 기관, 역사적 기념물 또는 예술품 및 과학품에 대한 압류, 파괴, 고의적 손상은 관할 당국의 법적 절차의 대상이 되어야 한다.
>
> —「1874년 브뤼셀선언」

선언문 형식이지만 「1863년 리버법전」이 이룩해온 '전쟁 중 문화유산 보호'의 성과를 담아냈습니다. 종교·자선·교육·예술·과학 등에 전념하는 기관의 재산이 설사 국가나 지방정부의 재산인 경우에도 사유재산으로 간주하여 보호한 것입니다. 흔히 선언문을 가리켜 구속력은 없지만 향후 규범으로 발전해 나갈 수 있다는 점에서 '연성법률(soft law)'이라고 부릅니다. 그것은 미래 가치를 담보한다는 의미입니다.

때마침 벨기에의 귀스타브 롤린 재퀘민스 Gustave Henri Rolin-Jaequemyns(1835~1902) 남작은 '문명 세계의 법적 도덕성과 무결성'을 반영할 새로운 국제법을 발전시키기 위해 고심했습니다. 이 장대한 꿈을 실현시키기 위해 그는 1873년 벨기에 겐트(Ghent)에 국제법학회를 설립했습니다. 이 신생 학회는 자신의 존

1899년 헤이그 평화회의 네덜란드 헤이그의 하우스텐보스궁(Huis ten Bosch)에서 개최되었습니다.

재감을 드러내기 위해 창의적인 연구를 시작했고 영국 옥스퍼드에서 86개 조항에 이르는 「1880년 옥스퍼드 교범(Oxford Manual)」이 채택되는 데 역할을 했습니다. 이 교범은 「1874년 브뤼셀선언」과 유사하게 전쟁 중 문화유산 보호 규정을 포함하고 있습니다.

> **제34조** 폭격을 받을 가능성이 있는 경우 종교·예술·과학과 자선 목적에
> 전념하는 건물, 병원 그리고 병자나 부상자가 모이는 장소는 직접이든
> 간접이든 혹은 설령 당시 이용되지 않는다고 하더라도 방어를 위해 모든
> 필요한 조치를 취해야 한다.   —「1880년 옥스퍼드 교범」

브뤼셀과 옥스퍼드에서 얻은 성과를 통해 '전쟁 중 문화유산 보호'는 이제 1899년의 헤이그를 향해 있습니다. 러시아 황제 니콜라이 2세[Nikolai II]

Alexandrovich Romanov(1868~1918)의 제안으로 제1차 헤이그 평화회의가 개최되었고 이때 「1863년 리버법전」을 승계한 최초의 국제문화유산법이 성립된 것입니다. 바로 「육전의 법 및 관습에 관한 협약(Convention with respect to the Laws and Customs of War on Land)」으로서 1899년에 채택된 두 번째 협약이라는 점에서 「1899년 헤이그 제2협약」으로도 불립니다. 특히 제56조는 '전쟁 중 문화유산 보호'를 규정한 최초의 국제조약으로 「1863년 리버법전」의 국제적 수용을 의미합니다. 재미있는 점은 이 협약 제56조가 영국의 견제로 구속력을 갖지 못했던 「1874년 브뤼셀선언」 제8조와 거의 동일하다는 사실입니다. 즉, 종교·자선·교육 등의 기관 소유이거나 예술품 및 과학품은 국가나 지방정부의 재산이라 하더라도 사유재산으로 간주하도록 한 것입니다.

> **제56조** 종교·자선·교육 등의 기관 재산과 예술품 및 과학품은 지방정부 재산이거나 심지어 국유재산인 경우에도 사유재산으로 간주되어야 한 다. 이러한 성격의 기관, 역사적 기념물 또는 예술품 및 과학품에 대한 압류, 파괴, 고의적 손상은 금지되며 절차의 대상이 되어야 한다.
> ―「육전의 법 및 관습에 관한 협약」(1899년 헤이그 제2협약)

1899년 헤이그 평화회의의 문화유산 보호 의지는 후속 협정들에서 확인할 수 있습니다. 시어도어 루스벨트Theodore Roosevelt(1858~1919) 미국 대통령의 제안으로 1907년 제2차 헤이그 평화회의가 개최되었고 여기에서 13개에 이르는 방대한 협약이 채택되었습니다. 그 가운데 「육전의 법 및 관습에 관한 협약」(1907년 헤이그 제4협약) 부속 규칙과 「전시 해군의 포격에 관한 협약(Convention concerning Bombardment by Naval Forces in Time of War)」(1907년 헤이그 제9협약)에서도 문화유산 보호 규정을 찾아볼 수 있습니다.

제56조 종교·자선·교육에 전념하는 기관의 재산이나 예술품 및 과학품은 지방정부의 재산이거나 심지어 국유재산인 경우에도 사유재산으로 간주되어야 한다. 이러한 성격의 기관, 역사적 기념물 또는 예술품 및 과학품에 대한 압류, 파괴, 고의적 손상은 금지되며 법적 절차의 대상이 되어야 한다.

—「육전의 법 및 관습에 관한 협약」(1907년 헤이그 제4협약) 부속 규칙

제5조 해군 포격에서 지휘관은 신성한 건축물, 예술·과학 및 자선 목적으로 사용되는 건물, 역사적 기념물, 병원, 그리고 병자나 부상자가 있는 장소가 당시에 군사 목적으로 사용되지 않는 것으로 약속된 경우 보호를 위해 필요한 모든 조치를 취해야 한다.

—「전시 해군의 포격에 관한 협약」(1907년 헤이그 제9협약)

앞으로 더 보강해야 할 문제는 보호 대상을 종교나 교육, 예술 등에 전념하는 기관의 재산이라는 기능적 측면에서만 정의하는 것이 아니라 문화유산 개념의 정체성을 확립하는 일이었습니다. 하지만 이 과제는 제1차 세계대전과 제2차 세계대전의 참혹함을 경험한 끝에야 수용되었습니다.

08
문화유산 개념 도입과 「1954년 헤이그협약」

    제1차 세계대전과 제2차 세계대전을 거치면서 문화유산이 대량으로 파괴된 것은 군사기술의 발전과 함께 군사상 이유나 치졸한 정치적 보복이 원인이라고 할 수 있습니다. 제2차 세계대전 막바지인 1944년 8월 연합군이 나치 점령하의 파리를 해방하려 하자 나치 독일은 파리에서 모든 군사·공업·교통·통신 시설은 물론이고 에펠탑과 같은 중요 문화유산을 폭파할 계획이었습니다. 하지만 파리 주둔군 나치 사령관인 디트리히 폰 콜티츠^{Dietrich von} ^{Choltitz(1894~1966)}는 이 명령에 불응했습니다.

    1945년 봄부터 연합군이 나치 독일을 사방에서 압박해 들어가자 히틀러^{Adolf Hitler(1889~1945)}는 1945년 3월 19일 「독일제국 영토 내 파괴에 관한 법령」을 공포합니다. 이 명령을 '네로 명령(*Nerobefehl, Nero Decree*)'이라고 일컫습니다. 서기 64년 7월 19일 밤, 로마에서는 며칠간 계속되는 대화재가 발생했는데 당시 로마 시민들은 네로^{Nero(37~68)} 황제가 명령을 내려 일부러 불태웠다고 의심했습니다. 네로의 방화 여부가 역사적 사실로 확인된 것은 아니지만 1945년의 유럽은 히틀러의 이 초토화 명령을 네로의 방화 명령에 빗대어 불

에펠탑 앞에 서 있는 히틀러
1940년 6월 23일 나치 독일이 프랑스를 점령
한 뒤 히틀러(가운데)가 건축가이자 군수부장관
인 알베르트 슈페어(왼쪽), 조각가 아르노 브레
커(Arno Breker)를 대동하고 기념 촬영을 한 모
습입니다.

렸습니다. 히틀러의 '네로 명령'은 연합군이 독일과 그 점령 지역에 깊숙이
침투할 경우 기반 시설을 이용하지 못하도록 초토화하는 것이었습니다. 그런
데 나치의 군수부장관인 알베르트 슈페어[Albert Speer(1905~1981)]가 이 명령에 불
복종했다는 설도 있습니다. 그는 종전 후 뉘른베르크 재판에 전범으로 회부
되어 20년을 복역한 후 석방되었는데 자신의 과오와 책임을 시인하고 사죄
한 나치 고위직으로 기억되고 있습니다.

　제2차 세계대전에서 문화유산에 벌어진 참극은 연합군에 의해 일어나기
도 했습니다. 연합군은 제2차 세계대전 막바지에 나치 독일로부터 완전하고
조속한 항복을 받아내고자 했습니다. 이를 위해 1945년 2월 13일부터 4월
17일까지 세 차례에 걸쳐 독일 동부 지역인 드레스덴을 집중 폭격했습니다.
영국 공군 소속 중폭격기 722대를 비롯해 미국 육군 항공대 소속 중폭격기
527대가 동원되었고 3,900톤 이상의 폭탄이 드레스덴에 퍼부어졌습니다. 이

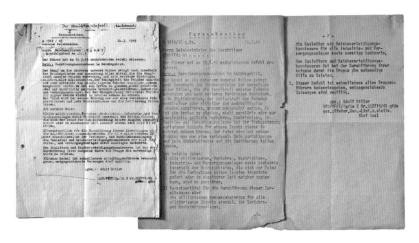

네로 명령 1945년 3월 19일 히틀러가 발표한 「독일제국 영토 내 파괴에 관한 법령」으로, 독일 점령 지역의 기반 시설을 초토화하려는 계획입니다.

공습은 드레스덴 도심을 완전히 파괴해버렸습니다.

이후 미국에서는 드레스덴 폭격의 정당성 문제를 놓고 치열하게 논쟁했습니다. 1953년 미국 공군은 보고서를 통해 이 폭격이 독일의 군수공장 110개를 비롯해 군수 노동자의 수용 시설을 다수 파괴하여 전쟁의 종결을 앞당겼다는 점에서 정당한 폭격이었다고 주장했습니다. 이는 19세기 법실증주의자들이 주장했던 '군사적 필요성 이론'과 같은 논리였지요. 군사적 필요성이 인정되면 문화유산은 전쟁을 수행하는 데 장애물에 불과하며 심지어 파괴할 수도 있습니다. 이 주장은 안타깝게도 문화유산 용어를 처음 도입한 「1954년 헤이그협약」의 일부로 수용되었습니다. 이 협약은 처음으로 문화유산 용어를 도입했을 뿐만 아니라 그것을 '문화재(cultural property)'라고 최초로 표현한 국제조약입니다.

제1조 이 협약에서 '문화재'는 그 기원이나 소유에 관계없이 다음을 포함

파괴된 드레스덴   1945년 연합군의 폭격으로 드레스덴 시가지가
초토화된 모습입니다.(시 청사에서 내려다본 모습)

한다.

(a) 종교적이든 세속적이든 불문하고 건축, 예술 또는 역사적 기념물과
    같이 모든 민족의 문화유산에 대하여 중요성을 갖는 동산 및 부동산;
    고고학적 유적; 전체적으로 역사적·예술적 중요성을 갖는 건물들의
    집단; 예술작품; 예술적·역사적·고고학적 중요성을 갖는 원고, 서적
    및 기타 물품들; 과학적 소장품 및 서적, 기록물 또는 위에서 언급된
    재산들의 복제물 등 주요 소장품.

(b) 박물관, 대형 도서관 및 기록물 보관소와 같이 (a)항에서 정의된 동산
    문화재를 보존 또는 전시하는 것을 그 주된 실제 목적으로 하는 건물
    과 무력 충돌 시에 (a)항에서 정의된 동산 문화재를 대피시키기 위한
    보호시설.

(c) (a)항과 (b)항에 규정된 다량의 문화재가 집중되어 있는 구역들로서 '기념물 집중 구역'으로 인정될 수 있는 구역.

—「1954년 헤이그협약」

「1954년 헤이그협약」 제1조는 문화유산 개념에 박물관이나 대형 도서관, 기록물 보관소와 같이 동산 문화재를 보존·전시하거나 대피시키는 시설까지 포함하고 있습니다. 드레스덴 폭격에서 알 수 있듯이 공중폭격이나 대량살상 무기로부터 문화유산을 보호하기 위해서는 대피시설도 보호할 수밖에 없기 때문이었습니다.

「1954년 헤이그협약」은 문화유산 보호 방식을 '일반보호'와 '특별보호'로 구분해 놓았습니다. 하지만 이 두 가지 보호 방식은 현실에서는 의외로 실효성이 없다는 문제점이 있습니다. 예컨대 일반보호 문화유산은 군사적 필요성이 인정되면 파괴가 가능합니다. 이것은 드레스덴 공중폭격을 감행한 미국 공군의 항변을 연상케 합니다. 특히 군사적 필요성에 대한 입증은 교전 당사자들에게 주어졌기에 고양이에게 생선을 맡긴 격이었습니다. 이 때문에 군사적 필요성 주장이 남용될 수밖에 없었습니다.

특별보호 문화유산은 군사적 필요성에 따른 파괴를 인정하지 않으며 군사 목표물로부터 '적절한 거리'만 유지되면 보호할 수 있도록 했습니다. 이 조항의 문제는 날로 발전해가는 군사 무기를 고려하지 못했다는 점입니다. 「1954년 헤이그협약」은 1950년대 재래식 전쟁에 기초하여 문화유산의 보호 방안을 마련한 것입니다. 이에 반해 최근 현대전은 대량살상무기의 발달로 폭탄 하나면 문화유산은 물론 도시 전체를 파괴할 수 있습니다. 따라서 '군사 목표물로부터 적절한 거리에 있을 것'을 요건으로 하는 특별보호 제도는 일반보호 제도만큼이나 유명무실했습니다. 이 때문에 특별보호 문화유산을 등재

「1954년 헤이그협약」의 문화유산 보호 방식

보호 방식	식별 표지(엠블럼)	근거	내용
일반보호 (general protection)		1954년 헤이그협약	● 문화유산에 대한 적대 행위 및 군사 목적의 사용 금지 ● 교전 당사국의 군사적 필요성에 따라 문화유산을 파괴해도 면책됨
특별보호 (special protection)		1954년 헤이그협약	● '군사적 필요성'의 예외를 인정하지 않지만 군사 목표물로부터 '적절한 거리'가 유지되어야 보호됨 ● 보호 대상: 동산 대피시설, 기념물 집중 구역, 극히 중요한 부동산
강화된 보호 (Enhanced protection)		1954년 헤이그협약에 대한 1999년 제2의정서	● 군사적 필요성이나 '적절한 거리' 등의 불합리한 요건을 삭제 ● 오직 '문화적 중요성' 여부로 보호 대상 판단

한 국가는 바티칸시국, 독일, 네덜란드, 멕시코 등 4개국에 불과합니다.

07장에서 우리는 문화유산 용어를 최초로 도입한 「1954년 헤이그협약」이 전쟁으로부터 희생을 방지하고 최소화하려 한다는 점에서 국제인도법의 영역에 속한다는 사실을 살펴보았습니다. 무력 사용을 제한하기 위해 만들어진 규범이 전쟁법(jus in bello)입니다. 전쟁법은 국가 지도자가 합법적으로 전쟁을 시작할 권리를 의미하는 개전법(jus ad bellum)과 구별됩니다. 전쟁법 위반자는 '전쟁범죄'로 처벌되지만, 불법적으로 전쟁을 시작한 히틀러와 같은 개전법 위반자는 '평화에 반하는 죄'로 처벌받습니다. 전쟁법이 전쟁 중 위법한 병사를 처벌하기 위한 것이라면 개전법은 위법하게 전쟁을 개시한 국가 원수를 처벌하기 위한 것으로 볼 수 있습니다.

최근에 전쟁법은 국제인도법으로 불리는데 두 가지 형태로 구분하고 있습니다. 1996년 유엔총회는 국제사법재판소(ICJ)에 핵무기 사용의 합법성에 대해 질문한 적이 있습니다. 이때 국제사법재판소는 그 질문을 논의하는 과정에서 조약 목적에 따라 국제인도법을 '헤이그 법(Hague Law)'과 '제네바 법(Geneva Law)'으로 분류했습니다. 헤이그 법은 주로 전쟁의 방법과 수단을 제한하는 규범을 말합니다. 1899년과 1907년의 헤이그협약들이 여기에 속합니다. 반면 제네바 법은 전쟁의 희생자 보호에 관한 법을 지칭합니다. 전투 과정에서 부상자나 조난자, 포로, 적대 행위에 참여하지 않는 민간인 등을 보호하는 법이 포함됩니다. 「1949년 제네바협약(Geneva Conventions)」이 대표적입니다.

그렇다면 전쟁 중 문화유산 보호를 위한 「1954년 헤이그협약」은 헤이그 법일까요, 제네바 법일까요? 명칭에 헤이그라는 말이 들어가므로 헤이그 법인 것도 같은데, 국제사법재판소의 기준으로 보면 전쟁으로 발생하는 희생을 최소화한다는 점에서 제네바 법으로도 볼 수 있을 것 같습니다. 이름만 봐서는 헤이그 법인데 본질은 제네바 법이니 「1954년 헤이그협약」은 국제인도법의 사생아라고 할 수 있겠습니다.

이렇다 보니 「1954년 헤이그협약」은 몇 가지 도전에 직면해야 했습니다. 첫 번째는 문화유산의 정의에서 비롯된 모호함입니다. 문화유산을 보호하는 대피시설마저 문화유산으로 정의하여 각국의 법적 개념과 맞지 않기 때문입니다. 그 결과 문화유산의 특성에 따른 다양한 조약이 발달할 수밖에 없었습니다.

두 번째는 「1954년 헤이그협약」이 갖는 일반보호와 특별보호의 한계입니다. 1999년 3월에 채택된 제2의정서는 바로 그 한계를 극복하기 위해 마련되었습니다. 그리하여 도입된 제도가 '강화된 보호(Enhanced protection)'입니다. 강화된 보호 제도는 '인류에게 가장 중요한 문화유산'으로 대상을 한

문화유산 보호를 위한 다자 조약

구분	협약명(약칭)	협약 내용
Convention for the fight against the illicit trafficking of cultural property	문화재의 불법적 반출입 및 소유권 양도의 금지와 예방 수단에 관한 협약 (1970년 유네스코협약)	문화재의 이동 측면에서 불법 거래 방지 (채택 1970. 11. 14. / 발효 1972. 4. 24.)
PATRIMONIO MUNDIAL · WORLD HERITAGE · PATRIMONE	세계 문화 및 자연유산 보호에 관한 협약 (1972년 세계유산협약)	인류에게 탁월하고 보편적 가치(OUV)를 지닌 문화유산 및 자연유산의 보호 (채택 1982. 11. 16. / 발효 1975. 12. 17.)
UNIDROIT	도난 또는 불법 반출 문화유산에 관한 유니드로아협약 (1995년 유니드로아협약)	영미법계 국가들과 대륙법계 국가들 간 민법상의 차이를 최소화하여 장물 세탁을 방지 (채택 1995. 6. 24. / 발효 1998. 7. 1.)
The Protection of the Underwater Cultural Heritage	수중문화유산 보호에 관한 협약 (2001년 수중문화유산협약)	100년 이상 수중에 잠긴 문화유산 보호 및 상업적 발굴 제한 (채택 2001. 11. 2. / 발효 2009. 11. 2.)
	무형문화유산 보호를 위한 협약 (2003년 무형문화유산 보호협약)	무형문화유산 보호 및 존중의 보장 (채택 2003. 10. 17. / 발효 2006. 1. 20.)

정하되 일반보호의 '군사상 필요성' 요건을 엄격하게 통제하고, 특별보호의 '적절한 거리' 요건을 삭제하여 실질적인 보호가 가능하도록 했습니다.

세 번째는 전쟁 중 문화유산의 보호가 갖는 의미가 1996년 국제사법재판소의 기준으로 보면 제네바 법이라는 점입니다. 당초 「1949년 제네바협약」은 제1협약(육전 부상자, 병자), 제2협약(해전 부상자, 병자, 조난자), 제3협약(포로), 제4협약(민간인) 등으로 보호 대상을 확대했지만, 아쉽게도 문화유산은 제외되었습니다. 그리하여 「1949년 제네바협약」의 기능적 취약성을 보완하기 위해 「1954년 헤이그협약」이 채택되었습니다. 그리고 1977년에 들어서 문화유산 보호 규정을 새롭게 반영한 두 건의 추가 의정서가 마련되어 「1949년 제네바협약」을 보완하고 발전시킬 수 있었습니다. 이를 통해 전쟁 중 문화유산 보호의 제네바 법 반영이라는 정체성을 확고히 세울 수 있었던 것입니다. 또한 제네바 법 위반자를 형사처벌 할 목적으로 「1998년 국제형사재판소에 관한 로마 규정」이 채택되었는데, 바로 전쟁범죄(제8조)에 문화유산에 대한 고의적인 공격을 포함하고 있습니다.

제16조 문화재 및 예배 장소의 보호

1954년 5월 14일 자의 무력 충돌 시 문화재의 보호에 관한 헤이그협약의 규정을 침해함이 없이 국민의 문화적·정신적 유산을 구성하는 역사적 기념물, 예술작품 또는 예배 장소에 대한 적대 행위는 금지되며, 군사적 노력 지원에 이들을 사용하는 것은 금지된다.

—「1949년 제네바협약에 대한 추가 의정서(제2의정서)」(1977. 6. 8. 채택)

제8조 전쟁범죄

2. 이 규정의 목적상 "전쟁범죄"라 함은 다음을 말한다.

　나. 확립된 국제법 체제 내에서 국제적 무력 충돌에 적용되는 법과 관습에 대한 기타 중대한 위반, 즉 다음 행위 중 어느 하나.

　(1)~(8) 생략

　(9) 군사 목표물이 아닌 것을 조건으로, 종교·교육·예술·과학 또는 자선 목적의 건물, 역사적 기념물, 병원, 병자와 부상자를 수용하는 장소에 대한 고의적 공격.

—「1998년 국제형사재판소에 관한 로마 규정」(1998. 7. 17. 채택)

09
문화유산, 테러에 직면하다

2001년 3월 탈레반은 세계문화유산 〈바미안 석불〉을 로켓으로 완전히 파괴했습니다. 문화유산은 전쟁뿐 아니라 테러에까지 직면하게 되었습니다. 세계 최대 크기의 불상이었던 이 아프가니스탄의 보물은 이미 1979년 구소련의 침공으로 훼손되기 시작했고, 1998년에는 내전으로 머리와 다리가 부서졌습니다. 탈레반이 이 석불에 내린 죄목은 '이슬람 신에 대한 모독'이었습니다. 아프가니스탄 정부는 탈레반에 대한 상징적인 승리 선언을 위해 석불의 복원을 바라고 있습니다. 정치적 동기에 의한 파괴였고, 정치적 동기에 의한 부활인 셈입니다.

테러(terror)는 공포, 두려움, 폭정을 뜻하는 프랑스어 '테뢰르(Terreur)'에서 유래합니다. 프랑스혁명기 로베스피에르^{Maximilien Robespierre(1758~1794)}의 공포정치(la Terreur)를 가리키는 용어로 처음 사용되었으며 '공포를 통해 정치적 목적을 달성하는 행위'라고 해석할 수 있습니다. 하지만 국제사회에서 테러에 대한 정의가 명확하게 합의된 것은 아니었습니다. 1960년대 아시아·아프리카에서 활발하게 논의되었던 민족자결권(self-determination)을 두고 서구 진

〈바미안 석불〉 55m 높이의 서쪽 불상. 파괴되기 전과 후의 모습

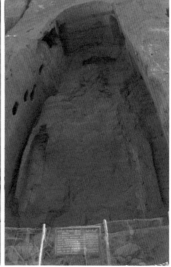

〈바미안 석불〉 38m 높이의 동쪽 불상. 파괴되기 전과 후의 모습

팔미라 바알 샤민 신전 폭파　2015년 테러단체 이슬람국가(IS)가 시리아 팔미라에 있는 바알 샤민 사원
(Baal Shamin temple)을 파괴하는 것으로 추정되는 장면입니다.

영과 제3세계 국가들은 테러에 대한 해석을 달리했습니다. 민족자결권은 한
민족이 자신들의 정치적 운명을 스스로 결정하는 권리를 뜻합니다. 서구 국
가들은 민족자결권의 이름으로 테러가 은폐되는 것을 우려했고, 제3세계 국
가들은 민족자결권의 행사가 테러로 간주되는 것을 염려했기 때문입니다.

　문화유산에 대한 테러는 두 가지 형태로 나타났습니다. 하나는 〈바미안
석불〉처럼 정신적 상징물을 파괴해 보복하는 형태이고, 또 하나는 문화유
산 밀거래를 통해 테러 자금에 충당하는 것입니다. 문화유산이 테러 자금으
로 충당되는 것을 방지하기 위해 유엔 안전보장이사회(UN Security Council,
'UNSC')가 나섰습니다. 그런데 테러 방지가 주된 목적이다 보니 문화유산은
단순히 경제 자산으로 인식되었습니다. 1990년 8월 2일 이라크가 쿠웨이트
를 침공했을 때 유엔 안전보장이사회는 「유엔 안보리 결의 661호」(1990. 8. 6)

팔미라 벨 신전 파괴 2014년 3월 파괴되기 전 〈팔미라 유적〉의 벨 신전(Temple of Bel, 손에 들고 있는 사진)과 2015년 9월 파괴된 후의 모습입니다.

를 채택했습니다. 「결의 661호」는 이라크에 대한 경제제재가 목적이었고 문화유산은 테러 자금과 연결되었다는 이유로 경제 자산에 포함되어 통제를 받았습니다. 이후 이라크가 「결의 661호」를 위반했을 때 다시 「유엔 안보리 결의 1483호」(2003. 5. 22)가 채택되었습니다. 이 결의를 통해 이라크에 대한 경제제재는 일부 해제되었지만 무기 금수禁輸와 함께 문화유산 거래에 대한 제재는 지속되었습니다.

2015년에 테러단체 이슬람국가(Islam State, IS : 명칭을 변경하기 전에는 '이라크－레반트 이슬람국가[Islamic State of Iraq and the Levant, ISIL, ISIS]'로 불림)와 알누스라전선(ANF, 알카에다의 시리아 지부)이 시리아에서 세계문화유산 〈팔미라 유적〉을 파괴했습니다. 국제사회는 분노했고 충격에 빠졌습니다. 당시 이 테러단체들은 이라크와 시리아의 고고 유적지, 박물관, 도서관 등에서 문화유산을 도굴하고 밀거래하여 테러 자금으로 충당했습니다. 이때 유엔 안전보장이사회는 「유엔 안보리 결의 2199호」(2015. 2. 15)를 채택했습니다. 「결의 2199호」는 세계 여러 나라에 이라크와 시리아에서 반출된 문화유산의 거래를 중단할 것을 요구했습니다. 특히 이라크의 경우에는 1990년 8월 6일 이후, 시리아의 경우에는 2011년 3월 15일 이후 반출된 문화유산으로 대상까지 규정해놓았습니다. 그런데 왜 문화유산의 거래 중단일이 이라크와 시리아가 따로 나뉘었을까요? 또 각각의 기준일이 1990년 8월 6일과 2011년 3월 15일로 어떻게 특정화되었을까요? 사실 이날들은 이라크와 시리아에 대한 경제제재일입니다. 유엔 안전보장이사회의 관점에서 보면 문화유산은 기술적으로는 경제 자산에 불과하며 따라서 테러단체들이 자금을 조달하기 위한 다양한 자금원 중 하나로 파악한 것입니다. 유엔은 전문기관 중심으로 분업하여 일하고 있는데 문화유산은 오랫동안 유네스코의 전문 영역이었습니다. 유네스코는 「1954년 헤이그협약」을 주관하며 무력 충돌 과정에서 문화유산을 보호하기 위해 노력하고 있습니다. 문제는 더욱더 고도화되는 무기가 사용되는 새로운 전쟁과 문화유산을 가리지 않고 공격하는 테러입니다. 테러를 방지하기 위해서는 국가적 협력뿐만 아니라 다양한 테러단체의 마약이나 위조지폐 등 자금원을 차단할 필요가 있었습니다. 문화유산이 무력 충돌의 전쟁뿐 아니라 테러에 노출되면서 경제 자산으로 인식되었고, 그 때문에 유엔 안전보장이사회에서 다루어졌던 것입니다.

그러다가 작은 변화가 시작되었습니다. 「유엔 안보리 결의 2347호」(2017. 3. 24)를 통해서입니다. 이 결의안은 성지, 종교적 공예품, 유적지, 박물관, 도서관 등의 파괴와 약탈을 규탄했고 각국 간의 사법 공조를 강화했습니다. 「1954년 헤이그협약」이나 1977년에 채택된 「1949년 제네바협약」의 추가 의정서(제1의정서·제2의정서)와 같이 군사적 공격으로부터 문화유산을 보호하기 위한 여러 국제 수단이 존재함에도 유엔 안전보장이사회는 2017년에 별도의 결의안을 채택했습니다. 이것은 문화유산을 경제 자산이 아닌 그 자체의 정체성으로 보호하는 유엔 안전보장이사회의 첫 번째 결의안이라는 점에서 의의가 있습니다. 이를 위반하면 「유엔헌장」 제7장에 따른 강력한 제재가 수반됩니다. 「유엔 안보리 결의 2347호」는 국제사회가 테러에 대해 보내는 문화유산의 답변입니다.

2부

출처를 알면 문화유산이 즐겁다

들어가는 글

　영화 〈리틀 포레스트〉(임순례 감독, 2018)는 주인공 혜원(김태리 역)이 고향으로 돌아와 사계절을 보내면서 성장하는 이야기입니다. 혜원은 집 주변에서 손수 구한 재료들로 제철 음식을 만듭니다. 봄 향기를 담아낸 아카시아꽃 튀김과 여름 무더위를 식혀주는 향긋한 오이면 콩국수를 비롯해 서늘한 가을 바람이 불면 달짝지근한 밤조림이 등장합니다. 주변에서 직접 구한 값싼 재료들과 개인 일과를 온전히 쏟아부은 값비싼 노동의 결과였습니다.

　음식에는 전제되는 두 가지 사실이 숨어 있습니다. 첫째, 모든 음식에는 재료의 출처가 있다는 사실입니다. 마을 곳곳에 피는 아카시아꽃이며 텃밭에서 정성스럽게 길러지는 오이며 집 뒤 산자락을 잔뜩 메웠던 밤송이들도 음식 재료가 되는 이상 원소재지와 품종이 있습니다. 둘째, 인간의 개입 없이는 음식 재료가 한 장소에서 다른 장소로 이동하지 못한다는 사실입니다. 재료의 재배부터 운반, 보관, 매매 등에 이르기까지 모든 과정에 사람이 개입합니다. 음식을 탐구한다고 할 때 여기에는 단순히 그 음식 자체의 맛이나 모양뿐만 아니라 식재료의 재배지나 품종에서부터 운반, 보관, 매매에 이르는 모든 과정이 포함됩니다.

　그러므로 우리 이야기는 혜원의 식탁이 아니라 혹한의 저녁 고등어 김치찌개가 끓고 있는 당신의 식탁에서 시작하는 것이 맞습니다. 우리가 주인공 혜원처럼 한 끼 자급자족의 저녁 식사를 위해 배를 타고 남해에 나가 그물을

영화 〈리틀 포레스트〉 포스터

치고 고등어를 잡아 올 수는 없기 때문입니다. 아마도 당신은 마트나 수산물 시장에 가서 신선한 고등어를 골랐을 것입니다. 당신으로 하여금 이 고등어 값을 지불하도록 결정한 것은 가격이나 크기이기도 할 터이지만, '원산지 정보' 또한 마음을 크게 움직였을 것입니다.

재료의 원산지 정보를 확인하는 것을 '출처(provenance)'라고 합니다. 2013년 12월 28일 영국 일간지 『텔레그레프The Telegraph』는 흥미로운 기사를 실었습니다. 2014년에 다가올 놀라운 10가지 과학기술 혁신에 관한 소식인데, 그 가운데 소비자에게 온라인으로 제품이나 재료에 대한 출처 서비스를 제공하는 '온라인 프로비넌스(www.provenance.org)'가 포함되어 있었습니다. 1990년대 이후 세계무역기구(WTO)가 주도하는 자유무역 체제가 확고해지면서 우리 식탁은 전 세계 곳곳으로부터 온 가공식품과 식재료로 넘쳐납니다. 하지만 '온라인 프로비넌스' 덕분에 우리는 저 멀리 바다 건너의 생산자와 원재료를 손쉽게 확인할 수 있게 되었습니다. 더 정직한 생산자, 더 정직한 재료가 향연을 펼치는 음식 생태계가 구축된 것입니다.

사실 '출처'라는 말은 온전히 문화유산에만 쓰인 용어였습니다. 지금은 그 중요성을 실감하는 일이 많아지면서 음식 재료를 포함하여 자동차, 가방, 선박 등 모든 제조 분야에서 사용되고 있습니다. 문화유산에서 '출처'라는 말이 본격적으로 사용된 것은 1998년이었습니다. 그해 미국 클린턴 행정부와 국제사회는 제2차 세계대전 때 나치가 약탈한 유대인 예술품 문제를 해결하기 위해 치열했습니다. 가장 핵심적인 사안은 어떤 방법으로 나치의 관여를 확인할 것인가였습니다. 정당한 소유를 입증하는 일도 약탈을 입증하는 일도 문서에 의존할 수밖에 없으나 정작 관련 문서를 찾는 일이 쉽지 않았기 때문입니다.

시장에서 고등어 한 마리를 살 때도 그럴진대 만일 여러분이 예술품 시장에서 문화유산을 구입하려 한다면 원소유자나 취득 경위를 따지는 일은 매우 중요합니다. 출처에 관한 한 문화유산은 무거운 책임이 뒤따르기 때문입니다. 만일 여러분이 문화유산을 구입할 경우 출처 확인을 게을리한다면 범죄로 처벌되거나 적어도 재산상의 손실을 피할 수 없을 것입니다. 이 책의 「프롤로그」에서 클림트가 그린 세 점의 마리아 뭉크 초상화를 통해 문화유산에서 출처가 갖는 의미를 살펴봤습니다. 문화유산 하나하나에는 우리가 생각지 못했던 복합적인 이야기들이 담겨 있습니다. 그 이야기를 추적하는 것이 바로 문화유산을 올바르게 이해하는 방법입니다.

10
출처와 '상당한 주의'에 대한 이해

다음은 인간 유해, 종교적 성물, 도난품, 출처를 알 수 없는 유물의 특성을 대표하고 있습니다.

① 인간 유해	② 종교적 성물	③ 도난품	④ 출처 불명
마오리족의 문신 두상 미라(Toi moko)	석가모니 진신사리 (대구 동화사)	라파엘로, 〈청년의 초상〉, 1945년 이전 도난	이집트 명판

여러분이 박물관이나 미술관에서 전시를 담당하는 학예사이고 이 소장품들 중에서 전시 대상을 선택해야 한다고 가정해봅시다. 이때 결코 선택해서는 안 되는 한 가지가 있습니다. 무엇일까요? 이 질문에 답을 얻기 위해서는

먼저 박물관 종사자들의 직무 규범인 「국제박물관협의회(ICOM) 박물관 윤리강령」('ICOM 박물관 윤리강령')에 주목해야 합니다. 「ICOM 박물관 윤리강령」은 박물관 업무 활동에 관한 지침서로, 소장품의 취득이나 처분, 관리를 비롯해 박물관의 모든 윤리적 기준을 담고 있습니다.

「ICOM 박물관 윤리강령」을 통해 하나하나 따져보면서 해답을 찾아볼까요? 「ICOM 박물관 윤리강령」은 인간 유해나 신성한 의미를 지닌 종교적 성물을 '민감한 자료(sensitive materials)'라고 부르고 있습니다. 민감한 자료는 원칙적으로 전시가 가능합니다(「ICOM 박물관 윤리강령」 4.3). 다만 그것이 유래되었다고 알려진 공동사회, 민족 또는 종교단체 구성원들의 이해관계와 믿음을 고려해야 합니다. 또한 해당 공동체에서 전시 철수를 요청할 때는 신속하게 이행해야 합니다. 따라서 ①과 ②는 전시할 수 있으니 정답이 아닙니다.

③의 도난품은 어떨까요? 역시 전시 대상으로 보장받을 수 있습니다. 도

난품은 경우에 따라서는 선의취득이 가능합니다. 선의취득이란 동산의 양도인이 정당한 소유자가 아니더라도 양수인이 그런 사실을 전혀 모르고 선의로 그 동산을 점유한 경우에는 양수인의 소유권을 인정하는 제도입니다. 쉽게 말해 선의로 어떤 물건을 취득했다가 뒤늦게 그것이 장물인 줄 알았다면 장물죄가 성립되지 않는 것입니다. 또한 전시 그 자체는 대중에게 문화 향유라는 공익적 목적이 있어서 도난품으로 확인된다고 하더라도 박물관 전시에 대한 법적 보호를 받을 수 있습니다. 대표적인 법이 미국의 「1965년 압류면제법」입니다. 이 법은 자국의 비영리 박물관이나 전시 개최자가 외국 박물관으로부터 소장품을 대여하여 전시하는 경우, 자국민의 문화유산 향유를 강화하기 위해서 설사 도난품이라 하더라도 전시하는 동안에는 압류와 같은 강제 조치를 면제해주는 것입니다.

이제 답이 보이겠군요. 맞습니다. ④의 '출처를 알 수 없는 유물'이 절대로 전시해서는 안 되는 것입니다. '출처를 알 수 없는 유물'은 원칙적으로 전시가 금지되며 교육을 통한 활용도 불가능합니다. 출처가 확인되지 않는 유물을 전시나 교육에 활용한다는 것은 문화유산의 부정한 거래를 묵과하거나 원인을 제공하는 행위로 보기 때문입니다(「ICOM 박물관 윤리강령」 4.5). 출처를 알 수 없는 유물은 그만큼 박물관의 공공성을 위협하는 아주 큰 문제입니다. 박물관 입장에서 출처가 갖는 중요성을 반영한 것이기도 합니다.

「ICOM 박물관 윤리강령」은 출처의 정의를 다음과 같이 밝혀 놓았습니다.

> **출처**(Provenance) 발견되거나 창작된 시점에서부터 현재까지의 박물관 자료에 관한 모든 내력 및 소유권 전반을 가리키는 용어로서 진위 여부와 소유권을 결정한다.

출처를 조사한다는 말은 곧 소장품의 이력을 조사하는 일이므로 이를 통해 소장품의 진위나 가치, 소유권을 판별할 수 있습니다. 영미법계 국가들은 박물관이나 미술관에 소장품의 출처를 스스로 규명할 법적 의무를 부여하는데 이를 가리켜 '상당한 주의(due diligence)'라고 부릅니다. 「ICOM 박물관 윤리강령」은 상당한 주의를 '사실을 확립하기 위해 취하는 모든 노력으로서 통상적으로는 소장품의 출처를 확인하는 것'이라 정의하고 있습니다. 박물관이나 미술관으로서는 출처를 조사하는 일만으로 상당한 주의를 이행했다고 인정받을 여지가 있습니다. 출처가 갖는 유용성을 법의 언어로 표현한 것이 '상당한 주의'인 셈입니다. 그러나 유의해야 할 점이 있습니다. 어느 정도까지 주의해야 '상당한 주의'로 인정받을 수 있을까요? 조작될 가능성이 있다는 점을 감안하여 출처만 정확히 확인하면 되는 것일까요? 그렇지 않기 때문에 「ICOM 박물관 윤리강령」은 상당한 주의를 출처라는 특정 기록에만 국한하지 않고 박물관이 취할 수 있는 '모든 노력'으로 확대하고 있습니다. 그야말로 박물관은 자신의 소장품에 대해 무한책임을 가져야 하는 것입니다.

문화유산은 태어나고 성장하는 과정의 생애주기를 가지고 있습니다. 이 과정에서 사람의 지문과 같이 지워지지 않는 '출처'를 갖기 마련입니다. 출처 정보를 확인한다는 것은 문화유산의 실제 소유권을 확인하려는 선의의 노력이라고 할 수 있습니다. 하지만 일반적이고 획일적인 방법론이 존재하지 않는다는 점에서 오히려 더 많은 전문성이 요구됩니다.

문화유산의 출처는 어떻게 조사하는 것일까요? 예술법센터(Center for Art Law) 설립자인 이리나 타시스[Irina Tarsis]는 2016년 경주에서 개최된 문화유산 환수 전문가 국제회의에 발표자로 참석하여 출처 조사의 방법론을 제시했습니다. 그녀는 문화유산을 검사하고 전문가들에게 자문을 구하며 인쇄된 자료나 디지털 자료를 검색하도록 조언했습니다. 상식을 적용하고 질문을 던지는 조사만이 해당 정황에서 합리적인 행위로 인정받을 수 있다는 말입니다.

출처 정보는 1차 자료와 2차 자료로 구분할 수 있습니다. 1차 자료는 문화유산의 물리적 존재가 출처 정보를 제공하는 경우입니다. 예술가의 서명, 캔버스 판매인의 인장, 경매 회사의 레이블, 박물관 스티커 등이 있습니다. 이외에 비의도적인 시각적 단서도 존재합니다. 조각상의 파편이나 갈라진 틈 사이에 엉긴 흙, 서명 철자의 오류도 있을 수 있습니다. 비의도적인 시각적 단서를 대표하는 것이 오래된 유화나 도자기에 남아 있는 특유의 잔금인 '빙열氷裂'입니다. 서양에서는 크래클루어(craquelure)라고 부르는데 우리나라에서는 이러한 잔금이 마치 얼음이 갈라졌을 때의 모습과 같다고 해서 빙열이라고 부릅니다. 유화의 물감이나 도자기의 유약은 시간이 오래 지나면 박락되고 갈라져서 틈이 생기기 마련입니다. 이 미세한 틈이 잔금으로 나타나는 빙열은 사람의 지문과 같아서 사실상 위조가 불가능하며, 따라서 출처 정보로 기능합니다.

우리나라 문화유산 또한 1차 자료를 통한 출처 확인이 가능합니다. 불화에는 화기畵記가 남아 있고 향완 등 불교 용구에는 원사찰이 기록된 명문이 있습니다. 고서古書에는 소장 정보를 알려주는 장서인藏書印이 있으며 묘지墓誌에는 피장자의 신분과 행적을 알 수 있는 기년명紀年銘이 새겨져 있습니다. 2008년에는 「문화재보호법」(제87조 5항)을 통해 문화유산의 이러한 출처 정보를 인위적으로 훼손한 경우 점유자가 선의취득을 주장할 수 없도록 하는 법적 근거를 마련해 놓았습니다.

2차 자료는 문화유산 거래 과정에서 소유권의 변동이나 이전을 알 수 있는 자료를 말합니다. 박물관 기록, 수납과 매각 장부, 구입 영수증, 경매 도록 등이 있습니다. 2차 자료와 관련하여 최근에 주목받는 것이 '카탈로그 레조네(Catalogue raisonné)'입니다. 카탈로그 레조네는 예술 작가의 모든 작품이 총

망라되어 있는 '전수 도록'입니다.

카탈로그 레조네에 수록되는 정보

- 제목 및 제목 변형, 치수 및 크기, 작품 제작 일자, 출판 당시 소재 및 소유자
- 출처(Provenance): 소유권의 이력
- 전시 이력(Exhibition history), 작품 상태, 작품을 논의하는 참고문헌
- 창작자에 대한 에세이, 비평 및 평가
- 작품 전체 설명, 예술가의 서명, 비문 및 모노그램
- 각 작품의 복제 정보, 귀속·분실·파괴 및 위작으로 인한 작품 목록, 카탈로그 번호

에듬 프랑수아 제르생$^{Edme-François\ Gersaint(1694~1750)}$이 렘브란트 판화와 관련하여 1751년에 제작한 카탈로그 레조네가 역사상 최초로 알려져 있습니다. 카탈로그 레조네에는 출처를 포함하여 20여 가지의 정보가 수록되어 있습니다. 예술품의 경우 카탈로그 레조네를 확인해보면 작품의 소재나 소유권의 변동을 쉽게 파악할 수 있고, 이를 통해 위조 여부뿐만 아니라 취득의 적법성 여부까지 알 수 있습니다. 우리나라에서는 이중섭, 박수근, 이우환 등 화가들의 위작 문제가 1980년대부터 불거지면서 카탈로그 레조네의 필요성이 대두되었습니다. 우리나라 최초의 카탈로그 레조네는 2018년 환기미술관에서 제작한 『김환기 카탈로그 레조네』입니다. 근현대 미술사 자료가 절대적으로 부족한 우리 현실에 비추어 큰 성과로 평가받고 있습니다.

문화유산의 출처를 확인하는 일은 녹록지 않습니다. 1차 자료는 인위적으로 조작되거나 훼손되기 쉽기 때문입니다. 또한 2차 자료는 전쟁이나 화재

2014년 폴 세잔의
온라인 카탈로그 레조네

⬆ 2018년 『김환기 카탈로그 레조네』 발간 특별전 포스터
⬅ 환기미술관 입구

로 존재하지 않는 경우가 대부분입니다. 특히 개인 소유의 경우 구입이나 상속에 대한 기록을 남기지 않는 특성이 있습니다. 도굴의 경우에는 원출토지 확인이 곤란하며, 다수의 소장자 사이에서 문화유산 이전이 반복된 경우에는 추적하기가 어렵습니다. 게다가 절도범들이 출처 기록을 조작하는 경우가 많아 설령 기록이 존재한다고 하더라도 쉽게 신뢰할 수는 없습니다. 많은 시간이 흘렀다면 정보 부족이나 착오로 인해 출처의 진위를 규명하기가 어려울 것입니다.

최근 미국에서 출처에 대한 흥미로운 논쟁이 벌어졌습니다. 2022년 8월 캐시 호출^{Kathy Hochul(1958~)} 뉴욕 주지사는 홀로코스트 교육을 강화하는 내용의 「뉴욕주 교육법」 개정안에 서명했습니다. 1년 뒤인 2023년 8월에 시행될 이 법안에서 주목해야 할 조항은 나치 약탈품의 출처에 관한 표기입니다. 이에 따르면 나치 약탈품의 경우 절도와 압류, 몰수를 비롯해 강박 판매 또는 다른 비자발적 수단으로 주인이 바뀐 예술품을 전시할 때 출처 정보가 관람객의 눈에 잘 띄도록 플래카드로 만들어 설치해야 한다고 규정한 것입니다.

미국 박물관 사회는 1998년부터 나치 약탈품의 출처를 조사하고 공개하기 위해 노력했습니다. 미국박물관협회(AAM)는 1999년 「나치 시기 불법 이전된 소장품에 관한 지침」을 제정하여 출처 조사의 기준과 온라인 공개에 대한 방향을 제시했고, 2003년부터 '나치 시기 출처에 관한 인터넷 포털(Nazi-Era Provenance Internet Portal)'(www.nepip.org)을 운영하며 출처 정보를 공개하고 있습니다. 현재까지 뉴욕의 16개 박물관이 소장한 2,370점을 포함하여 미국의 179개 박물관이 소장한 3만여 점의 소장품 정보가 공개되어 있습니다.

이러한 상황인데 「뉴욕주 교육법」은 박물관이 자발적으로 온라인에 공개했던 출처 정보를 전시 공간에까지 표기하도록 요구한 것입니다. 박물관으로서는 전시품에 나치 약탈품이라는 꼬리표를 붙이는 것이어서 이 법에 거부감을 나타냈습니다. 특히 '강박 판매'나 '비자발적 수단'이라는 표현이 모호하고 대상을 특정하기에 불분명해서 논란이 되었습니다. 또한 민간이 운영하는 박물관에까지 출처 표기를 요구하는 것은 헌법상 '표현의 자유'와 부딪칠 수 있습니다. 무엇보다도 박물관은 자신들의 소장품이 자체의 예술적 요소로써 관람객에게 전시되어야 한다는 신념을 갖고 있기 때문에 출처 정보를 전시 공간에 표기하는 것이 불필요하다고 보는 경향이 큽니다.

「뉴욕주 교육법」은 준수하지 않아도 처벌받지 않는다는 점에서 박물관에 대한 도덕적 요구라고 할 수 있습니다. 여러 논란에도 불구하고 소장품의 출처를 전시 공간에까지 표기하는 것은 박물관의 투명성을 높이는 길입니다. 1998년 이후 나치 약탈품 문제를 해결하기 위해 각국 정부가 나섰다고는 하지만 홀로코스트로 인해 600만여 명이 사망했고 약탈로 확인된 예술품이나 문화유산만 60만여 점이라는 상황을 감안하면 최근 수백여 건의 반환 성과는 납득할 만한 수준은 아닙니다. 박물관은 자신들의 소장품이 지닌 폭력적인 기원에 솔직해져야 합니다.

출처 기록이 갖는 모호성이나 신뢰의 문제를 해결할 수 있는 방법은 취득자에게 '주의' 의무를 부과하는 것입니다. 특히 박물관은 전문기관으로서 출처를 포함해 소장품의 이력을 다양하게 확인해야 하는 '상당한 주의' 의무가 있습니다. '상당한 주의'의 방법에 대해서는 국가마다 다르게 실행하고 있습니다. 국제조약에서 처음으로 상당한 주의의 방법을 구체화한 것이 「1995년 유니드로아협약」입니다. 이 협약은 1995년 6월 24일 채택되었고 3년 후인 1998년 7월 1일 발효되었습니다. 유니드로아(International Institute for the Unification of Private Law, 'UNIDROIT')는 정부 간 국제기구인 국제사법통일연구소를 가리키며 사무소는 이탈리아 로마에 있습니다. 이 기구는 국가 간에 적용되는 사법이나 상법을 현대화하고 조화롭게 조정하기 위한 목적으로

1926년에 설립되었습니다. 문화유산의 경우에도 이러한 관점에서 접근하고 있습니다. 즉, 각국 간 문화유산 거래나 취득에 관련된 사법상 기준을 통일하여 법적 허점으로 인해 발생할 수 있는 문화유산 불법 거래의 세탁을 방지하기 위한 것입니다. 또한 선의취득을 인정하지 않는 영미법계 국가들과 이를 인정하는 대륙법계 국가들 간의 사법상의 조화를 시도하는 것입니다.

「1995년 유니드로아협약」에서 눈여겨볼 것은 '도난 알고리즘'입니다. 도난 알고리즘은 세 가지로 구성되어 있습니다. 첫 번째는 도난품으로 확인되면 이유를 불문하고 무조건적으로 원소유자에게 원상회복하도록 했습니다. 두 번째는 '상당한 주의'를 이행한 것으로 확인될 때만 점유자는 보상을 받을 수 있습니다. 세 번째는 '상당한 주의'의 이행 여부를 판단하는 기준을 6가지(협약 제4조)로 제시하고 있습니다. 이 6가지는 '상당한 주의'를 이행하는 방법으로도 평가되는데 구체적인 내용은 다음과 같습니다.

상당한 주의의 기준은 첫째, '당사자의 특성'을 고려하는 것입니다. 박물관 학예사나 경매 회사의 중개인들은 전문가이기 때문에 일반인보다 더 높은 수준의 주의 의무를 부담해야 합니다. 둘째, '지불된 가격'입니다. 만일 어떤 특정 예술품의 가격이 시장가격에 비해 터무니없이 저렴하다면 특별한 주의가 필요합니다. 절도와 연관되어 암시장에 출현한 것일 수 있기 때문입니다. 셋째, 합리적으로 접근 가능한 '도난품 등록 장부'입니다. 국제적으로는 인터폴이 운영하는 '도난 예술품 DB'가 신뢰받고 있습니다. 1995년 개설된 후에 129개국에서 4만 5,000여 건의 도난품이 등재되어 있습니다. 넷째, 합리적으로 획득할 수 있는 정보나 문서입니다. 대표적인 것이 카탈로그 레조네입니다. 다섯째, 책임 있는 기관들에 '조회'하는 것입니다. 여러 나라에서는 문화유산의 도난을 방지하기 위해 별도의 전문기관을 운영하고 있습니다. 해당 전문기관에 도난 여부를 확인하는 일은 가장 쉬우면서도 모범적인 방법이라고 할 수 있습니다. 마지막으로, 특정 상황에서 합리적인 사람이라면 취했을 '모든 조치'입니다. 이 기준은 협약에서 규정한 것 외에도 상황에 따라 다양한 방법이 존재할 수 있음을 의미합니다.

상당한 주의는 전문가 책임과 더욱 깊은 관련이 있습니다. 예를 들어 의료사고의 경우 환자 측이 의사의 과실을 입증하는 것은 높은 수준의 의학 지식을 필요로 한다는 점에서 현실적이지 않습니다. 오히려 전문가인 의사에게 무과실을 입증하도록 하는 것이 의료사고를 예방하는 올바른 길입니다. 전문가 책임을 강화하는 것은 우리나라를 비롯한 국제사회의 추세입니다. 문화유산의 경우 전문가 책임은 1980년대부터 확립되기 시작했습니다. 박물관이나 미술관 학예사에게 더 높은 수준의 책임을 부과하는 것은 그들이 갖는 전문성 때문에 매우 반가운 일입니다.

출처와 상당한 주의는 문화유산의 윤리성을 확립한다는 점에서 박물관이나 미술관 등 전문기관뿐만 아니라 일반적인 수집가들에게도 의미가 있습니다. 다른 사람이 소유하지 못한 것에 대한 강력한 수집욕은 자연스러운 일이지만 여기에는 책임이 뒤따르기 때문입니다. 우리가 컬렉터(collector)가 된다고 해서 반드시 전문가를 뜻하는 카너소어(connoisseur)가 되어야 하는 것은 아니지만 수집품 취득 과정에서 출처와 상당한 주의에 대한 이해가 없다면 그것은 불행한 결말을 맞을 수 있습니다.

11
힌두의 보물과 '눈으로만 하는 상당한 주의'

인도는 힌두교의 나라이면서 신들의 나라입니다. 인도의 수많은 신 가운데 시바(Shiva)는 21억 6000만 년마다 우주를 파괴하고 새롭게 창조하는 최고의 신으로 간주됩니다. 힌두교 신화에 따르면 시바는 카일라쉬 산(Mount Kailash)에서 아내 우마(Uma, 파르바티Parvati)와 두 아들인 가네샤(Ganesha), 카르티케야(Kartikeya)와 함께 살았다고 합니다. 시바는 무용의 창시자이기도 해서 춤의 제왕이라는 뜻의 '나타라자(Nataraja)'라는 별칭도 갖고 있습니다. 특히 청동 신상神像에서 춤을 추고 있는 시바의 모습을 종종 볼 수 있습니다.

이번에 살펴볼 주제는 인도 남부의 타밀나두(Tamil Nadu)에 있는 작은 마을 스리푸란단(Sripuranthan)에서 시작합니다. 이 마을에는 폐허나 다름없는 힌두교 사원이 있는데 뜻밖에도 11세기 촐라왕조(Chola dynasty) 시대에 제작된 청동 신상들이 발견되면서 유명해졌습니다. 촐라왕조는 기원전 300년경 남인도에 세워진 고대 해양국가로 13세기 중엽까지 발전했으며 고대 그리스에 비견될 정도로 풍부한 문화유산을 남겼습니다.

2006년 1월 한 무리의 절도단이 이 힌두교 사원에 들이닥쳐서 보물들을

시바

시바의 아내 우마 파르메슈와리

약탈했습니다. 2011년 10월 독일 프랑크푸르트 공항에서 한 남자가 인터폴에 긴급체포됩니다. 나중에 알려진 사실이지만 그는 뉴욕에서 인도 유물을 전문적으로 수집하고 매매하는 수바시 커푸어Subhash Kapoor라는 인도계 미국인이었습니다. 커푸어는 2005년 9월 인도 타밀나두의 첸나이(Chennai)에서 절도단에게 유물을 훔칠 것을 사주했습니다. 마을 사람들이 도난 사실을 확인한 것은 2008년 8월이었습니다. 인도 경찰은 분주하게 움직였습니다. 이런 종교 사원을 대상으로 하는 절도 범죄는 대개 지역 특성을 잘 알고 있는 내부인이 연루되어 있기 마련입니다. 수사가 시작된 지 7개월 만인 2009년 3월 인도 경찰은 절도 사건에 연루된 지역 주민 7명을 체포하고 사건의 전모를 파악했습니다.

시바와 그의 아내 우마, 그리고 아들 가네샤 청동상은 놀랍게도 커푸어가

시바와 우마의 아들 가네샤

출처 정보를 합법적인 것처럼 조작하여 호주국립미술관(National Gallery of Australia), 싱가포르 아시아문명박물관(Asian Civilisations Museum), 미국 톨레도미술관(Toledo Museum of Art) 등에 이미 매매해버렸습니다. 2012년에 미국 수사기관이 커푸어의 뉴욕 수장고를 급습해 절도로 의심되는 잔여 예술품을 압수했고 2013년 12월 공범자를 뉴욕 법원에 기소했습니다.

2013년 12월 절도범에 대한 미국의 형사 처리는 호주국립미술관을 놀라게 했습니다. 호주국립미술관도 사정이 전혀 없지는 않았습니다. 호주국립미술관은 2008년에 〈시바 청동상〉에 관한 출처 정보가 위조된지도 모른 채 560만 호주달러(한화 약 46억 원)라는 거액을 들여 구입했습니다. 2014년 2월 호주국립미술관이 먼저 인도 정부에 반환 문제를 논의하기 위해 연락했습니다. 인도 정부는 3월 호주 정부에 〈시바 청동상〉이 도난당했다는 증거자료를 보

<시바 청동상> 반환식 2014년 9월 5일 인도 뉴델리에서 나렌드라 모디 인도 총리(왼쪽)와 토니 애벗 호주 총리가 만나 <시바 청동상> 반환 기념식을 가졌습니다.

내면서 공식적으로 반환을 요청했습니다.

인도와 호주는 반환 협상을 시작한 지 6개월쯤 지난 2014년 9월 5일 토니 애벗Tony Abbot(1957~) 호주 수상이 나렌드라 모디Narendra Modi(1950~) 인도 총리에게 청동상을 반환하면서 아름다운 결말을 맺었습니다. 이렇게 빠른 시간 안에 반환이 가능했던 것은 청동상의 반출이 인도와 호주 양국 법률에 모두 위반되었기 때문입니다. 인도는 「1972년 유물법」을 통해 1972년 이후 모든 유물은 인도 정부의 소유로 규정하면서 허가 없는 문화유산의 반출을 금지했습니다. 또한 호주는 「1986년 동산문화유산보호법」을 통해 외국 정부가 반출을 금지한 문화유산의 호주 반입을 금지한 것입니다.

절도되었다가 인도에 반환된 청동 신상 이야기는 인도와 호주로 끝나지 않습니다. 싱가포르에 소재하는 아시아문명박물관은 2007년 커푸어로부터

65만 달러에 〈우마 청동상〉을 구입했습니다. 그러나 2015년 11월 이 청동상을 인도에 반환했습니다. 이로써 호주와 싱가포르에 각각 떨어져 있던 남편(시바)과 아내(우마)의 청동 신상은 타밀나두의 쿰바코남(Kumbakonam)에 위치한 인도 문화부 산하 고고학조사청이 운영하는 '아이콘 센터'에서 운명의 재만남을 가졌습니다. 이 만남은 인도뿐만 아니라 국제사회에서도 주목했습니다. 〈우마 청동상〉에 세상의 이목이 집중되고 있는 와중에 〈가네샤 청동상〉 또한 2015년에 반환되었습니다. 미국 오하이오에 있는 톨레도미술관은 커푸어의 위조된 출처 정보에 현혹되어 2006년 인도의 고대 유물 64점을 구입했는데 여기에 24만 5,000달러의 〈가네샤 청동상〉이 포함되었던 것입니다.

국제 미술품 시장에서 인도 촐라왕조 시대의 청동상은 선호가 매우 높은 편입니다. 1m가 조금 넘는 〈시바 청동상〉은 예술품 시장에서 50여억 원을 오르내릴 정도입니다. 인도는 1972년 이후 모든 유물의 반출을 엄격하게 금지했기 때문에 미술품 시장에서는 오히려 촐라왕조의 유물을 구하려는 이들이 더욱 많아졌습니다. 이른바 공급이 수요를 따라가지 못하는 상황이었던 것입니다. 커푸어는 이를 교묘하게 이용했습니다. 출처를 조작하여 1972년 이전에 반출된 것으로 위조했습니다. 이 농간에 호주국립미술관뿐 아니라 미국과 아시아의 박물관들도 속아 넘어갔던 것입니다.

지금부터는 출처에 관한 심도 있는 이야기를 해보겠습니다. 설사 커푸어가 출처 정보를 조작했다고 하더라도 호주국립미술관과 박물관 등은 힌두의 청동 신상들에 대한 도난 여부를 철저하게 확인했어야 합니다. 박물관은 전문기관으로서 일반인보다 높은 수준의 '주의 의무'가 있기 때문입니다. 즉, '상당한 주의'가 요구되는 것입니다. 촐라왕조 시대의 유물인 만큼 그것의 도난 여부를 인도 정부와 타밀나두 주정부에 확인하는 기본적인 조치가 실행되었어야 한다는 뜻입니다. 이는 「ICOM 박물관 윤리강령」의 기본 취지이기도 합니다.

직접적으로 문제가 불거진 곳은 호주국립미술관이었습니다. 호주국립미술관은 커푸어로부터 힌두 유물을 560만 호주달러에 구입했는데 이것이 장물로 밝혀졌으니 소유권이 날아갈 상황이었습니다. 공중으로 사라질 거액이 아까울 법도 합니다. 결국 호주국립미술관 측은 민사소송을 통해 뉴욕 매매업자에게 구상권을 청구했습니다. 박물관 내부의 의사 결정 과정은 공개되지 않는 것이 일반적이지만 소송이라는 특수한 상황에 당면해 있던 호주국립미술관 측은 자신들이 시행한 '상당한 주의'의 결과물을 공개할 수밖에 없었습니다. 물론 호주국립미술관이 출처를 확인하지 않은 것은 아니었습니다. 일단 커푸어에게서 받은 출처 정보가 있지만 이는 위조되었으므로 의미가 없습니다. 문제는 호주국립미술관 스스로 '상당한 주의'를 충실하게 이행했다고 주장한 증거자료에 있었습니다. 그것은 바로 예술품분실등록소(Art Loss Resister, ALR)가 발행한 도난확인서입니다.

예술품분실등록소는 런던을 중심으로 활동하는 상업 법인으로, 도난 여부를 확인해주고 소정의 수수료를 받습니다. 뉴욕에 기반을 둔 비영리법인 국제예술연구재단의 자회사로 1991년에 설립되었습니다. 1998년 워싱턴회의(☞28장 386쪽, 29장 410쪽) 이후 전 세계적으로 출처와 '상당한 주의'에 대한 갈증이 폭발하면서 박물관이나 도서관뿐만 아니라 매매업자, 문화유산 애호가 등을 대상으로 도난 여부를 확인해주는 문화상품이 등장한 것이었습니다.

만일 여러분이 예술품분실등록소를 이용하고자 한다면 인터넷 홈페이지(www.artloss.com)를 통해 100달러를 지급하면 비록 제한된 정보에 근거한 것이기는 하나 도난확인서를 발급받을 수 있습니다. 그러나 불행하게도 이 행위는 법적으로는 아무런 보호를 받을 수 없습니다. 〈시바 청동상〉을 구입하는 과정에서 호주국립미술관이 그랬습니다. 예술품분실등록소로부터 "도난 여부가 확인되지 않는다"는 확인서를 발급받은 것이 전부였습니다. 이 확인서는 구상권 소송 과정에서 법원에 제출되었고, 호주국립미술관은 자신들이 철저하게 '상당한 주의'를 이행했다고 홍보했습니다. 그러자 비판과 조롱이 빗발쳤습니다. 민간 차원에서 도난 문화유산을 추적하는 시민운동 단체인 '아프로디테를 찾아서(Chasing Aphrodite)'가 이 비판에 동참했습니다. 호주국립미술관이 '눈으로만 하는 상당한 주의(optical due diligence)'에 그쳤다는 비난이었습니다. 원래 이 용어는 30년 전 게티미술관(J. Paul Getty Museum) 학예사가 고안해낸 것입니다. 지금도 문화유산에 대한 출처 조사의 부주의함을 냉소하는 용어로 쓰이고 있습니다.

문화유산을 훔친 절도범들은 장물이라는 꼬리표를 떼기 위해 출처 정보를 조작하기 마련입니다. 호주국립미술관은 이 점에 유의해서 상당한 주의를 철저하게 이행했어야 합니다. 박물관과 같은 전문기관의 '눈으로만 하는 상당한 주의'는 법적 문제와 연결되기 때문입니다. 미국은 「1943년 연방도품법」을 제정하여 각 주州나 국가의 경계를 넘어 거래되는 5,000달러(한화 약 700만 원) 이상의 장물을 취득한 경우 해당 장물을 몰수할 뿐만 아니라 취득자를 처벌하고 있습니다. 이때 「1943년 연방도품법」을 적용하기 위해서는 두 가지 요건이 필요합니다. 하나는 장물이라는 사실을 법률에 따라 입증해야 하고, 또 다른 하나는 취득자가 사전에 장물이라는 사실을 알고 있어야 하는데 이를 가리켜 '범죄의사(Mens Rea)'라고 합니다. 한편, 장물의 취득자가 박물관인 경우에 미국 수사당국은 그 전문성을 고려하여 박물관이 상당한 주의를 제대로 이행하지 않은 것을 범죄의사로 간주합니다. '눈으로만 하는 상당한 주의'는 범죄의사로 간주될 수 있다는 사실을 명심해야 합니다.

12
할리우드 배우들의 별난 수집품

2022년 포켓몬 빵이 선풍적인 인기를 끌며 우리 사회를 뜨겁게 달궜습니다. 동네 마트마다 포켓몬 빵을 사려는 아이와 부모 들로 붐볐고 SNS에서는 구매 성공담이 자랑처럼 쏟아졌습니다. 그 빵에는 포켓몬 스티커가 1장씩 들어 있는데 모두 모으면 159종이라고 합니다. 사람들은 왜 159종이나 되는 포켓몬 스티커를 모으려고 그 많은 빵을 살까요? 물론 제빵 회사의 차별적 마케팅이 그 치명적인 수집욕을 불러일으켰겠지만 우리는 '사람들은 왜 수집하는가?'라는 질문을 생각해볼 수 있습니다.

사람들의 수집욕에는 다양한 이유가 있을 것입니다. 하지만 한 개인의 수집욕이 감상鑑賞으로 연결되지 않는다면 그것은 불행해질 수밖에 없습니다. 18세기 프랑스 계몽주의 철학자 드니 디드로^{Denis Diderot(1713~1784)}에서 유래된 연결적 소비를 '디드로 효과(Diderot effect)'라고 합니다. 디드로는 1769년에 출판한 수필 『나의 오래된 드레싱 가운을 버림으로 인한 후회^{Regrets on Parting with My Old Dressing Gown}』에서 친구로부터 우아하고 멋진 붉은색 옷을 선물 받아 서재에 걸어 놓고 보니 그 옷에 어울리도록 책상이며 의자며 벽걸이 등을 새로 구입했고 결국에는 집 안의 모든 가구를 바꾸었다고 했습니다. 당시 디드로는 가난을 벗어나지 못해 결혼을 앞둔 딸의 지참금조차 마련하지 못하는 형편이었습니다. 가난쯤은 초연히 여기며 살아왔을 것 같은 철학자인 그마저도 선물 받은 붉은색 가운에 어울리는 새로운 것들을 사고 싶은 충동을 느꼈나 봅니다. 아마도 159종의 포켓몬 스티커를 모으려는 행위는 하나를 사면 또 다른 하나를 사야 하는 디드로의 어쩔 수 없는 소비일 수 있습니다.

우리가 무언가를 수집할 때 반드시 이유가 있어야 하는 것은 아니지만 감상이 부재한 수집은 디드로의 소비에 지나지 않습니다. 감상은 예술작품의 아름다움을 느끼고 이해하고 즐기는 과정입니다. 특히 수집품의 출처에 대한 이해는 감상의 자연스러운 연장선에 있다고 말할 수 있습니다. 수집이 소유욕이 아닌 감상욕에서 비롯되어야 하는 이유가 여기에 있습니다. 이는 159종의 스티커를 다 채우는 일과 예술품을 수집하는 일이 전혀 다르다는 점을 의미합니다. 요컨대 포켓몬 스티커는 가릴 것 없이 수집하면 될 일이지만 예술품은 수집해서는 안 될 일도 있기 때문입니다. 수집해서는 안 되는 것을 분명히 체득했을 때라야 진정한 수집이라고 할 수 있습니다.

이와 관련하여 주목할 사람들이 있습니다. 바로 미국 할리우드 배우 니컬러스 케이지Nicolas Cage(1964~)와 리어나도 디캐프리오Leonardo DiCaprio(1974~)입니다. 이 두 사람은 특이하고 진귀한 물건에 대한 소유욕이 강했습니다. 2007년 3월 25일 미국 뉴욕에서 자연사 관련 동식물의 화석, 광물, 운석 등의 경매가 이루어졌는데, 여기서 가장 눈길을 끄는 경매물은 타르보사우루스 바타르(Tarbosaurus bataar, 'T. 바타르')라고 불리는 〈몽골 공룡의 두개골 화석〉(Lot 49135)이었습니다. 경매 과정에서 적극적인 두 입찰자의 영향으로 당초 예상되던 10만 달러(한화 1억 3,000만 원)를 훌쩍 뛰어넘어 27만 6,000달러에 낙찰되었습니다. 나중에 확인된 사실이지만 니컬러스 케이지와 리어나도 디캐프

T. 바타르의 두개골 화석

리오가 경합했고 최종 승리자는 니컬러스 케이지였습니다. 스티븐 스필버그 Steven Allan Spielberg 감독의 SF 영화 〈쥬라기 공원〉(1993)이 전 세계적으로 흥행하면서 공룡에 대한 관심이 높아지자 공룡 화석을 수집하는 사람들도 늘어났습니다. 니컬러스 케이지와 리어나도 디캐프리오도 그 대열에 동참했고, 마침내 경매에서 경쟁하게 된 것입니다.

하지만 공룡 화석의 출처 때문에 문제가 불거졌습니다. 그것은 T. 바타르의 서식지가 몽골 지역이었다는 사실이며, 따라서 〈T. 바타르 화석〉은 그 자체로 도굴이나 불법 반출의 증거자료가 될 수 있었습니다. 이 공룡 화석은 1946년 소련과 몽골이 고비사막을 합동 조사하는 중에 처음 발견되었습니다. 초기 연구는 러시아 고생물학자인 예브게니 말레프 Evgeny Maleev(1915~1966)가 주도했습니다. 그는 1955년에 이 공룡의 이름을 '티라노사우루스 바타르(Tyrannosaurus bataar)'라고 명명한 인물입니다. 티라노사우루스는 그리스어로 '폭군 도마뱀'을 뜻하는데 나중에 '놀라운 도마뱀'을 뜻하는 타르보사우루스로 변경되어 티라노사우루스 렉스(Tyrannosaurus Rex)와 구별되는 지금의 타르보사우루스 바타르라는 이름이 되었습니다. 흥미로운 사실은 영웅을 뜻하는 몽골어 '바타르'의 정확한 영어 철자가 'baatar'인데 당시 말레프가 잘못된 철자를 쓰는 바람에 오늘날까지 그의 방식 그대로 'bataar'를 사용하고

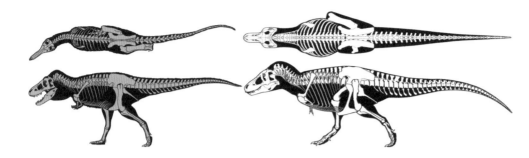

타르보사우루스 바타르(왼쪽)와 티라노사우루스 렉스(오른쪽)의 골격 비교

티라노사우루스 렉스는 백악기 후기 북미 지역에 서식했던 육식 공룡으로 성체 길이는 최대 12m, 무게는 최대 8톤에 이르렀다고 합니다. 이에 비해 타르보사우루스 바타르는 티라노사우루스 렉스보다 먼저 지구상에 등장하여 아시아를 중심으로 활동했으며, 상대적으로 몸집(10~12m)이 작고 두개골 뼈의 대부분이 비어 있어 전체 무게(최대 6톤)도 상대적으로 가벼웠을 것으로 추정합니다.

있다는 점입니다. 이 공룡은 백악기 후기 약 7000만 년 전에 몽골 고비사막에서 서식했던 육식 종으로 몸길이는 10~12m이었고 몸무게는 최대 6톤이었습니다. 잘 알려진 티라노사우루스 렉스가 북아메리카를 대표하는 거대 몸집의 육식 공룡이라면, T. 바타르는 아시아, 그것도 몽골을 대표하며 티라노사우루스 렉스에 비견되는 공룡입니다.

이미 100여 년 전부터 몽골 정부는 모든 고생물학적 발견이 정부 소유이며 국가의 풍부한 문화유산 가운데 일부라고 규정했습니다. 1924년부터 몽골 정부는 개인의 문화유산 소유를 금지하고 공룡 유적과 같은 문화적 의미가 있는 화석의 수출을 범죄화했습니다. 〈T. 바타르 화석〉은 몽골 고비사막이 원소재지이며 1924년 이후에 반출한다면 불법이 됩니다. 만일 여러분이 박물관 학예사로서 〈T. 바타르 화석〉을 수집하여 전시하기를 희망한다면 1924년 이전에 몽골 고비사막에서 발굴되어 반출되었다는 사실을 증명하는 자료 확보가 선행되어야 합니다. 니컬러스 케이지는 이 자료를 확보하지 못했다는 점에서 자신에게 돌아온 낙찰을 해피엔딩으로 이끌 수 없었습니다. 결국 미국 정부의 연락을 받고 〈몽골 공룡의 두개골 화석〉을 몽골 정부에 반환해야 했습니다.

미국 정부는 〈T. 바타르 화석〉 거래가 불법이라는 점을 일관되게 유지하고 있습니다. 2012년 5월 20일 또 하나의 자연사 경매가 미국 뉴욕에서 개최될 예정이었습니다. 경매 카탈로그에는 95만~150만 달러의 가치를 지닌 공룡 두개골 화석이라 소개되었습니다. 미국 이민관세청(ICE) 산하 국토안보수사국(HSI) 뉴욕 지부는 경매 전날 〈T. 바타르 화석〉이 불법 거래될 것이라는 첩보를 입수했습니다. 국토안보수사국 뉴욕 지부는 급박하게 움직였습니다. 먼저 댈러스 카운티 지방법원으로부터 화석 경매를 중지하라는 가처분명령을 받아냈습니다. 하지만 경매 회사는 이 가처분명령을 무시하고 경매를 진행했고 〈T. 바타르 화석〉은 105만 달러(한화 약 13억 원)에 팔렸습니다.

뉴욕 남부지방검찰청(SDNY)에서 수사가 진행되었습니다. 수사가 진행됨에 따라 문화유산의 불법 거래에서 종종 나타나던 출처의 위조 문제가 드러났습니다. 법원에 제출된 문서에 따르면 〈T. 바타르 화석〉은 2010년 3월 27일 영국에서 미국으로 수입된 것입니다. 하지만 수입 문서에 나타난 내용은 대부분 허위였습니다. 화석의 원산지가 영국으로 기재되어 있는가 하면 신고 가격은 판매 가격(105만 달러)에 터무니없이 못 미치는 1만 5,000달러에 불과했습니다. 또한 골격은 '두 개의 크고 거친 큰 파충류 머리 화석'으로 잘못 기재되어 있었습니다. 〈T. 바타르 화석〉이 몽골에서 불법 거래되었다는 사실을 은폐하기 위한 조작이었습니다.

2012년 6월 5일 몽골 대통령의 요청으로 〈T. 바타르 화석〉을 전문적으로 연구하는 고생물학자들이 그 경매에 나왔던 화석의 골격을 조사했습니다. 조사 결과 1995년에서 2005년 사이 몽골 서부 고비사막에서 발굴된 〈T. 바타

〈T. 바타르 화석〉의 몽골 반환 미국에서 불법 거래되었던 〈T. 바타르 화석〉을 2013년 5월 6일 몽골로 반환하는 기념행사를 개최했습니다.

르 화석〉임이 밝혀졌습니다. 2012년 6월 18일 뉴욕 남부지방검찰청은 〈T. 바타르 화석〉을 압수한 후 민사몰수를 위한 소송을 제기했습니다. 몰수 소송 과정에서 국토안보수사국 요원들이 화석 수입업자를 불법 밀수와 장물 소지 혐의로 체포했습니다. 마침내 2013년 2월 14일 미국 연방지방법원이 〈T. 바타르 화석〉을 몰수함으로써 몽골 반환을 위한 미국 내 절차가 완료되었습니다. 2013년 5월 6일 최종적으로 뉴욕 맨해튼 호텔에서 몽골과 미국의 고위 인사가 참석한 가운데 반환 기념행사가 개최되었습니다.

〈T. 바타르 화석〉의 불법 밀반입은 뜻밖에 우리나라에서도 일어났습니다. 우리 정부 차원에서 외국에 반환한 최초의 사례가 바로 〈T. 바타르 화석〉입니다. 사건은 2015년에 발생했습니다. 서울 북부지방검찰청이 횡령 사건을 수사하는 과정에 예기치 않게 몽골에서 밀반입한 11점의 공룡 화석을 찾아내 압수한 것입니다. 압수품 중에는 〈T. 바타르 화석〉 3점을 포함해 초식 공룡 프로토케라톱스(Protoceratops), 오리 주둥이를 가진 하드로사우루스(Hadrosaurus) 등의 화석이 있었습니다. 밀매단은 여러 박스에 뼈를 나눠 담은 뒤 몽골 전통 천막인 게르(Ger)라고 속여 몽골에서 반출한 후 중국을 경유하여 2014년 5월 우리나라로 반입했습니다.

당시 밀매단은 〈T. 바타르 화석〉이 몽골 고비사막에서만 발견된다는 사실을 모르고 있었습니다. 몽골 정부가 1924년 이후부터 밀반출을 엄격하게 금지했다는 사실 또한 알지 못했습니다. 아마도 북미나 유럽 등지에서 구입한 공룡 화석으로 위장할 수 있다고 판단했던 모양입니다. 2016년 1월 밀매업자들은 서울 북부지방검찰청을 상대로 압수물을 돌려달라며 소송했지만 결국 11월 패소하면서 사건이 일단락되었습니다.

2017년 4월 7일 대검찰청에서 몽골 공룡 화석의 반환식이 개최되었습니다. 몽골 정부는 자국 문화유산의 반환에 감사를 표하면서 〈T. 바타르 화석〉의 중요성을 감안하여 우리나라에 장기 임대해주기로 했습니다.

니컬러스 케이지가 미국 정부의 연락을 받고 어쩔 수 없이 공룡 화석을 반환해야 했던 사정은 그가 단순히 운이 나빠서가 아닙니다. 그는 문화유산에서 출처가 갖는 의미를 잘 몰랐고, 따라서 그가 수집하는 공룡 화석 수집품에 언제라도 장물이 포함될 수 있음을 인지하지 못했기 때문입니다. 이러한 위험성은 〈몽골 공룡의 두개골 화석〉을 두고 경매 경쟁을 벌였던 리어나도 디캐프리오 또한 마찬가지입니다.

디캐프리오의 수집을 이야기할 때 먼저 그의 이름에 관한 에피소드를 언급하지 않을 수 없습니다. 그의 어머니가 디캐프리오를 임신했을 때 이탈리아 우피치미술관(Galleria degli Uffizi)에서 레오나르도 다빈치 그림을 관람하다가 태동을 느꼈고 여기에 영감을 받아서 아들 이름을 '리어나도(Leonardo:

레오나르도의 영어식 표기)'로 정했다고 합니다. 그래서인지 디캐프리오는 자신의 이름에 자부심을 가졌고 예술품 수집에도 남다른 열정을 보여주었습니다. 그는 세계 최대의 미술품 경매로 알려진 아트 바젤(Art Basel)의 단골 고객이기도 했습니다. 아트 바젤은 원래 스위스 바젤에서 개최되었지만 2002년에는 미국 마이애미비치(Miami Beach), 2013년부터는 홍콩에서도 열리면서 개최 도시가 확대되었습니다.

디캐프리오의 수집품 목록에는 살바도르 달리$^{Salvador\ Dali(1904~1989)}$, 파블로 피카소$^{Pablo\ Picasso(1881~1973)}$, 프랭크 스텔라$^{Frank\ Stella(1936~)}$를 비롯해 그라피티 예술가 장 미셸 바스키아$^{Jean-Michel\ Basquiat(1960~1988)}$의 작품이 포함되어 있습니다. 이 중에서 디캐프리오가 사랑했던 예술가는 단연 바스키아였습니다. 바스키아는 1970년대 뉴욕에서 그라피티 예술가로 활동하며 세계적인 성공을 거두었지만 27세로 요절했습니다. 디캐프리오는 미국 언론과의 인터뷰에서 자신이 바스키아의 열렬한 팬임을 밝힌 바 있습니다. 그런데 그가 소장한 바스키아와 피카소 그림에서 문제가 발생했습니다. 바스키아의 〈레드 맨 원Red Man One〉은 900만 달러(한화 약 120억 원), 피카소의 〈소의 두개골이 있는 정물Nature Morte au Crâne de Taureau〉은 320만 달러(한화 약 42억 원)에 상당하는 가치였는데, 정작 디캐프리오가 이 많은 돈을 주고 구입한 것은 아니었습니다. 언론 보도에 따르면 디캐프리오의 친구이자 말레이시아 출신 금융 전문가인 조 로$^{Jho\ Low(1981~)}$로부터 선물 받았다고 합니다. 사실 이 엄청난 고가의 그림을 선물 받는다는 것 자체가 일반적이지 않지만, 더 놀라운 일은 2017년에 디캐프리오가 이 그림들의 권리를 스스로 포기하고 FBI에 양도했다는 사실입니다.

디캐프리오는 자신이 그토록 좋아했던 화가들의 그림을 왜 포기했을까요? 바로 출처 때문이었습니다. 디캐프리오는 2013년에 개봉된 영화 〈더 울

위: 〈소의 두개골이 있는 정물〉, 1939, 파블로 피카소.
이 그림은 16~17세기 네덜란드에서 유행했던 바니타스(Vanitas)
정물화와 관련 있습니다. 바니타스란 라틴어로 '공허함'을 뜻하
며, 바니타스 정물화는 삶은 덧없고 인간은 누구나 죽는 존재라
는 것을 보여주기 위해 해골이 단골 소재로 등장합니다. '메멘
토 모리'의 세계관이 담긴 그림이라고 할 수 있습니다. 피카소
는 소의 두개골로 삶의 덧없음을 우화적으로 표현했습니다.

왼쪽: 〈레드 맨 원〉, 1982, 장 미셸 바스키아.
바스키아의 트레이드마크로 알려진 두개골과 십자가를 모티브로 해서 그려졌는데 빨간색, 검정색, 흰
색을 과감하게 사용한 것이 특징입니다.

프 오브 월스트리트The Wolf of Wall Street〉(마틴 스코세이지 감독)로 제71회 골든
글로브 시상식에서 남우주연상을 받았습니다. 이 영화는 월스트리트에서 주
가 조작으로 큰돈을 벌었지만 결국 FBI의 표적이 된 주식 중개인 조던 벨퍼
트Jordan Ross Belfort(1962~)의 삶을 다루고 있습니다. 그런데 공교롭게도 이 영화
못지않은 범죄가 실제로 일어났습니다. 그것도 이 영화의 제작자와 주인공인
디캐프리오가 어느 정도 연루된 사건이었습니다.
　　이 영화의 제작사인 레드 그래니트 픽처스(Red Granite Pictures)의 공동 대
표는 말레이시아 국적의 리자 아지즈Riza Aziz로서 나집 라작 Najib Razak(1953~)

말레이시아 총리(재임 2009~2018)의 의붓아들입니다. 나집 라작 총리는 재임 초인 2009년부터 말레이시아 정관계 인사들과 함께 공기업(1 Malaysia Development Berhad)이 운영하는 국가기금을 횡령했습니다. 횡령 규모만 최소 50억 달러(한화 약 6조 7,000억 원)에 이르는 엄청난 부패 스캔들이었습니다. 리자 아지즈 또한 이 횡령에 가담했고, 횡령 금액 중 일부를 영화 제작이나 초호화 요트를 구입하는 데 사용했습니다.

이 부패 스캔들은 여기에 그치지 않고 더 복잡한 양상으로 전개되었습니다. 자금 세탁의 주범으로 디캐프리오의 친구인 조 로가 지목된 것입니다. 조 로는 2013년부터 횡령 금액 중 1억 달러(한화 약 1,300억 원)를 예술품 구입에 사용했는데 친구인 디캐프리오에게 선물했던 그림들도 그 속에 포함된 것입니다. 결국 미국 법무부가 횡령 금액 중 실체가 확인된 5억 4,000만 달러(한화 약 7,000억 원)를 범죄 수익금으로 몰수했습니다. FBI가 조 로를 포함하여 관계자들을 수사하기 시작하자 위기를 느낀 디캐프리오는 먼저 FBI에 연락하여 그림들을 넘겨주었습니다.

디캐프리오는 대변인을 통해 "이 그림들은 영화 제작의 감사 선물로 받았을 뿐이며 나중에 본인의 이름을 딴 재단의 자선 경매에 출품하기 위한 것"이라고 취득 경위를 해명했습니다. 하지만 그 말은 상황을 모면하기 위한 변명에 불과하다는 비판을 받았습니다. FBI 조사 과정에서 디캐프리오의 해명과 상충되는 자료들이 발견되었기 때문입니다. 피카소 그림과 관련하여 조 로의 메모에는 "친애하는 리어나도 디캐프리오. 뒤늦게 생일을 축하해요. 이 선물은 당신을 위한 거예요"라고 써 있었습니다. 42억 원짜리 생일 선물인 셈이었습니다. 바스키아 그림은 더 큰 논란을 불러일으켰습니다. 조 로가 그림의 당초 소유자였던 스위스 미술관에 보내는 2014년 3월 25일 서한이 공개된 것입니다. 이 서한에서 조 로는 자신은 바스키아 그림의 권리를 포기할 테니 디캐프리오에게 양도해달라고 요청했습니다. 더군다나 혹시 발생할 수 있는 법적책임에서 디캐프리오는 면책된다는 내용이 포함되었고, 조 로와 디캐프리오가 공동 서명까지 했습니다. 겉으로 드러난 양상만 본다면 구입 대금은 조 로가 지불하고 그림은 디캐프리오가 양도받는 것이어서 전형적인 자금 세탁이라고 할 수 있습니다. 그러나 이 모든 논란은 디캐프리오가 두 점의 그림을 FBI에 자발적으로 넘겨주면서 잠잠해졌습니다. 디캐프리오의 자발적 양도이기는 하지만, 이는 실상 미국 정부가 범죄 수익을 몰수한 것입니다. 미국은 민사몰수제도를 채택하고 있어 형사처벌 여부와 관계없이 범죄 수익을 몰수할 수 있습니다.

　니컬러스 케이지의 사례가 주는 교훈은 문화유산에 대한 작은 이해만 가지고 있어도 그것이 지닌 물리적 특성이나 독특한 출처 정보를 통해 불법 거래 여부를 사전에 확인할 수 있다는 점입니다. 이에 비해 디캐프리오의 사례는 범죄 수익금으로 구입한 그림을 무상으로 받은 것이어서 훨씬 복잡합니다. 물론 디캐프리오가 자금 세탁을 공모했거나 사전에 알았다는 증거는 없습니다. 어쩌면 디캐프리오 역시 금융 범죄의 피해자일 수 있습니다. 또 고액의 그림을 선물 받았을 때 그림뿐만 아니라 자금 출처까지 확인하는 일은 현실적으로 쉽지 않은 문제입니다. 선물을 준 사람의 호의를 무시하는 것이어서 상대방은 무례로 받아들일 수 있습니다. 하지만 법은 출처에 관한 한 무례를 모릅니다. 선물 받은 예술품의 구입 자금까지 출처를 확인하지 않는다면 자신도 모르게 조직범죄에 연루될 수도 있습니다. 더욱이 범죄 수익으로 예술품이 몰수될 경우에는 자신의 명예가 손상되는 것을 피할 수 없습니다. 이렇듯 출처 확인의 중요성은 아무리 강조해도 지나치지 않습니다.

영국 팝 스타 보이 조지와 장물 취득

1950년대 스테레오용 앰프가 발명되면서 스튜디오 음악의 시대가 도래했다면 1980년대 MTV(Music Television)는 '듣는 음악'에서 '보는 음악'의 시대를 열었습니다. 귀로만 향유하던 음악 감상을 공감각으로 바꿔놓은 획기적인 일이었습니다. 음악 감상을 즐기는 일이 시대의 축복이라 해도 과언이 아닐 정도였습니다. MTV는 1981년 8월 1일 토요일 12시 존 락^John Lack의 "신사 숙녀 여러분, 로큰롤입니다"이라는 멘트로 시작되었습니다. MTV에 나타난 첫 번째 이미지는 우주 왕복선 콜롬비아호와 아폴로 11호의 달 착륙 몽타주였습니다. 그만큼 시대의 급속한 변화를 새로운 감각의 이미지로 표현하고 싶었던 것입니다. 이제 음악은 눈으로 즐기는 비디오의 시대가 된 것입니다.

MTV는 대중문화에 즉각적으로 영향을 미쳤습니다. 화려하고 지루할 틈이 없는 시대의 상징성은 영국 가수 보이 조지^Boy George(1961~)에게서 꽃피었습니다. 컬처 클럽(Culture Club) 밴드의 멤버였던 보이 조지는 남녀 양성의 공유 문화를 뜻하는 안드로기니(Androgyny) 스타일의 의상에 화려한 분장으로 대중의 인기를 얻었습니다. 1980년대 초 최고의 인기 뮤지션으로 기억되는 그는 음악적 성과나 외모 외에 또 다른 이유로 살펴볼 만한 인물입니다. 문제의 발단은 그가 1985년 런던의 한 골목에서 판토크라토르(pantokrator, 그리스 도상)를 구입하면서 비롯됩니다. 그 역시 문화유산의 출처에 대해 잘 몰랐습니다.

보이 조지는 2008년 한 네덜란드 TV 프로그램에 출연했습니다. 인터뷰 방송은 그의 거실에서 진행되었습니다. 카메라가 잠깐 실내를 한 바퀴 돌면서 비춘 뒤 인터뷰는 계속되었습니다. 브뤼셀에 있는 키프로스(Cyprus) 정교회 소속의 주교 포르피리오스Porfyrious가 우연히 이 방송을 시청하면서 카메라가 거실 벽을 비추던 찰나의 순간을 놓치지 않았습니다. 그의 눈길을 단번에 사로잡은 것은 오른쪽 벽면에 걸려 있는 중년의 그리스도를 그린 성화, 즉 판토크라토르였습니다. 군데군데 찢겨 있지만 어떤 그림인지를 확인하는 일은 어렵지 않았습니다. 판토크라토르는 '만물의 지배자'를 의미하며 기독교 미술에서는 특정 형태의 그리스도 형상을 가리킵니다. 가장 기본적인 모습은 머리가 길고 수염을 기른 장년의 예수상인데 보통 반신상半身像으로 그려지며, 오른손은 축복의 표시를 하고 왼손에는 복음을 나타내는 책을 들고 있습니다.

포르피리오스 주교는 몇 가지 조사를 통해 이 성상화가 1974년 튀르키예가 키프로스를 침공했을 때 성 차랄람보스 교회(St Charalambos church)에서 약탈당한 것임을 확인했습니다. 포르피리오스 주교는 보이 조지와 친분이 있는 작곡가 존 테미스John Themis에게 연락했습니다. 그로부터 상황을 전해 들은 보이 조지는 키프로스의 성화 반환에 흔쾌히 동의했습니다. 이 사건은 보이 조지의 즉각적이고 흔쾌한 합의로 인해 법적 문제 없이 원만히 해결되었습니다.

그런데 법학자들은 가상의 상황을 즐기곤 합니다. 보이 조지는 1985년 런

보이 조지의 판토크라토르 반환 기념 촬영(2011. 1) 맨 왼쪽의 교회 관계자가 들고 있는 것이 보이 조지 (오른쪽에서 두 번째)가 반환한 성상화이고, 맨 오른쪽의 존 테미스가 들고 있는 것은 주교가 선물한 작은 판토크라토르입니다.

던에서 한 미술상으로부터 이 성화를 구입했는데, 만일 그가 반환에 동의하지 않았다면 예술품 구입 시 '상당한 주의'에 특정 수준을 갖추었는지를 두고 법학자들이 그의 취득을 문제 삼을 수 있는가라고 질문을 던졌습니다. 답을 미리 얘기하자면 보이 조지의 성화 취득은 문제가 될 수 있습니다. 보이 조지는 영국 불문법상 "어느 누구도 자신이 갖지 않은 것을 줄 수 없다(*Nemo dat quod non habet*)"는 원칙, 쉽게 말해 어떤 물건의 진정한 소유자가 아닌 사람으로부터 그 물건을 매수한 사람은 소유권을 갖지 못한다는 원칙에 따라 비록 선의라 해도 해당 문화유산을 취득할 수 없기 때문입니다.

반환 행사는 2011년 1월 영국 런던의 그리스정교회 소속인 성 아나기레 교회(St Anagyre church)에서 개최되었습니다. 포르피리오스 주교, 보이 조지,

그리고 작곡가 존 테미스 등이 참여했고, 주교는 보이 조지에게 감사의 선물로 작은 판토크라토르를 선물했습니다. 보이 조지는 BBC와의 인터뷰에서 "(판토크라토르가) 원래의 정당한 권리를 가진 집으로 돌아가서 기쁩니다. 나는 항상 키프로스의 친구였고, 26년 동안 이 성화를 돌봐왔습니다"라고 의미를 부여했습니다. 판토크라토르는 비잔틴미술과 그리스정교회를 상징하는 성상화입니다.

1985년에 보이 조지가 장물인 줄 모르고 성화를 구입했다가 2011년에 결국 키프로스에 반환한 이 사건의 시작은 1974년으로 거슬러 올라갑니다. 1974년 7월 튀르키예가 키프로스를 침공하면서 수많은 성화를 비롯한 교회 재산이 약탈되었습니다. 대량의 판토크라토르도 이때 약탈, 도난당했습니다. 만일 여러분이 판토크라토르를 구입하려 한다면 1974년 튀르키예 약탈과의 연관성을 먼저 검토해야 합니다. 보이 조지는 출처 확인에 소극적이었으나 반환 요청을 받고 즉각 응함으로써 명예가 실추되지는 않았습니다.

1974년 튀르키예의 키프로스 침공으로 인한 약탈 문화유산의 매매 사건은 또 있습니다. 1990년 미국 인디애나 연방법원에서 심리했던 '키프로스 그리스정교회 대 골드버그·펠드만 예술품 회사 사건(*Autocephalous Greek-Orthodox Church of Cyprus v. Goldberg & Feldman Fine Arts Inc*)'입니다. 이 소송에서 다투는 것도 1974년에 약탈되었던 파나기아 카나카리아 교회(Panagia Kanakaria)의 모자이크 4점에 대한 소유권 문제였습니다.

1976년 8월에서 10월 사이에 어느 튀르키예인이 이 4점의 모자이크를 독일로 반출했고 그곳에서 10년간 출처 세탁을 거쳤습니다. 이후 이 튀르키예인은 미국 인디애나 출신의 예술품 매매상 골드버그^{Ms. Goldberg}와 1988년 7월 네덜란드 암스테르담에서 만나 35만 달러의 매매계약을 맺고 스위스 제네바에서 물건을 인도했습니다. 골드버그가 4점의 모자이크를 미국으로 반입한

키프로스에 있는 파나기아 카나카리아 교회

⬆ 카나카리아 교회에서 약탈, 반출되었던 모자이크 4점 중 하나
⬅ 약탈되기 전 1973년에 촬영된 파나기아 카나카리아 교회 내부의 모자이크

후 게티미술관에 2,000만 달러의 매매를 제안하면서 이 사건이 세상에 알려지게 되었습니다. 키프로스 교회는 1989년 골드버그를 상대로 미국 인디애나 연방법원에 소송을 제기했습니다. 골드버그는 자신의 모자이크 취득이 정당하다고 강변했습니다. 독일에서 10년 동안이나 세탁을 거친 데다 스위스 제네바에서 인도받았으므로 독일과 스위스 법률에 따라 자신의 선의취득이 인정되어야 한다는 주장이었습니다.

소송의 법률적 쟁점은 어느 나라의 법률을 적용하여 재판을 진행할 것인지 하는 '준거법準據法(proper law)'의 문제였습니다. 미국 연방주의 대부분은 선의취득을 인정하지 않았고 특히 인디애나주 민사소송법은 장물의 소재나 점유자의 신원을 안 때부터 제소 기간을 정하는 '발견 규칙(discovery rule)'을 채택하고 있어 절도된 시점으로부터 상당한 시간이 흐르더라도 소송 제기가 가능했습니다. 키프로스 정부는 1979년 11월 파나기아 카나카리아 교회에서 모자이크 4점이 도난된 사실을 확인하고 되찾기 위해 부단히 노력했습니다. 교회와 함께 보도자료를 배포하고 유네스코를 비롯해 국제사회와 협력했습니다. 재판 과정에서 인디애나주법이 준거법으로 선택되면서 키프로스 정부는 1989년 인디애나 연방법원과 1990년 항소법원에서 연달아 승소할 수 있었습니다. 결국 약탈되었던 4점의 모자이크는 1991년에 키프로스로 반환되어 시민 5만여 명의 따뜻한 환대를 받았습니다. 이후 수도 니코시아에 있는 비잔틴박물관(Byzantine Museum)에 소장되었습니다.

하지만 네덜란드에서 발생한 '키프로스 성화 사건'은 불행한 결말을 맞았습니다. 네덜란드는 독일이나 스위스와 마찬가지로 매수인의 선의취득을 인정하기 때문입니다. 통상적으로 독일이나 프랑스 등 대륙법계 국가들은 '선의취득'을 폭넓게 인정하고 있습니다. 네덜란드 법률에 따른 성화 반환이 여의치 않자 키프로스 정부와 교회는 수년간 캠페인을 벌였습니다. 그 결과

2008년 「유럽평의회 결의 1628호」가 제출되었습니다. 이 결의는 튀르키예와 키프로스 정부 당국에 키프로스의 모든 역사적·종교적 기념물에 대한 보전과 복원을 위해 필요한 조치를 촉구하는 것입니다.

튀르키예의 키프로스 침공 시점인 1974년은 키프로스 문화유산의 약탈 여부를 판별해줄 수 있는 '결정적 시점(critical date)'이라고 할 수 있습니다. 따라서 그리스정교회의 판토크라토르를 취득하고자 한다면 1974년 이전에는 누가 소장했는지, 소장자의 이력은 밝혀졌는지, 영수증이나 기록은 조작되지 않았는지 등을 꼼꼼하게 따져보아야 합니다. 문화유산의 출처를 따지는 일이야말로 취득의 적법성을 주장할 수 있는 근거가 되기 때문입니다.

14

아프로디테가 된 비운의 페르세포네

현대 예술이 고대 그리스로부터 물려받은 가장 성공적인 전통은 연극일 것입니다. 그리스 연극은 흔히 비극에 기초한다고 일컬어집니다. 기원전 5세기부터 아테네를 중심으로 발달했으며 고대 그리스 유적 곳곳에 남아 있는 야외 계단식 원형극장에서 많은 비극의 서사가 탄생했습니다. 비극의 주인공 대부분은 신의 질서에 도전하다가 파멸해버린 인간이었습니다. 그리스신화에서 신은 자연의 질서를 만들고 사계절의 순환을 통해 인간에게 때로 시련을 안겨주기도 했습니다. 신이 내린 긴 겨울을 이겨낸 자만이 따뜻한 봄날을 맞이할 수 있었습니다.

고대 그리스 사람들은 계절의 변화를 대지의 여신 데메테르(Demeter)와 그녀의 딸 페르세포네(Persephone)의 상봉과 이별에 비유했습니다. 데메테르는 그리스신화에서 농업과 생산을 관장하는 여신입니다. 올림포스 12신 중 하나이며 로마신화에서는 케레스(Ceres)라고 합니다. 데메테르는 올림포스의 주신인 제우스와의 사이에서 페르세포네를 낳았습니다. 페르세포네는 미모가 뛰어났는데 역설적으로 그 때문에 비극의 씨앗을 잉태하고 있었습니다.

데메테르는 딸이 너무 아름다워서 걱정이 많았고 결국 페르세포네를 지키기 위해 시칠리아에 숨겨놓기로 합니다. 하지만 지하 세계를 관장하는 하데스(Hades)는 페르세포네의 미모에 반해 결혼하고 싶었습니다. 데메테르가 반대할 것이 분명했기 때문에 하데스는 자신의 동생인 제우스의 도움을 받기로 합니다. 제우스는 시칠리아 엔나(Enna) 지방에 있는 페르구사 호숫가(Pergusa Lake)에 어여쁜 수선화를 꽃피워서 페르세포네를 그곳에 다가가도록 유인했고 하데스가 그녀를 납치하도록 도와주었습니다.

데메테르는 딸이 납치되자 분노를 터뜨려 온 땅에 극심한 가뭄을 일으켰습니다. 초목이 시들고 곡식은 말라갔으며 사람들은 굶어 죽었습니다. 보다 못한 제우스가 나서서 하데스를 설득했습니다. 하지만 하데스라고 순순히 페르세포네를 내어줄 리 없습니다. 그는 꾀를 냈습니다. 페르세포네에게 지하 세계를 상징하는 과일인 석류를 먹게 한 것입니다. 지하 세계의 음식을 입에 댄 순간 그곳을 떠나지 못한다는 법도에 따라 페르세포네는 빠져나올 수 없었습니다. 데메테르와 하데스의 사이에서 고민하던 제우스는 절충안을 내놓으며 중재했고, 마침내 그 둘 간에 합의가 성사되었습니다. 그에 따라 페르세포네는 1년 중 3분의 2는(8개월) 지상에서 어머니와 함께 살지만 나머지는(4개월) 지하 세계에서 하데스의 왕비로 살게 되었습니다. 석류가 곡식과 함께 서양 미술에서 페르세포네의 상징 기호가 된 것은 이런 연유에서 비롯되었습니다.

페르세포네가 지하 세계에 가 있는 4개월 동안 데메테르는 슬픔에 빠져 만물을 돌보지 않았습니다. 인류에게는 가장 혹독한 시련기였습니다. 페르세포네가 다시 세상으로 나왔을 때 데메테르는 기쁨에 겨워 온갖 생명이 자라날 수 있도록 따뜻한 기운을 대지에 내뿜었습니다. 이렇듯 데메테르와 페르세포네의 상봉과 이별의 연속이 사계절을 만들어낸 것입니다. 그리스신화에서 페

테트라드라크　고대 그리스 아테네의 표준 통화인 드라크마의 4배 가치에 해당합니다. 시칠리아 시라쿠사 유적에서 발견된 이 은화에는 곡물 왕관을 쓴 페르세포네가 새겨져 있습니다.

르세포네는 생명의 순환을 뜻하며 처녀라는 뜻의 코레(Kore)로 불리기도 합니다. 또한 코레는 씨앗을 뜻하는 영어 'core'의 어원입니다. 오늘날까지 그리스에서 페르세포네는 부와 풍요를 상징하는 신으로 추앙받고 있습니다.

과거 시칠리아는 고대 그리스의 식민지였던 까닭에 그리스의 신, 특히 페르세포네 숭배 사상이 다양한 흔적으로 남아 있습니다. 여러 형태로 빚은 페르세포네의 테라코타 신상이 발견되기도 하며, 시라쿠사(Siracusa, Syracuse) 유적에서는 BC 310~BC 307년에 주조된 동전이 발굴되었습니다. 고대 아테네를 대표하는 표준 통화는 드라크마(drachma)라는 은화이며, 이 동전의 4배 가치에 해당하는 은화가 테트라드라크(tetradrachm)인데 그리스 도시국가별로 발행했기 때문에 종류가 매우 다양했습니다. 특히 통치자들은 정치적 메시지를 홍보하기 위해 자신을 얼굴을 동전에 새겨 넣었습니다. 그런데 시라쿠사 유적에서 발견된 테트라드라크 동전에는 통치자가 아닌 곡물 왕관을 쓴 페르세포네가 보입니다. 곡물의 성장과 생산력을 주관하는 대지의 여신 데메테르의 딸이자 풍요와 부를 상징하는 신이니 동전에 새길 만큼 높이 받들었던 것입니다. 이 동전은 시칠리아에서 페르세포네를 숭배했음을 보여주

모르간티나　이탈리아 시칠리아섬에 있는 고대 그리스 유적입니다.

는 강력한 증거입니다.

　시라쿠사와 함께 시칠리아를 대표하는 고대 그리스의 유적지는 모르간티나(Morgantina)입니다. 고대 그리스의 일부였던 시라쿠사 왕국의 지배를 받았다가 263년에 로마의 속국이 되었습니다. 찬란한 그리스 문명의 혜택을 입고 한때 크게 발전했으나 서서히 쇠퇴하여 폐허 상태로 중세와 근대를 숨죽여오다가 1955년 고고학 발굴을 통해 실체를 드러냈습니다. 모르간티나 사람들은 사교의 중심지인 아고라(agora)를 중심으로 활동했습니다. 아고라에는 데메테르와 페르세포네를 위한 신전이 있었습니다. 시칠리아의 여신 숭배 사상을 상징하는 공간입니다. 사다리꼴 모양의 신전 안에서는 데메테르의 흉상이 발견되었습니다.

　페르세포네와 시칠리아의 유대 관계를 설명할 때 모르간티나에 집중하는

〈페르세포네 신상〉, BC 425~BC 400,
이탈리아 아이도네 고고박물관 소장

데는 특별한 이유가 있습니다. 한때 〈아프로디테 신상〉으로 알려져서 오해를 받았던 〈페르세포네 신상〉 때문입니다. 〈페르세포네 신상〉은 문화유산의 출처를 이야기할 때 흥미로운 주제입니다. 이 신상은 처음에 〈게티 아프로디테Getty Aphrodite〉라는 이름으로 유명했습니다. 20세기를 대표하는 최고의 도굴품이고, 한때 소장기관이었던 게티미술관은 신상의 아름다움에 매혹되어 '아프로디테'라고 불렀습니다. 하지만 이탈리아는 아프로디테와 페르세포네 사이의 중립적 간극을 유지하기 위해 신상의 원소재지인 모르간티나를 강조하여 〈모르간티나의 여신상Morgantina Goddess Statue〉으로 부르고 있습니다.

〈페르세포네 신상〉은 시칠리아의 모르간티나에서 1970년대에 도굴된 후 스위스와 영국을 거치며 출처가 조작되는 등 세탁 작업이 이루어졌고 1988 년 미국 게티미술관에 판매되었습니다. 그리고 최종적으로는 이탈리아 시칠리아로 귀환했습니다. 우리의 여정은 이 신상이 아프로디테라는 가명을 버리고 페르세포네로서 정체성을 찾아가는 길을 따라가며 문화유산에서 출처가 갖는 특별한 의미를 탐구해내는 것입니다. 다행스럽게도 이 여정에는 우리의 탐구를 도와주는 특별한 동반자가 있습니다.

첫 번째 동반자는 『LA타임스』 기자였던 랄프 프람몰리노Ralph Frammolino와 제이슨 펠치Jason Felch입니다. 이들은 탐사 기자로서 2006년 미국 골동품 암시장을 취재하고 게티미술관이 〈페르세포네 신상〉을 취득한 경위를 추적했습니다. 이 두 기자는 70회 이상 관계자들을 인터뷰했고 수천 페이지가 넘는 게티미술관 자료를 분석했으며, 이탈리아 경찰의 수사 기록까지 검토했습니다. 또한 시칠리아, 로마, 아테네 등지를 찾아다니면서 현장과 기록을 대조했습니다. 이들의 끈질긴 추적은 『LA타임스』를 통해 기사화되면서 세상을 놀라게 했습니다.

이후 당시의 취재기를 담아 2007년 『아프로디테를 찾아서: 세계에서 가장 부유한 박물관에서 약탈된 유물 찾기Chasing Aphrodite: The Hunt for Looted Antiquities at the World's Richest Museum』를 출간했습니다. 이 책은 〈페르세포네 신상〉을 소장한 게티미술관을 비롯하여 도굴품을 다수 소장하고 있는 서구 박물관들에 경종을 울렸습니다. 그런데 주목할 점이 하나 있습니다. 기자이자 책의 저자인 이들이 신상의 주인공을 페르세포네가 아닌 아프로디테로 단정하고 있다는 사실입니다. 다시 말해 게티미술관 측의 명명을 받아들여 아프로디테 신상이라고 여긴 것입니다. 그만큼 게티미술관의 영향력은 막대했습니다. 한편 이들의 책 제목에서 따온 '아프로디테를 찾아서(Chasing Aphrodite)'라는 민간단체는 문화유산 약탈에 대항하는 시민운동의 한 축이 되었습니다.

두 번째 동반자는 이탈리아 문화유산 특수부대 '카라비니에리(Carabinieri)' 입니다. 흔히 카라비니에리를 국가경찰(Polizia di Stato)로 생각하기 쉬운데 사실은 국방부장관의 지휘를 받는 군대입니다. 원래 1814년 이탈리아 왕국의 전신인 사르데냐 왕국의 경찰로 창설되었으나 이탈리아 통일 과정에서 군대 성격으로 변모했습니다. 제2차 세계대전 당시 무솔리니의 수족으로 활동한 적도 있지만 그의 몰락과 체포에 힘을 쏟으며 나치 독일에 저항했고, 그 때문에 강제 해산당했습니다. 이후 카라비니에리의 많은 장병이 이탈리아 해방운동과 저항운동에 가담하면서 국민의 사랑을 받았습니다. 2000년에는 이탈리아 육군에서 분리되어 치안 권한을 부여받았으며 군사경찰뿐만 아니라 민간경찰의 역할도 맡는 집행기관으로서의 성격을 지니고 있습니다. 카라비니에리의 활동 가운데 눈여겨볼 분야는 문화유산의 불법 거래 방지입니다. 1969년 5월 3일 카라비니에리 내부에 '예술품 수비대'라는 부대를 조직하여 문화유산의 불법 거래를 방지하고 고고 유물의 손상을 조사하는 등 다양한 활동을 전개했습니다. 1992년에는 부대 명칭을 '카라비니에리 문화유산 보호 사령부'로 변경하여 절도 방지에 주력하고 있습니다.

〈페르세포네 신상〉에 대해 카라비니에리는 1989년부터 이탈리아, 스위스, 영국 등에 있는 절도 용의자들을 수사했고 1997년에는 시칠리아의 모르간티나 유적지에서 출토되었다는 사실을 입증하기 위해 과학 조사를 진행했습니다. 특히 2005년에는 게티미술관을 압박하기 위해 〈페르세포네 신상〉의 구입을 담당했던 학예사 매리언 트루Marion True를 이탈리아 법정에 기소했습니다. 카라비니에리의 강온 전략은 〈페르세포네 신상〉이 이탈리아에 반환되도록 국제 여론을 조성하는 데 큰 역할을 했습니다.

세 번째 동반자는 1985년부터 1990년까지 게티 보존연구소 소장을 역임했던 루이스 몬레알Luis Monreal입니다. 1987년 12월 유물 실견을 위해 〈페르세포네 신상〉이 게티미술관에 도착했을 때 신상의 도굴 여부를 놓고 미술관 내에서도 논쟁이 뜨거웠습니다. 당시 게티미술관의 정책 결정자들은 도굴 여부에 그다지 신경 쓰지 않았습니다. 그러나 몬레알은 도굴 가능성을 강력하게 주장했습니다. 섬세하고 화려한 옷주름 사이사이에는 흙이 엉겨 있었고 몸통에는 나중에 새로 생긴 듯한 균열이 보였는데 이러한 특징은 이 신상이 최근에 밀수되었음을 알려주는 물리적 정보였습니다. 무엇보다 신상의 소유권을 확인해줄 출처 기록이 전무했다는 점이 도굴을 의심하기에 충분했습니다. 몬레알은 관장에게 신상을 구입하지 말라고 경고하면서 신상의 옷주름에 엉겨 붙은 흙 속의 꽃가루를 조사하도록 요청했습니다. 성분을 조사하면 원소장처를 확인할 수 있다는 점에서 흙 속의 꽃가루는 유용한 출처 정보일 수 있습니다.

하지만 관장은 몬레알의 주장을 무시했습니다. 학예사 트루는 대리석에 조각된 잔잔한 표정의 얼굴과 석회암에 섬세하게 조각된 가운을 입은 모습에서 이 신상이 그리스신화의 여신 '아프로디테'라고 단정했습니다. 또한 이 작품이 그리스 문화의 정점인 기원전 5세기에 제작된 것으로 몇 안 되는 기념비적 조각품이라 극찬하면서 게티를 대표하는 가장 위대한 예술품이 될 것이라고 기대했습니다. 그뿐만 아니라 신상의 불법 도굴과 반출 여부로 가슴을 졸이는 미술관 직원들에게는 '상당히 합법적'이라면서 안심시키기까지 했습니다. 트루가 이 신상을 정확히 어떤 이유에서 아프로디테로 단정했는지에 대해서는 명확하지 않습니다. 앞서 언급한 얼굴 표정이나 옷주름만으로는 아프로티테라고 단정할 근거가 부족하기 때문입니다. 다만 학예사의 성급한 단

게티센터 미국 로스앤젤레스에 위치하며 미술관 이외에 보존처리연구소, 미술교육센터, 미술사 연구소 등이 함께 있습니다. 고대 그리스, 로마의 미술품을 다수 소장한 대규모 미술관으로 유명합니다.

정으로 인해 문화유산이 갖는 문화적·역사적 맥락은 무시되었고 출처를 확인하는 과정은 혼선을 빚었습니다.

 그런데 오늘날까지도 신상에 대한 미스터리는 여전히 남아 있습니다. 신상은 대리석의 머리, 팔, 발이 석회암 몸체에 연결되어 있는 특이한 구조입니다. 대리석 팔다리를 석회암 몸체에 연결하는 방식은 대리석이 부족한 시칠리아를 비롯해 북아프리카 등 고대 그리스 식민지에서 흔하게 찾아볼 수 있는 형태입니다. 이 사실은 게티미술관에 의해 신상의 원소재지를 시칠리아로 단정할 수 없다는 근거로 악용되었습니다. 한편, 전문가들은 머리 부분이 몸체에 비해 너무 작다는 점을 주목했습니다. 신상의 얼굴과 몸체를 구성하는 비례적 아름다움이 맞지 않다고 주장한 것입니다. 이 밖에 〈페르세포네 신상〉이 두 개 이상의 조각상이 결합된 복합물이라는 주장과 더불어 흉상 부분과 다리가 위조되었다는 주장도 등장했습니다.

이제 〈페르세포네 신상〉이 어떤 경로를 통해 도굴되었고 게티미술관까지 유입되었는지를 살펴볼 차례입니다. 〈페르세포네 신상〉은 1970년대에 시칠리아 모르간티나에서 미술상 디 시몬Orazio di Simone에 의해 도굴되었습니다. 그는 도굴하자마자 불법 운송이 용이하도록 신상을 세 부분으로 자른 뒤 당근을 잔뜩 실은 트럭에 숨겨 스위스로 보냈습니다. 조각난 신상은 스위스에서 도굴범들과 미술상들에 의해 결합되었고 이후 스위스 키아소(Chiasso)에서 대형 슈퍼마켓을 운영하는 렌조 카나베시Renzo Canavesi di Sagno에게 넘어갔습니다. 그는 절도범들과 공모하여 신상의 출처 기록을 조작했습니다. 이탈리아 정부가 1939년부터 고고 유물의 국외 반출을 금지했기 때문에 카나베시는 그것을 역이용했습니다. 즉, 〈페르세포네 신상〉이 이미 1939년 이전부터 스위스에서 자신의 가족 재산이었던 것처럼 출처를 허위로 작성한 것입니다.

이렇듯 날조된 출처를 런던의 미술상 로빈 심즈Robin Symes는 그대로 믿어버렸습니다. 심지어 국외 반출 금지 조건에 해당되지 않는 매력적인 출처 정보라고 여겼을 법도 합니다. 1986년 3월 심즈는 카나베시로부터 40만 달러에 〈페르세포네 신상〉을 구입했고 평소 알고 지내던 게티미술관의 학예사 트루를 런던으로 불러들여 자신의 수장고에서 실견하도록 했습니다. 트루는 한눈에 이 신상에 매료당했습니다. 심즈는 이 기회를 놓치지 않았습니다. 게티미술관 측이 구입 여부를 충분하게 검토할 수 있도록 대여해주기로 결정했고, 이렇게 해서 1,300파운드(약 590㎏) 무게의 석조물이 1987년 12월 미국 로스앤젤레스에 도착한 것입니다.

게티미술관에 도착한 〈페르세포네 신상〉을 두고 도굴 의혹이 제기되었음에도 불구하고 1988년 미술관 측은 결국 1,800만 달러에 구입했습니다. 신상의 매혹적인 모습이 출처에 대한 모든 의혹을 떨쳐낸 것입니다. 그리스와 영국을 제외하고 이렇게 아름다운 신상을 소장할 수 있는 기회를 게티미술관은 놓치고 싶지 않았는지도 모릅니다. 그러나 곧 후폭풍이 몰아닥쳤습니다. 1988년에 게티미술관이 〈페르세포네 신상〉 구입 사실을 세상에 발표했을 때 신상의 도굴 가능성을 두고 여론이 들고일어났습니다. 이때 이탈리아의 카라비니에리가 분주하게 움직였습니다. 절도범을 비롯해 스위스 소장가였던 카나베시를 기소하여 2001년 재판에 회부했고, 〈페르세포네 신상〉이 시칠리아의 모르간티나 유적지에서 도굴되었다는 사실을 증명하고자 노력했습니다.

1997년 카라비니에리는 신상에 붙은 작은 화석이 지질학적 지문으로 사용될 수 있기를 간절히 바라면서 게티미술관으로부터 석회암 샘플을 받아 조사했습니다. 시칠리아의 팔레르모대학교(University of Palermo) 지질학자들은 "게티의 샘플과 모르간티나 유적지의 석회암 사이에 밀접한 동일성이 있다"는 연구 결과를 제출했습니다. 게티미술관도 가만있지 않고 자신들의 정당성을 주장하기 위해 노력했습니다. 카라비니에리에 맞서 1997년 그리스, 북아프리카, 이탈리아 본토, 시칠리아 등 6곳의 채석장 샘플을 조사한 것입니다. 하지만 이 조사 결과는 게티미술관의 예측과 반대로 게티의 샘플이 모르간티나와 가장 유사한 것으로 확인되었습니다. 그럼에도 게티는 이 조사 결과에 낙담하지 않았습니다. 트루는 석회암 테스트에 대해 "우리가 무엇인가 하고 있다는 것을 보여줄 수 있는 사례"라며 대수롭지 않게 여겼습니다. 카라비니에리의 석회암 샘플 조사는 게티를 설득하지도 낙담시키지도 못했던 것입니다.

카라비니에리는 게티를 압박하기 위해 더 영리한 방안을 찾아내야만 했습니다. 2005년 카라비니에리는 트루를 이탈리아 법원에 기소했습니다. 이 기

소는 게티를 흔들어 놓기에 충분했습니다. 트루는 문화유산 불법 거래 혐의로 외국 법정에 선 최초의 미국 학예사라는 불명예를 안았습니다. 카라비니에리가 전략적으로 택한 이 방식은 흔히 '약한 고리 이론'으로 불립니다. 쇠사슬의 강도는 가장 튼튼한 고리가 아니라 가장 약한 고리에서 결정되기 때문에 카라비니에리는 게티를 공략하기 위해 우선 트루를 공략한 것입니다. 이 형사적 기소는 훗날 트루가 악당인지 희생자인지 논란을 불러일으키기도 했지만, 중요한 점은 게티를 압박하고 문화유산 반환에 우호적 여론을 조성하는 데 효과가 있었다는 것입니다. 2005년 가을 게티의 최고경영자 배리 뮤니츠Barry Munitz(1941~)는 처음으로 〈페르세포네 신상〉을 시칠리아에 반환할 용의가 있음을 내비쳤습니다. 게티는 2006년 사설 조사관을 고용하여 신상의 출처를 공식적으로 조사했습니다. 조사 보고서는 신상이 시칠리아로부터 건너왔음이 분명하며 도굴된 것으로 결론지었습니다. 게티는 조사관들의 보고서를 통해 19년 전 몬레알이 강력히 요청했던 꽃가루 조사의 필요성을 떠올렸습니다. 몬레알이 그때 채취한 꽃가루 샘플은 유리병에 담겨서 게티 보존연구소에 19년 동안 줄지어 놓여 있었습니다.

　게티는 사설 조사관의 보고서와 꽃가루 조사를 통해 〈페르세포네 신상〉이 모르간티나에서 기원한다는 과학적 정보를 확인했습니다. 2007년 5월 9일 국제 전문가 세미나를 소집했고, 마침내 7월 31일 이탈리아 문화부와 반환에 합의했습니다. 페르세포네는 그때까지도 여전히 아프로디테라는 이름으로 2010년 12월 이탈리아에 도착했고 2011년 3월 17일 고향 모르간티나 유적과 가까운 시칠리아의 아이도네 고고박물관(Museo Archeologico di Aidone)으로 옮겨져 전시되고 있습니다. 2011년 3월 17일은 이탈리아 민족통일 150주년을 기념하는 날로 의미가 컸습니다.

〈페르세포네 신상〉은 도굴되었기 때문에 원소재지를 입증할 수 있는 기록은 없다고 보아야 합니다. 하지만 때때로 문화유산 그 자체가 원소재지를 입증하는 물리적 출처 정보가 될 수 있다는 점이 매우 중요합니다. 신상의 몸체를 구성하는 석회암 재질과 신상에 붙은 엉긴 흙 속에 남아 있던 꽃가루가 도굴 및 조작에 대항하는 소중한 진실을 담고 있었다는 사실이 흥미롭습니다. 〈페르세포네 신상〉은 문화유산의 출처가 갖는 중요성을 교훈으로 남겨주었습니다. 바로 문화유산이 자체적으로 지닌 물리적 정보를 통해 기원을 알아내고 더 나아가 문화유산의 참된 의미를 탐구하는 것입니다. 이것이 우리가 아프로디테가 아닌 페르세포네를 마주하게 된 이유입니다.

3부

문화유산을 바라보는 다양한 시각

들어가는 글

　흔히 문화유산을 정의하는 것은 예술을 정의하는 것만큼이나 어렵다고 말합니다. 일상생활에서는 문화유산과 문화재 등의 용어를 섞어 사용하기도 합니다. 명확히 구분하지 않은 채 혼재된 용어를 사용하기는 다른 나라에서도 마찬가지입니다. 국제조약이나 각국의 국내법을 보면 문화유산이라는 용어는 cultural property, cultural heritage, cultural objects, cultural goods, cultural valuables 등 다양하게 쓰이고 있습니다.

　이러한 혼란 때문이었을까요? 유네스코에서도 이 문제에 대해 고민하고 2006년『문화유산 불법 거래 방지를 위한 법적 실제적 조치』를 통해 문화유산의 용어에 대한 견해를 밝혔습니다. "문화유산에 대해서는 단일하고 보편적인 정의는 존재하지 않는다"라고 한 것입니다. 다시 말해 문화유산의 개념은 오로지 국내법 체계나 개별 국제조약에서 구체적으로 규율하는 방식에 따라야 한다고 말합니다. 용어의 차이에 주목하지 말고 해당 문화유산을 어떻게 정의하여 실제 사용하는지에 대해 그 실행을 살펴보라는 뜻입니다.

　흔하게 사용하는 단어의 용례를 검토해보면 이러한 경향을 읽을 수 있습니다. 문화재(cultural property)는 단어 그 자체에서도 알 수 있듯이 재산이나 소유권을 강조할 때 사용하며, 문화유산(cultural heritage)은 보전이나 전승을 강조할 때 사용되는 경향이 있습니다. 이 책에서는 문화재와 문화유산의 용어를 별도로 구분하지 않고 '문화유산'으로 일반화하여 사용합니다. 최근 국

문화유산 용어의 구분

	구분	설명	용례
Legal and Practical Measures Against Illicit Trafficking in Cultural Property UNESCO HANDBOOK	cultural property	소유권과 관련 있는 경우	「1954년 헤이그협약」 「1970년 유네스코협약」
Missing?	cultural heritage	보전이나 세대와 세대 간 전승을 강조할 때 주로 사용	「1972년 세계유산협약」 「2001년 수중문화유산협약」 「2003년 무형문화유산보호협약」
『문화유산 불법 거래 방지를 위한 법적 실제적 조치』(2006, 유네스코)	cultural goods, cultural objects	기원이 불분명할 때 사용	「1995년 유니드로아협약」

내외에서 전승을 강조하여 문화유산이라는 용어를 사용하는 것이 일반화되는 추세이므로 이 책도 그에 따랐습니다.

문화유산의 정의와 관련하여 실생활에서 가깝게 체감할 수 있는 사례가 있습니다. 그 하나는 세관 절차입니다. 예컨대 여러분이 스위스에서 고가의 오래된 시계를 구입하여 국내로 반입하려 할 때 이 시계를 문화유산으로 보느냐 사치품으로 보느냐에 따라 세율 차이가 크게 발생할 수 있습니다. 우리나라를 포함해 대부분의 국가들은 문화유산을 자국으로 반입할 때 면세나 무관세의 혜택을 제공하지만 사치품인 경우에는 구입 금액의 40%까지 세금을 납부해야 합니다.

또 하나의 사례는 TV 드라마 〈이상한 변호사 우영우〉에서 '소덕동 팽나무'로 등장한 〈창원 북부리 팽나무〉(높이 16m, 둘레 6.8m)입니다. 이 팽나무는 우람하고 늠름하며 수령도 500년이 넘었습니다. 팽나무는 패구나무라고도 불리며 바다와 강이 만나는 포구 주변에서 흔히 볼 수 있습니다. 오랜 세월 천천히 크게 자라면서 무성한 잎이 시원한 그늘을 선사하며, 신령스러운 나무로 인식되어 마을 지킴이 역할을 하는 대표적인 당산나무입니다. 〈창원 북부리 팽나무〉는 원래 「산림법」에 따른 보호수로 지정되어 생태적 보호를 받다가, 2022년 10월 「문화재보호법」에 따른 천연기념물로 지정되면서 나무뿐만 아니라 나무를 중심으로 하는 무형유산인 당산제까지 보호를 받고 있습니다. 팽나무 주변 전체에 개발 행위가 제한되는 '역사문화환경 보존지역'이 되는 것입니다. 이처럼 문화유산은 우리의 일상생활에 직접 영향을 주고 있습니다.

국제문화유산법에서는 국가마다 문화유산을 보호하는 방식에 차이가 있다고 설명합니다. 흔히 세 가지 방식으로 분류하고 있습니다. 첫 번째는 열거식 방식(enumeration system)입니다. 문화유산을 각각의 개별 법령에서 열거하는 방식으로, 주로 영미법계 국가에서 사용하고 있습니다. 두 번째는 개괄적 방식(categorization system)입니다. 문화유산 개념을 일반인이 알 수 있을 정도로 범위를 구체화하는 것입니다. 세 번째는 특별지정 방식(classification)

으로, 결정권자의 특별한 지정이 있어야 문화유산으로서 인정되는 것입니다. 대부분의 국가들은 몇 가지를 혼용하여 사용하고 있습니다. 3부에서는 문화유산의 개념이나 보호 방식에서 발생하는 다양한 문제를 살펴보고 이에 대한 본질적인 문제를 생각해보려 합니다.

15
인간의 유해는 문화유산일까?

사라 바트만$^{\text{Sarah Baartman(1789~1815)}}$이라고 불리는 한 여성이 있습니다. 정확하게는 그녀의 유해이며, 더 정확하게는 프랑스에서 문화유산의 일부였습니다. 인간의 유해가 문화유산으로 전시된다는 것은 충격적인 일입니다. 프랑스는 국가나 지방정부 소속의 박물관 소장품을 「문화유산법」의 적용을 받는 국가보물로 간주합니다. 따라서 인간 유해라 하더라도 박물관의 소장품이면 기능적 특성에 따라 문화유산이 됩니다. 이것은 문화유산이란 무엇인가에 대한 국제적 논란을 불러일으켰습니다.

사라 바트만은 19세기 인종차별의 상징입니다. 아프리카 남부 코이산 (Khoisan) 부족의 여성이었는데, 당시 네덜란드 사람들은 코이산 부족의 언어인 나마어의 흡착음을 모방하여 그들을 호텐토트(Hottentot)라고 하는 차별적이고 모멸적 용어로 불렀습니다. 코이산 부족 여성들은 유전학적으로 둔부지방경화증을 앓고 있어서 엉덩이가 비대했습니다. 이런 외모 때문에 19세기 유럽 사람들은 괴기적이고 엽기적인 쇼에 출연한 사라 바트만을 비하할 때 '호텐토트의 비너스(Hottentot Venus)'라고 부르기도 했습니다.

사라 바트만
1822년에 그려진 사라 바트만 캐리커처,
영국박물관 소장

　사라 바트만은 어린 시절부터 지독한 불행을 겪었습니다. 아버지와 어머니를 일찍 여의었고 남편은 백인 식민주의자들에게 살해당했습니다. 이후 케이프타운에서 세탁부와 유모로 일하며 근근이 살아가고 있었는데, 영국 군대의 의사로 일하던 알렉산더 던롭$^{Alexander\ Dunlop}$이 그런 그녀를 유심히 살펴보았습니다. 던롭은 둔부지방경화증으로 인해 엉덩이가 큰 사라 바트만을 유럽으로 데려가면 인종 전시를 통해 큰돈을 벌 수 있을 거라 생각했던 것 같습니다. 수십 차례에 걸쳐 사라 바트만을 회유했고, 결국 그녀는 1810년 여름 런던에 도착했습니다.

　당시 영국은 「1807년 노예무역법」에 따라 노예무역이 폐지되었고 인종차별에 반대하는 목소리가 높았습니다. 1810년 9월 던롭은 사라 바트만의 인종 전시를 위해 포스터를 제작하여 배포했는데, 이 포스터에서 그녀를 '호텐토트의 비너스'로 홍보하며 비대한 엉덩이를 갖고 있는 성적 아이콘으로 부각했습니다. 사라 바트만에 대한 성적 묘사와 인종 전시 선전은 런던 사람들의 호기심을 자극했지만 다른 한편으로는 노예무역을 비판하는 여론이 거세지면서 큰 논란을 일으켰습니다. 아프리카협회 소속의 노예제도 폐지론자들은 던롭이 노예 여성을 돈벌이에 이용한다고 비난하며 소송을 제기했습니다. 10월부터 영국 법원에서 조사가 진행되자 위기를 느낀 던롭은 10월 29일 사라 바트만과 가정부 고용계약을 맺고 그녀가 자유인 신분인 것처럼 위장했습니다.

소송이 진행 중이었음에도 던롭은 11월 24일 런던의 번화가인 피커딜리 서커스(Piccadilly Circus)에 있는 이집트 홀에서 사라 바트만을 전시품으로 공개했습니다. 그녀는 그곳에서 '인간과 짐승 사이의 잃어버린 연결고리'로 상품화되었습니다. 사실, 소송에서 가장 중요한 것은 사라 바트만 본인의 의사였습니다. 그녀가 네덜란드어를 유창하게 구사했기 때문에 영국 법원은 11월 27일 사라 바트만을 직접 대면하여 본인의 입장을 확인했습니다. 이때 사라 바트만은 "자유의지로 런던에 왔으며, 공연에 불만이 없고 수입의 반을 갖기로 약속 받았다"라고 답변했습니다. 이 같은 그녀의 진술에 따라 소송이 허무하게 끝나면서 던롭이 기획한 인종 전시는 잠시나마 성공했지만 1811년 이후부터는 런던 사람들의 관심에서 점차 멀어졌습니다.

결국 사라 바트만은 1814년 8월 프랑스 파리로 건너갔습니다. 하지만 그곳에서도 그녀는 비참한 노예에 불과했습니다. 동물 취급을 받았고 성적 학대는 다반사였습니다. 그 무렵 파리에서는 조르주 퀴비에Georges Cuvie(1769~1832)가 주도하는 인종차별주의가 과학이라는 이름으로 포장되어 아무렇지 않게 자행되고 있었습니다.

사라 바트만은 1815년 12월 29일 26세라는 젊은 나이에 천연두와 매독, 폐렴으로 사망했습니다. 그런데 사망 이후 더 심각한 문제가 일어났습니다. 생전에 동물 취급을 받으며 구경거리로 상품화된 것도 모자라 그녀는 죽은

조르주 퀴비에는 고생물학의 창시자로 불립니다. 동물을 고대 화석과 비교해 고생물학 분야를 확립하는 데 중요한 역할을 했습니다. 또한 나폴레옹의 신임을 얻어 제국대학 총장도 역임했습니다. 하지만 그의 연구는 과학적 인종주의(Scientific racism)에 기초하고 있다는 비판도 받습니다. 특히 죽기 직전의 사라 바트만을 검사하고 죽은 뒤에는 부검하여 원숭이의 신체적 특징과 비교하기도 했습니다.

그는 과학적 인종주의에 기초한 연구를 수행하고 인종 그룹 간의 신체적 특성과 정신 능력 사이의 차이점을 발표하면서 다윈의 진화론을 비판했습니다. 에펠탑에는 프랑스를 빛낸 과학자, 엔지니어, 수학자 등 72명의 이름이 새겨져 있는데, 여기에 조르주 퀴비에도 있습니다.

과학적 인종주의는 인종을 과학적 증명 대상으로 여기며 16세기부터 학문의 탈을 쓰고 발전해왔습니다. 제2차 세계대전 때는 나치 독일이 600만여 명의 유대인을 학살하는 데 이론적 근거로 악용되었습니다. 인종주의자들은 인간의 본성과 양육을 엄격하게 구분하면서 본성은 형질의 대물림 과정에서도 계속 보존된다고 생각했습니다. 우수한 형질의 본성이 따로 있다는 잘못된 믿음에 기초했기 때문에 인종 학살의 이론적 근거가 된 것입니다. 현대 과학은 이러한 이론을 반성한 뒤 모든 인간은 동일한 종種인 호모사피엔스이며 '인종'이라는 개념은 과학적 사실이 아니라 사회적 신화에 가까운 것이라고 선언했습니다.

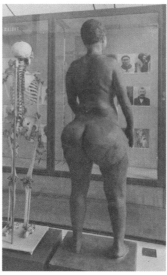

박물관에 전시된 사라 바트만 26세의 젊은 나이에 죽은 사라 바트만은 사후 유해가 프랑스 박물관에 전시되었습니다. 사진은 파리 인류박물관에 전시되었던 사라 바트만의 골격과 인체 모형입니다.

뒤에 더 혹독한 시련을 당한 것입니다. 프랑스 박물학자 조프루아 생 틸레르Étienne Geoffroy Saint-Hilaire(1772~1844)가 국립자연사박물관을 대신해 사라 바트만 유해의 보존을 신청하고 여기에 조르주 퀴비에도 동의했습니다. 결국 사라 바트만 유해는 두뇌와 생식기, 골격으로 각각 분리되었고 신체는 석고 모형으로 만들어져서 앙제자연사박물관(Muséum d'histoire naturelle d'Angers)에 전시되었습니다. 1827년에는 그녀의 두개골이 도난당해 몇 달 만에 회수된 일도 있었습니다. 1937년 파리에 인류박물관(Musée de l'Homme)이 설립되자 사라 바트만의 유해는 그곳으로 이전된 뒤 1970년대 후반까지 전시되었습니다. 한 인간의 유해가 박물관 전시를 위한 동물학 표본이 된 것이었습니다.

1940년대부터 남아프리카공화국에서는 사라 바트만 유해의 귀환을 요구하는 목소리가 미미하지만 분명하게 울려나오고 있었습니다. 미국의 고생물학자 스티븐 제이 굴드^{Stephen Jay Gould(1941~2002)}는 1981년 저서 『인간에 대한 오해^{The Mismeasure of Man}』를 통하여 과학적 인종주의를 비판하며 사라 바트만에 대한 관심을 촉진시켰습니다. 사라 바트만 유해의 귀환에 국제적인 관심을 확산시킨 이는 남아프리카공화국 출신의 시인 다이애나 페러스^{Diana Ferrus,(1953~)}입니다. 그녀는 1998년 사라 바트만을 애도하는 시 「나는 당신을 집에 데려다주러 왔습니다(I've come to take you home)」를 썼습니다.

1994년 사라 바트만 유해는 오르세미술관(Musée d'Orsay)으로 또다시 옮겨졌습니다. 이때 미술관이 그녀의 이름을 '호텐토트의 비너스'로 표기하여 전시하자 남아프리카공화국 정부는 분노했습니다. 당시 남아프리카공화국에서는 정치적으로 큰 변화가 일어났습니다. 인권운동의 상징인 넬슨 만델라^{Nelson Mandela(1918~2013)}가 최초의 흑인 대통령이 된 것입니다. 코이산 부족의 대표자들이 만델라 대통령을 만나 사라 바트만 유해가 귀환될 수 있도록 힘써달라고 부탁했습니다. 만델라 대통령도 관심을 표명하며 프랑스 대통령 미테랑^{François Mitterrand(1916~1996)}에게 유해 귀환을 요청했습니다. 하지만 프랑스는 「문화유산법」을 들어 거부했습니다.

프랑스 「문화유산법」은 1789년 프랑스대혁명의 역사적 경험을 반영하고 있습니다. 프랑스대혁명 과정에서 왕실과 귀족들의 예술품 및 교회 재산은 '구체제'의 부산물로 여겨졌고, 이에 파괴하거나 훼손하는 것이 가능했습니다. 그 뒤 이러한 역사적 경험을 반성하면서 문화유산 보호를 위한 정부기관들을 설립하기 시작했고 '문화유산은 곧 국가 소유'라는 인식이 확산되었습니다. 특히 1905년 이전의 종교 재산에 대해 국가 소유로 규정한 것은 주목할 만한 조치입니다. 이는 프랑스 「헌법」상의 원칙 중에서 '라이시테(laïcité)'와 관련 있습니다. 우리말로는 '정교분리 원칙' 또는 '세속주의'로 번역되는 개념입니다. 라이시테는 원래 '평신도'를 뜻하는 말이었는데 프랑스대혁명 이후에는 가톨릭교회로부터 구속되지 않는 공공기관의 자유를 나타내는 말로 사용되었습니다. 최근에는 '신성모독(blasphème)의 자유'까지 포함하고 있습니다. 라이시테를 상징하는 대표적인 법률은 「1905년 정교분리법」입니다. 프랑스 제3공화국 정부(1870~1940)는 이 법률을 제정하여 1905년 이전의 교회 재산을 국유화했습니다.

　이러한 역사적 배경에서 프랑스는 국가나 지방정부가 운영하는 박물관의 소장품을 강력하게 보호하고 있습니다. 프랑스는 2002년에 「박물관법(Loi musée 2002)」을 제정하여 박물관의 공익성을 강화할 목적으로 '프랑스 박물관(musées de France)'이라고 하는 인증 제도를 도입했습니다. 인증 대상은 국가나 지방정부가 운영하는 박물관에 한정하지 않고 비영리법인이 운영하는 사립 박물관까지 확대했습니다. 2023년 현재 1,220여 개 '프랑스 박물관'이 인증되었고 해당 정보는 데이터베이스(base Muséofile) 형태로 관리되며 온라인(https://data.culturecommunication.gouv.fr)에서 확인할 수 있습니다. 2004년에는 박물관이나 도서관, 고고 유적지 등 여러 곳에 존재하는 문화유산을 한데 모아 보호하기 위해 단일법 형태의 「문화유산법(Code du patrimoine)」을 제정했습니다. 「문화유산법」은 「박물관법」에서 규정한 '프랑스 박물관' 제도를 받아들이고 있는데 바로 국가보물(trésors nationaux)의 범주(제L111-1조)에 '프랑스 박물관'의 소장품을 포함한 것입니다. 프랑스 또한 다른 나라들과 마찬가지로 국가보물에 대해 국외 반출이나 판매 과정에서 여러 제한을 두고 있습니다. 그런데 프랑스에서는 국가보물이 문화유산으로서의 가치가 아니라 '프랑스 박물관'의 소장품이라는 기능적 특성에 따라 정해진다는 사실이 특이합니다.

　프랑스의 「문화유산법」에서 특별히 주목해야 하는 것은 '공법인에 속하는 프랑스 박물관의 소장품'이라는 개념입니다. 「문화유산법」(제L451-5조)에 따르면 이러한 소장품은 '공물公物(domaine public)'이기 때문에 양도할 수 없고 압류가 금지되며 시효의 적용도 받지 않습니다. 공물은 도로나 항구와 같이 공적인 목적에 사용되는 재산으로서 행정재산이라 할 수 있고 그만큼 강력한 보호를 받습니다. 이 같은 까닭에 '프랑스 박물관'의 소장품은 국가보물이면서도 해당 박물관이 공법인인 경우에는 공물이 되는 것입니다.

　그렇다면 「문화유산법」에서 말하는 '공법인公法人(personnes publiques)'이란 무엇을 가리킬까요? 이 질문에 대한 해답을 2006년 제정된 「공법인 재산에 관한 일반법(Code général de la propriéte des personnes publiques)」에서 확인할 수 있습니다. 이 법을 우리말로 프랑스 「국유재산법」으로 옮기는 경우가 있는데 정확한 번역이 아닙니다. 우리나라의 「국유재산법」은 국가재산에 대해서만 적용되지만 프랑스에서 공법인은 국가뿐만 아니라 지방정부나 공공기관까지 포함하기 때문입니다.

　한편, 프랑스 「문화유산법」에서 '문화유산'이라는 단어는 조상으로부터 세습된 재산을 의미하는 '파트리모완(patrimoine)'을 쓰고, 「공법인 재산에 관한 일반법」에서 '재산'은 '포피에테(propriété)'라는 단어를 사용하여 두 개념을 구분하고 있지만, 사실 이 둘의 차이는 크지 않습니다. 프랑스는 문화유산을 그것이 지닌 가치가 아니라 '프랑스 박물관'이라고 하는 소장자의 기능적 특성에 따라 정의하기 때문입니다. 그러므로 박물관 소장품에서 해제한다는 것은 문화유산으로서의 가치를 상실했다는 뜻이 아니라 공법인의 행정재산(공물)에서 해제한다는 것을 의미합니다. 하지만 행정절차로서 공물의 해제는 「2002년 집행명령」에 따라 프랑스박물관고등위원회(Haut Conseil des musées de France)가 설립된 이후에야 가능한 일이었습니다.

　이는 1994년 당시에 남아프리카가 사라 바트만의 유해를 돌려받기 위해서는 프랑스 의회에서 제정하는 특별법을 통해 행정재산에서 해제해야 한다는

귀환한 사라 바트만의 유해 2002년 8월 9일 사라 바트만 유해가 남아프리카 감투스강 근처의 핸키 언덕에 안치되는 모습입니다.

것을 의미합니다. 프랑스 상원의원 니콜라스 어바웃^{Nicolas About(1947~)}이 이 일에 뜻을 같이했습니다. 그는 사라 바트만 유해를 박물관의 행정재산에서 해제하는 특별법안을 발의했는데 이 법안에는 다음과 같이 규정되어 있습니다.

제1조 이 법률의 발효일부터 사라 바트만으로 알려진 인간 유해의 잔여 유해는 국립자연사박물관의 공공 컬렉션 일부가 되는 것을 중단한다. 행정 당국은 발효일로부터 2개월 이내에 남아프리카공화국에 유해를 인도해야 한다.

—「2002년 사라 바트만 유해의 원상회복에 관한 법률」

2002년 3월 7일 마침내 이 법안이 시행되면서 사라 바트만 유해의 본격적인 귀환 절차가 시작되었습니다. 프랑스 정부는 사라 바트만 유해의 귀환부터 매장, 기념행사까지 책임질 12명의 대표자를 임명했는데 이 중에는 시인 다이애나 페러스도 포함되었습니다.

사라 바트만 유해는 2002년 5월 6일 고향 감투스 계곡으로 귀환했으며 남아프리카공화국 여성의 날인 2002년 8월 9일 코이산 부족의 전통 의식에 따라 감투스강 근처의 핸키(Hankey) 언덕에 안치되었습니다. 남아프리카공화국 대통령 타보 음베키[Thabo Mbeki(1942~)]는 장례식 연설에서 "사라 바트만의 역사는 세계, 특히 남아프리카인들에게 여성 억압의 오랜 역사를 상기시켰습니다"라고 말했습니다. 사라 바트만의 유해 귀환은 서구 제국주의가 그토록 부정해왔던 인간 존엄성의 회복을 의미하는 것이었습니다.

사라 바트만의 유해만큼이나 프랑스에서 논란이 되었던 것이 뉴질랜드의 마오리족 머리 미라입니다. 머리 미라를 일컫는 용어는 토이 모코(Toi Moko) 또는 모코모카이(mokomokai)가 함께 사용됩니다. 에드워드 트레기어[Edward Tregear(1846~1931)]가 1891년에 펴낸 『마오리-폴리네시아어 비교 사전 Maori-Polynesian Comparative Dictionary』을 보면 토이(toi)는 마오리족 족장을, 모코(moko)는 얼굴 문신을, 모카이(mokai)는 포로나 노예를 뜻합니다. 따라서 토이 모코는 '얼굴 문신을 한 마오리족 족장'을 의미하고, 뉴질랜드 정부는 이 용어를 선호합니다. 모코모카이는 '얼굴 문신을 한 노예'라는 뜻으로, 전쟁 중 포로의 수급을 베어 전리품으로 만드는 마오리 부족의 전통을 내포하는 단어입니다.

마오리 부족에게 얼굴 문신은 신성한 계급의 표시였습니다. 마오리 부족의 문화에서 머리는 가장 성스러운 신체 부분으로 간주되기에 얼굴을 포함한 머리에 문신하는 행위는 이 성스러움을 더욱 돋보이게 했습니다. 얼굴 문신의 복잡한 패턴은 지문에 비유될 정도로 매우 정교했습니다. 얼굴 문신은 어

마오리 부족의 얼굴 문신
〈마오리족 족장의 초상〉, 1773, T. 챔버스[Thomas Chambers]. 시드니 파킨슨[Sydney Parkinson]의 1769년 그림을 바탕으로 T. 챔버스가 찍은 판화입니다.

린 시절과 성인기 사이의 중요한 이정표였으며 문신을 새기는 과정에서 많은 의식이 행해졌습니다. 마오리 부족은 문신이 이성에게 더욱 매력적으로 보이게 한다고 생각했습니다. 남성들은 주로 얼굴과 엉덩이에, 여성들은 입술과 턱에 문신을 했습니다.

하지만 전통의 신성성과는 별개로 문신 두상은 전리품으로 간주되기도 했습니다. 19세기 머스킷전쟁(Musket Wars)은 1807~1837년에 뉴질랜드에서 벌어진 3,000여 회에 이르는 마오리 부족들 사이의 전투입니다. 마오리 부족들은 머스킷, 즉 화승총을 사기 위해 유럽인들에게 모코모카이를 내다 팔았습니다. 처음에는 전투 중에 살해당한 전사의 머리가 대상이었지만 유럽 무역상들의 수요가 급증하자 노예나 죄수 들의 머리를 잘라 미라를 만들고 매매했습니다. 1820~1831년까지 이 같은 모코모카이 무역이 성행했는데, 1831년 뉴사우스웨일스 총독 랄프 달링[Ralph Darling(1772~1858)]이 뉴질랜드 외곽에서 머리 미라 무역을 금지한 뒤에야 쇠퇴하기 시작했습니다.

마오리족 머리 미라   〈토이 모코〉(왼쪽)와 이를 묘사한 데생입니다. 루앙자연사박물관 소속의 델피네 지고니^{Delphine Zigoni}가 왼쪽의 〈토이 모코〉를 바탕으로 얼굴 정면의 문신을 세밀하게 묘사했습니다.

1990년대 들어서 뉴질랜드는 유럽 각지로 팔려나가 전시품의 대상이 된 머리 미라를 귀환시키기 위해 '카랑가 아오테아로아 귀환 프로그램(Karanga Aotearoa Repatriation Programme)'을 추진했습니다. 카랑가는 마오리 언어로 '(조상들의 땅으로) 부른다'는 뜻이고, 아오테아로아는 '길고 흰 구름의 땅'을 뜻하는데 그 자체로 뉴질랜드를 가리킵니다. 그러므로 카랑가 아오테아로아는 '조상들의 땅, 뉴질랜드로 부른다'는 의미입니다. 이 프로그램은 뉴질랜드 정부가 마오리 부족을 대신하여 유해 귀환 협상을 추진하는 것으로, 2003년 5월 뉴질랜드 내각은 '테 파파(Te Papa)'로 불리는 뉴질랜드국립박물관(Museum of New Zealand Te Papa Tongarewa)을 책임 기관으로 지정했습니다.

뉴질랜드의 협상 대상 가운데 프랑스 루앙자연사박물관(Museum d' Histoire Naturelle de Rouen)이 소장한 〈토이 모코〉는 전 세계적으로 인간 유해에 대한 도덕적·윤리적 문제를 제기하는 것이어서 국제적 관심을 끌었습니다. 루앙자연사박물관은 1875년 파리 시민으로부터 한 점의 〈토이 모코〉를 기증받아 1996년까지 전시했습니다. 테 파파의 설득으로 2007년 10월 루앙 시의회는 〈토이 모코〉를 뉴질랜드에 돌려주기로 결정하고 기념식도 개최할 예정이었습니다. 당시 루앙 시의회는 "우리는 윤리적 행위를 하고자 합니다. 이 상징적 행위는 자신들의 문화와 정체성이 죽지 않았다는 사람들의 믿음에 대한 적절한 예우의 표시입니다. 이 미라는 마오리족 눈에 성스러운 것이기에 그들이 조상을 숭배할 수 있도록 영면을 위하여 고향으로 돌아갈 것입니다"라고 견해를 밝혔습니다.

하지만 프랑스 문화통신부가 루앙시의 귀환 결정을 막으셨습니다. 문화통신부장관 크리스틴 알바넬Christine Albanel(1955~)은 〈토이 모코〉의 뉴질랜드 양도에 반대한다는 성명서를 발표했습니다. 이러한 시각의 차이는 인간 유해를 둘러싼 프랑스 「민법」과 「문화유산법」의 세계관이 서로 달랐기 때문입니다. 프랑스 「민법」(제16-1조)은 인간의 존엄성 차원에서 "인간의 신체는 재산권의 대상이 될 수 없다"고 선언하고 있습니다. 이에 반해 「문화유산법」(제L451-5조)은 공법인에 속하는 프랑스 박물관의 소장품은 공물이므로 양도할 수 없도록 규정하고 있습니다. 루앙자연사박물관은 지방정부인 루앙시에서 운영하기 때문에 공법인에 속하는 프랑스 박물관입니다.

「문화유산법」의 관점으로 보면 루앙 시의회는 〈토이 모코〉를 행정재산에서 해제할 권한이 없었던 것입니다. 문화통신부는 루앙시의 문화유산 보호 사무를 담당하는 센마리팀(Seine-Maritime)주 경찰청을 내세워 행정법원에 소송을 제기했습니다. 인간 유해를 둘러싼 프랑스 중앙정부와 루앙시 간의 소송은 이제 국내적인 문제에서 벗어나 국제적 관심을 끌기에 이르렀고 세계가 주목하는 사건이 되었습니다. 인간의 존엄을 지키기 위해 〈토이 모코〉의 귀환을 결정한 루앙시와 행정재산의 양도 불가능을 이유로 이를 중지시키려는 중앙정부의 대결은 윤리적·도덕적 논란으로 확대되었습니다.

2007년 12월 27일 프랑스 행정법원은 중앙정부의 손을 들어주었습니다. 루앙시는 바로 항소법원에 이의를 제기했지만 결과는 달라지지 않았습니다. 그러자 국제사회의 비난이 엄청 쏟아졌고 프랑스 정부로서는 무엇인가 반전이 필요했습니다. 문화통신부는 2008년 2월 케브랑리박물관(Musée du Quai Branly: 2016년부터 '케브랑리-자크시라크 박물관'으로 변경)에서 '해부학적 소장물에서 경모의 대상으로: 박물관 소장 인간 유해의 보존과 전시'라는 주제로 국제 심포지엄을 개최했습니다. 세계 각국의 인류학, 의학, 국제법, 박물관학 등을 전공한 다양한 전문가가 참석했습니다. 그들은 인간 유해에 대한 「문화유산법」 적용을 우려하면서 지속적인 논의가 필요하다는 데 공감했습니다.

이즈음 니콜라스 사르코지^{Nicolas Sarkozy(1955~)} 대통령이 프랑스 박물관이 소장한 16구의 마오리족 머리 미라를 본국으로 귀환시키기 위해 노력하겠다는 방침을 발표하면서 루앙시의 〈토이 모코〉 귀환 문제에 대한 해결 분위기가 형성되었습니다. 사실, 선례가 없지도 않았습니다. 2002년에 이미 사라 바트만 유해를 송환한 사례가 있었던 것입니다. 당시 프랑스 정부는 사라 바트만 유해를 송환하면 마치 판도라의 상자가 열리기라도 하는 듯 또 다른 박물관 소장품의 반환으로 이어질 것을 우려해서 프랑스 의회로 하여금 입법을 통한 우회 조치를 선택했는데 이번에도 같았습니다.

2008년 2월 20일 상원의원이면서 루앙시 부시장인 카트린 모랭-데사이 ^{Catherine Morin-Desailly(1960~)}가 프랑스 상원에 〈토이 모코〉 귀환을 위한 법률안을 발의했습니다. 이 법안은 루앙의 〈토이 모코〉를 포함하여 프랑스 박물관에서 확인된 마오리족 머리 미라 20구의 귀환을 명시했습니다. 2009년 6월 29일 상원에서 만장일치로 통과했고 2010년 5월 4일 하원에서 압도적인 찬성(찬성 457표, 반대 8표)을 받았습니다. 마침내 1년 뒤 루앙자연사박물관에서 〈토이 모코〉의 귀환을 기념하는 행사가 개최되었습니다.

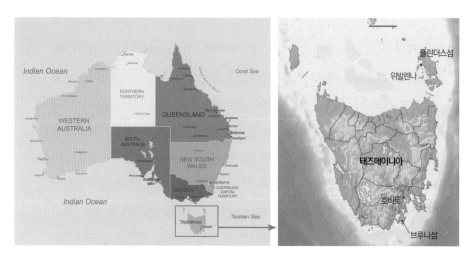

태즈메이니아는 호주 남동부에 위치하며 그곳에서 북동쪽으로 20km 지점에 플린더스섬이 있습니다.

다음으로 생각해볼 이야기는 호주 남동부의 섬 태즈메이니아(Tasmania)에서 시작됩니다. 태즈메이니아는 호주 본토에서 남동쪽으로 240km 떨어져 있으며 하나의 독립된 주를 구성합니다. 태즈메이니아라는 이름은 1642년 11월 24일 처음 섬을 발견한 네덜란드인 아벌 타스만Abel Tasman(1603~1659)의 이름을 따서 명명된 것입니다. 영국은 1803년 나폴레옹전쟁 때 프랑스가 이 섬의 소유권을 주장하는 것을 막기 위해 영국 재소자의 형벌 정착지로 사용했습니다.

태즈메이니아 원주민들의 인구는 영국 재소자들이 유형살이로 이주해온 1803년 무렵에 3,000~7,000명으로 추정되지만, '검은 전쟁(Black War)'으로 알려진 영국 이주민과의 갈등과 전염병 확산으로 30년 만에 거의 전멸되다시피 했습니다. 검은 전쟁은 1820년대 중반부터 1832년까지 태즈메이니아에서 원주민과 영국 이주자 사이에 일어난 3,000여 건의 격렬한 분쟁을 말합니다. 이 분쟁으로 원주민이 대량 학살되었고 영국 이주민도 200명 이상 사망했습니다. 검은 전쟁이라는 용어는 호주 언론인이었던 헨리 멜빌^{Henry Melville(1799~1873)}이 1835년에 붙인 명칭으로, 영국 이주자들의 편견을 반영한 명명이어서 최근에는 '태즈메이니아 전쟁'으로 부릅니다.

전쟁이 발발한 원인은 태즈메이니아에서 급속히 증가한 영국 이주민이 원주민의 영역을 짓밟고 사냥터를 빼앗아 목장을 만들었기 때문입니다. 원주민들은 자신들의 사냥터가 줄어들자 이주민의 식량을 약탈하기 시작했습니다. 생활 영역의 침범을 둘러싼 갈등 외에도 원주민 여성에 대한 이주민의 납치와 강간이 빈번해지고 원주민을 대상으로 한 잔학 범죄가 증가한 것도 중요한 원인이었습니다. 1820년대 후반 원주민들의 저항이 거세지자 조지 아서^{Sir George Arthur, 1st Baronet(1784~1854)} 부총독은 계엄령을 선포하고 영국 이주민의 원주민 살해에 대해서는 책임을 묻지 않겠다는 면책을 선언했습니다. 1830년 11월부터 원주민을 몰아내기 위한 저지선을 설치하고 대규모 군사 공격을 감행했습니다. 심지어 원주민을 생포하거나 살해하면 현상금을 지급했습니다.

물론 태즈메이니아 식민지 당국이 강공책만 고집한 것은 아니었습니다. 강온 양면 전략으로 원주민들의 삶을 무력화했습니다. 식민지 관리이자 전도사이며 인도주의자로 알려진 조지 아우구스투스 로빈슨^{George Augustus Robinson(1791~1866)}을 통해 1829년부터 협상을 시도했습니다. 로빈슨은 원주민들을 이른바 보호구역으로 이주시키는 것을 대안으로 생각했습니다. 그의 임무는 원주민들을 모아 플린더스섬(Flinders Island)의 위발렌나 수용소(camp of Wybalenna)에 정착시키는 일이었습니다. 그는 원주민들에게 상황이 진정될 때까지 플린더스섬에 식량과 주택을 제공하겠다고 약속했습니다. 또한 그곳에서 원주민의 문화적 전통과 의례를 계속 유지하면서 살게 해주겠다는 헛된 희망을 심어 주었습니다. 1830년 11월부터 원주민들이 플린더스섬에 정착하기 시작했고

1835년 말까지 거의 이주를 마쳤습니다.

로빈슨은 호주의 역사에서 부정적인 인물로 묘사됩니다. 그의 의도가 진실했는지 여부는 알 수 없지만 태즈메이니아 원주민 공동체에 매우 가혹한 전환점이 되었던 것은 사실이기 때문입니다. 원주민의 새로운 정착촌은 감옥이나 다름없는 환경이었습니다. 원주민 대부분은 그곳에서 전염병과 향수병으로 사망했습니다. 로빈슨이 태즈메이니아 원주민들의 집단 사망에 원인을 제공한 것은 분명해 보입니다.

우리가 기억해야 하는 태즈메이니아 원주민이 있습니다. 바로 윌리엄 랜William Lanne(1835~1869)과 트루가니니Truganini(1812~1876)입니다. 랜과 트루가니니는 백인들의 인종주의적 호기심으로 사후 유골이 탈취었습니다. 랜은 1842년 로빈슨에 의해 플린더스섬의 위발렌나 수용소에 정착한 마지막 가족 중 가장 어린 일곱 살 아이였습니다. 그는 1847년 태즈메이니아로 돌아와 1851년까지 호바트(Hobart) 고아원에서 생활하며 유럽적인 문화와 생활을 체험했습니다. 이후 고래잡이로 근근이 살아가다가 1869년 서른네 살의 나이에 콜레라와 이질의 합병증으로 사망했습니다.

그러나 랜에게 닥친 비극은 때 이른 죽음으로만 끝나지 않았습니다. 당시 유럽 과학계는 인간의 두개골을 둘러싸고 다양한 인종주의 이론이 만연했습니다. 그중 가장 잘못된 이론은 '뇌의 무게가 지능을 결정한다'는 설로서, 백인은 무거운 뇌를 가졌기 때문에 가벼운 뇌를 가진 태즈메이니아 원주민보다 우월하다는 인종차별의 신념이 형성된 것입니다. 이 이론을 가설로 끝내지 않고 실증하기 위해서는 원주민의 두개골을 찾아 무게를 측정해야 했지만 구하기 쉽지 않았습니다. 바로 그즈음 랜이 사망했는데 이때 그의 사망 확인서를 작성한 의사가 영국 왕립외과대학 회원인 윌리엄 크라우더^{William Crowther(1817~1885)}였습니다. 크라우더는 영국과 식민지 태즈메이니아 간의 우호 증진이라는 명목으로 런던의 헌터리언박물관(Hunterian Museum)에 선물로 보낼 원주민의 두개골을 찾고 있었습니다. 그런 그에게 때마침 사망한 랜의 두개골은 무척이나 탐나는 보물이었을 겁니다.

태즈메이니아 왕립학회 또한 랜의 두개골을 포기하지 않았습니다. 랜의 두개골은 태즈메이니아 식민지 정부의 귀중한 재산이므로 왕립학회가 운영하는 지역 박물관에서 소장해야 한다고 주장했습니다. 양측의 갈등이 고조되는 가운데 크라우더가 먼저 움직였습니다. 밤에 몰래 영안실로 들어가 먼저 백인 노인 시체에서 두개골을 꺼낸 뒤, 랜의 시체에서 머리를 잘라낸 다음 이 백인 노인의 두개골을 삽입하고 감쪽같이 봉합했습니다. 아무도 눈치채지 못하도록 두개골을 바꿔치기하여 훔쳐낸 것입니다. 크라우더는 랜의 머리를 무단 절단한 혐의로 기소되었지만 왕립외과대학 의사협의회는 오히려 학문적 성과를 인정한다며 그에게 금메달을 수여했습니다. 크라우더는 랜이 위발렌나에서 태즈메이니아로 돌아와 유럽 공동체에서 살았기 때문에 그 영향을 받아 뇌에 변화가 나타났으며 이는 "교육과 문명의 혜택을 입었을 때 하등 인종에서 일어나는 개선"이라고 발표했습니다. 이러한 인종주의적 인식은 원주민 유해 수집으로 이어졌습니다. 태즈메이니아 왕립학회도 크라우더에게 질세라 랜의 유해를 다른 사람에게 빼앗기지 않기 위해 랜의 손발을 잘라내어 왕립학회 박물관에 숨겼습니다.

랜의 시신이 참혹하게 유린되는 상황에 트루가니니는 심한 충격을 받았습니다. 랜이 죽은 뒤 백인들은 트루가니니를 '마지막 태즈메이니아 원주민'이라고 불렀습니다. 하지만 그 호칭은 아직까지 살아 있는 태즈메이니아 원주민들을 모욕하는 말인 동시에 그녀의 사망을 식민지 정책의 완성으로 생각하는 당시 호주 정부의 시각을 반영하는 것이어서 논란을 불러일으켰습니다. 무엇보다도 '순혈'을 따지는 그 같은 호칭은 유럽의 혈통 개념에 불과할 뿐입니다.

트루가니니는 태즈메이니아에 부속된 작은 섬 브루니(Bruny Island)에서 족장 망가나Mangana의 딸로 태어났습니다. 트루가니니라는 이름은 강인한 생명력으로 태즈메이니아 해변 곳곳에 피는 회색빛의 관목 덤불(grey saltbush, Atriplex cinerea)을 가리키는 토착어이기도 합니다. 가족과 친지의 대부분은 태즈메이니아 전쟁에서 살해당했습니다. 그녀는 1829년부터 로빈슨과 교류했지만 10년 후 태즈메이니아로 돌아와서 전통에 순응하며 살았습니다. 그녀는 랜이 당했듯이 자신의 신체가 서구 사회의 욕망으로 훼손될지도 모른다며 평소에도 우려했습니다. 그래서 식민지 당국에 자신이 죽은 뒤 화장하여 그 유골을 고향 브루니섬이 바라다보이는 바다에 뿌려주기를 정중히 요

브루니섬에 세워진 트루가니니 기념물   트루가니니는 죽은 지 100년 만인 1976년에서야 고향을 바라볼 수 있는 바다에 유골이 뿌려졌습니다. 근처 해변에 기념비가 세워졌는데, 현재 이곳은 방문객이 접근하기 편하도록 데크가 설치되어 있습니다.

청했습니다.

간절한 소망에도 불구하고 트루가니니는 1876년 5월 사망했을 때 호바트 교외에 있는 여성 죄수들의 작업장 부지에 묻혔습니다. 심지어 그녀의 두개골은 태즈메이니아 왕립학회가 발굴하여 1904년부터 태즈메이니아 박물관에 전시되었습니다. 백인들이 그녀를 태즈메이니아의 마지막 순혈 원주민이라고 여겼기에 그런 일을 자행한 것이었습니다. 박물관에 전시되던 트루가니니의 유골은 1976년 4월 사망 100주년이 되던 해 마침내 화장되어 고향을 언제나 바라볼 수 있는 바다에 뿌려졌습니다. 이후 그녀의 머리카락과 피부가 영국 왕립외과대학의 소장품에서 발견되었는데 2002년 고향 태즈메이니아로 돌아와 안치되었습니다.

트루가니니는 1836년 로빈슨이 만들어 놓은 정착지에서 딸 루이자 에스마이[Louisa Esmai(1836~1925)]를 낳았습니다. 루이자 에스마이는 호주 원주민 커뮤니티의 지도자였던 엘런 앳킨슨[Ellen Atkinson(1894~1965)]의 할머니입니다. 엘런 앳킨슨은 기독교로 개종한 후 선교 활동을 하면서 호주 원주민의 인권을 위해 끝까지 싸웠던 여성입니다. 그녀는 호주의 잔인한 식민지 역사에서 어머니와 또 그 어머니의 어머니를 통해 계속 전해온 트루가니니의 강인한 생명력을 보여주는 역사적 증거입니다. 그 생명력은 마치 태즈메이니아 곳곳에 피는 '회색빛의 관목 덤불'과 같았습니다.

이야기는 다시 영국 런던의 자연사박물관(Natural History Museum)에서 시작해야 합니다. 프랑스 박물관에서 〈토이 모코〉를 문화유산으로 소장했듯이 런던 자연사박물관도 전시와 연구라는 미명하에 17구의 태즈메이니아 원주민 유해를 소장하고 있었습니다. 1980년대부터 태즈메이니아 원주민센터(TAC)는 유해 귀환을 위해 노력했습니다. 런던 자연사박물관이 소장한 태즈메이니아 원주민 유해의 반환 요청은 영국 정부의 인권에 대한 태도를 묻는 것이어서 국제적 이목이 집중되었습니다.

런던 자연사박물관은 학문 연구를 목적으로 19,950구의 인간 유해를 소장하고 있는데 대부분 영국인 유해라고 알려져 있지만 태즈메이니아 원주민 유해도 포함되어 있었습니다. 아이러니하지만 새로운 원주민 정착지를 건설하려 했던 로빈슨이 수집하여 1850년대에 기증한 것입니다. 1980년대부터 태즈메이니아 원주민센터의 유해 귀환 노력에도 불구하고 런던 자연사박물관은 귀환을 계속 거부했습니다. 귀환 문제 해결에 전기를 마련한 것은 2000년 7월입니다. 존 하워드[John Howard(1939~)] 호주 총리와 토니 블레어[Tony Blair(1953~)] 영국 총리가 유해 귀환에 합의한 것입니다. 호주와 영국 간 합의 과정은 프랑스에서 진행되었던 것과는 다른 해결 방식이었습니다. 프랑스는 선례가 되는 것을 우려하여 입법 절차라는 우회적 방법을 선택했지만 영국은 외교 절차를 통해 직접 해결한 것입니다.

2004년에는 영국의 9개 국립박물관 소장품에 포함된 인간 유해를 박물관 운영 법인이 자발적으로 귀환시킬 수 있도록 「인체조직법」을 제정했습니다. 이로써 인간 유해는 박물관의 재산이 아니라 인간의 존엄성 차원에서 「인체조직법」을 적용받게 된 것입니다. 2005년 영국 문화·미디어·스포츠부(2017년 디지털·문화·미디어·스포츠부로 개명)는 「박물관 소장 인간 유해 보호를 위한 지침」('2005년 지침')을 마련했습니다. 「인체조직법」이 영국의 9개 국립박물관에 한정되었다면 「2005년 지침」은 모든 박물관에 동일하게 적용되어야 한다는 권고 형식을 띠고 있습니다.

2006년 11월 17일 런던 자연사박물관은 원주민 유해 17구를 태즈메이니아에 영구 귀환하는 데 동의했습니다. 그러나 2007년 1~3월까지 유해에 대한 과학 조사를 실시하겠다는 예고를 하면서 또다시 논란을 불러일으켰습니다. 이 과학 조사는 DNA 추출이나 뼛조각의 화학분석과 같은 파괴검사를 전제로 하는 것이어서 이를 두고 문제가 불거진 것입니다. 런던 자연사박물관에서 태즈메이니아 원주민 유해는 인류학의 중요한 표본이었습니다. 태즈메이니아가 외부 세계와 완벽하게 단절되었기 때문에 원주민 유해에서 얻는 정보는 미래 세대에게 인간의 조상이 어디에서 왔고 어떻게 살았는지 규명할 증거자료로 보여줄 수 있다는 주장을 내세운 것입니다.

태즈메이니아 원주민센터는 즉각적으로 거부 의사를 밝히고 항의했습니다. 태즈메이니아 전통에 따라 원주민의 유해가 손상되지 않기를 희망하며, 유해에 대한 물리적 침해를 모독으로 받아들였습니다. 곧바로 런던 고등법원에 파괴검사를 막아달라는 소송을 제기했습니다. 2007년 2월 11일 영국 고등법원은 태즈메이니아의 손을 들어주었습니다. 사진이나 엑스레이 촬영 등의 비파괴검사를 제외하고 유해에 대한 모든 종류의 침해를 중지하도록 일시적인 금지 명령을 내렸습니다. 또 소송의 장기화와 과다한 비용을 고려하여 법원 절차가 아닌 중개를 통한 해결을 제안했습니다.

이러한 분위기 속에서 런던 자연사박물관은 2007년 4월 24일 유해 4구를 먼저 태즈메이니아로 귀환시켰고 나머지 13구에 대해서는 중개를 통해 협상을 시작했습니다. 런던 자연사박물관과 태즈메이니아 원주민센터는 3일간의 중개 절차를 통해 허용 가능한 과학 조사의 범위를 공동으로 결정하기로 합의했습니다. 마침내 2007년 5월 11일 공동 합의문이 발표되고 5월 14일 잔여 유해가 고향 태즈메이니아로 귀환했습니다.

국제사회에서 원주민 유해 문제는 2007년 유엔총회에서 채택된 「원주민의 권리에 관한 선언」('원주민 권리선언')이 해결 방법을 제시하고 있습니다. 한 가지 흥미로운 사실은 선언을 채택한 2007년에 143개국이 찬성했지만, 정작 원주민 보호 문제를 겪고 있는 호주, 캐나다, 뉴질랜드, 미국 등 4개국이 반대했다는 점입니다. 반대표를 던진 4개국은 지금은 입장을 바꾸어 「원주민 권리선언」을 적극 지지하고 있습니다. 이 선언은 원주민 권리에 관한 가장 포괄적인 국제 문서입니다. 원주민의 생존과 존엄, 복지를 위한 최소 기준으로 이해되고 있습니다. 이 중 제12조 1항은 "인간 유해를 귀환받을 권리가 있다"고 규정하고 있습니다.

많은 국가가 법률 형식으로 문화유산의 양도나 반출을 통제하고 있습니다. 문화유산의 역사적·예술적 중요성 때문입니다. 하지만 인간 유해가 박물관 소장품인 경우 인간 존엄성에 대한 근본적인 질문을 던지게 됩니다. 프랑스는 의회 입법을 통해 해답을 찾아냈다고는 하지만, 그것은 '인간 유해가 문화유산일까?'라는 질문을 회피하는 것이기도 합니다. 인간 유해가 문화유산에 해당한다면 그것을 귀환시키고자 할 때 박물관 소장품 해제는 필수 절차가 되며, 결국 그 때문에 유해 귀환이 어려울 수밖에 없기 때문입니다. 문화유산 개념이나 보호 방식은 국가마다 역사와 인문학적 환경을 반영하기 때문에 차이가 있습니다. 하지만 박물관에 소장된 인간 유해를 문화유산 개념에서 배제해야 하는 이유는 분명합니다. 박물관은 공공의 이익을 위해 존재하는 비영리 기관으로 소장품 수집은 윤리성과 공공성에 근거해야 하기 때문입니다. 더욱이 그것은 과거 증오스러운 인신매매의 역사와 단절하려는 인류의 용감한 선택이어야 하기 때문입니다.

16
수출 통제와 문화유산

　15장에서는 인간 유해를 통해 '문화유산은 무엇인가'라는 근본적인 물음에 대해 생각해보았습니다. 프랑스에서 문화유산이란 가치가 아니라 행정재산이라는 기능적 특성의 문제였습니다. 이와 달리 영국은 문화유산을 개별 법령에서 보호하는 방식입니다. 영국과 같이 개별 법령에 따라 문화유산을 보호하는 국가는 문화유산 개념에 대해 더 세심한 주의를 가지고 살펴보아야 합니다. 일반적으로 생각하는 것과는 전혀 다르게 수출 통제 법령에서 문화유산을 가치의 관점으로 접근하고 있기 때문입니다.

　이것을 온전하게 이해하려면 유럽연합(EU)을 지탱해주는 두 개의 기둥 중 하나인 「유럽연합기능조약(Treaty on the Functioning of the European Union, 'TFEU')」을 살펴보아야 합니다. 이 조약 제36조는 당사국들에게 '예술적·역사적·고고학적 가치를 지닌 국가보물'에 대해 수출을 통제할 수 있는 권한을 부여하고 있습니다. 즉, 각 당사국들이 자국의 국내법에 따라 문화유산을 어떻게 보호하고 있는지와 별도로 '예술적·역사적·고고학적 가치를 지닌 문화유산'에 대해서는 수출 통제를 할 수 있는 것입니다. 이러한 까닭에 수출 통

오늘날 유럽연합(European Union, EU)을 떠받치고 있는 두 개의 기둥은 「유럽연합 조약」과 「유럽연합기능조약」입니다. 유럽연합은 1952년에 설립된 유럽석탄철강 공동체(ECSC)에서 시작하여 유럽경제공동체(EEC), 유럽원자력공동체(EAEC) 등 3개 기구가 점진적으로 통합된 기구입니다. 「유럽연합조약」(마스트리흐트 조약)은 유럽의 정치·경제 통합의 초석으로 유럽 12개국이 참여하여 1992년 네덜란드 마스트리흐트에서 채택되었습니다. 「유럽연합기능조약」은 주로 유럽연합 조직과 기능, 회원국의 권한 범위와 한계 등을 다루고 있습니다. 2007년 포르투갈 리스본에서 열린 유럽연합 정상회담에서 유럽연합의 합법성, 효율성, 투명성 등을 강화하기 위하여 기존의 조약들을 개정하기로 합의했는데 이후 「유럽공동체설립조약」이 「유럽연합기능조약」으로 명칭과 내용이 개정된 것입니다.

제 법령을 살펴보는 것 또한 '문화유산이란 무엇인가?'라는 물음에 대한 또 하나의 답변을 찾을 수 있는 방법입니다.

영국은 「유럽연합기능조약」에 따라 「2002년 수출 통제 법률」을 제정했는데, 이를 근거로 문화유산에 대한 세부적인 수출 통제 절차와 기준을 마련한 것이 「2003년 영국 문화유산 수출 (통제) 명령」입니다. 이것은 '수출일로부터 50년 이전에 제조 또는 생산된 모든 문화유산'에 대해 당국의 허가를 받도록 하고 있습니다. 영국 문화·미디어·스포츠부는 이 명령에 대한 구체적인 이해를 돕기 위해 「수출 허가 결정 시 고려해야 할 기준에 관한 법적 지침」을 마련하여 운영하고 있습니다. 이 지침을 영국 정부의 자문 기구인 '예술작품 및 문화유산 수출 심사위원회'(이하 '심사위원회')의 이름을 따서 「예술작품 및 문화유산 수출 심사위원회 가이드라인」으로 부르고 있습니다. 심사위원회는 연례 보고서를 발간하여 심사 정보를 공개하고 있습니다.

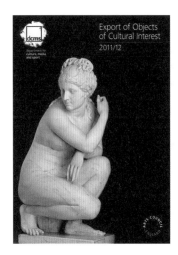

영국의 '예술작품 및 문화유산 수출 심사위원회'의 연례 보고서 표지

「예술작품 및 문화유산 수출 심사위원회 가이드라인」은 영국 내 문화유산을 외국으로 수출하려고 할 때 해당 문화유산이 영국 정부의 수출 통제 대상이 되는지 여부를 세 가지 기준으로 심사하도록 하고 있습니다. 수출 통제가 되는 첫 번째 기준은 '해당 문화유산의 수출이 영국 역사와 국민 생활에 불행을 가져올 때'이고, 두 번째 기준은 '뛰어난 미학적 중요성'이 있는 경우입니다. 세 번째 기준은 연구 목적으로 해당 문화유산이 '현저하게 중요한 경우'입니다. 이는 영국에서 문화유산을 가치의 문제로 접근하는 것이 박물관이나 문화유산에 직접 적용되는 법령이 아니라 수출 통제 법령에 따른 것임을 말해줍니다.

영국의 문화유산 수출 과정에서 논란이 발생한 대표적인 사례는 카타르 박물관청(QMA)이 구입한 〈아유바 술레이만 디알로의 초상〉입니다. 카타르 박물관청은 이 초상화를 2009년 영국 크리스티 경매에서 구입하여 영국으로부터 반출하려 했으나 영국의 심사위원회는 이 초상화가 "영국에서 비유럽

디알로가 쓴 『코란』   이 책에는 윌리엄 호어가 1733년 펜화로 그린 디알로 초상화가
실려 있습니다. 영국도서관 소장.

인을 그린 초상화의 발전을 생생하게 보여주고 있으며 다른 문화에 대한 영
국의 반응을 연구하는 데 탁월한 중요성"이 있다고 판단하여 수출 불가 판정
을 내렸습니다. 앞서 언급한 세 가지 심사 기준 가운데 두 번째와 세 번째에
해당한다고 판단한 것입니다.

디알로Ayuba Suleiman Diallo(1701~1773)는 영어식 이름인 욥 벤 솔로몬Job Ben
Solomon으로도 불립니다. 그는 1701년 아프리카 세네갈의 분두(Bundu)에서
태어났습니다. 그의 할아버지와 아버지 모두 이슬람 성직자 출신이고 가족도
무슬림이었다고 합니다. 디알로도 어릴 적부터 코란과 아랍어 등을 체계적으
로 교육받았다고 합니다. 일부 역사가들은 디알로와 그의 아버지가 세네갈에
서 노예무역상으로 일하며 돈을 벌어 교육 혜택을 누릴 수 있었다고 폭로했
습니다. 1731년 디알로에게 큰 불행이 찾아왔습니다. 디알로 자신이 대서양

노예무역상에게 납치되어 미국 메릴랜드주의 아나폴리스(Annapolis)에 있는 담배 농장에서 일하게 된 것입니다. 당시 노예 소유주들은 이슬람을 믿는 노예를 혐오하여 모질게 일을 시켰기 때문에 디알로는 그곳에서 벗어나기 위해 끊임없이 탈출을 시도했고 끝내는 붙잡혀서 법정에 서게 되었습니다. 이때 디알로가 아랍어를 자유롭게 구사할 정도로 정규교육을 받은 아프리카 흑인이라는 사실은 모두를 놀라게 했습니다.

이 재판을 지켜보던 이들 중에 디알로에게 감동을 받은 두 사람이 있었는데 그들은 나중에 디알로의 적극적인 후원자가 되었습니다. 그중 한 사람은 판사이자 목사인 토머스 블루엣Thomas Bluett(1690~1749)으로, 1734년에 디알로의 전기 『아프리카 분다의 솔로몬 대제사장의 아들 욥의 생애에 대한 몇 가지 기억』을 썼습니다. 이 전기는 18세기 대서양 노예무역의 참상을 알려주는 중요한 역사 자료입니다.

또 한 사람은 노예무역을 전담한 왕립아프리카회사의 이사였던 제임스 오글소프James Oglethorpe(1696~1785)입니다. 그는 훗날 노예제 폐지를 주장하기도 했습니다. 오글소프는 디알로가 자유인으로서 꿈을 펼치길 바랐고 영국에서 새로운 삶을 살 수 있도록 도와주었습니다. 디알로는 오글소프 덕분에 1733년부터 왕립아프리카회사의 런던 지점에서 일하게 되었습니다. 디알로는 런던에 도착했을 때부터 영국인과 동등한 대우를 받은 것으로 알려져 있습니다. 런던에 있는 동안 그는 영어를 익혀 유창하게 구사하고 상류층과 교류했으며, 마침내 자유의 몸이 되었습니다. 런던에서 디알로는 기독교로 개종할 것을 요구받았지만 자신의 이슬람 신앙을 강력히 지켜냈습니다.

1734년 드디어 디알로는 고향 세네갈로 돌아왔습니다. 아프리카 노예무역의 역사에서 매우 드문 사례입니다. 학식과 교양을 갖춘 노예가 미국으로 끌려가 죽을 고비를 맞았다가 영국에 건너와서 상류층과 교류하며, 결국 자유

〈아유바 술레이만 디알로의 초상〉,
윌리엄 호어, 1733, 영국 런던 국립
초상화미술관 소장

인으로 고향 아프리카로 돌아간 이야기는 소설만큼이나 극적입니다. 토머스 블루엣이 쓴 디알로의 전기가 출판된 것도 그가 아프리카로 돌아간 1734년의 일이었습니다. 디알로의 이야기는 영국의 많은 사람에게 감동을 주었습니다. 하지만 고향으로 돌아온 디알로는 불행했습니다. 아버지는 이미 돌아가셨고 아내 중 한 명은 디알로가 죽었다고 생각해 재혼했습니다. 또 고향은 전쟁으로 황폐화되었습니다. 디알로는 1773년 72세의 나이로 사망할 때까지 왕립아프리카회사에서 통역사로 일하며 아이러니하게도 노예무역상으로 활약했습니다.

영국 화가 윌리엄 호어William Hoare(1707~1792)는 1733년 서아프리카의 전통 의상을 입은 디알로의 초상을 그렸습니다. 그때 디알로는 영국 사교계에 드나들고 있었습니다. 호어의 작품은 디알로에 대한 당시 런던 사람들의 인식을 엿보게 해줍니다. 일반적인 흑인 노예와 달리 디알로에 대해서는 경이로움을 느꼈던 것입니다. 그림은 전체적으로 어두운 배경을 깔고 디알로의 얼굴에 자연스럽게 빛을 반사시켜 생동감과 사실감을 더해줍니다. 이 초상화는 서양미술사에 비친 18세기 아프리카 노예들의 모습과는 전혀 달랐습니다. 당시 노예들은 괴기스럽거나 얼굴 특징을 과장하는 방식으로 그려지고 백인 남성이나 여성의 초상화에 나오는 배경에 불과한 정도였습니다. 흔히 초상화를 가리켜 자의식의 성장을 상징하는 것이라고 말합니다. 르네상스 시대에는 왕이나 귀족들만이 초상화의 대상이었습니다. 초상화가 일반 시민에게까지 확대된 것은 그만큼 시민계급의 정치적 성장과 관련이 깊습니다.

초상화와 관련된 흥미로운 이야기는 튀르키예 소설가 오르한 파묵^{Orhan Ferit} ^{Pamuk(1952~)}의 소설 『내 이름은 빨강』(1998)에서 확인할 수 있습니다. 파묵은 이 작품으로 2006년에 노벨문학상을 수상했습니다. 소설은 1591년 오스만제국의 궁정화가가 살해되면서 시작됩니다. 오스만의 통치자 술탄은 자신의 초상화를 서양화풍으로 그리도록 밀명을 내립니다. 이슬람의 전통적 화풍에서 사람이나 동물은 아주 작게 그려졌습니다. 그림은 글자를 모르는 신자들에게 종교 교육을 하기 위한 용도였고, 작게 그리는 전통은 이슬람 세밀화 화풍으로 수립되었습니다. 이슬람에서 모든 그림은 알라의 시각으로 구현되어야 했으며, 사람을 묘사하는 것은 곧 우상숭배로 연결되었기에 초상화도 금지되었습니다. 소설에서 초상화를 그리는 것은 금지되었지만 자신의 초상화를 갖고 싶은 욕망은 술탄뿐 아니라 일반인에게까지 전염병처럼 퍼져 나갔습니다. 초상화야말로 자기 정체성을 확인하는 가장 상징적인 것이기 때문입니다.

이와 같은 시대적 배경을 이해하면 윌리엄 호어가 1733년에 그린 〈아유바 술레이만 디알로의 초상〉이 매우 특별하다는 점을 알 수 있습니다. 영국 초상화의 전통을 반영하여 그린 최초의 아프리카 흑인이기 때문입니다. 또한 디알로의 정체성을 인정한 것이기도 합니다. 호어는 디알로의 초상을 백인의 그것과 동등한 위상으로 그렸습니다. 정면을 응시하고 있는 디알로의 모습에서 강직함이 돋보입니다. 그의 목에 걸린 빨간 물체는 무엇일까요? 바로 이슬람의 경전 『코란』입니다. 아프리카와 이슬람의 정체성을 잊지 않겠다는 확고한 선언처럼 느껴지기도 합니다. 카타르 박물관청은 이러한 디알로 초상화의 역사적·예술적 가치를 눈여겨보고 2009년 12월 8일 크리스티 경매에 출품된 〈아유바 술레이만 디알로의 초상〉을 구입했습니다.

영국 정부 또한 〈아유바 술레이만 디알로의 초상〉에 큰 매력을 느꼈습니다. 2010년 3월 영국 당국은 수출 심사 과정에서 이 초상화에 대해 일시적인 수출 금지 명령을 내렸습니다. 영국 내 여러 박물관에 우선적인 구입 기회를 주기 위해서였습니다. 심사위원회는 〈아유바 술레이만 디알로의 초상〉에 대해 "영국에서 자유로운 노예를 그린 가장 오래된 그림으로, 아프리카를 주제로 하여 평등한 사람을 기리는 최초의 초상화"라는 의미를 부여했습니다.

심사위원회는 〈아유바 술레이만 디알로의 초상〉에 대한 수출 허가 결정을 2개월 더 연장했습니다. 이 기간에 런던의 국립초상화미술관(National Portrait Gallery)이 관심을 표명하자 또다시 3개월을 연장했습니다. 국립초상화미술관이 구입할 수 있도록 충분한 시간을 주기 위해서였습니다. 2010년 7월 국립초상화미술관은 10만 파운드(한화 약 1억 6,000만 원) 모금을 목표로 캠페인을 시작했고 유산복권기금(Heritage Lottery Fund)과 예술기금(Art Fund)에도 지원을 호소했습니다. 이러한 노력으로 각각 30만 파운드와 10만 파운드를 지원받을 수 있었습니다. 국립초상화미술관은 재원이 충당되자 카타르 박물관청에 구입을 제안했습니다. 하지만 이번에는 카타르가 수출 허가 신청을 철회하면서 영국 미술관의 구매 제안을 거부했습니다.

2011년 1월부터 영국 문화·미디어·스포츠부와 카타르 박물관청 간에 협상이 진행되었습니다. 결국 양측은 문화 교류의 차원에서 문제를 해결하기로 합의했습니다. 이 합의는 〈아유바 술레이만 디알로의 초상〉의 연구·보존에 대한 공동 목표를 수립하는 것이었습니다. 국립초상화미술관을 필두로 영국의 박물관들을 순회하며 전시하고, 이후에는 카타르에서 전시하는 것이 최종 목표였습니다. 또 공동 연구를 위해 국립초상화미술관은 카타르에서 파견된 인턴 직원을 채용했습니다. 이 합의에 따라 〈아유바 술레이만 디알로의 초상〉은 2011년 1월 20일부터 7월 30일까지 영국 런던의 국립초상화미술관에서 전시되었습니다. 전시 안내문에는 "카타르국립박물관 당국의 재산"이라는 표식이 붙었습니다.

지금까지 〈아유바 술레이만 디알로의 초상〉을 통해 영국의 수출 법령이 바라보는 문화유산 개념에 대해 살펴보았습니다. 영국 수출 법령에서 보호 대상 문화유산은 영국 역사와 국민의 삶에 깊은 관련이 있어야 하고, 미학적 가치와 학문 연구의 중요성도 함께 고려되었습니다. 문화유산 개념은 국가마다 다르며 시간이 흐르면서 새롭게 변화하기 마련입니다. 그럼에도 불구하고 일정한 공통점을 발견할 수 있습니다. 문화유산이란 '누구의 이익'을 '어떠한 가치로' 보호하느냐 하는 시대의 답변인 것입니다.

17
문화유산, 변화하는 시대의 가치를 담다

  우리가 고대 로마시대부터 현대까지 문화유산의 역사를 탐구해온 이유는 문화유산이 변화하는 시대의 가치를 온전히 담아냈기 때문입니다. 하지만 프랑스처럼 문화유산을 박물관 행정재산이라는 기능적 측면에서 보호한다면 문화유산은 정체된 것에 불과할 뿐입니다. 또한 문화유산이 추구해온 '변화하는 시대의 정신'은 위협받게 될 것입니다. 그러므로 우리의 해답은 박물관으로 하여금 때로는 과거의 유산을 소장품으로부터 해제하고 새로운 가치를 받아들이도록 하는 데 있습니다.

  박물관에서 소장품 해제란 '박물관이 지향하는 가치나 인식 변화의 결과로 특정의 것을 수집품에서 영구적으로 폐기하는 행위'를 말합니다. 박물관의 일차적 의무는 소장품을 안전하게 보존하는 일이어서 소장품을 해제한다는 것은 어떻게 보면 박물관의 자기부정일 수 있습니다. 하지만 박물관은 사회적 공익을 추구하는 윤리적 존재라는 점을 기억해야 합니다. 「ICOM 박물관 윤리강령」은 소장품 관리 목적을 공공성과 윤리성에서 찾고 있습니다. 바꾸어 말하면 공공성과 윤리성에 부합하지 않는 소장품은 해제할 수 있는 길을 열어두고 있는 것입니다. 박물관이 소장품을 해제하기 위해서는 중요도나 법적 지위, 그리고 해제 행위로 인해 상실할 수 있는 사회적 신뢰도 등을 다각적으로 검토해야 합니다.

영국박물관(The British Museum)은 그리스의 〈파르테논 신전 부조〉 반환 요구를 우려하여 소장품의 해제 절차를 까다롭게 규정하고 있습니다. 「1963년 영국박물관법」은 소장품을 박물관의 승인된 저장소에 보관하는 것을 영국박물관 이사회의 의무로 명시하며, 해제에 대한 이사회의 권한을 대폭 제한하고 있습니다. 해제가 가능한 경우는 "1850년 이후 제작된 것 중에 중복된 소장품으로, 해제로 인해 학생들의 교육이 방해받지 않을 것"이라는 조건에 부합해야 합니다. 하지만 이 같은 해제에 대한 제한은 제2차 세계대전 때 발생한 나치 약탈품 문제 해결에는 커다란 장애물이 되었습니다.

대표적인 사례가 아서 펠드만^{Arthur Feldmann(1877~1941)}이 소장했던 드로잉화를 두고 벌어진 영국박물관과 펠드만의 상속인 간 분쟁입니다. 일명 '펠드만 드로잉화 사건'이라 불립니다. 아서 펠드만은 체코슬로바키아에서 활동했던 유대인입니다. 브르노(Brno)에서 변호사로 성공했고 1920년대부터 750여 점이나 되는 유럽 거장들의 드로잉화를 수집했습니다. 펠드만의 수집품은 예술계에서 명성이 높아 유럽 미술 관련 정기간행물에 다수가 수록되기도 했습니다. 하지만 1939년 나치 독일이 체코슬로바키아를 점령하면서 그의 삶도 무너집니다. 그의 재산과 예술품은 나치 비밀경찰에 전부 몰수되었습니다. 그는 아내와 함께 체포된 후 슈필베르크 감옥(Špilberk prison)에 투옥되어 고문을 당하고 그 후유증이 이어지면서 1941년 3월 심장마비로 사망했습니다.

전쟁이 끝나고 훗날 펠드만의 상속인인 손자 펠레드^{Uri Peled}는 영국박물관에 할아버지의 유품이 있다는 사실을 확인했습니다. 2002년 5월 펠레드는 유럽약탈예술품위원회(Commission for Looted Art Europe)에 도움을 요청했고,

아서 펠드만이 소장했다가 현재 영국박물관 소장품이 된 드로잉화

왼쪽: 〈성가정聖家庭Holy Family〉, 1530~1540년경, 니콜로 델 아바테Niccolò dell'Abbate(1509~1571)
오른쪽: 〈머큐리와 아폴로로부터 받은 시적 영감의 알레고리An Allegory on Poetic Inspiration with Mercury and Apollo〉, 1750~1755년경, 니콜라스 블레이키Nicholas Blakey(?~1758)

위원회는 펠레드를 대신해 영국박물관에 원상회복을 요구했습니다. 영국박물관은 매우 난감한 상황에 직면했습니다. 「1963년 영국박물관법」에 따르면 박물관 소장품이 과거 약탈되었다는 이유만으로는 소장품에서 해제할 수 없기 때문이었습니다. 영국박물관과 유럽약탈예술품위원회는 이 문제를 해결하기 위하여 영국 정부의 자문 기구인 '약탈품 자문 패널(Spoliation Advisory Panel, 'SAP')'에 안건을 상정하기로 합의했습니다.

영국박물관은 도덕적 차원에서라도 펠드만 상속인에게 그림을 반환해야 할 처지입니다. 2003년 8월 영국박물관은 법무부에 반환 가능성을 문의했고, 법무부는 다시 고등법원에 자문을 요청했습니다. 고등법원의 방침은 명확했습니다. 「1963년 영국박물관법」의 효력을 배제하는 입법적 조치 없이는 약탈품이라 하더라도 원소유자에게 돌려줄 수 없다는 것이었습니다. 결국 약탈품 자문 패널(SAP)은 2006년 "영국박물관은 법적·도덕적 책임이 없기 때문에 영국 정부가 펠드만의 상속인에게 경제적 보상(*ex gratia payment*)을 하는 것"으로 최종 권고안를 발표했습니다. 영국 정부는 전문가 자문을 거쳐 상속인에게 17만 5,000파운드(한화 약 3억 원)를 보상했고, 영국박물관은 펠드만 소장품을 '출처에 공백이 있는 작품 목록'에 추가하여 별도로 관리하고 있습니다.

'펠드만 드로잉화 사건'은 영국 사회에 제2차 세계대전 당시 나치 약탈 예술품 문제에 대한 경각심을 높이는 데 기여했습니다. 영국은 〈파르테논 신전 부조〉의 반환 문제를 둘러싸고 지난 200여 년 동안 그리스와 첨예하게 대립했습니다. 이 때문에 영국은 「1963년 영국박물관법」을 꽁꽁 묶어 놓고 소장품이 박물관에서 해제되지 않도록 강력하게 통제했습니다. 이러한 조치는 제2차 세계대전에서 연합군을 이끌며 나치 독일에 대항하여 싸웠던 영국의 입장을 오히려 난처하게 만들었습니다. 즉, 〈파르테논 신전 부조〉에 대해서는 보수적 견해를 유지하면서도 나치 독일이 약탈했던 유대인 약탈품에 대해서는 원상회복 방안을 마련해야 하는 이중의 과제가 부여된 것입니다.

그 고민의 결과물로 「2009년 홀로코스트 (문화유산 반환) 법률」이 탄생했습니다. 이 법은 노동당 출신의 앤드류 디스모어Andrew H. Dismore(1954~) 하원의원이 처음 발의했으나 일몰 조항(시간이 지나면 해가 지듯이 법률이나 각종 규제도 일정 기간이 지나면 저절로 효력이 없어지도록 하는 것)에 따라 2019년 효력이 만료될 예정이었습니다. 하지만 바로 그해에 보수당 출신 테리사 빌리어스Theresa Anne Villiers(1968~) 하원의원이 수정 법률을 발의하면서 현재까지 효력이 유지되고 있습니다. 이 법률은 모두 4개 조항으로 이루어져 있는데 영국박물관 이사회, 영국도서관 이사회, 국립초상화미술관 이사회 등 17개 기관을 법률 적용 대상으로 구체화했습니다. 특히 나치 약탈품의 반환을 위한 소장품 해제의 조건을 명시해 놓았습니다. 약탈품 자문 패널이 원소유주에게 양도할 것을 권고하고 국무장관이 패널의 권고를 승인하는 경우에 소장품 해제가 가능하도록 한 것입니다.

오늘날 소장품 해제는 코로나바이러스감염증–19로 인한 전 지구적인 보건 위기와도 관련 있습니다. 보건 위기가 확산되면서 대부분의 박물관·미술관은 폐쇄되었고 극심한 재정적 압박으로 이어졌습니다. 결국 박물관·미술관들에서는 운영을 위해 불가피한 경우에 재원을 마련할 수 있도록 소장품을 해제하여 매매할 수 있는 방안을 모색했습니다. 특히 미국, 캐나다, 멕시코의 미술관 관장들로 구성된 '미술관 관장협회(Association of Art Museum Directors)'가 적극 나섰습니다. 2010년 6월 해제 정책의 가이드라인을 발표

〈빨간 구성〉, 1946, 잭슨 폴록, 개인 컬렉션

하며 수집 정책에 대한 유연성을 높였고, 2020년 보건 위기로 미술관의 경영 문제가 심각해지자 2020년 4월 「전 세계적 전염병 위기 동안 미술관에 추가적인 재정적 유연성을 제공하는 결의안」을 승인했습니다. 이 결의안이 발표되자 미술관 사회는 극심하게 의견이 대립했습니다. 일부에서는 미술관이 장기적인 예산 고갈 문제를 해결하고자 소장품을 매각하면서 전염병을 이용한다고 비난했습니다.

이제, 보건 위기로 인한 소장품 해제 논란을 살펴보도록 하겠습니다. 미국 뉴욕주 시러큐스(Syracuse)에 있는 에버슨미술관(Everson Museum of Art)은 잭슨 폴록Jackson Pollock(1912~1956)의 1946년 작품 〈빨간 구성Red Composition〉을 2020년 10월 6일 크리스티 경매에서 익명의 입찰자에게 1,200만 달러(한화 약 160억 원)에 매매했습니다. 에버슨미술관은 〈빨간 구성〉을 매매하면서 "판매 수익금은 1만 점 이상의 소장품을 직접 관리하는 데 사용하거나 유색인종 및 여성 예술가들의 작품을 구입하기 위한 기금을 조성하는 데 사용할 것"이라고 밝혔습니다. 하지만 비평가들은 에버슨미술관을 비난했습니다. "박물관 수장고 대부분이 백인 남성들의 창작물로 채워져 있기 때문에 이러한 수집 구조를 타파하기 위해서 유색인종이나 여성들의 예술품으로 수집을 다양화할 필요는 있지만, 목적이 수단을 정당화하지는 않으며 박물관에도 실질적인 피해를 준다"고 비판했습니다.

소장품 해제와 관련하여 최근 논란의 중심에 선 미술관은 볼티모어미술관(Baltimore Museum of Art)이었습니다. 볼티모어미술관은 2020년 10월 팝 아티스트 앤디 워홀Andy Warhol(1928~1987), 미니멀리즘의 대가 브라이스 마든Brice Marden(1938~), 추상표현주의 작가 클리포드 스틸Clyfford Still(1904~1980) 등 세 작가의 작품을 7,500만 달러(한화 약 998억 원)에 매매할 것이라고 발표했습니다. 여기에는 앤디 워홀의 1986년 작품 〈최후의 만찬〉이 포함되어 있었습니다. 볼티모어미술관의 발표는 강력한 반대에 부딪혔습니다. 두 명의 이사가 사임했고 전직 이사회 의장은 항의의 표시로 약속된 기부금을 철회했습니다. 수많은 시민도 동참하여 미술관에 항의 서한을 보냈습니다. 결국 부담을 느낀 볼티모어미술관은 경매 시작 2시간 전에 매매를 취소해야 했습니다.

최근 미국에서는 백인 남성의 가부장적 문화를 상징하는 박물관에 변혁을 요구하는 목소리가 높아지고 있습니다. 앞서 보았듯이 비판론자들은 에버슨미술관이나 볼티모어미술관이 소장품 해제를 통해 판매 수익을 얻으려 할 때 박물관이 해묵은 경영상 문제를 쉽게 해결하려는 수단으로 이용한다고 비난했습니다. 하지만 이러한 비난이 워낙 거세다 보니 박물관은 그 의도가 좋든 나쁘든 자신들의 입장을 소명할 기회를 제대로 갖지 못했습니다. 박물관의 목소리에 귀 기울여보면 한 가지 공통점을 발견할 수 있습니다. 소장품 매매를 통해 기금을 만들고 '여성과 소수자 예술가들의 작품을 구입하여 사회적 공익과 형평성을 확대해 나가겠다'는 것이었습니다.

미국 박물관이나 문화기관을 대상으로 진행된 대표적 변화의 시도는 2016년 뉴욕에서 시작한 '이곳을 탈식민지화하라(Decolonize This Place)' 운동입니다. 2016년 5월 브루클린박물관(Brooklyn Museum)에서 개최한 전시회를 계기로 시작되었으며 주로 박물관이나 문화기관에서 발생하는 예술계의 식민주의적 경향에 비판의 초점을 맞추고 있습니다. 이후 원주민 권리, 흑인 해방, 팔레스타인 민족주의, 경제적 불평등 등 다양한 사회적 의제를 반영했습니다. 특히 뉴욕의 미국자연사박물관(American Museum of Natural History)은 그러한 흐름에 맞춰 강력한 변화를 요구받았습니다.

미국자연사박물관에는 뉴욕주 33대 주지사(1899~1900)이자 미국 26대 대통령(1901~1909)이었던 시어도어 루스벨트^{Theodore Roosevelt(1858~1919)}를 기념하기 위해 1931년에 건립된 기념관이 있습니다. 또한 이 박물관 입구에는 1925년 설치된 〈루스벨트 승마 동상〉이 있습니다. 말을 타고 있는 루스벨트 양옆으로는 상의를 탈의한 두 명의 남성이 보입니다. 아메리카 원주민과 아프리카 출신의 인물입니다.

루스벨트는 문화유산과 자연유산을 체계적으로 보존하기 위해 노력했습니다. 산림 보호를 위해 미국 산림청을 설립했고 다섯 개의 국립공원을 새롭게 지정했으며 「1906년 유물법」에 서명하여 국가기념물 보호의 기틀을 마련했습니다. 하지만 그는 인종차별의 유산도 남겼습니다. 생전에 인종차별주의적인 관점을 견지했던 그는 우생학 연구를 지원하기도 했습니다. 〈루스벨트 승마 동상〉에는 그의 인종차별적 시각이 그대로 드러나 있습니다. 옷을 차려입고 당당하게 말을 타고 있는 루스벨트, 그리고 그의 양옆에 아메리카 원주민과 아프리카인이 상의를 탈의한 채 서 있도록 배치함으로써 보는 사람으로

〈루스벨트 승마 동상〉 1925년 미국자연사박물관 입구에 설치되었으나 2022년 1월에 철거되었습니다.

하여금 '인종적 위계'를 느끼게 한 것입니다.

　〈루스벨트 승마 동상〉이 내포하는 인종차별의 상징성은 미국에서 결코 가벼운 문제가 아니었습니다. '이곳을 탈식민지화하라' 운동이 미국자연사박물관과 〈루스벨트 승마 동상〉을 직시했습니다. 2016년 10월부터 미국자연사박물관을 대상으로 '존중, 철거, 개명(Respect, Remove and Rename)'이라는 슬로건을 들고 저항하기 시작했습니다. 그들은 '콜럼버스의 날'을 '원주민의 날'로 변경하고 박물관 입구에 있는 〈루스벨트 승마 동상〉의 철거를 요구했습니다.

　동상 철거의 계기를 마련한 것은 2017년입니다. 민주당 출신의 빌 드 블라시오[Bill de Blasio(1961~)] 뉴욕 시장은 많은 논란을 불러일으키는 동상에 대한 재평가를 시작했습니다. 위원회를 조직하여 시내에 설치된 동상들 가운데 논란이 큰 것들을 조사·연구하고 각계의 다양한 의견을 들었습니다. 〈루스벨트 승마 동상〉에 대해서는 철거보다는 미국자연사박물관 입구에 그대로 두되 다양한 시각과 맥락을 제공하는 표지판 설치가 권고되었습니다.

그런데 2020년 5월 흑인 남성 조지 플로이드George Floyd(1973~2020) 살해 사건으로 사정이 급변했습니다. 플로이드는 20달러짜리 위조지폐를 사용한 혐의로 미니애폴리스에서 백인 경찰관 데릭 쇼빈Derek Chauvin(1976~)에게 체포되었고 수갑을 찬 채 도로에서 가혹 행위를 받다가 사망했습니다. 다른 세 명의 경찰관은 이 상황을 지켜보기만 했습니다. 플로이드 사망 사건은 경찰의 잔인함과 함께 인종차별 문제에 대한 사회적 관심을 불러일으켰습니다. 플로이드의 사망은 결국 살인으로 판정되었고, 쇼빈을 포함한 네 명의 경찰관은 모두 해고되었습니다. 쇼빈은 2급 살인과 3급 살인으로 기소되어 22년 5개월의 징역형을 선고받았습니다.

플로이드 사망 사건은 미국 전역에 경각심을 일깨웠으며, 특히 미국자연사박물관과 뉴욕시에도 교훈을 주었습니다. 〈루스벨트 승마 동상〉으로 불거진 문제는 단지 표지판을 잘 설치하기만 해서는 해결되기 어렵다는 사실을 깨달은 것입니다. 미국자연사박물관은 "루스벨트 동상이 흑인과 원주민 정복의 역사를 보여줄 뿐 아니라 그들을 인종적으로 열등하게 묘사하고 있어서 뉴욕시에 철거를 요청했다"고 발표했습니다. 빌 드 블라시오 뉴욕 시장은 언론과의 인터뷰에서 "동상을 철거하는 것은 올바른 결정이며 지금이 적기"라고 답변했습니다. 반면, 당시 대통령 도널드 트럼프Donald John Trump(1946~)는 '우스꽝스러운 일'이라며 반대했습니다.

미국자연사박물관은 루스벨트기념관을 자연유산 보호에 남달랐던 루스벨트의 업적을 기리는 장소로 남기기 위해 '생물 다양성 홀'로 명명했습니다. 2021년 6월 뉴욕시 공공디자인위원회는 〈루스벨트 승마 동상〉의 이전을 만

〈루스벨트 승마 동상〉 철거 작업 　 미국자연사박물관 입구에 설치되었던 〈루스벨트 승마 동상〉을 철거하기 위해 비계와 방수포로 둘러싼 모습입니다.(2022. 1)

장일치로 승인했고, 2022년 1월 미국자연사박물관에서 철거했습니다. 철거된 동상은 2026년에 노스다코타(North Dakota)주 메도라(Medora)에 건립할 예정인 루스벨트대통령도서관(Theodore Roosevelt Presidential Library)으로 이전되어 미국 역사를 연구하는 자료로 보존될 것입니다.

　미국 사회는 탈식민주의를 포함하여 경제적 불평등성, 인종차별, 여성 혐오와 성폭행 등 다양한 문제에 저항하는 시민운동이 빠르게 진화하고 있습니다. 2011년 '월가를 점령하라(Occupy Wall Street)' 운동은 캐나다에 기반을 둔 비영리 친환경 단체인 애드버스터스(Adbusters)가 자신들의 동명 온라인 잡지를 통해 빈부 격차 심화와 미국 금융기관의 부패에 항의하기 위해 월가를 행진하자고 제안하면서 시작되었습니다. 이후 시위대는 트위터 등 SNS로 활동 무대를 넓히며 목소리를 내기 시작했습니다. 경제적 불평등성을 시정하기 위하여 '우리는 99%입니다'라는 슬로건을 내세웠습니다. 2012년에는 10대 흑인 소년 트레이본 마틴[Trayvon Martin(1995~2012)]이 백인이 쏜 총에 살해당하자 '흑인의 생명은 중요하다(Black lives matter)' 운동이 확산되었습니다. 2017년 10월에는 할리우드 유명 영화제작자인 하비 와인스틴[Harvey Weinstein(1952~)]의 성추문이 폭로되자 여성 혐오와 직장 내 성폭행에 대항하기 위해 사회운동가 타라나 버크[Tarana Burke(1973~)]가 주도하는 '미투(#MeToo) 운동'이 전 세계의 폭발적인 지지를 얻었습니다.

박물관은 시대의 가치를 수집하고 미래를 향한 보존을 추구하며 공공성과 사회적 형평성을 실현하는 기관입니다. 2020년 볼티모어미술관이 제시한 소장품 해제의 논리가 바로 이것이었습니다. 백인 남성에 편향된 소장품을 여성 창작자와 사회변혁을 주도하는 예술가들의 작품으로 대체하여 박물관 내 문화적·사회적 다양성을 확보하자는 주장입니다. 이것은 문화유산을 향한 과제이기도 합니다. 국제박물관협의회(ICOM)는 2019년에 박물관 소장품 해제에 대한 세부 방향을 제시하기 위해 「ICOM 소장품 해제 가이드라인」을 마련했습니다. 이 가이드라인에 따르면 '해제'란 박물관 수집품에서 특정 대상을 합법적으로 제거하는 행위입니다. 또한 해제 사유 10가지를 명시했는데 이 중에는 소장품이 더는 박물관의 임무나 수집 목표에 부합하지 않을 경우 해제할 수 있다는 항목이 포함되어 있습니다.

이와 같은 소장품 수집의 변화를 샌프란시스코현대미술관(San Francisco Museum of Modern Art)에서 확인할 수 있습니다. 샌프란시스코현대미술관은 20세기 미국 추상미술을 대표하는 마크 로스코[Mark Rothko(1903~1970)]의 그림 2점을 소장하고 있습니다. 그중 1960년에 그린 〈No. 14〉는 마크 로스코가 가장 사랑했던 작품으로 알려져 있습니다. 사실 이 그림은 샌프란시스코현대미술관의 소장품이었던 클로드 모네[Claude Monet(1840~1926)]의 1875년 작품 〈아르

〈아르장퇴유의 센강〉, 1875, 클로드 모네

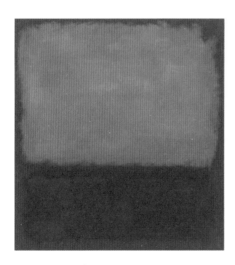

〈No. 14〉, 1960, 마크 로스코

〈무제〉, 1960, 마크 로스코

장퇴유의 센강(La Seine à Argenteuil)을 판매하고 그 수익금으로 1997년에 구입한 것입니다. 로스코의 이 기념비적인 작품을 확보하게 된 것은 샌프란시스코현대미술관으로서는 행운이었고 소장품을 다양화하려는 노력의 결과물이었습니다. 한편, 로스코가 같은 해에 그린 〈무제Untitled〉는 2002년 이후 미술관에서 전시된 적이 없었습니다. 이에 샌프란시스코현대미술관은 로스코의 〈무제〉를 2019년 2월 소장품에서 해제했고 5월에 경매를 통해 5,000만 달러(한화 약 665억 원)에 판매했습니다.

중요한 것은 이 수익금을 어떻게 활용하느냐의 문제입니다. 변화하는 사회적 가치를 추구하기 위해 수집품의 다양성을 주장했던 샌프란시스코현대미술관이기에 모든 시선이 미술관으로 향했습니다. 판매 수익금은 인권, 여성, 인종 등을 주제로 활동해온 현대 작가 10명의 작품 11점을 구입하는 데 사용되었습니다. 여기에는 흑인 여성의 정체성과 성차별 문제를 시각 미술에 담아온 미칼린 토마스Mickalene Thomas(1971~), 아프리카 가나 태생의 영국 추상표현주의 작가 프랭크 볼링Frank Bowling(1934~), 아프리카계 미국인의 희망을 노래했던 앨머 토마스Alma Thomas(1891~1978) 등의 작품이 포함되었습니다.

17장에서는 박물관 소장품의 해제에 대한 다양한 시각을 통해 문화유산에 변화하는 시대의 가치가 어떻게 담겨왔는지를 검토해보았습니다. 문화유산에는 미래를 향한 계승이라는 진취적 의미가 반영되어 있습니다. 문화유산이 시대의 변화와 사회적 다양성을 담아내지 못한다면 그것은 그저 과거로부터 남겨진 것에 불과할 뿐입니다.

문화유산을 바라보는 불편한 시선, '지금은 맞고 그때는 틀리다'

지금까지 문화유산의 다양한 의미를 살펴보면서 시대의 변화와 사회적 다양성을 담아내고자 했던 박물관의 고민도 함께 생각해보았습니다. 사실 인류 역사의 시작과 함께 모든 시대는 그 시대에 맞게 국가를 상징하거나 지배자의 권위를 보여주는 귀중품을 보호하고자 노력했습니다. 하지만 문화유산 개념이 확립된 것은 고작 20세기 중반의 일입니다. 바로 그렇기 때문에 현재 시점에서 '문화유산이란 무엇인가?'라는 질문은 새로운 아이러니를 만들어내고 있습니다.

최초의 문화유산 법전이라 불리는 「1863년 리버법전」에서도 도전적 과제가 남아 있습니다. 예컨대 '남북전쟁에서 사용했던 군대 깃발은 과연 문화유산이 될 수 있을까?'라는 질문을 던질 수 있습니다. 전장을 누비며 애국심으로 똘똘 뭉쳤던 전투부대를 상징하는 깃발은 오늘날 시각에서 보면 분명 문화유산이겠지만 소장기관의 기능적 특성에 따라 문화유산 여부를 정하는 「1863년 리버법전」의 기준에서 본다면 군부대의 재산이므로 여전히 전리품에 불과합니다. '지금은 맞고 그때는 틀리다'라는 말이 딱 들어맞는 상황이라고 해야 할까요? 흔히 이를 가리켜 '시제법 원칙(*tempus regit actum*)'이라고 합니다. 시제법 원칙은 '법적 사실은 그것과 동시대의 법에 비추어 평가되어야 한다'는 신념에 기초하고 있습니다. 전투 중에 전리품으로 취득된 깃발은 지금의 법률이 아니라 취득 당시의 법률에 따라 문화유산 여부를 판단하는 것입니다.

군대 깃발은 전투 중에 다른 부대에 자신들을 알리는 신호의 표식이지만 같은 부대원들에게는 신념과 정신을 공유하는 상징이기도 했습니다. 특히 남북전쟁에서 깃발의 상징성은 매우 컸습니다. 참전했던 병사들 모두 부대의 깃발을 중요하게 여겼고 적에게 빼앗기지 않기 위해 최선을 다했다고 합니다. 남부와 북부 모두 특정 주州(state) 지역의 남성들을 징발했기 때문에 부대를 표시하는 깃발은 자연스럽게 고향을 상징하는 것이기도 했습니다.

전투 과정에서 병사들을 당황케 한 것은 귀청이 찢어질 듯 연신 터지는 포성과 앞을 볼 수 없는 자욱한 포연이었습니다. 음성 명령이나 나팔 소리조차 들리지 않았고 변변한 통신수단조차 없었습니다. 이러한 상황에서 아군의 깃발은 집결 지역을 시각적으로 보여주는 훌륭한 통신 언어였습니다. 남북전쟁에서 불렀던 군가 〈자유의 전투 함성Battle Cry of Freedom〉의 가사 중에는 "우리는 깃발 주위에 집결하리라(We'll rally round the flag)"라는 구절이 있습니다. 깃발은 애국심을 상징하며 또한 전장에서 집결지를 의미했습니다. 이렇듯 중요했으니 부대의 깃발을 탈취당하는 것은 최대의 불명예였습니다. 반대로 적의 깃발을 탈취하는 것은 그 자체로 큰 승리였습니다. 탈취한 깃발은 승전을 기념하는 최대 전리품이기도 했습니다. 남북전쟁을 취재했던 당시 신문 기사에는 전투 사실을 알릴 때 적의 깃발을 탈취했는지의 여부까지 보도하고 있습니다.

남북전쟁에서 깃발에 얽힌 유명한 이야기가 있습니다. 미국 메인(Maine)

16 메인 보병연대의 깃발과 그들을 기리는 기념비　왼쪽은 남북전쟁에 북부연방군으로 참전했던 16 메인 보병가 지켜낸 깃발이고, 오른쪽은 1889년 메인주 정부가 16 메인 보병연대의 희생을 기리기 위해 세운 오벨리스크입니다.

주 오거스타(Augusta) 지역의 남성들로 구성된 '16 메인 보병연대(16th Maine Infantry Regiment)'에 관한 이야기입니다. 1863년 7월 1일 게티즈버그 전투(Battle of Gettysburg) 첫날에 발생한 사건입니다. 남부군이 서쪽과 북쪽에서 게티즈버그로 진격해오면서 전투는 매우 격렬했습니다. 북부연방군에 속한 16 메인 보병연대는 동쪽의 새로운 진지로 이동해서 반드시 그곳을 지키라는 명령을 받았습니다. 이 명령은 북부연방군의 주력부대가 후퇴하는 시간을 벌어주기 위한 것이었습니다. 16 메인 보병연대는 자신들의 불타오르는 신념과 자신감에도 불구하고 패배가 불가피하다는 것을 깨달았습니다.

그들이 전장에서 마지막으로 선택한 것은 놀랍게도 최후의 항전이 아니었습니다. 부대의 깃발을 지키는 것이었습니다. 패배가 엄습해오자 부대원들은 깃발을 조각조각 찢었습니다. 부대원들은 깃발의 조각들을 나눠 갖고 셔츠 안쪽이나 주머니에 숨겼습니다. 보병연대를 이끌었던 틸든^{Col. Charles W. Tilden(1832~1914)} 대령은 남부군에게 잡혀 리비 감옥(Libby Prison)에 투옥된 상황에서도 빨간색과 흰색 줄무늬의 깃발 조각을 끝까지 지켜냈습니다. 남부연합군은 16 메인 보병연대와 벌인 이 전투에서 승리했지만 전리품을 획득할 수 있는 기회는 놓쳤습니다. 이 전투의 결과 16 메인 보병연대는 장교와 병사 11명이 사망하고 62명이 부상했으며, 틸든 대령을 포함해 159명이 포로로 잡혔으나 '부대의 숭고한 정신'은 지켜낼 수 있었습니다. 또한 그들의 희생 덕분에 게티즈버그의 치열한 전투에서 북부연방군이 최종적으로 승리를 거둘 수 있었습니다. 남북전쟁이 끝난 후 1889년 메인주 정부는 16 메인 보병연대를 기리기 위해 오벨리스크를 게티즈버그에 설치했습니다.

19세기 미국의 법률 체계에서 보면 전투 중 포획된 적의 깃발은 전리품입니다. 심지어 아군의 사기 진작과 승전의 효과를 도모하기 위해 적의 깃발을 탈취하는 것을 장려했습니다. 1814년 4월 18일 제정된 「미국 육군과 해군이 적으로부터 탈취했거나 탈취할 깃발, 군기 및 색상기의 수집·보존에 관한 법률」에 따른 것입니다. 이 법률은 하나의 조항으로 구성되었는데, 육군과 해군에게는 적의 깃발을 노획하여 수집하는 의무를 부여하고 대통령에게는 수집된 적의 깃발을 전시할 공공장소를 지정할 권한을 부여했습니다.

제11대 미국 대통령 제임스 포크^{James Knox Polk(1795~1849, 재임: 1845~1849)}는 1849년 2월 9일 해군이 노획한 적의 깃발을 보관하는 곳으로 미국 해군사관학교(United States Naval Academy)를 지정했습니다. 1845년 해군 장교 양성 기관으로 설립되었으며 메릴랜드주 아나폴리스(Annapolis)에 위치하고 있어 흔히 '아나폴리스 사관학교'라고 불립니다.

미 해군 전리품 깃발 컬렉션의 보존 처리   의회의 승인을 받은 뒤 1913년 아나폴리스 사관학교의 마한 홀(Mahan Hall) 강당에서 '해군 전리품 깃발 컬렉션'을 보존 처리하는 모습입니다.

포크 대통령의 1849년 명령은 오늘날 '미국 해군 전리품 깃발 컬렉션'이 형성되는 기반을 마련했습니다. 이 컬렉션의 대부분은 1812년 전쟁에서 포획된 깃발들입니다. 1812년 전쟁은 나폴레옹전쟁(1803~1815)과 연계되어 있습니다. 나폴레옹전쟁이 발발했을 때 미국은 중립을 선언했지만 영국의 봉쇄 정책이 강화되면서 미국 선박들이 나포되기 시작했고, 이에 영국에 대한 감정이 악화되었습니다. 1812년 전쟁은 미국군이 캐나다에서 영국군을 몰아냈다는 점에서 역사적 의의가 있습니다. 아나폴리스 사관학교는 영국, 스페인, 헝가리, 일본, 중국 등과 벌인 250여 개 전투에서 포획한 600여 개의 깃발을 소장하고 있습니다.

〈전리품 깃발 컬렉션〉이 체계적으로 보존될 수 있었던 것은 제33대 대통령 해리 트루먼^{Harry Shippe Truman(1884~1972, 재임: 1945~1953)}의 1946년 7월 23

어재연 장군 수자기 깃발 뒷면에는 "Flag over Fort mckee(광성보의 미국식 이름), Corea June 11, 1871 the chinese character 帥 means generalissimo"라고 기록되어 있습니다.(출처: 강화역사박물관)

일 '행정명령 9761호(해군과 해안경비대에 포획된 적 깃발의 보존과 전시)'가 계기가 되었습니다. 이 행정명령은 포크 대통령의 1849년 명령을 대체하는 것으로, 해안경비대가 노획한 적의 깃발은 아나폴리스가 아니라 코네티컷주의 뉴런던(New London)에 있는 해안경비대사관학교(United States Coast Guard Academy)에서 보존토록 한 것입니다.

이제부터는 우리 역사에 호국의 상징으로 살아 숨 쉬고 있는 역사 속 군대 깃발의 실체를 살펴보겠습니다. 바로 〈어재연 장군의 수자기帥字旗〉입니다. 장군의 깃발이 전리품으로 탈취된 것은 1871년 신미양요辛未洋擾 때입니다. 사건의 명칭으로 보건대 당시 조선 정부는 '신미년에 일어난 서양의 소요(擾: 난리, 침략)'로 인식했던 것 같습니다. 이에 반해 미국은 '미국의 한국 원정(United States expedition to Korea)'이나 이를 줄여서 '한국 원정(Korean Expedition)'으로 부르고 있습니다. 미국이 붙인 이름의 'expedition'은 단순히 탐험·원정 등을 뜻하기 때문에 침입자가 누군지도 불분명할 뿐만 아니라 치열했던 전투의 실체도 드러나지 않고, 마치 자신들의 행위가 정당했다고 강변하는 것처럼 느껴집니다. 미국 언론으로는 『뉴욕헤럴드New York Herald』가 1871년 7월에 신미양요를 처음 보도했는데 이때 기사 제목은 「이교도들과 벌인 작은 전쟁(Our little war with the heathen)」이었습니다. 만약 지금 한국인이든 미국인이든 아나폴리스 사관학교에 부속된 예배당을 방문해 어느 미군 장교를 기리는 명판을 본다면 고개를 갸우뚱할 것입니다. 명판에는 다음과 같이 적혀 있습니다.

> 1844년 4월 23일 태어나고, 한국 강화도의 성채 난간에서 입은 상처로 1871년 6월 11일 사망한 미 해군 중위 휴 W. 맥키를 기리며; 그의 형제 함대 장교들이 창설한 미 아시아함대 해병 대대의 돌격을 영웅적으로 이끌다.

한국인들은 미국이 신미양요를 자신들의 정당한 전쟁으로 기억하고 있다는 사실에서, 또한 미국인들은 1871년 강화도에서 한미 간에 피비린내 나는 전쟁이 있었다는 사실에서 모두 당혹감을 느꼈을 것입니다. 이 명판은 1871년 신미양요 때 사망한 휴 맥키Hugh Wilson McKee(1844~1871) 중위를 기리는 것입니다. 1871년 조선과 미국의 전쟁으로 미군은 맥키 중위를 포함하여 3명의 전사자와 10명의 부상자를 내는 가벼운 손실에 그친 데 반해 조선의 피해는 실로 엄청났습니다. 어재연 장군을 비롯해 전사자만 350명이었습니다.

신미양요가 일어난 직접적인 계기는 5년 전인 1866년에 발생한 제너럴셔먼호(USS General Sherman) 사건입니다. 제너럴셔먼호는 상선임에도 무기를 잔뜩 싣고 대동강을 거슬러 올라와 조선 정부에 통상과 교역을 강요하고 행패를 부렸습니다. 이 때문에 평양 군민과 충돌했고 군민 중에 사상자까지 발생하자 결국 평양감사 박규수朴珪壽(1807~1877)가 화공으로 선박을 불태웠습니다. 제너럴셔먼호의 선원은 모두 사망했습니다. 당시 제너럴셔먼호 측은 '평화적이고 통상적인 항해였으며 선장의 건강이 나빠 일시적으로 기항한 것'이라고 변명했지만, 런던『데일리메일Daily Mail』의 조선 특파원이었던 매켄지Frederick A. Mckenzie(1869~1931)가 1908년에 쓴『대한제국의 비극The Tragedy of Korea』을 보면 '평양의 왕릉을 도굴하고 보물을 얻는 것이 목적'이었습니다. 미국 측에서 보자면 제너럴셔먼호 사건은 자신들이 원하는 무엇인가를 조선에 요구할 수 있는 기회가 되었습니다.

미국은 주청 미국공사 로우Frederick Ferdinand Low(1828~1894)에게 전권을 위임하고 아시아함대 사령관 로저스 2세John Rodgers Ⅱ(1812~1882)에게 원정을 명했습니다. 로저스는 아시아를 잘 알고 있었고 함포 외교가 효과 있을 것이라 믿었습니다. 미군이 무력을 사용하리라는 것은 불 보듯 뻔했습니다. 이는 로저스가 조선을 상대로 무적함대를 구성했다는 사실에서도 잘 알 수 있습니다. 로저스는 아시아함대 소속의 콜로라도호(USS Colorado)를 주축으로 알래스카호(USS Alaska), 베니시아호(USS Benicia), 모노카시호(USS Monocacy), 팔로스호(USS Palos) 등 5척을 1871년 5월 초순 일본 나가사키에 집결시켜 보름 동안 해상 기동훈련을 한 뒤 5월 16일 조선을 향한 보복 항해를 시작했습니다.

로저스 함대가 조선에서 처음 목격된 것은 1871년 5월 23일이었습니다. 『조선왕조실록』고종 8년 4월 7일(양력 5월 23일) 영종도 방어사로부터 "오늘 미시未時에 이양선異樣船이 닻을 올리고 곧바로 팔미도 동남쪽 남양 경계의 연흥도 앞 나루 방향으로 내려갔는데, 먼지바람에 가려 어느 곳에 정박했는지 알 수 없습니다"라는 보고가 올라왔습니다. 연흥도는 인천항 남쪽에 위치한 작은 섬으로 지금은 영흥도로 불립니다. 다음 날 경기감사 박영보朴永輔가 미군을 공식 접촉했으나 물자 교환에 그쳤습니다. 이후 조선 정부는 대표 3

콜로라도호에서의 작전 회의 1871년 6월 콜로라도호에서 로저스를 비롯한 미군 장교들이 조선 침략을 앞두고 강화도를 점령하기 위한 작전 회의를 하고 있는 모습입니다. 탁자의 오른쪽에 상반신을 굽힌 채 서서 지도를 보고 있는 인물이 로저스입니다.

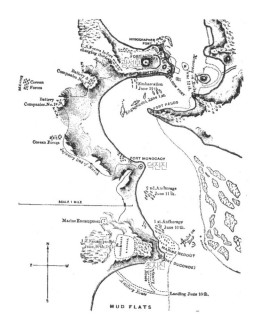

신미양요 당시 미 해군의 작전지도
『1871년 해병대의 한국 상륙작전Marine Amphibious Landing in Korea, 1871』에 수록.
지도에서 'Fort McKee'는 광성보,
'Fort Monocacy'는 덕진진,
'Fort Duconde'는 초지진입니다.

명을 파견했으나 로우 공사는 격이 맞지 않는다는 이유로 면담을 거부하고 자신의 비서관을 대신 만나게 했습니다. 이 면담에서 미국 측은 강화해협을 계속 측량하겠다고 주장했고 이에 조선 측은 영해 침해에 해당하므로 절대로 수용할 수 없다고 맞섰습니다.

전투는 급작스럽게 발생했습니다. 6월 1일 로저스 함대가 손돌목에 이르자 강화와 김포의 양 포대가 공격했습니다. 조선군의 선공으로 '손돌목 포격 사건'이 발생한 것입니다. 이 사건으로 인해 양측의 교섭이 시작되었는데 미국 측은 포격 사건에 대한 사죄와 손해배상 등 무리한 요구를 했습니다. 조선은 주권 침해를 주장하면서 사죄를 거부했습니다. 이날 조선 정부는 강화도에 군사와 군량을 보내기로 결정하고, 행호군行護軍 어재연魚在淵(1823~1871)을 진무중군鎭撫中軍으로 임명해 방어토록 했습니다. 상황이 급박했던 터라 어재연은 임명 의례도 생략하고 6월 2일 병사들과 함께 강화도에 들어갔습니다.

6월 10일 미군은 초지진草芝鎭 상륙작전을 단행했습니다. 지휘관에 블레이크H. C. Blake가 임명되었고, 해군 546명과 해병대 105명 등 651명이 10개 상륙부대로 편성되어 수륙 양면으로 공격을 개시했습니다. 압도적으로 월등한 무기를 앞세워 미군이 함포사격으로 초지진을 초토화하고 점령했습니다. 역사상 최초로 한미 간 전쟁이 발발한 것입니다. 6월 11일 미군은 덕진진德津鎭을 무혈점령하여 파괴했고 곧이어 광성보廣城堡 작전을 개시했습니다. 광성보에는 진무중군 어재연이 이끄는 조선 수비병 600여 명이 배치되어 있었으나 수륙 양면으로 밀려오는 미군의 공격을 한 시간 정도 버틴 끝에 오후 1시경 함락되었습니다. 모든 전투 과정은 종군 사진가로 따라온 이탈리아계 영국인 펠리체 베아토Felice Beato(1832~1909)가 몇 장의 사진에 담아냈습니다. 이 무자비한 폭력을 '온전한 제국주의의 시선'으로 남긴 사진입니다.

미군의 초지진 점령 1871년 6월 10일 미군은 초지돈대를 점령하고 기념사진을 촬영했습니다. 왼쪽의 하얀 모자를 쓴 사람이 휴 맥키 중위입니다.

광성보를 점령한 미군은 〈어재연 장군 수자기〉를 탈취하고 성조기를 게양하며 승리를 자축했습니다. 적의 깃발을 탈취하는 것은 앞서 설명했듯이 승리를 기념하는 방법이기 때문입니다. 로저스 함대는 6월 14일 강화도에서 철수하고 7월 3일 조선을 떠났습니다. 한 줌의 재처럼 사멸해버린 강화 수비대의 1871년 전쟁은 이렇게 끝났습니다.

군인에게는 조국을 위한 희생만큼 가치 있는 죽음도 없을 것입니다. 당시 해군 소령으로 참전했던 윈필드 스콧 슐리Winfield Scott Schley(1839~1911)는 1904년에 쓴 자신의 회고록 『기함에서의 45년Forty-five Years Under the Flag』에서 "조선군은 진지를 사수하기 위해 용감히 싸우다가 모두 전사했다. 우리는 가족과 국가를 위해 그토록 용감히 싸우다가 죽은 국민을 다시는 볼 수 없을 것

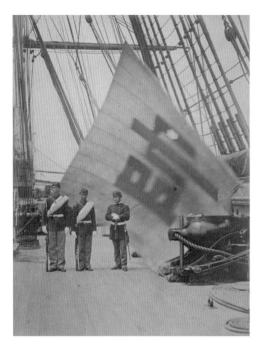

탈취되어 콜로라도호에 실린 수자기 광성보를 함락한 후 어재연 장군의 수자기를 콜로라도호에 싣고 브라운 상병Corporal Charles Brown, 퍼비스 일병Private Hugh Furvis, 틸톤 대위Captain McLane Tilton(왼쪽부터)가 기념 촬영을 하고 있는 모습입니다.

이다"라고 기록하여 조선 군민의 충정을 높게 평가했습니다. 조선 정부는 어재연 장군에게 병조판서 관직을 추증하고 충장忠壯이라는 시호를 하사했습니다. 미군 또한 선원 9명과 해병대원 6명에게 명예훈장을 수여했습니다. 그 가운데 한 사람이 광성보에서 사망한 맥키 중위입니다.

　미군이 신미양요에서 약탈해 간 전리품은 수자기에 한정되지 않습니다. 1882년에 『은자의 나라 한국Corea: the Hermit Nation)』을 펴낸 윌리엄 그리피스 William E. Griffis(1843~1928)의 기고문에서 신미양요 때 탈취한 수많은 전리품을 파악할 수 있습니다. 그리피스는 일본 지방 영주의 초청을 받아 1870년부터 일본에서 교육에 종사하다가 1874년 미국으로 돌아가 목사이자 작가로 살았습니다. 1908년과 1926년에는 일본 정부로부터 훈장을 받았으며, 필라델피아에서 서재필이 1919년에 조직한 한국친우회에서 활동하기도 했습니다.

그리피스는 1874년 미국에 돌아온 후 미 해군이 조선에서 탈취해 온 전리품에 관심을 가졌습니다. 그가 일본에 체류하고 있을 때 신미양요가 발생했던 만큼 조선과 미국 간에 벌어진 군사적 충돌에 호기심이 컸을 것입니다. 그리피스는 필라델피아에 거주하면서 아나폴리스 사관학교를 직접 방문하여 조선에서 탈취해 온 전리품을 직접 조사하고 사진을 찍었습니다. 그리고 이 조사 결과를 월간 시사잡지 『하퍼스 매거진Harper's Magazine』에 기고했습니다. 1898년 10월 합본 형태로 출판된 *Harper's New Monthly Magazine* 제97권 581호에는 그의 기고문이 「아시아 해양에서의 우리 해군(Our Navy in Asiatic Waters)」(738~760쪽)이라는 제목으로 실렸습니다.

그리피스의 기고문에는 신미양요 당시 전리품으로 깃발 50개, 중포 27문, 천보총 481정을 비롯해 수백여 점의 화승총이 언급되어 있습니다. 신미양요 때 약탈당한 조선의 군사 무기와 깃발이 지금까지 알려진 수량보다 실제로는 훨씬 많았던 것입니다. 그리피스의 사진 컬렉션 중에는 한 미국 병사가 강화도 수비대로부터 노획한 면갑옷을 착용하고 양손에 조선의 무기를 든 채 조선 부대의 깃발을 배경으로 찍은 사진이 있습니다.

특히 눈길을 끄는 것은 수자기를 바탕으로 백호기와 대포를 섞어 그린 삽화입니다. 이 삽화에는 "미국인이 노획한 조선 지휘관의 수자기, 백호기, 대대기, 후장식 대포"라는 설명이 붙어 있습니다. 그리피스가 아나폴리스 사관학교를 찾아가서 그곳에 전시된 전리품을 촬영하고 이를 바탕으로 그린 일러스트입니다. 이 삽화가 주는 인상은 놀라울 만큼 강렬합니다. 옆으로 누워 제 모습을 갖추지 못하고 있는 수자기 앞에 무거운 대포가 놓인 모습은 우리

그리피스가 소장한 사진 컬렉션 중 신미양요 노획품 사진

신미양요 때 탈취한 깃발을 배경으로 한 미군 병사가 면갑옷을 착용하고서 촬영했습니다.(출처: 『그리피스 컬렉션의 한국 사진: 럿거스대학교 도서관 특별 컬렉션』, 눈빛, 2019)

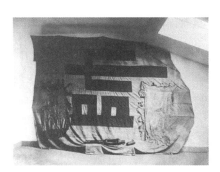

그리피스가 소장한 사진 컬렉션에 수록된 수자기 사진(출처: 『그리피스 컬렉션의 한국 사진: 럿거스대학교 도서관 특별 컬렉션』, 눈빛, 2019)

그리피스의 기고문 「Our Navy in Asiatic Waters(아시아 해양에서의 우리 해군)」에 수록된 수자기 삽화(출처: *Harper's New Monthly Magazine* 1898-10, Vol 97 Iss 581, p. 760)

근대사를 보는 것 같아 씁쓸합니다.

　2007년 〈어재연 장군의 수자기〉는 대여 방식으로 한국에 돌아왔습니다. 그러나 1814년 미국 법률에 따른 '해군 전리품 깃발 컬렉션'이라는 점 또한 불편하지만 부인하기 어려운 것이 사실입니다. 수자기에 시제법의 원칙을 적용하면 미국 입장에서는 문화유산이 아니라 승전을 기념하는 전리품이기 때문입니다. 그야말로 '제국주의 시대인 그때는 맞겠지만 지금은 틀리다'의 상황이라 할 수 있습니다. 19세기 아프리카와 아시아에서 취득한 서구 열강의 약탈품 대부분은 수자기와 같은 운명에 처해 있습니다. 약탈의 시대에 약탈을 금지하는 법이 없었으니 합법이라는 서구 사회의 주장이 계속되고 있는 것입니다. 이것은 문화유산 개념이 20세기 중반에 형성되었다는 사실에서 오는 불합리함처럼 느껴집니다. 지금이야말로 국제사회가 그리스의 역사가 폴리비오스^Polybios의 "다른 나라의 불행으로 너의 나라를 치장하지 말라"는 격언에서 교훈을 얻을 때입니다.

19

장소 특정적 미술과 창작자의 권리

서울 한복판에서 두 명의 노신사가 무더운 여름날 넥타이에 정장 차림을 한 채 땀을 뻘뻘 흘리며 웃고 있습니다. 무더위도 잊은 채 확성기를 들고 있는 사람은 가수 조영남(1945~)이고, 그 옆에서 서류 뭉치를 들고 겸연쩍게 웃고 있는 사람은 미술 애호가이자 아주대 부총장을 지낸 이성락입니다. 두 사람은 1999년 7월 20일 서울 강남구 대치동 포스코센터 앞에서 '어느 공공미술품' 앞을 지나는 시민들을 대상으로 '철거 반대' 의견서를 나눠주었습니다. 조영남은 『문화일보』와의 인터뷰(1999. 7. 21)에서 "반문화적인 의사 결정 과정에 의해 졸속으로 강행돼온 작품의 철거를 막자는 뜻도 있지만 근본적으로는 우리 사회 문화 인식의 지평을 넓혀보자는 의미가 크다"고 말했습니다. 철거 논란을 빚었던 포스코센터 앞의 공공미술품은 무엇일까요?

이 공공미술품이 포스코센터 앞에 설치되기까지는 웃지 못할 해프닝도 있었습니다. 그중 하나는 1996년 설치 과정에서 발생했습니다. 작가는 미국에서 스테인리스 스틸 조각 수백여 개를 국내로 가져와 현장에서 짜 맞추는 방식으로 작품을 만들고 아직 사용하지 않은 재료는 근처에 쌓아두었습니다.

〈꽃이 피는 구조물〉 또는 〈아마벨〉,
1996~1997, 프랭크 스텔라

그런데 고물상이 고철인 줄 알고 쌓아둔 재료를 가져가버린 것이었습니다. 결국 경찰이 긴급 수배에 나섰고 어렵게 되찾을 수 있었습니다. 일반인의 눈에 고철로 오인된 이 작품은 프랭크 스텔라^Frank Stella(1939~)의 〈꽃이 피는 구조물^Flowering Structure〉(11×5m, 30톤)입니다. 부제인 〈아마벨^Amabel〉로 더 널리 알려져 있습니다.

　포항제철은 1996년 세계철강협회(WSA) 회장사로서 포항 본사에 이어 서울 강남에 최첨단 사옥을 신축했는데 이곳에 어울리는 공공미술품을 미국 추상표현주의를 대표하는 프랭크 스텔라에게 의뢰했습니다. 비용은 180만 달러(한화 약 20억 원)로 그 무렵 가장 많은 제작비가 든 국내 미술품이어서 관심을 받았습니다. 부제인 〈아마벨〉은 스텔라가 작품을 제작하는 도중에 친구의 딸이 비행기 사고로 사망하여 애도의 마음으로 그녀 이름을 붙인 것입니다.

스텔라는 일그러진 금속 파편 속에서 꽃이 피어나는 형상으로 소녀의 안타까운 죽음을 위로하고 20세기 물질문명의 폭력성과 야만성을 비판하고자 했습니다. 그리하여 사고 비행기 부품의 일부도 작품에 사용했습니다. 제작에만 1년 6개월이 걸려 1997년 9월에 완성되었지만 일부 언론으로부터 "고철 덩어리다", "흉물스럽다"라는 비판이 제기되면서 철거 위기에 몰렸습니다. 심지어 포항제철 측에서도 이 작품의 철거를 검토하자 국내 예술계가 거세게 반발한 것입니다. 미술 분야 온라인 매체인『아트넷 뉴스Artnet News』는 2015년 '세계에서 가장 미움받은 조형물 10선'을 발표했는데 〈아마벨〉이 8위에 올랐습니다.

예술계를 비롯해 〈아마벨〉의 철거에 반대한 이들이 내세운 주장은 무엇이었을까요? 먼저 졸속 퇴출은 위험한 발상이라는 것입니다. 대중이 이해하기 어려운 작품이라는 이유로 공식적인 논의 없이 철거를 결정한 절차적 문제를 지적하기도 했습니다. 스텔라는 포스코센터 2층에 가로 11m의 대형 그림 〈마르보티킨 둘다Marbotikin Dulda: 전설 속의 철의 섬〉을 1997년에 완성했는데 〈아마벨〉과 짝을 이루는 작품이라는 점에서 〈아마벨〉을 철거한다면 이 대형 그림 또한 함께 철거해야 한다고 주장하는 목소리도 있었습니다.

철거 반대 주장은 스텔라의 공공미술품이 '장소 특정적 미술(site-specific art)'이라는 특성에 근거하고 있습니다. 「문화예술진흥법」은 1995년부터 일정 규모 이상의 건축물을 신축 또는 증축할 경우 건축 비용의 1% 이상(2000년부터 1% 이하)을 공공미술품 설치에 사용하도록 하고 있습니다. 그에 따라 특정 장소와 연계된 공공미술이 생겨나기 시작했습니다. 장소 특정적 미술이란 작품이 소재한 '장소(site)'가 특별한 의미가 있기 때문에 해당 작품이 '특정 장소(specific site)'에 있어야만 작품의 예술적 의의가 있는 경우를 말합니다. 이 말인즉 장소 특정적 미술은 해당 장소를 벗어나면 그 의미가 상실된다는 것입니다. 여기서 '특정 장소를 벗어난다'는 말은 창작자가 특정 장소에 미술품을 설치하고자 했던 창작 의도가 훼손된다는 것을 뜻합니다.

이때 두 가지 권리가 팽팽하게 대립하면서 사회적 논란을 일으키곤 합니다. 그 하나는 '소유자의 권리'입니다. 앞서 설명했듯이 소유권은 1789년 프랑스혁명 이래 천부인권으로 인식되면서 흔히 배타적 권리로 이해됩니다(☞ 04장 45쪽 참조). 포항제철이 〈아마벨〉을 포스코센터에서 다른 곳으로 이전하려 한다면 당연하게도 포항제철이 갖고 있는 정당한 소유권의 행사일 수 있습니다. 하지만 '창작자의 권리'로 보면 창작자의 의도가 훼손되는 문제가 발생할 수 있습니다. 즉, 스텔라는 〈아마벨〉을 〈마르보티킨 둘다〉와 함께 포스코센터를 특정하여 설치하고자 의도했고 이 두 작품이 포스코센터를 벗어난다는 것은 창작 의도의 훼손이라는 주장이 가능합니다.

미술품의 창작 의도는 저작권 분야에서 다루어집니다. 저작권은 인간의 사상이나 감정에 대한 창작 표현물을 보호하는 권리입니다. '특허'와 달리 행정적·법률적으로 등록하지 않더라도 법적 보호를 받습니다. 저작권은 저작재산권과 저작인격권 두 가지로 구분되는데 저작재산권은 경제적 이익을 얻을 수 있는 재산권이어서 타인에게 양도할 수 있습니다. 원칙적으로는 저작자가 생존하는 동안과 사망 후 70년간 보호됩니다. 이에 반해 저작인격권은 저작물에 대한 정신적·인격적 이익을 추구할 수 있는 권리로, 저작자에게 전속되어 있기 때문에 양도나 상속 등의 방법으로 타인에게 이전이 불가능하고 저작자가 사망하면 자연스레 소멸합니다.

만일 포항제철이 〈아마벨〉을 다른 곳으로 이전했다면 스텔라의 창작 의도는 어떻게 보호받을 수 있을까요? 이때 흔히 제기되는 것이 저작인격권 중 '동일성유지권'의 훼손 문제입니다. 우리나라 「저작권법」(제13조 1항)은 동일성유지권을 설명하면서 "저작자는 그의 저작물의 내용·형식 및 제호의 동

우리나라 저작권의 종류

저작재산권	복제권(제16조)	인쇄·사진 촬영, 복제 등의 방법에 의한 고정 또는 유형물로 다시 제작할 수 있는 권리
	공연권(제17조)	연주·가창 등의 방법으로 공중公衆에게 공개할 수 있는 권리
	공중송신권(제18조)	전송, 방송, 디지털 음성 송신 등의 권리
	전시권(제19조)	미술 저작물 등의 원본이나 그 복제물을 전시하는 권리
	배포권(제20조)	저작물의 원본이나 그 복제물을 공중에게 양도 또는 대여하는 권리
	대여권(제21조)	영리 목적으로 판매용 음반 등을 공중에게 대여할 권리
	2차적 저작물 작성권(제22조)	번역, 편곡, 변형, 각색, 영상 제작 등의 방법에 의한 이용
저작인격권	공표권(제11조)	저작물을 공중에게 공표할 것인지의 여부를 결정할 권리
	성명표시권(제12조)	저작물에 자신의 이름을 표시할 것인지의 여부를 결정할 권리
	동일성유지권(제13조)	저작물의 제목, 형식 또는 내용에 대한 변경을 금지할 권리

일성을 유지할 권리를 가진다"라고 규정하고 있습니다. 곧 동일성유지권은 저작물의 내용이 왜곡되는 것을 방지할 수 있는 저작권자의 권리입니다. 이 조항에 근거하여 스텔라를 편드는 사람들은 작가의 창작 의도에 반하여 장소 특정적 미술을 이전하는 것은 저작물의 내용이나 형식의 동일성이 훼손되는 것이라고 주장할 수 있습니다.

하지만 장소 특정적 미술의 개념이 인정되지 않는다면 〈아마벨〉의 이전

행위는 작품 내용의 왜곡을 발생시킨다고 볼 수 없으므로 저작물의 동일성은 유지되었다고 할 수 있습니다. 이 상황에서는 스텔라의 창작 의도가 보호받지 못합니다. 스텔라의 창작 의도를 법적으로 보호하기 위해서는 장소 특정적 미술 개념이 성립되어야 합니다. 장소 특정적 미술의 보호에 대한 법적 근거가 마련되는 경우에만 해당 작품이 소재한 '장소' 역시 작품의 '내용'을 구성하는 것이 되므로 작품의 이전 행위만으로도 내용의 동일성을 왜곡했다고 볼 수 있으며, 이는 작가의 동일성유지권이 침해되는 것입니다.

장소 특정적 미술은 종종 소유자와 창작자 간의 이해 충돌을 발생시킵니다. 누구의 권리가 우선하는지는 나라마다 법과 제도가 다르기 때문에 단정하기 어렵습니다. 다행스러운 점은 〈아마벨〉이 여러 논란을 거치면서도 살아남았다는 사실입니다. 포항제철은 2012년부터 야간 조명을 투사해 흉물 논란을 극복해가고 있습니다. 한 평론가는 〈아마벨〉이 한국 사회에 끼친 가장 큰 기여는 "현대 미술은 결코 아름답지 않다는 것을 대중의 기억 속에 각인한 것"이라고 말합니다.

장소 특정적 미술과 관련하여 소유자와 창작자 사이의 갈등이 소송으로 이어진 사례가 있습니다. '도라산역 벽화 사건'이 그에 해당합니다. 도라산역의 장소적 특성을 먼저 이해할 필요가 있습니다. 도라산역은 남북통일을 염원하는 상징적 공간입니다. 원래 경의선은 서울의 용산과 신의주를 연결하는 철도로 1904~1906년에 건설되었으나 6·25전쟁으로 인해 1951년 6월 12일부터 운영이 중단되었습니다. 그러다가 2000년 평양에서 열린 '6·15남북정상회담'에서 경의선 복원 사업이 구체적으로 논의되었고 2003년 6월 14일 연결식이 군사분계선에서 개최되었습니다. 이러한 분위기를 타고 경의선의 남한 측 종점인 도라산역이 남북경협과 평화체제의 상징으로 주목받은 것입니다. 도라산역은 통일부에서 관리하며 남북출입사무소가 설치되어 육로를

철거되기 전 도라산역 벽화의 일부　2006년 3월 통일부는 이반 작가에게 도라산역 벽화를 의뢰했고 2007년 15폭으로 이루어진 대작을 역사에 설치했습니다. 그러나 2010년 5월 통일부는 작가와 아무런 협의 없이 벽화를 철거했습니다.

통한 북한 방문의 최북단이 되었습니다.

　도라산역 벽화 사건의 전말은 이렇습니다. 2006년 3월 통일부는 도라산역에 평화와 통일을 상징하는 작품을 이반(1940~) 작가에게 의뢰했습니다. 그는 대학에서 서양화 교수로 재직하면서 오랫동안 비무장지대(DMZ) 예술문화운동을 주도한 화가입니다. 통일부로부터 작품을 의뢰받은 이반 작가는 2007년 5월 도라산역 역사 내의 벽면과 기둥 들에 포토콜라주 기법을 활용하여 15폭으로 이뤄진 벽화를 설치했는데 총 길이 97m, 폭 2.5m의 대작으로 만해 한용운의 생명 사상을 형상화했습니다. 이 벽화는 '첩부벽화貼付壁畵(천·종이를 벽에 붙여 그림을 그리거나 천·종이에 그림을 그려 벽에 부착한 벽화)' 형태로 설치되어 벽체로부터 분리하기 어려우며 사실상 재현이 불가능한 특성이 있었습니다. 실로 장소 특정적 미술이었던 것입니다.

　도라산역은 통일을 염원하는 수많은 관광객이 찾는 명소입니다. 통일부는 도라산역 내에 통일문화광장을 조성하고 이곳에 방문객들이 민족의 동질성을 보고 느낄 수 있는 작품을 전시하여 통일 교육의 장으로 활용하길 기대했습니다. 하지만 2010년 5월에 이 벽화가 갑자기 사라졌습니다. 통일부 발표에 따르면 이반 작가가 완성한 벽화는 관람객들로부터 "어둡고 난해하다" 등의 부정적 여론이 형성되었기에 2010년 2월 벽화 교체 계획안을 수립하고 관람객을 대상으로 설문 조사를 한 후 적법하게 벽화를 철거했다는 것입니다. 벽화에 물을 분사하여 그림을 작게 절단한 후 벽체에서 분리하는 방법으로 철거함으로써 벽화는 복구될 수 없을 정도로 크게 손상을 입었습니다. 이같은 처리 방식이면 폐기나 다름없었습니다.

　이반 작가는 통일부에서 아무런 통보나 협의 없이 벽화를 철거한 것이 오랫동안 화가로서 이룩해온 자신의 명예가 훼손되는 것 같아 고통스러웠습니다. 그는 예술의 자유와 저작인격권 침해를 이유로 2011년에 손해배상과 함께 피해 사실을 광고문에 게재해줄 것을 요구하며 국가를 상대로 소송을 제기했습니다. 저작인격권이란 「저작권법」에서 말하는 동일성유지권을 뜻하는 것으로 일반적 인격권과 구별됩니다. 일반적 인격권은 「헌법」 제10조에서 말하는 '인간으로서의 존엄과 가치'로부터 나온 개념으로, 생명, 신체, 건강, 명예, 사생활, 개인 정보 등 인격적 이익에 대한 권리를 뜻합니다. 저작인격권과 일반적 인격권 모두 정신적 권리라는 점에서 일신전속권—身專屬權의 특징을 지니고 있으므로 타인에게 양도할 수 없고, 그것이 침해당한 경우에는 손해배상으로 위자료 지급을 요청할 수 있습니다.

　1심 법원과 항소심 법원 모두 벽화 소유권을 가진 통일부의 우위를 인정하여 이반 작가의 저작인격권이 침해된 것은 아니라고 판결했습니다. 다만 항소심 법원은 1심 법원과 다르게 작가와 상의 없이 벽화를 훼손한 것은 작가의 명예를 훼손한 일로 인정하여 통일부로 하여금 이반 작가에게 위자료를 지급하도록 결정했습니다. 요컨대 창작자가 갖는 저작인격권은 침해되지 않았지만 예술가의 명예와 같은 인격권은 침해되었다고 판단한 것입니다.

이후에는 통일부만 상고했으므로 대법원은 통일부의 요청 사항만 검토했고, 2015년 8월 최종 판결을 통해 작가에 대한 명예훼손만 인정했습니다. 결국 우리 법원은 도라산역 벽화 사건에서 창작자의 저작인격권 침해는 소유권에는 대항할 수 없는 것으로 결론 내렸습니다. 특히 항소심 법원은 동일성유지권의 보호 범위를 저작물의 내용으로만 한정했기 때문에 저작물이 폐기된 이 경우, 대상 자체가 없어 침해 여부를 판단하지 않았습니다. 동일성유지권은 저작물의 '내용'을 보호하는 것이지 '존재'를 보호하는 것은 아니라고 판단한 셈입니다.

공공미술품이 당대의 비판적 평가에 따라 창작자의 의도와는 다르게 철거되거나 이전되는 사례는 종종 있었습니다. 사실 어떻게 보면 공공미술품의 보존과 철거 간의 팽팽한 갈등이 오랫동안 계속되면서 문화유산 보호의 법과 제도의 발전을 가져왔는지도 모릅니다. 때때로 갈등이 사회 발전의 환영할 만한 동기가 되기도 합니다. 최고의 조각가인 오귀스트 로댕Auguste Rodin(1840~1917)의 작품 또한 철거 문제로 시련을 겪었습니다. 바로 〈발자크 기념상Monument to Balzac〉이 논란의 한가운데 섰던 작품이었습니다.

발자크Honoré de Balzac(1799~1850)는 19세기를 대표하는 프랑스의 대문호입니다. 그가 살아간 프랑스는 1789년 대혁명 이후 일곱 차례나 정치체제가 바뀐 격변의 시대였습니다. 그런 만큼 그는 인간 군상을 다룬 방대한 작품을 썼습니다. 어떤 이들은 이러한 다작의 배경이 그의 사치나 낭비로 얻은 '빚' 때문이었다고 말하기도 합니다. 발자크는 하루 16시간 동안 글을 썼고 늘 깨

〈발자크 기념상〉, 1898, 로댕.
1898년 처음 만들어질 때는 석고상이었으나, 이
후 1935년에 청동상으로 제작되어 로댕미술관
에 전시되고 있습니다.

어 있기 위해 평생 5만 잔의 커피를 마셨다고 합니다. 발자크의 별명은 '살아 있는 인쇄 기계'였습니다. 사람들은 그가 글을 쓰는 것이 아니라 찍어낸다고 말했습니다. 그는 인생의 모든 중요한 순간을 의식하고 자각하면서 평생 글 쓰는 일에서 벗어나지 못했습니다. 젊은 날 사랑에 빠진 폴란드 백작 부인을 사모하여 그녀의 남편이 죽은 뒤에도 기다린 끝에 20여 년 만에 결혼했으나 불과 5개월 만에 과로로 사망했습니다. 프랑스 문단에서 발자크의 영향을 받지 않은 작가가 없다고 할 정도로 사후에도 그의 영향력은 대단했습니다.

　발자크 사후 40년이 되자 프랑스 문인협회는 발자크를 기억하는 기념상을 제작하기로 계획합니다. 문인협회장은 사회적 진실과 정의를 추구했던 『목로주점』의 작가 에밀 졸라Émile Zola(1840~1902)였습니다. 에밀 졸라는 발자크상을 조각할 예술가로 로댕을 강력하게 추천했습니다. 로댕은 발자크의 외면보다는 내면의 힘을 형상화해 기념상을 만들고자 했습니다. 문인협회는 로댕의 탁월한 예술 감각이 더해져 명작이 탄생할 거라고 믿어 의심치 않았습니다. 〈발자크 기념상〉은 당초 예상했던 1년 남짓의 시간보다 훨씬 늦은 무려 7년의 산고 끝에 완성되었습니다.

1898년 4월 30일 드디어 모두가 기다리던 〈발자크 기념상〉이 공개되었습니다. 하지만 반응은 냉담했습니다. 문인협회 사람들은 로댕을 비난했습니다. 배가 툭 튀어나온 거대한 몸이 가는 천 하나로 가려진 모습은 충격에 가까웠습니다. 당시 프랑스는 유대인 혈통의 장교 알프레드 드레퓌스^{Alfred} ^{Dreyfus(1859~1935)}에게 스파이 혐의를 씌웠던 '드레퓌스 사건'(1894~1906)으로 정치·사회적으로 매우 혼란스러운 상황이었습니다. 로댕을 편드는 쪽에서는 로댕 또한 드레퓌스처럼 문인협회로부터 부당한 대우를 받고 있다고 생각했습니다. 문인협회와 로댕의 지지자 간에 팽팽한 긴장감이 감돌았고, 결국 로댕은 문인협회에 제작비를 돌려준 뒤 자신의 예술품을 스스로 지켜내기로 결정했습니다. 로댕은 뫼동(Meudon)에 있는 자신의 작업실에 조각상을 보관했습니다. 이후 긴 시간이 흘러 문인협회는 원래 석고상인 〈발자크 기념상〉을 청동상으로 주조하고 1939년에야 파리 시내의 몽파르나스 대로(Boulevard du Montparnasse)에 설치했습니다.

좋게 말하면 〈발자크 기념상〉은 서부영화의 카우보이처럼 낭만과 추억으로 남아 있는 '좋았던 시절의 이야기'입니다. 현대에 와서 설치미술의 철거와 보존 간의 갈등은 법원을 통한 강제적 방식을 택하기도 하는데, 문제는 설치미술의 철거 역시 법원의 판단으로 실행된다는 점입니다. 법원 소송을 통해 철거된 대표적인 사례는 미국 미니멀리즘의 조각가 리처드 세라^{Richard Serra(1938~)}가 1981년 뉴욕 맨해튼 연방광장에 설치한 〈기울어진 호 ^{Tilted Arc}〉(3.65×36.5m)입니다. 〈기울어진 호〉 소송이 문화유산의 역사에서

〈기울어진 호〉, 1981, 리처드 세라. 맨해튼 연방광장에 세워졌던 이 작품은 1989년 3월 15일 철거되었습니다.

특별한 것은 '장소 특정적 미술'의 담론을 처음으로 제기했기 때문입니다.

세라는 1966년부터 뉴욕을 중심으로 추상 화가들과 교류하며 자신의 예술 문법을 구축해왔습니다. 고무, 네온, 납 등을 이용한 초기 실험작부터 대규모 철강을 재료로 한 조각품으로 확대하며 물리적인 경험에서 탈피한 자신만의 양식을 만들어냈습니다. 그는 특정한 장소를 염두에 두고 작품을 제작했으며, "공간을 만듦으로써 우리는 지금의 우리와는 전혀 다른 것이 됩니다"라고 말했습니다. 철로 만들어진 거대한 작품은 그 밑이나 옆을 통과하는 사람들에게 불편을 줍니다. 설치물을 지나가는 사람은 그대로 관객 참여가 되는데 이들은 간혹 철 조각품의 붕괴를 우려하여 상대적으로 자신의 나약함을 느낄 수도 있습니다. 이러한 작품 제작과 관객 참여 방식은 언제나 논쟁거리였고, 작품과 공간, 관객을 연결하려는 세라만의 예술적 맥락이었습니다.

〈기울어진 호〉 또한 거대한 철 덩어리 벽 형태를 한 작품입니다. 광장을 이용하는 사람들에게 불편을 주어 이 과정에서 관객들을 조각품의 맥락에 참여시키고자 한 것입니다. 하지만 대중의 반응은 부정적이었습니다. 주변 시민들이 철거를 요청하는 탄원서를 제출했습니다. 세라에게 작품 제작을 의뢰한 미국 연방총무청(General Services Administration)은 건물에 상주하는 인원이 1만여 명임을 고려할 때 청원서에 동의한 사람은 소수에 불과하다고 항변했지만, 1984년 공화당에 의해 새로운 총무청장이 임명되면서 연방총무청은 철거를 계획했습니다. 연방총무청은 공청회를 통해 세라의 작품 철거에 대해 논의했습니다. 모두 180명이 참여해 자신의 견해를 밝혔는데, 작가 세라는 작품의 장소 또한 작품의 내용을 구성하므로 이전移轉 행위는 작품을 훼손하는 것이라고 주장했습니다. 철거에 찬성하는 측에서는 일반인이 광장을 사용하는 데 방해받았다고 주장했습니다.

세라는 자신의 주장이 받아들여지지 않자 결국 연방총무청의 철거 계획이 작가의 표현의 자유를 침해했으며 국가기관이 철거 과정에서 적법절차를 위반했다는 이유로 법원에 소송(Serra v. U.S. Gen. Servs. Admin)을 제기했습니다. 소송 과정에서 세라의 변호인은 저작물에 대한 '동일성유지권'이 아닌 헌법상 '표현의 자유'를 예술품 보호의 근거로 삼았기 때문에 법원이 장소 특정적 미술에 대해 명확한 판단을 내렸는지는 정확히 알 수 없습니다. 하지만 재판 과정에서 장소 특정적 미술의 개념이 등장하며 담론화가 이루어졌다는 것은 문화유산 보호를 위한 값진 소득이었습니다.

끝내 법원은 연방총무청의 손을 들어주었습니다. 〈기울어진 호〉의 법적 소유자는 연방총무청이며 '소유자는 자신이 원하는 것을 할 수 있다'는 것이 판결의 주된 이유였습니다. 세라의 작품은 1989년 3월 15일에 철거되었습니다. 세 부분으로 분해되었고 잔여 조각은 창고에 보관되었습니다. 세라는

"그 장소에 있어야만 의미가 있는 작품이 철거되는 것은 결국 작품을 훼손하는 것과도 같다"라며 반발했습니다. 〈기울어진 호〉가 철거된 이후에도 장소 특정적 미술에 대한 미술계의 관심은 계속 이어졌습니다.

국제적으로 저작인격권의 보호는 1886년 스위스 베른에서 체결된 「문학·예술적 저작물의 보호를 위한 베른협약」('베른협약')에서 시작되어 그 유래가 매우 깊습니다. 이 협약은 체결 당사국 간에 저작권을 보호하기 위한 목적으로서 자국민의 저작권을 타국에서 보호하는 것이 취지입니다. 따라서 당사국 국민이면 모든 당사국에서 내국민 대우(NT) 원칙에 따라 동등한 보호를 받을 수 있습니다. 하지만 반대의 상황을 가정할 때, 다시 말해 「베른협약」에 가입하지 않았다면 타국에서 저작권을 보호받지 못합니다. 「베른협약」에서 특히 주목할 점은 저작인격권의 보호입니다.

원래 미국은 「베른협약」에 가입하지 않았지만 지식재산권 보호에 나서면서 영국보다 100년이나 늦은 1989년 3월 1일에 가입했습니다. '운명의 장난'처럼 리처드 세라의 〈기울어진 호〉가 철거되기 직전에 미국은 저작인격권 보호를 위한 첫걸음을 뗀 것입니다. 이후 연방 법률인 「1990년 시각예술가 권리 법률(Visual Artists Rights Act of 1990, 'VARA')」을 제정하면서 저작인격권 보호를 강화했습니다.

「1990년 시각예술가 권리 법률」에서 규정하는 동일성유지권은 우리나라에서는 인정되지 않는 매우 중요한 특징이 있습니다. 바로 '저명한' 작품의 폐기를 금지하는 것입니다. 만일 저명한 작품을 고의 또는 중과실로 폐기하면 동일성유지권을 침해하는 것으로 간주됩니다. 물론 저작인격권은 양도할 수는 없지만 포기할 수는 있습니다. 이때 포기는 서면에 의한 명백한 의사표시가 있어야 합니다. 「1990년 시각예술가 권리 법률」의 핵심은 창작자가 서면으로 포기하지 않는 한 저명한 작품에 대해서는 동일성유지권을 부여하여

철거되기 전 파이브 포인츠 건물의 그라피티 아트 1990년대 초 그라피티 작가들이 낡은 건물 외벽을 화폭 삼아 그림을 그린 뒤 뉴욕의 관광지로 각광받았습니다. 그러나 건물주가 철거를 계획하면서 그림들을 모두 훼손했고 결국 작가들은 동일성유지권이 침해되었다며 소송을 제기했습니다.

폐기를 방지하는 것이라고 할 수 있습니다. 다만 이때 '저명한'이 구체적으로 무엇인지를 판단하는 기준이 중요합니다. 미국 연방 판례들을 종합해보면 예술작품이 저명한 작품이 되기 위해서는 작품의 순수예술성, 보존 가치의 공익성, 대중의 높은 평가 등을 두루 갖춰야 합니다.

「1990년 시각예술가 권리 법률」을 적용하여 저명한 작품의 폐기에 대항했던 대표적인 사례가 '파이브 포인츠(5 Pointz) 건물 사건(*Cohen v. G&M Reality L.P.*)'입니다. 파이브 포인츠 건물은 미국 뉴욕주 롱아일랜드(Long Island)에서 수도 계량기를 만드는 공장으로 1892년에 건립되었습니다. 1970년대 초 부동산 개발업자 월코프^{Jerry Wolkoff}가 이 건물을 구입하여 임대 사업을 시작했습니다. 1993년부터는 주로 예술가들에게 스튜디오로 임대하기 시작했는데 건물 외벽이 온통 '낙서 예술', 즉 그라피티(graffiti)로 가득 채워졌습니다. 이 어마어마한 화폭의 그림은 그라피티 전시관이나 다름없어 뉴욕의 관광 명소로서 전 세계적으로 유명해졌습니다. 특히 몇 개의 이어진 공장 건물들 가운데 펀 팩토리(Fun Factory)로 알려진 건물은 그라피티 작가 조나단 코헨Jonathan Cohen이 벽화 큐레이팅을 하면서 2002년에 '파이브 포인츠'라는 이름으로 변경되었습니다. 파이브 포인츠는 뉴욕시를 구성하는 5개 자치구의 합류점이라는 뜻입니다.

그런데 2013년 월코프는 엉뚱한 생각을 합니다. 파이브 포인츠 건물을 철거하고 주거 단지를 건립할 계획이었습니다. 예술가들의 시위가 이어졌고 예술 작가 23명이 법원에 철거 금지 가처분신청을 했으나 기각되었습니다. 월코프의 소유권 행사가 존중받은 것으로 짐작됩니다. 월코프는 예술가들의 반발을 잠재우기 위해 그라피티 벽화의 세계적 성지가 된 이곳의 상징성을 지우고자 벽화들을 밤새 흰색 페인트로 덧칠해 놓았습니다. 「1990년 시각예술가 권리 법률」의 관점에서 보면 '저명한 작품'의 폐기입니다. 저작인격권은 양도할 수 없고 오로지 서면으로만 포기할 수 있는데 월코프는 이 절차를 무시했습니다. 그라피티 작가 코헨을 중심으로 예술 작가 21명은 자신들의 미술저작물이 갖는 동일성유지권이 침해되었음을 이유로 금전적 손해배상을 청구했고, 2018년 2월 12일 뉴욕주 연방지방법원은 예술 작가들의 청구를 모두 수용하여 월코프에게 670만 달러라는 법정 최대 손해액을 지급하도록 명령했습니다. 파이브 포인츠 건물은 2014년에 완전히 철거되었습니다.

예술품의 소유자가 창작자의 의사와 무관하게 예술품을 폐기하는 경우 동일성유지권에 대한 침해가 인정되어 금전배상을 해야 한다는 점에서 「1990년 시각예술가 권리 법률」은 특별한 의미가 있습니다. 폐기할 때 특히 주의해야 할 점은 '저명한 작품'인지의 여부를 가리는 일입니다. 이를 판단하는 기준으로 법원은 예술계뿐만 아니라 대중의 시각까지 언급하고 있습니다. 이는 일반인의 기준에서도 저명해야 함을 요구하는 것으로, 창작자는 물론 향유자의 관점도 반영했다는 데 의미가 있습니다. 문화유산이나 공공미술을 파괴 또는 훼손하는 행위를 흔히 '반달리즘(vandalism)'이라고 부릅니다. 2001년 아프가니스탄의 탈레반 정권이 〈바미안 석불〉을 파괴한 것이 대표적인 반달리즘으로 손꼽힙니다. 반달리즘으로 인한 사회적 손실은 최종적으로는 해당 문화유산을 향유하는 일반인에게 돌아가고 맙니다. 「1990년 시각예술가 권리 법률」은 반달리즘으로부터 창작자의 저작인격권뿐만 아니라 일반인의 향유권도 보호한다는 점에서 주목할 만합니다.

소유자와 창작자 간에 설치미술을 놓고 벌이는 갈등에서 일반인의 문화유산 향유 증진이라는 과제는 비록 법적으로 명문화되지는 않았지만 중요한 사회적 의제입니다. 그라피티 벽화의 이전을 놓고 소유자와 창작자가 아닌 향유자의 관점에서 논란이 된 사례가 있습니다. 얼굴 없는 작가로 알려진 뱅크시Banksy의 벽화입니다. 뱅크시는 1990년대 후반부터 활동해온 영국 국적의 그라피티 작가입니다. 2010년에는 거리 예술의 재난을 주제로 〈선물 가게를 지나야 출구Exit Through the Gift Shop〉라는 영화를 개봉하여 선댄스 영화제에서 감독으로 데뷔하기도 했습니다.

논란이 된 뱅크시의 벽화는 1903년 문을 열었던 미국 디트로이트의 패커드 자동차 공장 지대(Packard Automotive Plant) 담벼락에 그려진 것입니다. 이 벽화는 아프리카계 미국인 소년이 빨간 페인트 통과 붓을 들고 있고 그 옆에는 "나는 이 모든 것이 나무였을 때를 기억합니다(I remember when all this was trees)"라는 문구가 씌어 있습니다. 패커드 자동차 공장 지대는 1958년 문을 닫으면서 폐허가 되었고 지역사회에서 우범지대로 여겨진 곳입니다. 이에 디트로이트 당국은 공장 지대를 철거할 계획을 세웠습니다. 그런 가운데

뱅크시의 벽화   미국 디트로이트 패커드 자동차 공장 지대의 담벼락에 뱅크시가 그린 벽화입니다. 그림과 함께 "I remember when all this was trees"라는 문구도 씌어 있습니다.

그라피티 작가들이 버려진 담벼락에 사회성 높은 그림을 그리기 시작했고 뱅크시 역시 허물어진 담벼락에 벽화를 그린 것이었습니다.

　사건은 2010년 5월에 일어났습니다. 누군가 〈뱅크시 벽화〉를 공장 지대의 담벼락에서 잘라낸 것입니다. 그즈음 뱅크시는 그라피티 작가로 세계적 명성을 얻고 있었고 그의 벽화는 경매에서 거액에 거래되는 상황이어서 종종 절단 사건이 발생했습니다. 〈뱅크시 벽화〉 절단 사건은 담벼락의 소유주(Bio Resource Inc)와 창작자(뱅크시) 모두를 당황하게 만들었습니다. 나중에 알려진 사실이지만 벽화 절단은 디트로이트를 중심으로 활동하는 비영리 예술가 단체인 '555 비영리 스튜디오 갤러리'가 벌인 일이었습니다. 이 예술가 단체는 공장 지대가 철거 위기에 놓이자 〈뱅크시 벽화〉가 훼손되는 것을 우려하여 안전한 곳으로 옮겨놓은 것이었습니다.

예술가 단체의 벽화 이전 행위가 비록 선의에서 이루어졌다고는 하지만 소유주 입장에서 보면 절도로 볼 수 있는 사안이었습니다. 창작자인 뱅크시로서는 저작인격권을 문제 삼을 수 있었습니다. 물론 뱅크시가 소유주의 동의를 받지 않고 공장 지대에 무단 침입하여 벽화를 그렸기 때문에 저작인격권에 대한 논란의 여지는 있습니다. 어쨌든 벽화 소유주는 2010년 6월 '555 비영리 스튜디오 갤러리'를 상대로 벽화 반환을 요구했고 7월에 웨인 카운티 순회 법원(Wayne County Circuit Court)에 소유권을 되찾기 위해 소송을 제기했습니다. 소유주는 〈뱅크시 벽화〉가 상당한 경제적 가치를 갖고 있는 만큼 예술가 단체가 이 벽화를 절단해 가서 판매할 것이라고 생각했습니다. 반면 예술가 단체는 이미 허물어지고 방치된 담벼락을 보면서 소유주가 벽화를 포기했다고 생각했습니다. 법원의 최종 판결이 나오기 전에 양측은 서로의 견해차가 오해에서 비롯되었음을 알게 되었고, 마침내 2012년 4월 예술가 단체가 소유주에게 상징적 금액인 2,500달러를 지불함으로써 벽화 문제를 해결하기로 합의했습니다.

하지만 뜻하지 않게 두 가지 논란에 휘말리게 됩니다. 그 하나는 실망스럽게도 〈뱅크시 벽화〉의 안전을 약속했던 예술가 단체가 대중의 기대를 저버린 것입니다. 그들은 2015년 10월 캘리포니아 베벌리힐스(Beverly Hills)에서 열린 경매에 〈뱅크시 벽화〉를 출품하여 판매하고 13만 7,500달러의 수익을 얻었습니다. 또 다른 하나는 창작자에 대한 논란이었습니다. 뱅크시가 누구인지 명확하게 알려지지 않은 상황인 데다 그 자신이 벽화 작업을 비밀리에 진행했기 때문이었습니다. 뱅크시는 그림 작업을 완료한 후에도 자신의 작품 인증을 거부했습니다. 이런 와중에 디트로이트에서 활동하던 두 명의 예술가가 그 벽화는 뱅크시가 아니라 자신들의 창작이라고 주장했습니다. 하지만 비평가들은 그들의 주장을 신뢰하지 않았습니다. '555 비영리 스튜디오 갤러

〈돌진하는 황소상〉, 1987, 아르투로 디 모디카

리'가 대중과의 약속을 저버리고 벽화를 판매하는 것을 방해하기 위한 목적이라고 주장했습니다.

현대사회에서 공공미술은 장소 특정적 미술의 형태를 띠고 있습니다. 창작자는 특정 장소에 공공미술을 설치하여 대중을 향해 자신의 예술 언어로 대화하며 메시지를 전달합니다. 공공미술과 사회적 메시지의 연관성을 언급할 때 빼놓을 수 없는 이야기 중 하나가 미국 뉴욕의 〈돌진하는 황소상Charging Bull〉입니다. 흔히 '월스트리트의 황소'라고도 부르는데 뉴욕 맨해튼 금융 지구의 볼링 그린(Bowling Green) 바로 북쪽 브로드웨이에 서 있는 청동 조각상입니다. 〈돌진하는 황소상〉은 미국 자본주의를 상징한다고 말합니다. 이 조각상은 1987년 '검은 월요일'과 관련 있습니다. 검은 월요일이란 1987년 10월 19일 월요일 미국 뉴욕의 월가에서 평균 주가가 22.6% 폭락하면서 붙여진 이름입니다. 1987년 이후에는 주가 폭락을 의미하는 보통명사처럼 쓰이고 있습니다.

작가는 이탈리아계 예술가 아르투로 디 모디카Arturo Di Modica(1941~2021)입니다. 디 모디카는 1987년 검은 월요일로 위축된 미국에 새로운 활력을 불어넣고 싶었습니다. 그는 자신의 소호(SoHo) 스튜디오에서 36만 달러의 제작비를 들여 높이 3.4m, 길이 4.9m, 무게 3,200kg인 엄청난 크기의 청동 황소상을 만들었습니다. 하지만 이 어마어마한 황소상을 뉴욕 번화가에 설치하기란 쉽지 않았습니다. 그가 생각해낸 설치 방법은 '그냥 떨구는 것'이었습니다. 1989년 12월 14일 한밤중에 디 모디카는 청동 황소를 트럭에 싣고 월스트리트에 도착하여 뉴욕 증권거래소 앞 크리스마스 트리 발치에 불법 설치했습니다. 뉴욕시 경찰국이 바로 청동상을 철거했지만 1989년 12월 20일 지금의 장소인 볼링 그린에 다시 설치되었습니다. 처음에는 임시 허가를 받아 한시적으로 전시할 예정이었으나 지금은 뉴욕 월가를 상징하는 문화적 심벌이 되었습니다. 2011년 '월가를 점령하라' 시위 때는 반자본주의적 관점에서 비판의 대상이 되었고, 때로는 이스라엘 백성이 이집트에서 탈출한 직후 숭배했던 성경 속 금송아지에 비유되며 우상숭배라는 조롱을 받기도 했습니다. 이러한 〈돌진하는 황소상〉의 부정적 이미지는 미국 사회에 새로운 문화적 상징들이 출현하게 된 이유가 되었습니다.

그중 대표적인 것이 2017년 세계 여성의 날(3월 8일)을 하루 앞두고 등장한 높이 1.2m의 〈두려움 없는 소녀상Fearless Girl Statue〉입니다. 〈두려움 없는 소녀상〉은 〈돌진하는 황소상〉을 마주 보며 위풍당당한 존재감을 드러냈습니다. 처음에는 남성 중심적인 월가에 대항하는 강인한 여성을 상징하는 것처럼 보여 전 세계의 관심을 받았습니다. 계획대로라면 일주일 후 철수할 예정이었으나 1년간 자리를 지켰습니다. 〈두려움 없는 소녀상〉은 조각가 크리

〈두려움 없는 소녀상〉, 2017, 크리스틴 비스발. 처음에는 〈돌진하는 황소상〉을 마주한 자리에 세워졌으나 2018년에 뉴욕 증권거래소 앞으로 옮겨졌습니다.

스틴 비스발Kristen Visbal(1962~)이 한 투자회사의 의뢰를 받은 광고대행사의 캠페인을 위해 제작한 작품입니다. 그 투자회사는 고위 경영진 중 여성 비율이 높았던 '성 다양성 지수 펀드'의 1주년을 축하하기 위한 목적으로 제작을 의뢰했던 것입니다. 원래 동상 아래의 명판에는 "여성 리더십의 힘을 알라. SHE(여성)는 차이를 만든다(Know the power of women in leadership. SHE makes a difference)"라고 씌어 있었습니다. 명판에 있는 문구 'SHE'는 여성을 나타내는 인칭대명사이기도 하지만 투자회사가 운용하는 지수 펀드의 나스닥(NASDAQ) 시세 기호를 의미하는 것이기도 했습니다.

소녀상에 대한 반응은 다양했습니다. 상업적 목적과 차별받는 여성의 대표성을 동시에 갖고 있기 때문이었습니다. '보행에 방해된다'는 의견부터 '페미니즘을 이용한 투자회사의 마케팅 수단'이라는 냉소까지 이어졌습니다. 특히

〈두려움 없는 소녀상〉 명판 문구의 변화　왼쪽은 소녀상이 처음 세워진 곳(뉴욕 맨해튼 볼링 그린)의 바닥에 있던 명판이고, 오른쪽은 소녀상을 뉴욕 증권거래소로 옮긴 뒤 수정한 문구로 붙인 명판입니다.

〈돌진하는 황소상〉을 제작한 디 모디카의 반발이 컸습니다. 디 모디카는 소녀상이 상업적 목적으로 제작되어 자신의 황소를 번영과 힘의 상징에서 악당으로 왜곡한다고 주장했습니다. 그에게 소녀상은 공공미술이 아니라 '광고 트릭'에 불과했기에 철거를 강력히 주장했습니다. 일부 페미니스트 여성들은 소녀상이 페미니스트 원칙을 위반하는 '기업 페미니즘'이라고 비판했습니다.

　하지만 부정적 의견과 비판이 많으면 많을수록 소녀상에 대한 지지나 옹호도 그만큼 커졌습니다. 지지자들은 소녀상이 갖는 역동성에 주목했습니다. 그들은 "소녀상이 젊은 여성들과 나이 든 여성들 모두에게 꿈은 이룰 수 있다는 것과 천장이 너무 높지 않다는 것을 보여주는 강력한 등대"라고 주장했습니다. 또 2007년 문을 연 국제적인 청원 플랫폼(Change.org)에 모여 영구 설치를 위한 서명운동을 벌였습니다. 결국 2018년 4월 빌 드 블라시오 뉴욕 시장은 〈두려움 없는 소녀상〉에 대해 '철거'가 아닌 뉴욕 증권거래소를 마주하는 위치로의 '이전'을 발표했습니다.

　〈두려움 없는 소녀상〉은 구조적인 여성 차별에 대항하는 실천적인 담론을 만들어냈다는 점에서 '예술의 힘'이 무엇인지를 잘 보여줍니다. 이러한 상징

馬를 새긴 벅수   마을이나 사찰 어귀에 세워졌던 벅수는 장소 특정적 미술이라 할 수 있으나 오늘날
에는 박물관에서나 볼 수 있습니다. 우리옛돌박물관 소장.

성 때문에 철거되지 않고 2018년 12월 뉴욕 증권거래소가 마주 보이는 브로
드 스트리트(Broad Street)로 이전되어 새롭게 공개되었습니다. 주목할 만한
것은 소녀상의 새로운 명판입니다. 이 명판에는 이곳을 방문한 사람이 소녀
상과 함께 설 수 있는 발자국 모양이 있고 그 아래에는 "두려움 없는 소녀가
뉴욕 증권거래소로 이동 중입니다. 그녀가 올 때까지 그녀를 위해 서 있으
세요(Fearless Girl is on the move to The New York Stock Exchange. Until she's
there, stand for her)"라는 문구가 적혀 있습니다.

  우리나라의 전통 문화유산에서 장소 특정적 미술로 제일 먼저 떠오르는
것이 벅수입니다. 흔히 '장승'이라는 이름으로 더 많이 알려져 있습니다. 벅
수는 마을이나 절 입구에 사람의 얼굴 모양으로 세운 기둥으로 수호신이나
이정표 역할을 했습니다. 이러한 까닭에 세워진 그곳을 벗어나면 벅수가 아

닌 것입니다. 벅수는 지역에 따라 재료, 형상, 크기 등이 모두 제각각입니다. 즉, 창작자의 예술성이 깊게 물들어 있는 매력적인 장소 특정적 미술입니다. 벅수는 전문적인 장인이 아닌 마을 주민 중에서 재능 있는 사람이 만든 경우가 많기 때문에 정형화된 형태가 없는 것이 특징입니다. 벅수는 우리의 삶과 가장 가까이에 있던 설치미술이었으나 20세기에 들어오면서는 '장소성'을 잃은 채 그나마 박물관에서 볼 수 있습니다.

장소 특정적 미술은 문화유산에서 새로운 것이 아닙니다. 마을이나 절 입구에서 우리와 일상을 같이했던 벅수와도 같습니다. 「1970년 유네스코협약」 전문에 따르면 문화유산의 참된 가치는 기원, 역사와 더불어 전통적 배경에 관한 가능한 한 모든 정보를 통해서만 평가될 수 있다고 합니다. 문화유산은 전승에 주력하여 '원형'대로 보호하는 원칙을 지켜왔습니다. 문화유산의 원형이 무엇인지는 매우 높은 수준에서 판단해야 하는 사항입니다. 이러한 이유로 대상물의 물리적 상태뿐만 아니라 문화유산이 포함된 소재적 경관이나 전통적 배경을 원형에 포함하여 보호하고자 했습니다.

그럼 저작권 보호를 받는 문화유산의 원형은 무엇일까요? 창작자의 저작인격권 또한 문화유산의 원형을 이루는 중요한 요소라는 사실을 명심해야 합니다. 우리나라 「저작권법」은 저작인격권 보호에 한계를 가지고 있습니다. '도라산역 벽화 사건'에서 보았듯이 창작자의 권리가 아니라 일반적인 명예 보호에만 그칠 뿐입니다. 어찌 보면 문화유산에서 저작인격권이란 벅수에게 걸맞은 장소를 찾아주는 일과 같습니다. 창작자의 의도라는 관점에서 보면 벅수뿐만 아니라 벅수가 설치된 장소 또한 문화유산의 원형을 구성한다는 사실을 곱씹어야 합니다. 저작인격권은 곧 문화유산 보호의 미래입니다.

4부

유네스코 문서 코드명 R·R에 감추어진 환수 이야기

들어가는 글

1부에서는 '문화유산' 개념이 제2차 세계대전으로 발생한 참혹한 피해를 반성하기 위해 채택한 「1954년 헤이그협약」을 통해 도입되었음을 살펴보았습니다(☞08장 68~76쪽 참조). 그렇다면 '환수' 개념은 언제 도입되었을까요? 도난이나 불법적으로 반출된 문화유산이 기원국으로 환수되어야 한다는 것은 1972년 4월 발효된 「문화재의 소유권 이전과 불법적인 수출입의 금지 및 예방 수단에 관한 협약」('1970년 유네스코협약')을 통해 처음 국제사회에 도입되었습니다. 협약이 발효된 시점만 본다면 아폴로 11호의 달 착륙(1969. 7. 20)보다도 한참 뒤의 일이었습니다.

문화유산의 약탈은 18세기부터 20세기 중반에 주로 일어났으나 환수의 관점을 수립한 것은 지금으로부터 그리 멀지 않은 20세기 후반입니다. 문화유산에 대한 근대적 보호 체계가 확립되었음에도 우리는 여전히 약탈의 시대에 살고 있습니다. 서구 사회의 대형 박물관들은 옛날이나 지금이나 피탈자의 눈물을 외면하면서 자신들의 전시실과 수장고를 약탈한 문화유산으로 치장하고 있습니다. 그뿐만 아니라 국제문화유산법을 발달시켜온 노력에도 불구하고 국제조약들은 '조약 불소급원칙(non-retroactivity of treaties)'이라는 강력한 보호막을 치고 20세기 이전의 사건에 대해서는 작동하지 않고 있습니다. 조약 불소급이란, 국제조약은 협약 발효 이전의 사건이나 행위에는 적용되지 않는다는 것을 말합니다. 약탈의 시대에 약탈을 불법으로 규정하는 법이 없으니 합법이라는 서구 대형 박물관들의 주장은 오늘날에도 여전히 맹위를 떨치고 있습니다. 그 때문에 '법의 지배'가 확립된 현대 문명에서도 문화유산을 환수하는 일은 녹록지 않습니다. 문화유산을 환수한다는 것은 '현대인이 근대적 정신을 가지고 전근대적 문제를 해결하는 과정'이라 할 수 있으나 그 결과가 반드시 환영할 만한 결론을 이끌어내지는 못했습니다.

그런데 간과해서는 안 될 점이 있습니다. 문화유산을 어떻게 환수하느냐 또한 중요합니다. 우리나라 「문화재보호법」은 피탈국으로서의 역사적 경험과 과제를 반영하여 2011년 '국외소재문화유산'에 대한 개념(2011년 당시 제2조 8항이었다가 2019년 개정하면서 2023년 8월 8일 시행된 법률 제19592호에서는 제2조 9항으로 변경: 이 법에서 "국외소재문화재"란 외국에 소재하는 문화재[제39조 제1항 단서 또는 제60조 제1항 단서에 따라 반출된 문화재는 제외한다]로서 대한민국과 역사적·문화적으로 직접적 관련이 있는 것을 말한다.)을 도입했습니다. 하지만 '환수' 개념에 대해서는 별도의 정의를 두고 있지는 않습니다. 국제적으로 환수는 '원상회복(restitution)', '반환(return)', '본국 귀환(repatriation)' 등으로 구분되며, 최근에는 폴란드나 러시아를 중심으로 '동종물同種物에 의한 원상회복(restitution in kind)' 개념이 사용되고 있습니다.(☞234~235쪽 '환수 용어의 구분' 표 참조)

이 중에서 주목할 것은 '원상회복'과 '반환'의 개념적 대립인데, 특히 1978년 유네스코 산하에 설립된 '문화유산 환수 촉진 정부 간 위원회(ICPRCP)'를 잘 살펴봐야 합니다. 이 위원회의 정식 명칭은 '문화유산의 기원국 반환 또는 불법 전유의 경우 원상회복 촉진을 위한 정부 간 위원회(The Intergovernmental Committee for Promoting the Return of Cultural Property to Its Countries of Origin or Its Restitution in Case of Illicit Appropriation)'로, 이렇게 명칭이 긴 이유는 '반환'과 '원상회복' 개념을 명확하게 구분하기 위해서입니다. 위원회 명칭을 보면 '반환' 용어에는 별도의 한정 어구가 없는 데 반해 '원상회복' 용어에는 '불법 전유(Illicit Appropriation)'라는 수식어가 붙어 있습니다. 이는 '원상회복'이라는 용어가 불법적인 경우에 사용된다는 것을 뜻합니다. '전유(Appropriation)'란 소유자의 허가 없이 무언가를 가져가는 행위를 말합니다.

1978년 채택된 「문화유산 환수 촉진 정부 간 위원회(ICPRCP) 규정」 제3조 2항을 보면 문화유산의 '반환' 요청 대상을 식민 지배나 외국군 점령과 같은 부당한 경우에 한정하고 있습니다.

> **제3조 2항** 유네스코 회원국 또는 준회원국은 자국 국민의 정신적 가치와 문화유산의 관점에서 근본적 중요성을 갖는 문화유산을 식민 지배나 외국군 점령의 결과로 상실당했을 경우 반환을, 불법 전유의 결과로 상실당했을 경우 원상회복을 요청할 수 있다.

이 규정에서 알 수 있듯이 유네스코는 환수 개념을 '부당한 경우'에 사용하는 반환(Return)과 '불법적인 경우'에 사용하는 원상회복(Restitution)의 용어로 구분하고 있습니다. 환수는 알파벳 머리글자를 따서 코드명 R·R로도 불립니다. 유네스코 공식 자료에는 '문화유산 환수 촉진 정부 간 위원회(ICPRCP)'를 '반환 및 원상회복 정부 간 위원회("Return & Restitution" Intergovernmental Committee)'로 표현하기도 합니다.

4부에서는 환수 용어 R·R 개념이 형성되어온 역사를 살펴보고, 이를 통해 진정한 환수의 의미를 생각해보고자 합니다.

환수 용어의 구분

원상회복 restitution	법적으로는 분쟁 당사자 간에 '위법행위가 발생하기 이전의 상황(*status quo ante*)을 회복하는 것'을 의미합니다. 국제사회에서는 '원상회복'이라는 용어 사용만으로도 문화유산의 취득이 위법적으로 이루어졌음을 의미하기 때문에 과거 약탈국들은 '원상회복' 용어의 사용을 제한하고자 노력했고, 이에 반해 아시아나 아프리카 국가들은 식민 지배로 반출된 문화유산에 대해서도 불법성을 주장하며 '원상회복' 개념을 확대하고자 했습니다. 오늘날에는 재산권 침해와 관련 있는 도난이나 전시戰時 약탈에 한정하여 사용하고 있습니다.
반환 return	문화유산이 기원국으로 돌아오는 것을 단순하게 설명할 때 사용하는 개념입니다. 이를 가리켜 '물리적 반환(physical return)'이라 하며, 구입, 기증, 교환 등과 같이 불법성이나 부당성 여부를 따지지 않고 문화유산이 물리적으로 이전되는 경우에 폭넓게 사용합니다. 다만, 식민 지배 당시 이전된 문화유산의 '불법성' 여부를 두고 약탈국과 피탈국 간에 치열한 논쟁이 계속되자 유네스코는 양측의 파국을 막기 위한 방안으로 '반환'이라는 용어를 사용했습니다. 이때 '반환'이라는 용어에는 식민 지배로 이전된 문화유산이 불법까지는 아니더라도 부당하다라는 뜻이 담겨 있습니다. 즉, 유네스코는 반환 개념을 '부당성'에 초점에 맞추고 있습니다. 아울러 특별히 주의해야 하는 것은 '불법 반출(illegally export)'입니다. 불법 반출이라는 용어는 재산권과는 관련이 없고 오로지 허가 절차의 위반을 뜻하기 때문에 불법 반출된 문화유산에 대해서도 '반환'이라는 용어를 사용하고 있습니다.

본국 귀환 repatriation	19세기 이탈리아 통일 과정에서 정립된 용어로, 당시 이탈리아와 오스트리아-헝가리제국 간에 국경선이 변경되면서 새롭게 편입된 영토에 있는 상대국의 예술품에 대해 '영토'를 기준으로 서로 주고받는 관행을 형성했는데 이것이 '본국 귀환'의 본래적 의미입니다. 문자 그대로 해석하면 '아버지의 나라로 돌아간다'라는 뜻입니다. 오늘날 현대적 의미로 바뀐 '본국 귀환'이라는 용어는 두 가지 경우에 사용되고 있습니다. 첫 번째는 19세기 유럽의 관행을 이어받아 하나의 국가가 둘 이상의 국가로 분리된 경우에 사용하고 있습니다. 대표적인 것이 구소련이 해체되면서 러시아가 각 연방들과 체결한 「1992년 소비에트 연방 해체에 따른 러시아 연방과 각 나라들 간의 기원국에 문화유산을 본국 귀환하는 협정」입니다. 두 번째는 뉴질랜드와 호주 등이 서구의 박물관에서 원주민 유해를 돌려받는 경우에 인간의 존엄성을 나타내고자 단순한 예술품 반환과 구분하기 위해 사용하고 있습니다.
동종물에 의한 **원상회복** restitution in kind	제2차 세계대전 때 나치 독일은 폴란드와 소련의 문화유산을 대량으로 파괴했습니다. 전쟁이 끝나자 피해국들은 자국 문화유산의 파괴 책임을 물어 유사한 가치의 독일 문화유산으로 대체하여 원상회복하겠다고 주장했는데 이로부터 등장한 용어가 바로 '동종물에 의한 원상회복'입니다. '보상적 원상회복'으로 부르기도 합니다. 다만 이는 전쟁배상물로서 문화유산의 억류를 금지하는 국제규범(「1954년 헤이그협약」 제1의정서 등)에 위배되기 때문에 일반적으로 확립된 원칙은 아닙니다.

20
아프리카의 눈물과 프랑스의 약속

    문화유산을 둘러싼 가장 첨예한 이해 대립은 식민주의와 관련해 발생하고 있습니다. 식민지를 가리키는 영어 'colony'는 로마의 정복 영토에 세워진 전초기지를 의미하는 '콜로니아(colonia)'에서 유래했습니다. 식민주의를 단정적으로 정의 내리기는 어려운 문제이지만 일반적으로 인종적 편견에 기초한 영토제국주의라고 볼 수 있습니다. 식민주의자들은 식민자가 피식민자보다 인종적·사회적·문화적으로 우수하므로 식민 지배는 피식민자에게 이익이라고 주장하지만, 실상은 식민지의 영토·자원·노동력을 착취할 뿐만 아니라 언어·종교·관습 등 사회 전반을 통제하기 위한 가혹한 폭력 체계에 불과합니다.

    국제사회는 제2차 세계대전의 참혹함을 겪고 난 후 국제평화를 유지하기 위해 유엔을 설립했습니다. 유엔총회는 국제평화와 국가 간 우호 관계를 해칠 우려가 있는 사안에 대해 권고할 수 있습니다. 매력적인 국제 여론의 장이라 할 수 있겠습니다. 유엔의 모든 회원국은 총회에서 1국 1투표권을 행사하며 의사 결정 구조는 다수결 원칙에 따릅니다. 과거에 서구 열강의 식민 지배를 받았던 아시아와 아프리카는 그러한 다수결 방식을 활용해 하나로 뭉치기 시작했습니다.

이 같은 상황이 전개된 분기점은 1960년에 마련되었습니다. 1960년을 '아프리카의 해'라고 부를 만큼 아프리카 대륙에서는 많은 국가가 독립했습니다. 지금의 아프리카를 구성하는 국가들 중에서 3분의 2가 이때 독립했습니다. 이 시기는 미소 양극화의 냉전으로 치달았던 상황인지라 약소국들은 자구적 생존을 위해서라도 연대의 필요성을 느꼈습니다. 그 서막은 1961년 유고슬라비아의 수도 베오그라드(현 세르비아의 수도)에서 '비동맹운동'으로 시작되었습니다. 비동맹운동의 목표는 제국주의·식민주의·인종주의 등 모든 형태의 침략과 차별에 반대하는 것이었습니다. 그들은 유엔총회를 선전장으로 활용하면서 자신들이 지닌 비교우위의 힘을 과시하고자 했습니다.

1960년대에 세계적으로 가장 치열하게 대립했던 문제는 천연자원의 국유화를 놓고 벌어졌습니다. 경제 발전의 토대는 두말할 나위도 없이 천연자원의 보유량에 달려 있었습니다. 하지만 아시아와 아프리카 국가들이 독립했을 때 그들의 천연자원은 이미 식민지 시절부터 이어온 다국적기업들의 차지였습니다. 신생독립국가들은 경제적 빈곤으로 인해 국가의 미래가 위협받자 유엔총회의 다수결 원칙을 무기로 국유화에 나섰습니다. 그렇게 해서 1962년 12월 14일 채택된 것이 「천연자원의 영구적 주권에 관한 유엔총회 결의안 1803호」입니다.

이러한 문제의식은 문화자원에 대해서도 다르지 않았습니다. 경제 발전의 원동력이 천연자원이라면 문화 발전의 원동력은 문화자원이기 때문입니다. 천연자원이 그러했듯이 문화자원인 문화유산 역시 식민 지배를 거치면서 서구 국가들에 대부분 약탈당했습니다. 아시아나 아프리카 국가들이 문화자원의 고갈 원인으로 식민 지배를 지목하는 이유가 여기에 있습니다.

모부투 세세 세코 1973년 10월 자이르 대통령 모부투 세세 세코가 유엔총회에서 연설하는 모습입니다. 그는 이 연설에서 식민 지배로 아프리카 예술품이 약탈되었음을 강조했습니다.

　유엔총회에서 식민주의가 문화유산에 끼친 문제점을 처음으로 제기한 사람은 자이르(지금의 콩고민주공화국) 대통령이었던 모부투 세세 세코^{Moubutu Sese} Seko(1930~1997)입니다. 모부투는 조국 콩고가 벨기에의 식민 지배를 당하던 시절부터 독립운동에 참가했지만 1960년 독립 이후에는 불안한 정국을 이용하여 1960년과 1965년 두 차례나 군사쿠데타를 일으켜 정권을 장악했던 독재자이기도 합니다. 그는 1971년에 국호를 콩고강(Congo River)의 포르투갈어 명칭인 자이르(Zaire)로 변경하고 수도명과 자신의 이름까지 바꾸는 등 아프리카화 정책을 추진했지만 재임 기간 중 부정부패와 경제 파탄이 계속되면서 결국 1997년 반군 쿠데타로 대통령직에서 물러났습니다. 이후 국호는 다시 콩고민주공화국(Democratic Republic of the Congo)으로 환원되었습니다.

　모부투는 대통령 재임 기간(1965~1997) 내내 자신에 대한 우상화와 함께 아프리카의 정체성을 강조했습니다. 특히 식민지 잔재와 서구 문화를 청산하고 아프리카의 진정성을 회복한다는 명분으로 '자이르화(Zairianization)'를 국가 이데올로기로 채택했습니다. 그의 통치 아래서 각 도시나 지역 명칭은 아프리카식으로 바뀌었고 국민들도 이름을 기독교식에서 아프리카식으로 개명해야 했으며 심지어 서양식 복장도 입을 수 없었습니다.

'자이르화' 정책의 연장선에서 그는 1973년 9월 14일부터 17일까지 국제미술평론가협회(Association Internationale des Critiques d'Art, 'AICA')를 수도 킨샤사(Kinshasa)로 불러들여 특별회의를 개최했습니다. 국제미술평론가협회는 제2차 세계대전 동안 국가주의에 휘둘렸던 미술계를 반성하기 위해 1950년 프랑스 파리에서 설립된 단체입니다. 이때 모부투 대통령이 기조연설을 했습니다. 모부투는 자이르와 아프리카의 정치적 통합은 궁극적으로는 '진정성'에 있다고 강조했습니다. 그에게 진정성은 유럽 식민주의 문화에 대한 거부인 동시에 아프리카 토착 문화의 부활을 의미했습니다. 문화유산이란 정신적 가치가 반영된 것이므로 아프리카의 진정성은 아프리카 문화유산에 내재되어 있다고 할 수 있습니다. 하지만 식민지 시기에 문화유산이 대부분 약탈되었기 때문에 아프리카의 진정성을 회복하는 일은 쉬운 문제가 아닙니다. 1973년 킨샤사 특별회의는 모부투의 의지를 반영해 식민 지배 당시 문화유산의 약탈을 강력하게 성토하고 아프리카로의 원상회복을 촉구했습니다.

그해 10월 모부투는 유엔총회에서도 연설을 했습니다.

> 식민 지배 기간에 우리는 노예제도와 경제 수탈 등으로 고통받았으며, 특히
> 우리의 모든 예술품이 잔혹하게 약탈당한 것은 큰 고통이었습니다. 그 결과
> 우리는 경제적으로도 문화적으로도 가난하게 되었습니다.
>
> —1973년 10월 4일

그의 웅변은 식민 지배 당시 약탈된 아프리카 문화유산에 대해 경각심을 일깨웠습니다. 지금까지도 아프리카 문화유산의 90%는 유럽에 있는 것으로 추정되기 때문에 모부투의 주장은 상당한 설득력이 있습니다.

모부투의 연설은 같은 해 12월 유엔총회를 뜨겁게 달구었습니다. 제28차 유엔총회(1973~1974)는 이 사안을 논의하며 1973년 12월 18일 역사상 최초로 식민 지배 당시 반출된 문화유산의 원상회복을 촉구하는 「유엔총회 결의 3187(XXVIII호)」('1973년 유엔총회 결의 3187호')를 채택했습니다. 113개국이 찬성했고 17개국이 기권했습니다. 기권한 국가들은 프랑스, 미국, 영국 등 서구 열강과 일본입니다. 유엔총회를 구성하는 대다수가 비동맹국이고 이들이 이미 식민 지배 문화유산의 원상회복에 찬성을 표명한 상황에서 다수결로는 승산이 없자 기권했던 것입니다.

「1973년 유엔총회 결의 3187호」는 국제사회에 식민 지배 문화유산의 원상회복이라는 방향성을 제시하기는 했지만 '결의'라는 점에서 구속력을 갖지 못합니다. 하지만 이 결의안은 유엔 사무총장에게 식민 지배 문화유산의 원상회복을 위한 조치 사항을 다음 총회(제30차 총회, 1976~1977)까지 보고하도록 요구했고, 유엔 사무총장은 이 과제를 유네스코에 부여하면서 모든 논의는 유네스코를 향하게 되었습니다.

이제 유네스코는 발등에 불이 떨어진 상황입니다. 모부투가 역설한, 즉 식민 지배의 결과로 이전된 문화유산은 위법한 것이어서 원상회복되어야 한다는 주장은 과연 성공할 수 있을까요? 유네스코는 이 문제를 해결할 방안을 찾기 위해 1976년 베니스 전문가위원회, 1978년 다카 전문가위원회 등을 개최했으나 아쉽게도 근본적인 해결보다는 '당사국 간의 양자 협상을 증진'하는 방안이 검토되었습니다. 특히 식민 지배로 이전된 문화유산에 대해서는 불법이 아니라는 의미를 담아 '반환(return)'이라는 용어를 사용하기로 합의했습니다. 1973년 모부투가 제기한 식민 지배 문화유산에 대한 원상회복의 요구는 끝내 거부되었으며 도덕적 청구에 불과한 주장이 되어버렸습니다.

1978년 유네스코 산하에 '문화유산 환수 촉진 정부 간 위원회(ICPRCP)'가 설립된 것은 이러한 배경이 작용했습니다. 앞서 설명했듯이 위원회의 긴 명칭은 원상회복과 반환의 개념적 차이를 분명하게 구분하기 위해서입니다. 물론 식민 지배나 외국군 점령 등을 '부당한' 상황으로 설정하고 있지만 과거 약탈국들은 여전히 냉랭하기만 했습니다. 그들이 정말로 두려워하는 것은 약탈해 간 식민지 문화유산 그 자체가 아니라 거기에 숨겨진 폭력의 역사가 세상 밖으로 드러나는 일인지도 모릅니다.

식민 지배 문화유산에 대한 새로운 흐름은 2017년 프랑스 대통령 에마뉘엘 마크롱Emmanuel Macron(1977~)을 통해 마련되었습니다. 프랑스는 전통적으로 약탈국 입장에서 문화유산 반환에 소극적이었기 때문에 신선한 충격이었습니다. 마크롱은 식민주의 시대의 아픔을 치유하고 새로운 미래로 전진하기 위해 '아프리카의 눈물'을 역사의 한복판으로 끌어들였습니다. 마크롱의 새로운 선택은 2017년 11월 28일 부르키나파소(Burkina Faso)에 있는 와가두구 대학교(University of Ouagadougou)에서 '프랑사프리크(Françafrique)의 종말'에 대해 연설한 내용과 관련 있습니다. 프랑사프리크란 프랑스와 아프리카를 혼합한 단어로, 프랑스가 과거 아프리카 식민지 국가들의 내정에 간섭할 때 썼던 부정적인 의미의 용어입니다.

마크롱은 연설 후반부에 "향후 5년간, 프랑스가 소장한 아프리카 문화유산을 잠정적 또는 영구적으로 본국에 반환할 수 있는 여건을 마련하고자 합니다"라고 선언했습니다. 이 선언은 프랑스는 물론 국제사회에 큰 관심을 불러일으켰습니다. 마크롱은 문화자문관 클라우디아 페라지Claudia Ferrazzi(1977~)의 조언에 따라 세네갈 출신 작가 펠윈 사르Felwine Sarr(1972~)와 프랑스 미술사가 베네딕트 사부아$^{\text{Bénédicte Savoy(1972~)}}$에게 아프리카 문화유산의 원상회복에 관한 보고서를 의뢰했습니다.

사르와 사부아는 2018년 11월 21일 마크롱 대통령에게 「아프리카 문화유산의 원상회복에 관한 보고서: 새로운 관계적 윤리를 향하여」를 제출했습니다. 252쪽 분량의 이 보고서는 작성자의 이름을 따서 「사르-사부아 보고서 (Sarr-Savoy Report)」라고 불리며 식민지 시대에 프랑스가 취득한 아프리카의 수많은 문화유산과 예술품을 해당 국가에 원상회복하기 위한 전략과 분석을 제시했습니다. 눈여겨볼 대목은 1973년 모부투의 발언에서처럼 식민 지배 당시 이전된 문화유산의 환수를 '원상회복'으로 표현했다는 점입니다.

「사르-사부아 보고서」는 식민 지배 당시 이전된 문화유산에 대해 원상회복 용어를 사용한 만큼 불법성을 어떻게 규정하느냐가 쟁점이었습니다. 현대 국제법에 따르면 식민 지배 그 자체를 불법한 것으로 단정할 수 없기 때문입니다. 식민 지배를 불법적으로 보는 경우는 국가 대표 또는 국가를 강박하여 식민지 보호조약을 체결했을 때입니다. 그런 까닭에 「사르-사부아 보고서」는 「1899년 육전의 법 및 관습에 관한 협약」('1899년 헤이그 제2협약')에 주목했습니다. 이 협약의 제56조에서는 전쟁 중 군인의 문화유산 약탈을 금지하고 있습니다. 「사르-사부아 보고서」는 식민 지배를 합법한 것으로 간주하고는 있지만 「1899년 헤이그 제2협약」과 연계하여 만약 무력에 의해 문화유산이 이전된 경우라면 식민 지배 당시 이전되었다 하더라도 불법한 것으로 보고 원상회복의 대상으로 범주화했습니다. 「사르-사부아 보고서」의 성과는 식민 지배 시기 이전된 문화유산에 대해 정당한 수집품과 불평등한 권력 관계 속에서 강압적으로 취득한 수집품을 구별한 것입니다. 이러한 구별은 식민 지배 당시 문화유산이 자발적 동기가 아니라 대부분 식민 세력의 부당한 폭력에 의해 이전되었음을 암시하고 있습니다.

이에 따라 아프리카 문화유산의 취득 과정이 정당한 방식이었는지 아니면 강압적인 방식으로 이루어졌는지에 대한 구별이 필요했고, 출처 조사가 선행될 필요가 있었습니다. 출처를 통해 취득 경위를 따지는 일이 식민 지배 문화유산의 환수에서도 중요한 과제인 것입니다. 보고서는 출처 조사를 바탕으로 세 가지 해결 방안을 상정했습니다. 첫째, 신속한 원상회복입니다. 출처 조사를 통해 드러난 취득 경위가 '무력'에 의해 약탈되었거나 '부당한 조건' 하에 탈취되었던 경우가 대상이 됩니다. 여기서 부당한 조건이란 군사적 충돌 과정에서 수집되었거나 식민지 기간에 아프리카 대륙에서 활동했던 군인 및 공무원에 의해 취득된 경우를 가리킵니다. 둘째, 추가 조사가 필요한 경우입니다. 프랑스 박물관이 1960년 이후 기증을 통해 취득한 경우가 해당됩니다. 이는 1960년 이전 아프리카에서 반출된 것으로 추정할 수 있기 때문입니다. 1960년이 기준이 된 까닭은 아프리카의 프랑스 식민지가 1960년에 독립되었다는 사실을 감안한 것입니다. 만일 추가 조사에서도 식민 기간의 취득 여부가 확실치 않다면 관계 당사국이 1960년 이전에 반출되었음을 증명하는 경우에 반환될 수 있도록 했습니다. 셋째, 상호 동의에 따라 자유롭고 공정하게 거래된 문화유산에 대해서는 프랑스 컬렉션으로 계속해서 유지하도록 했습니다.

「사르-사부아 보고서」에서 중점을 둔 부분은 출처 조사입니다. '프랑스 박물관'의 소장품으로 등록된 아프리카 문화유산의 취득 정보를 조사하고 그 결과를 다양한 관계기관이 접근할 수 있도록 '온라인 포털'을 제안했습니다. 이 포털은 2021년 9월 프랑스 국립미술사대학원 도서관(Institut National d'Histoire de l'Art, INHA)에서 웹페이지 '르 몽드 뮈제(Le Monde en musée)'라는 이름으로 공개되었습니다. 240여 점의 프랑스 공공 컬렉션으로 소장된 아프리카와 오세아니아 유산에 대한 출처 정보를 비롯해 유물 설명 자료

다호메이 왕들의 신상 왼쪽이 사자로 묘사된 글레레 왕 King Glele(1814~1889), 가운데가 게조 왕 King Ghezo(?~1859), 오른쪽이 상어로 묘사된 베한진 왕 King Béhanzin(1845~1906)의 신상입니다. 이 신상들은 프랑스 군대가 약탈해 간 베냉공화국의 문화유산입니다.

를 온라인 지도와 함께 보여주고 있습니다. 아울러 「사르–사부아 보고서」는 "공법인에 속하는 프랑스 박물관의 소장품은 양도할 수 없고 압류가 금지되며 시효의 적용을 받지 않는다"는 「문화유산법」 규정(제L451-5조)에 대해서 이 조항이 개정되지 않는 한 아프리카 문화유산의 원상회복은 불가능하다는 점을 지적하고 개정 방안을 제안했습니다.

「사르–사부아 보고서」에 따라 마크롱 대통령은 베냉공화국(République du Bénin)의 문화유산 26점을 원상회복하겠다고 약속했습니다. 이 문화유산들은 1892년에 프랑스 대령 알프레드 아메데 도즈 Alfred-Amédée Dodds(1842~1922)가 다호메이(Dahomey) 왕국의 아보메이(Abomey) 궁전에서 약탈한 것으로, 케브랑리박물관(Musée du Quai Branly)이 소장하고 있습니다. 2016년 베냉 정부가

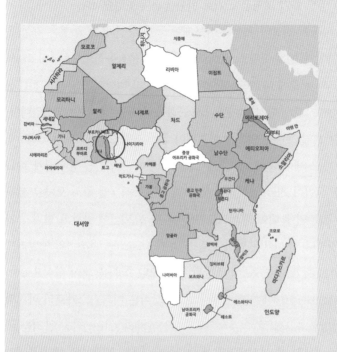

베냉공화국은 서아프리카에 있는 국가로 수도는 포르토노보(Porto-Novo)입니다. 기니만에 해안선 120km 정도의 폭으로 면해 있으며 내륙 방향으로 길게 뻗어 들어가 있습니다. 이 지역에는 1600년경부터 300여 년간 다호메이라는 이름의 왕국이 있었습니다. 15세기부터 유럽 국가들이 노예무역을 위해 서아프리카에 진출하면서 왕국이 위치한 아보메이 평원에는 여러 작은 부족들이 강제 이주해 있었습니다. 다호메이 왕국은 이들 부족을 통합하고 노예무역으로 번영했지만 1892~1894년 프랑스와의 전쟁에 패하면서 결국 1900년에 프랑스의 식민지가 되었습니다. 1960년 8월 1일 다호메이공화국으로 독립했지만 1972년 군사쿠데타가 성공해 1975년 베냉인민공화국으로 개칭하고 사회주의국가로 출범했습니다. 1990년에 현재의 국호인 베냉공화국으로 바꾸었습니다.

프랑스 정부에 공식적으로 반환을 요청했지만 그해 12월 프랑스 정부는 「문화유산법」의 양도 불가 조항을 근거로 반환을 거부했었습니다.

다호메이 왕들의 신상이 포함된 아보메이 궁전 왕실 유물 26점은 왕실 유물인 만큼 가치가 높고 프랑스 군대에게 약탈된 문화유산이므로 「사르-사부아 보고서」의 기준에 따르면 '신속한 원상회복'의 대상이었습니다. 2017년 마크롱 선언에 가장 부합하는 아프리카 문화유산의 기념비적인 상징입니다. 2020년 12월 24일 프랑스 의회는 아보메이 궁전 유물 26점을 베냉공화국에, 〈엘 하지 오마르 세두 톨의 검〉을 세네갈에 반환하는 법안을 통과시켜 2017년의 마크롱 선언이 적극 실현되는 듯했습니다. 특히 〈엘 하지 오마르 세두 톨의 검〉은 2019년에 대여 형식으로 반환한 뒤 2020년에 반환의 법적 근거를 마련한 것입니다. 이보다 앞서 프랑스 정부는 2020년 11월 5일 앵발리드 군사박물관(Musée de l'Armée)에 소장된 왕관 모양 장식을 대여 형식으로 마다가스카르(Madagascar)에 반환했습니다. 이 장식은 마다가스카르의 마지막 국왕인 라나발로나 3세^{Ranavalona III(1861~1917)}가 카바리(Kabary)라고 불리는 국가 행사에서 연설할 때 설치되었던 캐너피(canopy)의 꼭대기를 꾸민 물건입니다. 국왕을 위한 시설물에 부착되는 장식이니 당연히 마다가스카르에서는 국가적 권위를 상징합니다. 흔히 왕관으로 착각하여 '라나발로나 3세의 왕관(Crown of Ranavalona III)'으로 불리기도 합니다. 마크롱 정부가 이 장식의 반환에 대여 형식을 취한 이유는 의회의 견제를 우회하고자 했던 것으로 보입니다.

그런데 이와 같은 반환이 순조롭게 이루어지지는 않았습니다. 프랑스 의회부터 언론에 이르기까지 찬반양론이 거세게 일어났습니다. 우선 의회는 법안 통과 과정에서 '원상회복'이 아닌 '반환'으로 용어 사용의 변경을 주장했습니다. 또한 프랑스 의회와 우파 언론은 박물관의 보편적인 임무가 훼손되는 것

엘 하지 오마르 세두 톨과 그의 검

엘 하지 오마르 세두 톨^{El Hadj Omar Saidou Tall(1794~1864)}은
서아프리카의 푸타 투로(Futa Tooro, 지금의 세네갈) 왕
국에서 태어났으며, 투쿨뢰르 제국(Toucouleur Empire,
1861~1893)을 건국했습니다. 반제국주의 저항운동을 주도한 오마르 세두 톨은 오
늘날 세네갈, 말리, 기니 등에 영향을 주었습니다. 오마르 세두 톨의 검은 그의 아
들이 1893년 프랑스와의 전투에 패배하면서 약탈당했습니다.

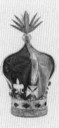
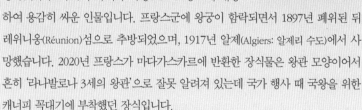

라나발로나 3세와 왕관 모양의 장식

라나발로나 3세^{Ranavalona Ⅲ (1861~1917)}는 메리나(Merina)
왕국(마다가스카르)의 마지막 국왕으로 프랑스에 대항
하여 용감히 싸운 인물입니다. 프랑스군에 왕궁이 함락되면서 1897년 폐위된 뒤
레위니옹(Réunion)섬으로 추방되었으며, 1917년 알제(Algiers: 알제리 수도)에서 사
망했습니다. 2020년 프랑스가 마다가스카르에 반환한 장식물은 왕관 모양이어서
흔히 '라나발로나 3세의 왕관'으로 잘못 알려져 있는데 국가 행사 때 국왕을 위한
캐너피 꼭대기에 부착했던 장식입니다.

을 우려했는데, 약탈 문화유산의 반환을 판도라 상자에 비유하면서 한 점의 반환이 연쇄적인 반환으로 이어질 수 있다며 경계했습니다.

마크롱으로서는 2017년에 와가두구대학교에서 연설하며 내걸었던 약속인 '5년 이내에 아프리카 문화유산을 반환하는 기반을 구축'하려면 무엇이든 해야만 했습니다. 2021년에 이 임무는 전前 루브르 관장인 장 뤽 마르티네즈Jean-Luc Martinez(1964~)에게 맡겨졌습니다. 하지만 그는 루브르박물관의 관장(2013~2021)으로 있을 때 루브르 아부다비(Louvre's Abu Dhabi)를 비롯하여 전 세계 유명 박물관과 예술품을 밀거래한 혐의로 기소당하는 등 여러 논란에 휩싸였던 인물입니다. 그럼에도 불구하고 마크롱은 강행했으며 마르티네즈는 2023년 4월 27일 85쪽 분량의 보고서를 발표했습니다. 여기서 마크롱의 약속에 대한 방향성이 제시되었습니다.

이 보고서의 정식 명칭은 「공유 유산: 예술작품의 보편성, 원상회복 및 유통」으로, 무엇보다 프랑스 「문화유산법」의 한계로 지적받았던 소장품 해제와 반환의 어려움을 극복하는 방안이 핵심 내용입니다. 프랑스는 문화유산을 박물관의 행정재산으로 보는 기능적 특성이 있기 때문에 사안별로 의회에서 특별법 제정을 통해 반환 문제를 해결해왔습니다. 이에 대해 국제사회는 '우회적인 절차'라고 비판했습니다. 마르티네즈는 의회에서 '기본법'을 제정하여 프랑스 각 박물관에 소장품 해제의 권한을 직접 부여한다면 반환 문제가 해결될 수 있을 것이라 생각했습니다. 특히 인간 유해, 나치 약탈품, 아프리카 문화유산 등의 원상회복과 반환을 위한 구체적인 기준을 제시했는데, 인간 유해의 경우 신원이 확인되어야 하며 1500년 이후에 사망했다는 사실이 분명해야 한다는 조건이 붙습니다.

보고서에 따르면 관계 당사국으로부터 반환 요청을 받으면 과학위원회가 출처를 조사하여 2년 이내에 결론을 내려야 하며 반환 기한은 요청일로부터

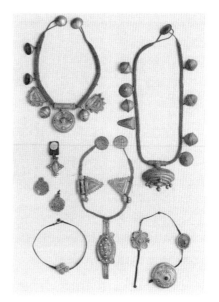

〈세구의 보물〉

프랑스 육군 장군인 루이 아쉬나르^{Louis Archinard}
(1850~1932)가 1890년에 세구(Ségou, 지금의 말리)에
서 약탈한 것으로, 보석과 도서 등 귀중품이 포
함되어 있습니다. 보물의 약탈 장소는 현재 말
리 땅이지만 원소유자는 투쿨뢰르 제국(지금의
세네갈)이기 때문에 말리와 세네갈이 모두 원상
회복을 요구하고 있습니다.

최대 3년 이내로 한정했습니다. 기한을 한정해 놓았다는 점에서 프랑스 정부
의 해결 의지를 확인할 수 있습니다. 또한 '불법적인 것'과 '부당한 것'을 개
념적으로 구분하였으며 특정 문화유산에 대해 둘 이상의 국가가 반환을 요
구할 경우 모든 이해국의 합의가 전제되어야 한다고 말합니다. 말리와 세네
갈이 모두 반환을 요구한 〈세구의 보물^{treasure of Segou}〉이 대표적인 사례로
언급되어 있습니다. 아울러 아프리카 대륙이 원활하게 문화유산을 수집할 수
있도록 '아프리카-유럽 기금(Africa-Europe fund)'의 설립을 제안했습니다.

　2017년의 마크롱 연설과 2018년의 「사르-사부아 보고서」는 서구 사회에
탈식민지화라는 변화의 바람을 불러일으켰습니다. 이후 세네갈, 에티오피아,
말리, 마다가스카르, 베냉 등 아프리카에서만 8개국이 프랑스에 2만 점이 넘
는 약탈품의 원상회복을 요구하고 있습니다. 이 변화가 중요한 까닭은 서구
사회가 아프리카에서 식민지를 건설하는 과정에 폭력의 역사가 내재해 있음

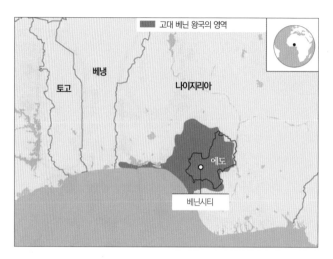

나이지리아에 위치한 베닌 왕국과 수도 베닌시티

을 전제하기 때문입니다. 물론 마크롱의 그러한 정책이 프랑스에서 절대적인 지지를 받은 것은 아니었습니다. 아마도 역사적 평가는 마르티네즈 보고서를 통해 제안된 '기본법 체제'에 대한 프랑스 의회의 반응에 달려 있다고 보아야 할 것입니다. 그럼에도 1973년 유엔총회에서 소망했던 식민지 약탈 문화유산의 해결이 마크롱을 통해 발판을 마련했다는 점은 문화유산 환수의 역사에서 값진 소득이라고 할 수 있습니다.

한편, 세계는 아프리카 식민지 역사의 한복판에 있었던 또 하나의 베닌에도 주목하고 있습니다. 우리가 흔히 알고 있는 베닌은 1960년 프랑스에서 독립한 다호메이공화국을 가리킵니다. 다호메이공화국에서 1972년 쿠테타가 일어났는데 집권 세력이 1975년에 국호를 베닌인민공화국(People's Republic of Benin)으로 바꾸었습니다. 사실 베닌이라는 단어는 1485년부터 아프리카와 무역을 했던 포르투갈 정착민이 사용한 지역명에서 유래합니다. 역사 속또 하나의 베닌은 영국의 식민지였으며 지금의 나이지리아에서 번성했던 베닌 왕국(Kingdom of Benin)을 가리킵니다. 베냉공화국과 똑같이 영문 표기로는 'Benin'을 쓰지만 독일어 발음으로 표기하면 '베닌'입니다(이 책에서는 오늘날의 베냉공화국과 구분하기 위해 '베닌'으로 쓰겠습니다). 원래 그들은 스스로 '에도(Edo)'라고 칭했으나 15세기에 베닌으로 변경했습니다. 베닌 왕국은 식민지 약탈의 현장인 동시에 피비린내가 진동했던 학살의 현장이기도 했습니다. 문화유산 약탈과 원상회복의 역사에서 기억해야 할 이유입니다.

베닌 왕국의 역사는 900년대에 에도 사람들이 서아프리카의 열대우림에 정착하면서 시작되었습니다. 처음에는 소규모 집단생활을 했는데 왕국으로 발전하면서 통치자를 '오바(Oba)'라고 불렀습니다. 베닌 왕국은 1440년 오바 에우아레^{Oba Ewuare} 때부터 강성해지기 시작했습니다. 그는 군대를 모집하여 군사력을 키웠고 수도인 베닌시티를 정비했으며 왕궁을 건립했습니다. 특히 도시 방어를 위해 설립한 베닌 성벽은 1974년 『기네스북』에 "기계 시대 이전에 수행된 세계 최대의 토목공사"로 기록되었을 정도로 서부 아프리카의 강력한 왕권을 상징합니다. 베닌시티의 왕궁은 해자와 성벽으로 둘러싸인 구조인데 도랑을 파서 내부 해자를 만들고 캐낸 흙으로는 외부 성벽을 만들었습니다. 중국의 만리장성보다 4배나 더 길며 이집트의 대피라미드보다 100배나 더 많은 재료가 들어갔다고 하지만 지금은 남아 있지 않아 상상으로만 그려질 뿐입니다. 오바들은 유럽과의 무역을 장려하여 막대한 부를 얻었고 이에 기반하여 강력한 군대를 육성했습니다. 베닌 왕국은 유럽에 야자 기름, 고무, 후추 등 다양한 상품을 판매했습니다. 풍부한 천연자원을 바탕으로 경제적 부를 축적해가는 베닌 왕국을 유럽이 달가워할 리 없었습니다.

19세기에 영국은 '해가 지지 않는 나라'로 불릴 만큼 세계 각지에 식민지를 구축하면서 아프리카에도 적극적으로 개입했습니다. 영국과 베닌 왕국 간의 피의 악순환이 시작될 수밖에 없는 상황입니다. 베닌 왕국의 야자 기름은 영국의 팜유 산업에 중요한 원천이었습니다. 영국은 아프리카에서 상인들의 자유무역을 보장받길 원했던 반면, 베닌 왕국은 관세를 부과하여 얻은 이익으로 경제적 번영을 꾀했습니다. 결국 베닌 왕국의 오바는 아프리카에서 영국의 이익을 대변하는 상업회사인 왕립니제르회사(Royal Niger Company)와 충돌하기에 이릅니다.

사건의 발단은 1897년 1월 4일 발생했습니다. 제임스 로버트 필립스^{James Robert Phillips(1863~1897)}는 니제르 해안보호국의 부국장이자 영사였는데 베닌 왕국의 오바를 만나서 무역 문제를 협상하고자 했습니다. 베닌 왕국의 오바 오본람웬^{Ovonramwen(1857~1914, 재위 1888~1897)}은 종교 행사를 이유로 이 영국인의 면담 요청을 거절했지만 필립스는 250여 명의 거대한 원정대를 꾸려 막무가내로 오바를 만나기 위해 수도인 베닌시티로 향했습니다. 그런데 필립스 원정대가 수도에 거의 다다를 무렵 베닌 부족의 기습으로 대부분이 살해당했고 살아남은 영국인은 두 명에 불과했습니다.

일주일 후 학살 소식이 런던에 전해지자 영국은 흥분했습니다. 하루가 멀다 하고 영국 정계에서는 피의 보복을 다짐했습니다. 아프리카 서부 해역을 담당하던 영국 해군의 수장 해리 로슨^{Harry Rawson(1843~1910)}을 사령관으로 삼아 1,200여 명의 정규군이 배치된 '징벌 원정대'가 구성되었습니다. 이 원정대에 주어진 임무는 오바를 체포하고 수도를 파괴하는 것이었습니다.

1897년 2월 9일 기어이 피의 보복이 시작되었고 열흘 만에 베닌시티는 영국의 징벌 원정대에 함락되었습니다. 원정대는 8명이 사망하는 데 그쳤지만 베닌의 사망자는 수를 헤아릴 수 없이 많았습니다. 오바 오본람웬은 영국 총영사 랄프 무어^{Ralph Moor(1860~1909)}에게 붙잡혀 강제 폐위당한 후 80명의 아내 중 2명과 함께 나이지리아 남부의 칼라바르(Calabar)로 추방되었습니다. 영국에 적대적인 베닌의 부족장 6명은 시장에서 공개적으로 처형되었습니다. 베

영국의 징벌 원정대에 의해 베닌이 함락되고 오바는 폐위된 뒤 추방되었습니다. 영국 군인들이 소실된 궁전에서 기념 촬영했는데, 바닥에 널려 있는 〈베닌 청동품〉이 눈에 띕니다.

닌 왕국은 영국령 니제르 해안보호국에 흡수된 후 결국 영국령 나이지리아로 편입되었습니다.

당시 징벌 원정대는 주로 아프리카 서부 해역을 관할하는 영국 해군이었고, 이들의 원정 비용은 전리품을 경매하여 충당했습니다. 비용을 마련한답시고 징벌 원정대는 닥치는 대로 약탈했습니다. 대표적인 것이 〈베닌 청동품Benin Bronzes〉입니다. 약탈 당시만 해도 5,000여 개가 반출되었을 것으로 추정하고 있습니다. 〈베닌 청동품〉은 황동 금속판에 인물상이 부조로 조각되어 있는데 대부분 왕궁을 장식하기 위해 장인이 제작한 것입니다. 청동품 제작에는 고도의 금속가공 기술이 필요했기 때문에 과거에는 〈베닌 청동품〉이 포르투갈이 전해준 기술로 만들어진 것이라고 왜곡되기도 했습니다. 하지

〈베닌 청동품〉
주로 황동이나 청동 금속판에 인물
상을 정교하게 부조한 형태입니다.
가운데에 더 크게 표현된 인물이 통
치자 오바입니다. 영국박물관 소장.

만 최근 연구 결과들은 〈베닌 청동품〉이 아프리카의 독자적 기술로 제작되
었음을 뒷받침하고 있습니다. 유럽과 교류하기 이전인 13세기부터 이미 〈베
닌 청동품〉이 제작되었기 때문입니다. 〈베닌 청동품〉의 뛰어난 예술성은 아
프리카 예술을 보는 유럽인들의 시각을 바꾸어 놓았습니다. 주재료는 대부분
황동이지만 나무, 대리석, 상아 등을 다양하게 혼합하여 제작된 것들도 있어
일부에서는 〈베닌 오브제Benin Objects〉라고 부르기도 합니다. 약탈된 〈베닌
청동품〉은 원정대에 참여한 병사들에게 전리품으로 할당되거나 영국 해군이
원정 비용을 조달하기 위해 판매하여 처분하기도 했습니다. 1897년 5월부터
1900년 사이에 영국 런던의 경매장을 통해 판매했는데, 놀라운 점은 〈베닌
청동품〉의 대부분을 독일 박물관들이 구입했다는 사실입니다.

영국 케임브리지대학의 지저스 칼리지(Jesus College)에는 '오쿠코(okukor)'

〈베닌 청동 수탉상〉 반환　2021년 10월 27일 나이지리아는 영국 케임브리지대학으로부터 청동 수탉상을 반환받았습니다.

로 알려진 〈베닌 청동 수탉상〉이 전시되어 있었습니다. 청동 수탉상은 베닌 왕실의 중요한 의례를 위해 제작된 것입니다. 1897년 영국의 징벌 원정대가 베닌의 궁전에서 약탈한 것으로, 1930년에 영국군 장교가 케임브리지대학에 기증했습니다. 베닌에 대한 잔인한 보복의 증거물이라는 점 때문에 케임브리지에서는 탈식민지화 대상의 상징이었습니다. 마침내 2016년 학생들의 요구로 대학에서 옮겨졌고 2021년 10월 27일 나이지리아에 반환되었습니다.

　식민주의의 아픈 상처가 고스란히 담긴 〈베닌 청동품〉은 반환 이전에 역사적 상처를 치유하고 공감하는 과정이 필요합니다. 나이지리아 정부는 2007년에 '베닌 대화 그룹(Benin Dialogue group)'을 설립했습니다. 베닌 대화 그룹은 전 세계에 흩어져 있는 〈베닌 청동품〉을 모아 영구적으로 전시하기 위한 '서아프리카 에도박물관(Edo Museum of West African Art)'을 설립하는 것이 목적입니다. 베닌 대화 그룹에는 나이지리아 정부기관이 망라되어 있으며, 영국박물관을 포함하여 미국, 독일, 오스트리아, 네덜란드, 스웨덴 등 〈베닌 청동품〉의 소장기관이 대부분 참여하고 있습니다. 베닌 대화 그룹의 활동에는 2017년 마크롱 선언과 2018년 「사르-사부아 보고서」가 큰 자극이 되었습니다.

식민지 문화유산에 대한 국가적 차원의 새로운 변화는 독일에서 시작되었습니다. 100여 년에 걸친 나이지리아의 계속된 반환 요구 끝에 독일과 나이지리아는 2021년 7월 7일 독일 수도 베를린에 이어 10월 13일 나이지리아 수도 아부자(Abuja)에서 만났고, 드디어 아부자에서 독일 공공 박물관이 소장한 〈베닌 청동품〉을 나이지리아로 반환하는 합의를 담은 양해각서를 체결했습니다.

한편에서는 〈베닌 청동상〉의 출처 정보를 공개하려는 노력도 진행되었습니다. 독일 로텐바움 세계문화예술박물관(Museum am Rothenbaum — Kulturen und Künste der Welt)이 주도하는 '디지털 베닌 프로젝트(Digital Benin project)'입니다. 이 프로젝트는 〈베닌 청동품〉의 출처를 조사하고 온라인 카탈로그를 만들기 위해 2019년에 시작되었습니다. 독일과 나이지리아를 포함해 각국의 전문가들이 참여하여 전 세계에 소재하는 〈베닌 청동품〉에 대한 데이터를 수집하고 다양한 출처 정보를 제공하고 있습니다.

이러한 노력이 결실을 맺어 마침내 2022년 7월 1일 독일과 나이지리아는 베를린에서 1,130점의 〈베닌 청동품〉 반환과 소유권 이전에 동의했습니다. 반환에 합의한 1,130점의 청동품은 슈투트가르트의 린덴박물관(Linden Museum), 베를린의 훔볼트 포럼(Humboldt Forum), 쾰른의 라우텐슈트라우흐-요에스트박물관(Rautenstrauch-Joest-Museum), 함부르크의 로텐바움 세계문화예술 박물관, 작센 국립민족학 컬렉션(Staatliche Ethnographische Sammlungen

Sachsen) 등 5개 박물관에 소장되어 있었는데, 모두 영국 징벌 원정대가 베닌 왕국에서 약탈한 후 경매에 내놓은 것입니다.

독일의 〈베닌 청동품〉 반환 결정은 탈식민지화를 세계 역사의 이정표로 만들었다는 점에서 의의가 있습니다. 이 반환 결정에는 국제 문화 교류가 반영되어 있습니다. 일부는 독일에 대여되어 나이지리아와 독일을 연결해주는 든든한 버팀목이 될 것이기 때문입니다. 다만 한 가지 짚고 넘어갈 부분이 있습니다. 나이지리아는 독일의 식민지가 아니었다는 점입니다. 비록 제1차 세계대전 전까지 아프리카에 식민지를 건설하기는 했으나 나이지리아에 대해 독일은 식민주의의 가해자가 아니었습니다. 그럼에도 식민주의가 지닌 폭력의 역사를 해결해야 한다는 데 공감한 것입니다. 이는 탈식민지화가 전 지구적 정의가 되고 있음을 뜻합니다.

21
식민지 문화유산의 해법, 우티무트 원칙

식민지 문화유산을 둘러싸고 발생하는 다양한 논란은 식민 지배 행위의 불법성과 그 이면에 감춰진 폭력성에서 비롯됩니다. 식민지 문제의 해결을 위해서는 가해자의 진정한 반성과 과거사 해결을 위한 가시적인 노력이 필요합니다. 식민지 문화유산을 대하는 태도로 환영할 만한 사례를 그린란드(Greenland)로 알려진 동토의 섬, 칼라알리트 누나트(Kalaallit Nunaat)에서 찾을 수 있습니다.

이 섬의 진정한 주인은 BC 2500년경에 정착한 이누이트(Inuit)입니다. 이누이트는 '사람(인간)'이라는 뜻으로 칼라알리트 누나트, 캐나다 북부, 극동 시베리아, 알래스카 등에 사는 원주민입니다. 북극 민족은 이누이트, 알류트(Aleut), 유피크(Yupik) 등으로 분류되는데, 흔히 이들을 통틀어 일컫는 '에스키모'는 날고기를 먹는 인간이라는 의미로서 비하의 뜻이 담겨 있으므로 사용하지 않습니다. 이누이트는 자신들이 사는 곳에 따라 정체성과 방언이 다르기 때문에 스스로를 이누그이트(Inughuit, 칼라알리트 누나트), 래브라도미우트(Labradomiut, 캐나다 최동단), 누나비미우트(Nunavimmiut, 캐나다 허드슨만) 등

【더 알아보기】 칼라알리트 누나트

칼라알리트 누나트는 세계에서 가장 큰 섬으로, 지리적으로는 북아메리카 북쪽에 위치해 있지만 정치적으로는 덴마크 왕국의 구성국이자 자치령입니다. BC 2500년 무렵 이누이트들이 이곳에 정착하기 시작했습니다. 986년 노르만족인 에리크 힌 라우디[Eirikur Rauði(950~1005)]가 이 섬을 발견한 이후로 노르만족이 점차 이주해 와서 살았는데 그들과 원주민인 이누이트 사이에 잦은 충돌이 벌어

칼라알리트 누나트 위치

졌습니다. 척박한 환경과 기후 속에서 노르만족은 이누이트에게 밀리며 거주지도 소멸되갔습니다. 1536년 노르웨이가 덴마크에 합병되자 노르웨이령이었던 칼라알리트 누나트도 덴마크에 귀속되었습니다. 1721년 덴마크와 노르웨이의 루터교 선교사인 한스 에게데[Hans Poulsen Egede(1686~1758)] 일행이 칼라알리트 누나트를 탐험하고 덴마크 군대가 남서부 연안에 고트호브 요새를 건설하면서 덴마크령 거주지가 되었고, 1814년부터 덴마크의 식민 지배를 받았습니다. 칼라알리트 누나트는 1979년에 제한적이나마 덴마크 왕국으로부터 자치권을 획득했으며, 2009년 6월 21일부터 외교·국방을 제외한 광범위한 분야에서 자치권을 확대 행사하고 있습니다.

각각 다른 이름으로 부릅니다. 칼라알리트 누나트에 사는 이누이트는 1100년까지 캐나다에서 이주해온 사람들의 후손이라고 합니다. 이들의 조상 민족은 툴레인이라고 하는데 알래스카 북부의 북극 해안을 따라 '툴레(Thule) 문화'를 발전시켰으며 1000년부터 약 600년간 지속되었습니다. 툴레 사람들은 북극의 척박한 환경에서 사냥 위주의 경제생활을 했습니다.

이누이트를 상징하는 것으로 킬라키초크(Qilakitsoq)의 고고학 유적지에서

툴레 문화 툴레 문화 사람들이 고래 뼈로 만든 주거지 흔적입니다.

이누이트 1915년경 바다표범 가죽으로 만든 집 앞에 서 있는 이누이트 가족의 모습입니다.

칼라키초크 고고학 유적지에서 발견된 미라들 칼라알리트 누나트 국립박물관에 4구의 미라가 전시되어 있는데 6개월 된 남자 아기 미라(왼쪽 아래)도 보입니다.

발견된 미라(Qilakitsoq mummies)가 있습니다. 킬라키초크는 이누이트 언어로 '하늘의 작은 장소'라는 뜻이며, 이누이트 정착지였던 이곳에서 1972년에 8구의 미라가 발견되었습니다. 미라들은 2개의 얼음 무덤 속에 있었습니다. 이들의 마지막 생존은 1475년경으로 거슬러 올라갑니다. 이 가운데 4구는 차가운 바람이 계속 부는 바위 아래에 묻혀 있었기에 상태가 매우 양호했습니다. 그들은 거의 500년 동안 냉랭한 한기 속에서 건조 상태를 유지했습니다. 대부분 여성인데 특별히 소년과 아기의 미라가 눈에 띕니다. 아기 미라의 작은 얼굴은 마치 어머니를 기다리는 것처럼 위를 응시하고 있습니다. 이누이트 아기는 전 세계 언론을 사로잡았습니다. 처음 발견되었을 때 인형으로 오인되었으나 실제로 6개월 된 남자 아기임이 밝혀졌습니다. 아기는 이미 죽은 어머니와 함께 산 채로 묻혔을 것입니다. 이누이트 관습에 따르면 어머니가 죽은 후 남겨진 아이를 돌볼 여성을 찾을 수 없으면 아이를 질식시키거나 산 채로 매장했다고 합니다. 킬라키초크의 미라는 동토의 땅에서 어렵게 삶을 이어온 이누이트의 끈질긴 생명력을 상징합니다.

986년 노르만족인 에리크 힌 라우디$^{Eiríkur\ Rauði(950\sim1005)}$가 이누이트의 땅을 발견한 뒤 많은 노르만족이 이주해 정착하기를 기대한다는 뜻에서 이곳을 '녹색의 땅'이라는 의미의 그린란드라고 불렀습니다. 반면, 칼라알리트 누나트는 이누이트 언어로 '국민의 땅'이라는 뜻입니다. 인구의 88%가 이누이트 주민이고 제1 언어 역시 이누이트 언어입니다. 제2 언어가 이 땅을 오랫동안 식민 지배했던 덴마크의 언어라는 점에서 '칼라알리트 누나트'라는 국명 사용은 그 자체로 탈식민주의를 상징합니다.

20세기 후반까지 덴마크 왕국의 식민지나 다름없었다가 2020년에 칼라알리트 누나트에서도 '이곳을 탈식민지화하라' 운동이 동토의 땅을 녹일 만큼 뜨겁게 불었습니다. 탈식민지화의 대상은 루터교 선교사로 칼라알리트 누나트에 들어온 한스 에게데$^{Hans\ Egede(1686\sim1758)}$였습니다. 그는 300여 년 전 유럽에서 이 동토의 땅에 대한 관심을 불러일으켰고 1721년 이누이트의 땅에 정착하며 선교 활동을 했습니다. 칼라알리트 누나트가 식민지가 되는 데 크게 기여한 인물이라고 할 수 있습니다. 그는 덴마크 사람들에게는 기독교를 전파했던 국가적 성인이었으나 이누이트에게는 식민주의자에 불과했습니다. 이러한 이유로 2020년 6월 21일 한스 에게데는 탈식민지화 운동을 주장하는 사람들에 의해 시위 한복판으로 불려 나오게 된 것입니다. 그의 동상은 칼라알리트 누나트의 누크와 덴마크의 코펜하겐에 설치되어 있는데, 시위자들은 두 개의 동상에 모두 흰색 페인트로 'DECOLONIZE'(탈식민지화하라)라고 쓰고 붉은색 페인트로 훼손했습니다. 이 사건을 계기로 이누이트들은 탈식민지화의 의미를 고민하기 시작했습니다. 동상 철거까지는 실패했지만 이누이트들에게 한스 에게데는 어떤 사람이며 무엇을 상징하는지, 300여 년간 이어져

누크에 있는 한스 에게데 동상 흰색 글씨로 'DECOLONIZE'(탈식민지화)라고 쓰여 있고 동상에는 붉은 페인트가 칠해져 있습니다.

온 식민지 역사는 앞으로도 계속되어야 하는지를 진지하게 논쟁했습니다.

탈식민지화를 상징하는 것으로 식민지 시대에 약탈된 문화유산 환수를 빼놓을 수 없습니다. 식민 지배로부터 독립한 나라들은 자신들의 국가적 정체성을 드러내고 국민이 하나로 단결할 수 있도록 과거 약탈된 문화유산의 환수에 주력했습니다. 환수는 이누이트 언어로 '우티무트(Utimut)'라고 합니다. 덴마크와 칼라알리트 누나트는 세계사에 남을 만큼 문화유산 환수의 특별한 원칙, 즉 '우티무트 원칙'을 수립했습니다.

칼라알리트 누나트는 1721년 한스 에게데의 정착과 선교 활동에서부터 덴마크의 식민 지배를 받는 시대가 시작되었습니다. 한스 에게데의 기독교 포교 활동은 덴마크 군대가 칼라알리트 누나트에 주둔하는 계기가 되었습니다.

덴마크 군대가 한스 에게데의 정착지였던 고트호브(Godthåb, 누크)에 군사 요새를 건설한 것입니다. 이후로 덴마크의 선교사들과 과학자들이 이 섬에 드나들면서 이누이트의 민족학 자료를 적극적으로 수집했습니다. 식민지 시기에 이렇게 수집된 수만여 점의 이누이트 민족학 자료는 덴마크국립박물관에서 소장하고 있습니다.

칼라알리트 누나트가 덴마크를 상대로 이누이트 문화유산 환수에 처음 나선 때는 1913년입니다. 이후 몇 차례 반환을 요구했지만, 실상 유물이 환수된다고 하더라도 제대로 보관하고 전시할 시설이 마땅히 없었습니다. 1953년 식민지 정부가 덴마크의 주정부로 편입되자 반환 요구는 또다시 거부되었습니다. 1960년대에는 젊은 이누이트를 중심으로 탈식민지에 대한 공개 담론이 형성되었습니다. 그들은 "칼라알리트 누나트는 이누이트의 고유한 역사와 문화를 수용하는 데 기반을 두어야 한다"고 주장하면서 여러 차례에 걸쳐 이누이트의 국립박물관 설립을 요청했습니다.

이에 대해 덴마크 정부는 "이누이트의 민족학 컬렉션을 반환하는 일은 조건이 충족되면 자연스럽게 해결될 수 있을 것"이라며 두 가지 장애물을 강조했습니다. 첫 번째는 덴마크 법률에 따라 발생하는 문제입니다. 덴마크국립박물관의 소장품은 덴마크 법률상 국유재산이므로 양도가 불가능합니다. 소장기관인 코펜하겐의 국립박물관 책임에 따라 반환이 가능하도록 법적 근거를 마련할 필요가 있었습니다. 두 번째는 이누이트 문화유산이 반환될 경우에 칼라알리트 누나트에서 이를 적절하게 보관하고 전시할 수 있는 시설과 전문 인력을 확보하는 문제입니다.

칼라알리트 누나트는 식민지 시대 민족학 컬렉션의 환수를 위해서는 물리적 환경을 시급히 조성해야 한다는 데 공감했습니다. 그리고 곧 1966년 수도 누크에 국립박물관을 설립했습니다. 국립박물관은 보헤미안 지역의 개신교

칼라알리트 누나트 국립박물관 및 기록보관소(Nunatta Katersugaasivia Allagaateqarfialu)

파 일종인 모라비아 형제회가 1747년 수도 누크에 설립한 선교 하우스의 오래된 건물을 이용했습니다. 이후 덴마크국립박물관과 본격적인 우티무트 절차가 개시되면서 더 큰 규모의 박물관이 필요한 상황이었습니다. 다행스럽게도 1979년에는 덴마크로부터 내정에 대한 자치권을 인정받았습니다. 1979년 1월 17일 자치 여부를 묻는 국민투표가 실시되었고 유권자의 70% 이상이 찬성하면서 자치 의회가 설치된 것입니다. 같은 해 5월 1일 자치 정부가 출범하면서 칼라알리트 누나트는 박물관 정책을 포함하여 광범위한 입법권을 행사할 수 있게 되었습니다. 그리고 1981년 1월 1일 발효된 법률에 따라 박물관과 문화유산의 보존에 관련된 문제는 칼라알리트 누나트의 책임이 되었습니다. 때마침 덴마크 법률은 덴마크국립박물관에 소장품 관리에 대한 책임을 부여했습니다. 이러한 시대적 흐름을 타고 칼라알리트 누나트는 박물관과 기록보관소를 하나로 통합하여 '국립박물관 및 기록보관소'를 설립했고 지금의 현대적인 건물로 이전한 것입니다.

칼라알리트 누나트에 현대적인 국립박물관이 설립되었다는 것은 문화유산 환수의 역사에서 중요한 의미를 지닙니다. 소장기관인 덴마크국립박물관에 견주어 대등한 전문성을 가진 협상 파트너의 출현을 뜻하기 때문입니다. 반환 기준과 원칙을 수립하는 과정에서 정치인을 배제하고 전문가 그룹 간의 논의 구조를 만드는 것이 매우 유용합니다. 환수 협상의 성공 여부는 전문가 그룹과 정치인 그룹을 분리하는 이원적인 체계를 만드는 데 달려 있다고 할 수 있습니다. 전문가 그룹에서 기준과 원칙을 수립하고 반환 목록을 작성하면 정치인 그룹에서는 이를 정부 간 협상으로 공식화하고 조약을 체결하여 반환을 합의하는 형태가 바람직합니다. 정치인이 반환 기준과 원칙을 수립하는 과정에 관여하게 되면 협상은 장기적이고 소모적으로 진행될 우려가 높습니다. 요컨대 칼라알리트 누나트의 국립박물관 설립은 양측 전문기관 간에 직접 대화 채널을 구축하여 불필요한 정치적 마찰을 최소화했던 것입니다.

덴마크와 칼라알리트 누나트 간의 첫 번째 우티무트 절차는 1982년 개시되었습니다. 그해 8월 덴마크 정부는 우호적이고 상징적인 조치를 취합니다. 본격적인 우티무트 절차를 앞두고 칼라알리트 누나트의 역사와 문화에 대한 대중의 이해를 높이고 관심을 모으기 위해 화가 옌스 크로이츠만Jens Kreutzman(1828~1899)의 작품 44점과 캉게크의 아론Aron of Kangeq(1822~1869)의 작품 160점 등 모두 204점의 수채화를 칼라알리트 누나트가 매우 낮은 가격의 상징적 금액으로 구입할 수 있도록 한 것입니다. 이 두 화가는 이누이트 삶을 관찰하고 화폭에 담아냈기 때문에 그 수채화 자체가 식민지 삶에 대한 이누이트의 '집단기억集團記憶(collective memory)'이라고 할 수 있습니다. '집단기억'은 프랑스의 사회학자 모리스 알박스Maurice Halbwachs(1877~1945)가 1925년에

옌스 크로이츠만의 수채화, 1858~1860년경   〈선교사와 이누이트〉, 캉게크의 아론

퍼낸 『기억의 사회적 구성틀Les cadres sociaux de la mémoire』에서 처음 사용한 개념으로, 참혹한 역사적 사건을 겪은 공동체의 기억이 사회적 관계 속에서 어떻게 재구성되고 역사화되는지를 보여줍니다. 이 개념은 특히 나치의 유대인 학살이라는 역사적 사건과 맞물리면서 사회적 논의를 활성화했습니다. 204점의 수채화는 식민지 삶에 대한 이누이트의 집단기억을 조명하고 있기에 양국 모두로부터 높은 가치와 긍정적 합의를 이끌어냈고 앞으로 추가 절차에 대한 전망을 밝게 했습니다.

1983년 10월 덴마크와 칼라알리트 누나트는 「추가 반환을 허용하는 문화협력을 포함한 협정」을 체결(1984. 3. 1. 효력 발생)하고, 우티무트 절차를 이행하기 위한 전문가 그룹으로 양측에서 각각 3명씩 참여하는 모니터링 위원회를 구성했습니다. 이 위원들은 정치적 배경을 철저히 배제하고 전문성을 중심으로 선정되었습니다. 이렇게 꾸려진 모니터링 위원회는 같은 해 '협력 원칙'과 '반환 지침'을 구체화했습니다.

본격적으로 업무를 시작한 모니터링 위원회는 우선 덴마크가 소장하고 있는 10만여 점의 이누이트 컬렉션을 조사하고 분류했습니다. 칼라알리트 누나트와 덴마크 간 컬렉션의 분류 과정에서 양측은 일련의 기본 원칙에 동의했는데 바로 '우티무트 8원칙'으로, 이는 식민 지배 문화유산 해결의 기본 방향을 제시한 것이어서 국제적으로 중요한 의의가 있습니다.

우티무트 8원칙

1. 칼라알리트 누나트 컬렉션은 선사시대와 지리의 모든 측면을 반영해야 하며 국가 전체를 포괄해야 한다.
2. 양 박물관 모두 연구와 교육을 수행할 수 있고 "대중화"에 적합한 컬렉션을 보유해야 한다.
3. 자연스럽게 컬렉션에 함께 속하는 유산은 분리될 수 없다. 만일 이것이 실행하기 불가능할 경우, 박물관은 (장기) 대여에 동의해야 한다.
4. 칼라알리트 누나트는 모든 종교적 유산뿐만 아니라 문화적 정체성에 중요한 모든 유산을 획득해야 한다.
5. 칼라알리트 누나트는 컬렉션의 모든 대상에 대한 정보를 획득해야 한다.
6. 덴마크는 덴마크국립박물관에서 진행 중인 전시를 계기로 연구를 계속하고 칼라알리트 누나트 홍보를 보장할 수 있는 충분한 자료를 계속 보유해야 한다.
7. 덴마크국립박물관 활동의 역사에 관한 문서와 유산은 덴마크 역사의 일부로 덴마크에 남아 있어야 한다.
8. 박물관 간 대여는 양 박물관의 연구자에게 쉽게 부여되어야 한다.

1984~2001년에 모니터링 위원회는 개별 보고서를 통해 9가지 제안을 만장일치로 결정했고, 마침내 덴마크 문화부장관이 이 모든 제안을 수용하면서 식민 지배 문화유산 해결의 선례가 되었습니다. 결론적으로 이누이트 컬렉션 3만 5,000여 점이 반환 대상으로 명시되었고, 디지털화를 통해 정보를 공유

반환된 이누이트의 문화유산　우티무트 절차에 따라 덴마크에서 칼라알리트 누나트로 반환된 문화유산입니다. 왼쪽은 16세기 부인의 무덤에서 나온 생활 도구, 가운데는 19세기에 사용했던 물건, 오른쪽은 여인 형상의 조각품입니다.

하는 문화 협력이 포함되었습니다. 특히 위원장이 덴마크국립박물관에 상주하면서 10만여 점을 분석한 뒤 반환 대상 3만 5,000여 점을 직접 선정한 것은 매우 이례적인 일입니다. 우티무트는 몇 번의 외교 절차와 단기간의 환수로 끝난 것이 아니라 1982년부터 2001년까지 20여 년에 걸쳐 상호 신뢰를 구축하며 문화 협력과 함께 진행되었다는 점에서 큰 의미가 있습니다.

　우티무트 절차에는 몇 가지 성공 요인이 있었습니다. 첫째, 덴마크 정부의 적극적인 해결 의지입니다. 덴마크 정부는 1982년에 칼라알리트 누나트 출신 화가들의 수채화 204점을 상징적 가격으로 반환함으로써 신뢰를 보여주었고, 1999년에는 문화유산 반환이 상호 이해와 문화 교류로 발전할 수 있도록 덴마크국립박물관 내에 연구센터(SILA)를 설치했습니다. 둘째, 우티무트에 접근하는 태도입니다. 눈앞의 성과에 얽매이지 않고 20여 년에 걸쳐 차근차근 진행하되 정치적 관점은 철저히 배제하고 오로지 전문가들의 판단에 맡겼다는 점입니다. 그래서 모니터링 위원회가 반환 대상으로 3만 5,000여 점을 선정했을 때 모두 수긍할 수 있었던 것입니다. 셋째, 문화유산 반환 과정에 원주민인 이누이트의 인권이 핵심 가치로 자리 잡고 있었습니다. 우티무트 절차를 수행하는 과정에서 이누이트의 문화적 정체성을 회복하는 것을 주요 관심사로 두었습니다. 인권 존중이 양국의 공통된 가치였기에 생산적인 논의가 가능했던 것입니다.

2008년에 칼라알리트 누나트의 박물관 책임자인 다니엘 도리에프센[Daniel Thorleifsen(1962~)]은 언론과의 인터뷰에서 "식민지 문제를 책망하는 것이 아닙니다. 우티무트의 목표는 반환 자체가 아니라 연구 프로젝트, 전시회 등 지식 공유를 통해 모든 관계자를 유익하게 하는 것입니다. 상호 존중을 통해 협력을 위한 플랫폼을 만드는 방식으로 반환을 추진한 의미가 있습니다"라고 우티무트 절차를 평가했습니다. 우티무트는 상호 신뢰와 존중에 기반한 파트너십을 나타내며, 식민지 시대에 문화유산을 약탈당한 후 환수를 위해 노력하는 다른 국가들에 본보기가 되고 있습니다. 여기서 중요한 점은 식민지 가해국의 철저한 반성과 해결 의지입니다. 지금처럼 문화유산 환수를 강제할 법적 수단이 없는 상황에서 식민지 가해국이 자신들의 외교적 선의를 가장할 때만 가시적인 성과를 얻는다면 국제사회는 어떠한 교훈도 얻지 못할 것입니다. 식민지 피해자들의 집단기억은 세대와 세대를 거듭하며 역사 속에서 살아 숨쉬기 때문입니다.

22
애국심으로 환수를 추진하는 〈모나리자〉

어느 시대든 그 시대를 상징하는 예술품이 있기 마련입니다. 우리는 르네
상스 시대의 아이콘으로 레오나르도 다빈치[Leonardo di ser Piero da Vinci(1452~1519)]
의 〈모나리자〉를 떠올립니다. 〈모나리자〉는 유명한 작품인 만큼 그림을 두
고 수많은 논란도 일었습니다. 웃는 듯 웃지 않는 듯 신비한 미소부터 그림
의 여인이 어느 실존 인물인지를 두고 여러 풍설이 오갔던 것입니다. 그런데
사실 이 그림이 사람들에게 널리 알려진 것은 그리 오래되지 않았습니다. 놀
랍게도 20세기 초입니다.

16세기의 이탈리아 화가 조르조 바사리[Giorgio Vasari(1511~1574)]에 따르면 그
림 속 여성은 피렌체 상인 프란체스코 델 조콘도[Francesco del Giocondo(1465~1542)]
의 두 번째 아내 리자 델 조콘도[Lisa del Giocondo(1479~1542)]입니다. 모나(mona)는
결혼한 여성의 이름 앞에 붙이는 이탈리아어 높임말입니다. 이탈리아에서는
〈모나리자〉를 〈라 조콘다[La Gioconda]〉로 표기하는데, 이는 유쾌하거나 활기
찬 인물을 묘사할 때 쓰는 말입니다.

프랑스 국왕 프랑수아 1세[François I(1494~1547, 재위 1515~1547)]는 레오나르도 다

〈모나리자〉, 1503~1506, 레오나르도 다빈치,
루브르박물관 소장

빈치를 숭모하여 1516년 그를 초청해 앙부아즈성(Château d'Amboise) 근처
의 클로뤼세(Clos Lucé)에 정착하도록 지원해주었습니다. 이때 레오나르도
다빈치가 미완성의 상태로 〈모나리자〉를 가져와서 틈틈이 작업하여 완성
했고, 그의 사후에 제자 살라이Salai가 그림을 상속받았습니다. 프랑수아 1세
는 살라이에게 거금을 주고 〈모나리자〉를 구입하여 퐁텐블로 궁전(Château
de Fontainebleau)의 거실에 걸었습니다. 프랑스 국왕만을 위한 단독 전시물
이었던 셈입니다. 이후의 프랑스 국왕들은 〈모나리자〉에 별 관심이 없었지
만 여전히 궁전 거실에 걸려 있어 외부인은 구경하지 못했습니다. 프랑스혁
명(1789~1799)이 일어나면서 〈모나리자〉가 1797년 루브르박물관에 전시되었
으나 주목을 받지는 못했습니다. 1821년에는 잠깐이나마 튈르리 궁전(Palais
des Tuileries)의 나폴레옹 침실을 장식하기도 했는데, 나폴레옹의 실각 이후
루브르박물관으로 옮겨져 그곳에서 오늘날까지 상설 전시되고 있습니다.

이렇게 일반인에게는 많이 알려지지 않았던 〈모나리자〉가 뜻밖에 전 세계적으로 유명세를 타는 사건이 일어났습니다. 1911년 8월 21일 월요일 〈모나리자〉가 루브르박물관에서 도난당한 것입니다. 도난 사실은 다음 날인 8월 22일 프랑스 화가 루이 베로^{Louis Béroud, 1852~1930}를 통해 처음 확인되었습니다. 그는 자신의 유화 〈루브르에 소장된 모나리자〉를 스케치하기 위해 〈모나리자〉가 전시되어 있는 살롱 카레(Au Salon Carré)를 찾았습니다. 하지만 살롱 카레에서 그가 본 것은 〈모나리자〉가 아니라 빈 벽과 뾰족하게 튀어나온 4개의 쇠못이었습니다. 루이 베로는 즉시 경비원에게 연락했으나 루브르는 처음에 그다지 심각하게 받아들이지 않았습니다. 당시 루브르에서는 전시 작품을 사진으로 찍어 복제품을 만드는 일이 잦았기 때문에 사진작가가 떼서 촬영하고 있다고 여긴 탓입니다. 몇 시간 후 〈모나리자〉가 사진작가와 함께 있지 않다는 것이 확인되자 루브르에서는 말 그대로 난리가 났습니다.

그날 저녁 파리 경찰청은 〈모나리자〉의 절도를 공식 발표했습니다. 절도범이 48시간 내에 그림값을 요구할 것이라 예상했지만 이틀이 지나도 아무도 나타나지 않았습니다.

1911년 8월 23일부터 프랑스, 미국, 이탈리아 등 세계 주요 언론에서 경쟁하듯이 〈모나리자〉 도난 사실을 보도했습니다. 『뉴욕타임스』가 "60명의 형사들이 도난당한 〈모나리자〉를 찾고 있으며 프랑스 대중이 분노했다"라고 보도하면서 〈모나리자〉의 절도 사실은 전 세계로 빠르게 퍼져 나갔습니다. 『워싱턴포스트』 기사는 당혹스럽기까지 합니다. 〈모나리자〉의 도난 사실을 보도하고 그림의 가치를 500만 달러로 평가하면서도 정작 〈모나리자〉가 어떤 그림인지 몰랐던 것입니다. 해당 기사의 사진으로 알몸의 모나리자 그림인 〈모나반나^{Monna Vanna}〉를 실은 것입니다. 최근 연구에 따르면 이 목탄화는 레오나르도 다빈치가 유채화 습작을 위해 그린 것이라고 합니다. 역설적

각국 언론에 보도된 〈모나리자〉 도난 사건
오른쪽은 미국 일간지 『뉴욕타임스』 1911
년 8월 24일 자로 "60명의 형사들이 도난
당한 '모나리자'를 찾고 있다"고 썼습니다.

60 DETECTIVES SEEK STOLEN 'MONA LISA'

But No Clue Has Yet Been Discovered to Whereabouts of Lionardo's Masterpiece.

FRENCH PUBLIC INDIGNANT

왼쪽은 프랑스 일간지 『엑셀시오르EXCELSIOR』 1911년 8월 23일 자로 "루브르박물관은 모나리자를 잃었다"라는 헤드라인을 뽑았고, 오른쪽은 1911년 9월 3~10일에 발행된 이탈리아 잡지 『라 도메니카 델 코리에레La Domenica del Corriere』로 〈모나리자〉를 절도하는 장면의 삽화가 실려 있습니다.

미국 일간지 『워싱턴포스트』 1911년 8월 23일 자는 〈모나리자〉 도난 사실을 전하는 기사에 사진은 〈모나반나〉를 실었습니다. 레오나르도 다빈치가 1514~1516년 무렵 목탄으로 그린 작품이며 콩데미술관(Musée Condé)에서 소장하고 있습니다.

이지만 '현대의 가장 거대한 절도'는 〈모나리자〉를 '역사상 가장 위대한 예술품'으로 만든 것입니다. 루브르는 일주일간 박물관 문을 닫은 채 조사에 들어갔습니다. 국경은 폐쇄되었으며, 발견한 사람에게는 막대한 보상이 약속되었습니다.

루브르의 조사 과정 중 경비원이 계단에서 액자의 나무 프레임과 유리 덮개 상자를 발견했습니다. 프레임에는 엄지손가락 지문 하나가 찍혀 있었습니다. 이즈음 프랑스 경찰은 과학수사에 관심이 많았습니다. 파리 경찰관 알퐁스 베르티옹Alphonse Bertillon(1853~1914)은 범죄자의 식별 사진을 표준화한 '머그샷(mug shot)'을 개발했으며 새롭게 도입된 지문 인식 기술을 믿었습니다. 이전에는 범죄자를 이름이나 사진으로 식별했으나 알퐁스 베르티옹은 지문이나 신체 정보를 활용하여 수사를 했습니다. 하지만 이 방식은 결함이 많아 희생자도 양산했습니다. 대표적인 예로 '드레퓌스 사건'(1894~1906)을 들 수 있습니다. 프랑스 경찰은 조작된 정보로 알프레드 드레퓌스를 반역 혐의로 체포했는데 이때 검찰 측 증인으로 알퐁스 베르티옹이 필적 감정에 나서면서 유죄판결에 결정적 영향을 미쳤습니다. 알퐁스 베르티옹은 〈모나리자〉 도난 사건에서도 과학수사를 활용했습니다. 그는 루브르 직원 257명의 지문을 일일이 채취했습니다. 하지만 단서는 어디에도 없었습니다. 결국 파리 경찰은 그때까지 잘 알려지지 않은 〈모나리자〉가 어떤 그림인지를 전단지에 인쇄하여 6,500장을 배포하고 현상금 4만 프랑을 내걸었습니다. 그런데도 경찰 수사는 한계를 드러냈고, 급기야 언론을 통해 음모론이 빠르게 확산되기 시작했습니다.

그즈음 프랑스에서는 신흥 강대국으로 부상한 미국의 백만장자들이 프랑스 예술품을 사들이는 데 강한 반감을 가지고 있었습니다. 미국 기업인이자 금융인으로 예술품 수집에 관심이 많았던 존 피어폰트 모건John Pierpont

Morgan(1837~1913)을 비롯해 헨리 클레이 프릭Henry Clay Frick(1849~1919), 헨리 에드 워즈 헌팅턴Henry Edwards Huntington(1850~1927) 등이 사적으로 예술을 탐미하기 위해 〈모나리자〉의 절도를 사주했을 것이라고 의심받았습니다. 모건은 자신이 〈모나리자〉를 가지고 있다고 믿는 이탈리아인에 의해 피렌체 기차역에서 습격당했고, 헌팅턴은 『LA타임스』와의 인터뷰에서 "그림을 본 적도 없고 유혹받지도 않았다"고 고백해야 했습니다.

또 일부 프랑스인들은 독일 황제 빌헬름 2세Wilhelm II(1859~1941, 재위 1888~1918)를 의심했습니다. 이 무렵 유럽에서는 제1차 세계대전을 앞두고 프랑스와 독일 사이에 긴장이 고조되고 있었습니다. 프랑스는 대서양과 지중해를 이어주는 요충지인 모로코에 일찍부터 눈독을 들여왔습니다. 그런데 1911년 모로코에서 프랑스에 반대하는 폭동이 일어났고 프랑스는 군대를 동원하여 무력으로 진압했습니다. 그러자 빌헬름 2세가 자국민을 보호한다는 구실로 1911년 7월 1일 모로코의 아가디르(Agadir)항에 군함 판터(Panther)호를 파견했습니다. 프랑스와 독일은 일촉즉발의 충돌 상황을 마주했습니다. 이를 가리켜 '제2차 모로코 위기' 또는 '아가디르 위기(Agadir Crisis)'라고 합니다. 양국의 긴장 속에 프랑스 내에서 반독일 정서가 확산되면서 파리 시민들은 〈모나리자〉 절도 사건의 배후에는 빌헬름 2세가 있다고 의심했습니다.

〈모나리자〉의 절도 용의자 중에는 심지어 20세기를 대표하는 화가 피카소Pablo Picasso(1881~1973)도 있었습니다. 피카소는 스페인 말라가(Málaga)에서 태어났지만 1904년부터는 파리 예술가들의 집단 거주지로 유명한 몽마르트의 바토 라브와르(Bateau-Lavoir)에 정착해 살았습니다. 바토 라브와르는 낡은 건물들이 밀집해 있어 폭풍우 치는 날이면 흔들리고 삐걱거렸는데, 이 모습이 마치 센강을 오가는 '세탁선洗濯船(Bateau-Lavoir)'을 닮았다고 해서 붙여진 이름입니다. 이곳에서 피카소는 폴란드 출신의 시인이자 미술 평론가인 기욤

피카소가 장물로 취득했던 예술품 왼쪽은 〈여성 머리 조각품〉, 오른쪽은 〈남성 머리 조각품〉으로, BC 3세기경에 제작되었으며 스페인 알바세테 지역 발굴품입니다. 루브르박물관에서 한때 도난당했던 조각품입니다.

아폴리네르^{Guillaume Apollinaire(1880~1918)}를 비롯해 여러 예술가와 교류했습니다.

피카소는 전통적 관념에서 벗어나 독창적이고 새로운 예술을 꿈꾸었는데 특히 고향인 이베리아반도의 원시미술에 관심이 많았습니다. 당시 루브르박물관은 이베리아 전시실을 운영하면서 이베리아 남동부의 알바세테(Albacete) 지역에서 발굴된 조각품들을 전시하고 있었습니다. 1906년부터 피카소는 루브르에 수시로 드나들면서 이베리아 조각품에서 예술적 영감을 얻었습니다.

이처럼 피카소가 이베리아 원시미술에 큰 관심을 보이자 아폴리네르의 친구이자 비서로 활동하던 제리 피에레^{Géry Pieret(1884~?)}가 엉뚱한 일을 꾸몄습니다. 1907년 3월 루브르박물관에서 BC 3세기경에 제작된 이베리아 조각품 두 점을 훔친 것입니다. 이후 피에레는 피카소에게 〈여성 머리 조각품〉을 100프랑에 팔고 〈남성 머리 조각품〉은 무상으로 주었습니다. 이때 피카소의 장물 취득은 지금까지도 논란이 되고 있습니다. 피카소가 절도를 사주하지는

〈아비뇽의 여인들〉, 1907, 파블로 피카소, 뉴욕 현대미술관 소장

않았지만 1906년부터 루브르박물관에 빈번히 드나들었기에 그 조각품들이
적어도 장물이라는 사실을 모를 리 없습니다.

어쨌든 이렇게 취득한 〈여성 머리 조각품〉은 놀랍게도 미술사 최고의 아
이러니를 만들어냅니다. 바로 초기 입체파立體派(Cubism)의 걸작으로 평가받
는 1907년 〈아비뇽의 여인들Les Demoiselles d'Avignon〉의 모티브가 되었던 것이
지요. 이 그림은 원근법을 무시한 채 여러 각도에서 본 여성들의 모습을 한
화면에 담고 있습니다. 모두 5명의 여성이 나오는데 오른쪽 2명의 여성은 아
프리카 가면에서, 왼쪽 3명의 여성은 이베리아 조각품에서 영감을 받은 얼굴
모습입니다. 이 가운데 왼쪽에서 두 번째와 세 번째 여성의 표정과 이목구비
를 잘 보십시오. 피카소가 장물로 취득한 〈여성 머리 조각품〉과 매우 닮지
않았습니까? 피카소는 그림을 완성한 후에도 이 장물들을 자신의 아파트에

보관했습니다.

1911년 8월 루브르박물관의 〈모나리자〉 도난 사건이 일어나자 피카소와 아폴리네르는 거의 공황 상태에 빠졌습니다. 도난 사건의 난리통에 자신들의 장물 취득이 드러날 경우 추방당할 뿐만 아니라 〈모나리자〉 절도범으로 몰릴 것이 뻔했기 때문입니다. 『파리저널Paris-Journal』 신문은 〈모나리자〉 행방을 알려주는 사람에게 보상금을 주겠다는 홍보까지 펼쳤습니다. 아폴리네르의 친구인 제리 피에레는 이 기회에 돈을 벌겠다는 심산으로 이름을 숨긴 채 자신의 절도 이야기를 250프랑을 받고 신문사에 팔았습니다. 그의 이야기 대부분은 루브르박물관의 보안이 허술해서 절도에 취약하다는 것과 자신이 예술품을 훔친 과정을 무용담 수준으로 늘어 놓았지만, 그 훔친 물건을 파리의 어느 화가에게 팔았다는 내용도 포함되어 있었습니다.

위기의식을 느낀 피카소와 아폴리네르는 장물을 여행 가방에 넣어 센강에 몰래 버리려 했으나 증거를 없앤다고 상황이 바뀌는 것도 아니어서 곧 마음을 바꾸었습니다. 그들은 자신들을 익명으로 처리해주기를 기대하면서 장물로 취득한 조각품을 『파리저널』 사무실에 보냈습니다. 그러나 그들의 소망은 산산이 무너졌습니다. 1911년 9월 7일 아폴리네르는 파리 경찰에 체포되었고, 피카소는 공모 혐의로 법원에 출두하라는 명령을 받았습니다. 판사로부터 아폴리네르를 아냐는 질문에 피카소는 단번에 그를 부인했습니다. 훗날 피카소는 친구를 배신한 순간을 떠올리며 "기욤의 표정이 변하는 것을 보았어요. 그의 얼굴에서 피가 떨어졌습니다. 아직도 여전히 부끄럽습니다"라고 그날의 비굴함을 회고했습니다. 결국 아폴리네르는 장물취득죄로 6개월간 복역했지만 나중에 〈모나리자〉 절도와는 아무런 관련이 없음이 밝혀져서 풀려났습니다. 피카소의 장물 취득은 〈아비뇽의 여인들〉이라는 예술적 성과를 이루어냈지만 뜻하지 않게 〈모나리자〉 도난 사건에 휘말리면서 평생 그의 목에 걸린 생선 가시가 되었습니다.

도난이 발생하고 일주일 뒤 루브르박물관이 다시 문을 열자 소설가 프란츠 카프카$^{Franz\ Kafka(1883\sim1924)}$를 비롯해 수천 명의 파리 시민들이 '부끄러움의 표시'가 된 〈모나리자〉의 빈자리를 보기 위해 몰려들었습니다. 어떤 사람들은 장미꽃을 놓아두고 애도하기도 했습니다. 파리 경찰청의 과학수사가 난항을 겪고 있을 때 루브르의 큐레이터들이 결정적인 단서를 제공했습니다. 그들은 〈모나리자〉의 보호 상자 제작에 관련된 사람이 그것을 몇 분 안에 여는 방법을 알았을 것이라고 주장했습니다. 하지만 알퐁스 베르티옹뿐 아니라 모든 경찰관이 이 단서를 무시했습니다.

도난 사건 발생 2년 만에 진범이 붙잡혔을 때에야 큐레이터들의 예측이 정확했음이 밝혀졌습니다. 범인은 이탈리아 태생의 빈첸초 페루자$^{Vincenzo\ Peruggia(1881\sim1925)}$로, 1908년 파리로 이주하여 루브르박물관에서 작품을 보호하기 위한 유리 상자 설치를 담당했었습니다. 그는 이 일을 통해 박물관에 전시된 작품이 절도범으로부터 어떻게 보호되는지를 파악했습니다. 페루자의 절도에는 두 명의 이탈리아 출신 공모자들이 함께했습니다.

파리 경찰청은 절도범들이 월요일에 루브르가 휴관한다는 사실을 알고 그 전날인 8월 20일 일요일에 보안 벽장으로 숨어들었을 것이라 추측했으나, 보기 좋게 빗나갔습니다. 3명의 절도범은 흰색 작업복을 입고 도난 사건이 있었던 당일인 8월 21일 월요일 오전 7시경 다른 박물관 직원들이 드나드는 문을 통해 평범하게 들어왔습니다. 박물관 직원들이 흰색 작업복을 착용했기 때문에 같은 옷을 입은 절도범들은 자신들의 신분이 노출되지 않을 것이라 생각했습니다. 그들은 살롱 카레가 비었을 때 4개의 쇠못에 지지해 걸려 있는 〈모나리자〉를 들어 올려 떼어낸 후 난간이 있는 계단으로 가져갔고, 그곳에서 보호 유리 상자와 프레임을 제거했습니다.

CE FUT SOUS UNE BLOUSE QUE MONA LISA FUT ENLEVÉE

〈모나리자〉 절도 과정
『엑셀시오르』 1913년 12월 14일 자
에 일러스트로 소개된 〈모나리자〉
절도 과정. 가운데 원 안의 인물이
〈모나리자〉를 훔친 빈첸초 페루자
입니다.

  레오나르도 다빈치는 세 개의 나무판을 부착한 패널(panel)에 〈모나리자〉
를 그렸습니다. 르네상스 시대에는 상당히 일반적인 관행이었습니다. 이 때
문에 보통의 캔버스보다 훨씬 더 무거웠습니다. 게다가 루브르는 그림을 보
호하기 위해 버팀대 역할의 나무 프레임을 두르고 유리로 제자한 상자 안
에 〈모나리자〉를 넣는 조치를 취했습니다. 따라서 그림을 떼어낸 뒤 쉽게 말
아 들고 나갈 수 없으므로 절도범이 과연 〈모나리자〉를 어떻게 유출했는지
를 두고 말이 많았습니다. 프랑스 일간지 『엑셀시오르EXCELSIOR』 1913년 12
월 14일 자에 소개된 절도 과정을 보면 페루자는 〈모나리자〉를 떼어내서 흰
색 작업복 속에 숨겨 나갔던 것으로 묘사되어 있습니다. 하지만 페루자는 키
가 160cm에 불과하고 〈모나리자〉는 53×77cm 크기이므로 작업복 속에 넣
어 나갔다는 것은 맞지 않습니다. 훗날 페루자의 진술에 따르면, 그는 작업복
을 벗어 그림을 감싼 후 겨드랑이에 끼고 자신이 들어왔던 바로 그 문을 통

해 루브르박물관에서 유유히 빠져나왔습니다.

페루자는 〈모나리자〉를 파리에 있는 자신의 아파트에 2년 동안 보관했습니다. 〈모나리자〉가 세상에 공개된 계기는 골동품 상인으로 유명한 알프레도 게리[Alfredo Geri]가 이탈리아의 여러 신문에 "좋은 가격으로 미술품을 구입한다"는 광고를 게재하면서였습니다. 광고를 게재한 직후 게리는 1913년 11월 한 통의 편지를 받습니다. 편지는 놀랍게도 '자신이 〈모나리자〉를 가지고 있다'는 내용으로서, 반송 주소로는 파리의 우체국 사서함과 함께 'V. Leonard'로 서명되어 있었습니다. 페루자가 레오나르도 빈첸초(Leonardo Vincenzo)라는 가명으로 게리에게 편지를 보낸 것입니다.

게리는 피렌체의 우피치미술관(Uffizi Gallery) 관장인 지오바니 포기[Giovanni Poggi(1880~1961)]에게 연락해 피렌체의 알베르고 트리폴리(albergo tripoli) 호텔에서 페루자와의 만남을 주선했습니다. 나중에 이 호텔은 〈모나리자〉 도난 사건으로 유명세를 탔으며 이를 기회로 호텔명을 '호텔 라 조콘다(Hotel La Gioconda)'로 바꿨습니다. 호텔 방에서 비로소 페루자가 〈모나리자〉를 꺼내 들었습니다. 그림을 보자마자 게리의 눈에 단번에 들어온 것은 오래된 유화나 도자기에 남아 있는 특유의 잔금, 즉 빙열이었습니다. 게리는 곧바로 피렌체 경찰에 신고했습니다. 1913년 12월 12일 마침내 〈모나리자〉는 회수되고 페루자는 체포되었습니다.

페루자는 재판 과정에서 〈모나리자〉 절도는 애국심의 발로에서 한 일이라고 항변했습니다. 이탈리아 국민들은 페루자에게 강력한 지지를 보냈습니다. 나폴레옹은 1796년에 군대를 이끌고 알프스를 넘어 이탈리아를 정복하면서 600여 점이 넘는 예술품과 조각상을 약탈했던 바 있습니다. 페루자는 이때 〈모나리자〉도 나폴레옹이 약탈한 것이라고 믿었습니다. 페루자의 주장은 이탈리아 배심원단을 감동시켰습니다. 그는 1914년 6월 5일에 1년 15일이라는

1913년 12월 우피치미술관 관장인
지오바니 포기(맨 오른쪽 인물)가 그림
을 살펴보고 있습니다.

관대한 형을 선고받았고, 그마저도 7개월만 복역했습니다. 제1차 세계대전이
발발하자 이탈리아군으로 참전했으며, 제대한 뒤에는 프랑스로 돌아와 피에
트로 페루자$^{Pietro\ Peruggia}$라는 출생 당시의 이름으로 바꾸고 살다가 1925년에
사망했습니다. 페루자는 이탈리아에서 '고마운 이탈리아인'으로, 프랑스에서
는 '이탈리아의 돈키호테'로 기억되고 있습니다.

〈모나리자〉는 우피치미술관에서 2주 남짓 전시된 뒤 1914년 1월 4일 루브
르로 돌아왔습니다. 이탈리아 정부가 프랑스 루브르박물관에 〈모나리자〉를
돌려준 이유는 애초 그것의 반출 과정에 불법이나 부당성을 찾을 수 없었기
때문입니다. 애국심만으로는 문화유산 환수 주장에 설득력이 실릴 수 없습니
다. 하지만 이탈리아에서 〈모나리자〉 환수에 대한 주장은 사라지지 않고 끊
임없이 제기되었습니다.

이탈리아인들의 이러한 열망을 알아챈 영국과 프랑스는 제2차 세계대전을 앞두고 〈모나리자〉를 이용하여 독재자 무솔리니^{Alessandra Mussolini(1883~1945)}를 회유한다면 전쟁을 피할 수도 있다고 생각했습니다. 이 무렵 히틀러가 체코슬로바키아에서 다수 독일인이 거주했던 주데텐란트(Sudetenland)의 합병을 요구하며 군사적 긴장감이 커지자 영국, 프랑스, 이탈리아는 1938년 9월 30일 독일과 「뮌헨협정」을 체결하여 히틀러의 요구를 들어주었습니다. 당시 영국 수상 네빌 체임벌린^{Arthur Neville Chamberlain(1869~1940)}은 이 협정을 '우리 시대의 평화'라고 불렀습니다. 하지만 히틀러의 군사 도발이 계속되자 영국은 독재자 무솔리니가 나치 진영에 가담할까 싶어 우려했습니다.

바로 이즈음인 1939년 10월 이탈리아는 밀라노에서 레오나르도 다빈치의 대규모 특별전을 개최하기로 했습니다. 영국은 이탈리아를 구슬려 전쟁을 막아보고자 왕실 소장품인 레오나르도 다빈치의 드로잉화 19점을 비롯해 빅토리아 앤 알버트 뮤지엄(Victoria and Albert Museum, V&A) 소장 〈코덱스 포스터^{Codex Forster}〉까지 이탈리아에 대여해주기로 했습니다. 〈코덱스 포스터〉는 레오나르도 다빈치가 1487년부터 1505년까지 자신의 생각과 발명품을 기록한 노트인데, 기증자인 존 포스터^{John Forster(1812~1876)}의 이름을 붙여 불리는 고문서입니다.

그런데 영국은 자신들이 소장한 레오나르도 다빈치 작품만으로는 무솔리니를 설득할 수 없다고 생각했던 것 같습니다. 프랑스와 비밀협정을 맺고 루브르박물관이 소장한 〈모나리자〉와 〈암굴의 성모^{Virgin of the Rocks}〉까지 무솔리니에게 빌려주기로 한 것입니다. 사실 〈모나리자〉는 1911년의 도난 사건을 제외하고는 루브르박물관을 떠나본 적이 없기 때문에 프랑스로서도 큰 결정이었습니다. 그러나 히틀러가 약속과 다르게 1939년 3월 체코슬로바키아 전체를 차지했고 무솔리니도 그해 4월 알바니아를 무력으로 점령하면서 상황이 급변하자 프랑스가 꾀를 내었습니다. 이탈리아에 〈모나리자〉와 '동등한 가치'의 그림을 담보로 내건 것입니다. 이 제안으로 이탈리아는 굴욕을 맛보아야만 했고 프랑스는 〈모나리자〉 대여 약속을 당당하게 철회할 수 있었습니다.

레오나르도 다빈치가 1519년 프랑스 남부에서 사망했기 때문에 2019년은 레오나르도 서거 500주년이 되는 해였습니다. 2019년을 전후하여 이탈리아에서는 프랑스로부터 〈모나리자〉를 환수해야 한다는 목소리가 커지기 시작했습니다. 먼저, 2012년 9월부터 이탈리아 피렌체를 중심으로 시민단체에서 환수운동에 나섰습니다. 실바노 빈센티 Silvano Vincenti(1948~)가 주도하는 '역사·문화·환경 유산을 위한 이탈리아 국가위원회(Italian National Committee for Historical, Cultural and Environment Heritage)'가 앞장섰습니다. 그들은 이탈리아인의 천재성이 발현된 〈모나리자〉의 환수를 주장하며 피렌체를 중심으로 환수 요구 서명운동을 전개했습니다. 실바노 빈센티는 프란체스코 델 조콘도의 가족 납골당이 피렌체의 성 우르술라 중세 수도원(medieval Convent of Saint Ursula)에 있다는 데 주목했습니다. 〈모나리자〉의 실존 인물로 추정되는 리자 델 조콘도의 무덤도 거기에 있을 것이라 본 것입니다. 실바노 빈센티는 리자 델 조콘도의 유골을 찾기 위해 무덤을 발굴하고 DNA를 검사했습니다. 리자 델 조콘도의 두개골을 찾아 얼굴 이미지를 복원하고 루브르의 〈모나리자〉와 비교하는 것이 그들의 계획이었습니다.

〈모나리자〉를 환수하는 요구에 이탈리아 극우 정치인 마테오 살비니 Matteo Salvini(1973~)도 발 벗고 나섰습니다. 그는 2018~2019년 이탈리아 부총리와 내무부장관을 역임하며 불법 이민 문제로 프랑스 마크롱 대통령과 갈등을 겪었습니다. 양국이 불화하는 와중에 그는 2019년 레오나르도 다빈치 서거 500주년 기념행사를 발표하면서 〈모나리자〉의 반환을 요구한 것입니다. 〈모나리자〉 반환을 요구하는 측에서는 반출의 불법·부당성 여부와 상관없이 〈모나리자〉가 이탈리아 국민의 정체성을 대표하기 때문에 반환되어야 한다고 주장합니다. 페루자가 주장했던 애국심이 오늘날까지 이탈리아에서 계속되는 것입니다.

하지만 모든 이탈리아인이 그들의 주장에 동조하는 것은 아닙니다. 이탈리아 밀라노-비코카(Milano-Bicocca)대학의 국제법 교수인 툴리오 스코바치 Tullio Scovazzi(1951~)가 대표적입니다. 툴리오 스코바치는 오랫동안 유네스코 산하 문화유산 환수 촉진 정부 간 위원회(ICPRCP)에서 조국 이탈리아를 위해 일했습니다. 또한 2008년 서울에서 문화유산 환수 촉진 정부 간 위원회 설립 30주년 특별회의가 열렸을 때 참석하여 우리나라의 외규장각도서 환수 추진을 지지하기도 했습니다. 2012년 저는 그에게 〈모나리자〉 환수운동에 대한 견해를 직접 물어본 적이 있습니다. 그는 매우 단호하게 "반환을 위해서는 명백한 불법·부당성의 증거가 필요합니다. 〈모나리자〉는 프랑스 왕이 합법적으로 취득한 것입니다"라고 대답했습니다.

〈모나리자〉가 천재적이고 다재다능한 이탈리아인의 작품이라는 이유에서 반출 과정의 불법·부당성 여부는 따지지 않고 그 유산적 가치만으로 환수 요구를 할 수 있을까요? 이 점에 대해서는 1978년에 유네스코 총회에서 채택된 「문화유산 환수 촉진 정부 간 위원회(ICPRCP) 규정」(제3조 2항)을 보면 분명하게 알 수 있습니다. 4부 '들어가는 글'에서 언급한 문화유산 환수에서 R·R의 공식입니다.(☞ 231~233쪽 참조) 문화유산으로서의 가치 못지않게 반환을 요구하기 위해서는 불법까지는 아니더라도 식민 지배나 외국군 점령과 같은 '부당한' 역사적 사실이 전제되어야 합니다. 다시 강조합니다만 문화유산의 환수는 애국심만으로는 가능하지 않은 일입니다.

도굴품 환수의 새로운 기준, 맥클레인 법리

문화유산 환수를 이야기할 때 가장 중요하게 고려해야 하는 것은 R·R의 공식입니다. 환수 개념에서 원상회복(Restitution)의 대상은 불법성을 의미하는 '도난(stolen, 절도)'당한 문화유산이기 때문입니다. 우리나라에서 도난은 재물을 절취당하거나 강취당했다는 것을 뜻합니다. 다시 말해 누군가(소유자)의 재물을 그의 의사에 반하여 점유를 박탈했다는 의미입니다. 근대 이후로 사유재산의 보호를 중시 여기는 만큼 현대 국가에서는 도난 범죄를 강력하게 처벌하고 있습니다.

도난의 개념이 모든 국가에서 동일하지는 않습니다. 우리나라는 「형법」을 통해 규정하고 있는 반면, 미국에서는 법원의 판례를 통해 도난의 개념 범위를 넓혀가고 있습니다. 법리적 개념을 따지다 보면 의외로 국가마다 개념 차이가 크다는 점을 알 수 있습니다. 우리나라의 법령 체계를 보면 「형법」상 절도, 강도, 횡령, 사기, 공갈 등을 일일이 구분하고 각각의 차이는 「민법」상 도품盜品의 개념에도 영향을 미치고 있습니다. 도품이란 문자 그대로 해석하면 단순히 도둑맞은 물건이지만 법리적으로는 '원소유자의 의사에 반하여 점유가 박탈된 물건'을 뜻합니다. 원소유자의 의사에 반한다는 점에서 절도나 강도의 결과로 탈취된 물건은 도품으로 인정될 여지가 있지만, 횡령, 사기, 공갈 등은 우리 법으로 따질 때 '원소유자의 의사에 반한 것'이 아니기 때문에 도품에 해당되지 않습니다. 우리나라 「형법」상 타인 재산의 불법 취득 유형은 다음과 같이 분류됩니다.

- **절도** 타인의 재물을 절취하는 행위
- **강도** 폭행 또는 협박으로 타인의 재물을 강취하거나 재산상의 이익을 취득하는 행위
- **횡령** 타인의 재물을 보관하는 자가 그 재물을 불법적으로 가로채는 행위
- **사기** 사람을 기망하여 재물을 편취하거나 재산상의 이익을 취득하는 행위
- **공갈** 재산상의 불법적인 이익을 얻기 위하여 다른 사람을 협박하는 행위

미국에서는 우리나라와 달리 법원의 판례를 통해 도난 개념을 구체화하고 있습니다. 대표적으로 「연방 자동차 절도법(National Motor Vehicle Theft Act)」 상의 '도난' 개념은 '1957년 미국 정부 대 털리 사건(*United States v. Turley*, 352 *U.S.* 407 [1957])'을 통해 확대되었습니다. 털리[Turley]라는 사람이 자신은 합법적으로 자동차를 취득했다고 주장했지만 나중에 알고 보니 실상 횡령이었는데, 이때 재판 과정에서 횡령이 도난 개념에 포함되는지 여부가 쟁점이었습니다. 미국 연방대법원은 "도난의 개념은 절도가 주州 판례법상 절도죄에 해당하는지 여부와 상관없이 소유자로부터 소유에 대한 권리 및 혜택을 박탈한 의사를 가지고 행해지는 모든 형태의 흉악한 취득 행위를 포함한다"고 판결했습니다. 횡령을 도난의 범주에 포함하지 않는 우리나라와 달리 미국은 판례를 통해 횡령에 의한 불법 취득을 도난의 범주에 포함한 것입니다.

R·R의 공식에서 중요한 것은 이처럼 도난의 개념을 소재국의 법령에 따라 따져보고, 적용되는 법률을 확인하는 일이라고 할 수 있습니다. 도난과 비교해 볼 수 있는 개념이 '도굴(illegal excavation)'입니다. 흔히 도굴을 도난과 유사하다고 생각하기 쉽습니다. 예를 들어 도난과 불법 반출 문화유산의 취득 방지를 목적으로 채택된 「1995년 유니드로아협약」에서도 도굴을 도난으로 간주하도록 규정(제3조 2항)하고 있습니다. 하지만 법적 개념으로 볼 때 도난과 도굴에는 큰 차이가 있습니다.

도난은 소유자의 의사에 반하여 재물의 점유를 절취하거나 빼앗는 것으로 개인과 개인 간의 관계를 규율하는 사법私法상의 문제입니다. 이에 반해 도굴은 땅속에 매장되어 있는 문화유산을 사전에 허가 없이 절취하는 것으로 국가와 개인 간의 공적 관계를 규율하는 공법公法상의 문제입니다. 또한 도난이 소유자의 의사에 반하는 행위를 의미하는 것이라면, 도굴은 땅속에 매장된 채로 소유자나 점유자가 없는 상태에서 미발견 문화유산을 절취하는 것이므로 사전에 발굴허가제도나 국유화 조항이 갖추어지지 않은 국가에서는 성립하기 어려운 특징이 있습니다. 도굴을 방지하기 위해서는 매장문화유산법이 정립되어 있어야 하지만 오랜 시간 동안 아프리카, 아시아, 남미 등의 국가들에서는 매장문화유산법이 자리 잡지 못했기 때문에 오늘날까지 논란이 이어져오고 있습니다.

도굴과 관련한 논란을 두 가지 관점에서 살펴보도록 하겠습니다. 첫 번째는 매장문화유산의 국유화 조항이 갖춰지지 않은 상황에서 발생하는 문제입니다. 19~20세기 초 서구 유럽의 발굴팀들은 이집트나 아시아 지역에서 고대 유적지를 발굴하고 출토 유물을 자국으로 가져갔습니다. 그 시기에 아시아나 아프리카, 남미 국가들에서는 발굴허가제도나 출토 유물의 국유화 같은 매장문화유산 보호 제도가 정비되어 있지 않았기 때문에 그 같은 일이 가능했던 것입니다. 이 시기 출토 유물들에는 대체로 '분할계약(*partage agreement*)' 방식이 적용되어 소재지 국가와 발굴팀이 별도의 계약을 통해 소유권을 분배했습니다. 유럽의 발굴팀이 발굴 비용을 부담하거나 발굴에 필요한 전문지식을 제공하면, 그 대가로 소재지 국가는 출토 유물의 일부를 발굴팀에 분할해주는 방식이었습니다. 하지만 분할계약 방식은 현대 국제법의 기본 원칙인 '상호성 원칙'이 적용된 것이 아니라 서구 유럽이 아시아나 아프리카, 남미에 일방적으로 적용했던 까닭에 그 자체로 식민주의 관행이 반영된 것이라고 볼 수 있습니다.

이와 관련하여 오늘날까지 논란이 끊이지 않는 대표적인 사례로 이집트와 독일 간에 〈네페르티티 흉상〉의 환수를 둘러싼 갈등이 있습니다. 1912년 12월 6일 루드비히 보르카르트Ludwig Borchardt(1863~1938)가 이끄는 독일 오리엔트협회 소속 발굴팀이 이집트 아마르나(Tell el-Amarna) 유적지의 투트모스Thutmose(BC 14세기 조각가) 공방터에서 '미완성 상태의 흉상'을 발굴했습니다. 얼마 뒤 출토 유물을 분할하기 위한 회의가 1913년 1월 20일 양측 인사들이 참석한 가운데 개최되었고, 분할계약에 따라 소유권이 분배되었습니다. 오늘날 독일 정부는 1913년의 회의를 근거로 〈네페르티티 흉상〉에 대한 독일의 합법적인 소유를 주장하고 있습니다. 이에 반해 이집트는 1913년 분할 회의 때 루드비히 보르카르트가 〈네페르티티 흉상〉을 '색깔이 칠해진 회반죽의 공주 흉상'으로 표기하여 제출했다는 점을 문제 삼았습니다. 즉, 독일 발굴팀이 의도적으로 속이기 위해 파라오 아크나톤Akhenaten의 부인 네페르티티 왕비의 흉상을 공주의 흉상으로 둔갑시켰다고 주장했습니다. 이집트는 1924년부터 지금까지 〈네페르티티 흉상〉의 반환을 독일에 줄기차게 요구하고 있습니다.

아시아나 아프리카 대륙의 많은 국가는 제국주의 국가의 식민지 형태로

〈네페르티티 흉상〉, 베를린 노이에스박물
관(Neues Museum) 소장

1912년 12월 〈네페르티티 흉상〉 발굴 장면
맨 왼쪽의 인물이 루드비히 보르카르트입니다.

근대화 관문을 어렵게 통과했습니다. 서구 유럽의 식민 지배를 거치면서 그들의 찬란했던 문화유산은 수난을 겪었으나, 법과 제도는 미비했고 실효적인 정부 또한 존재하지 않았습니다. 이집트도 그런 국가들 중 하나였습니다. 이집트는 고대의 영광을 뒤로한 채 로마제국에 병합된 후에는 정치적 운명이 매우 복잡했습니다. 16세기에는 오스만제국의 통치도 받았습니다. 오스만제국은 이집트 지역에 '총독'을 뜻하는 '헤디브(khedive)'를 주기적으로 임명하여 파견했습니다. 이집트는 이스탄불의 술탄에게 예속된 식민지 상태에서 근대의 문턱과 마주친 것입니다. 제1차 세계대전이 일어난 1914년부터 영국은 이집트를 병합하려고 시도했으며 이집트인들이 격렬하게 반대했지만 이집트는 끝내 영국의 보호령이 되었습니다. 독립국가의 영예는 1922년 이집트 왕국의 수립으로 찾아왔으나 지금의 이집트는 1952년 가말 압델 나세르[Gamal Abdel Nasser(1918~1970)]의 군사쿠데타에서 국가적 원형을 찾을 수 있습니다.

이러한 이집트의 정치적 급변 속에서 고대 유산을 보호하는 것은 사실 불가능한 일입니다. 문화유산을 보호하기 위해서는 독립적이고 실효적인 정부체제가 수립되어야 합니다. 그래야만 외부로부터 자신들의 문화유산을 지킬 수 있기 때문입니다. 이집트에서 문화유산 법령의 기원은 오스만제국의 식민지 시절인 1883년 「유물법」에 찾고 있지만 그때까지도 아직 발굴허가제도나 출토 유물의 국유화 조항은 미비했고 〈네페르티티 흉상〉의 반출을 막지 못했습니다. 실체적인 발전은 1983년 「유물보호법」(공법 제117호)을 통해 이루어졌습니다. 이 법 제35조는 "발견된 모든 유물의 소유자는 이집트이며, 이를 수출하는 것은 불법"이라고 규정하고 있습니다. 세계 4대 문명 중 하나이고 찬란한 고대 문화의 발상지였지만 이집트는 미발견 매장문화유산의 국유화와 수출 금지 규정을 1983년에서야 도입한 것입니다.

매장문화유산 보호의 제도화는 지금까지도 아프리카, 아시아, 남미의 국가들에 여전히 과제로 남아 있습니다. 이 문제가 국제사회에 대두된 것은 2008년 서울에서 개최된 '문화유산 환수 촉진 정부 간 위원회(ICPRCP) 설립 30주년 특별회의' 때였습니다. 많은 국가가 매장문화유산 보호를 위한 법적 기반을 갖출 필요성에 공감했고, 멕시코 대표 호르헤 산체스 코르데로[Jorge Sanchez Cordero(1949~)]는 유네스코 차원에서 모델 법안을 제시해주기를 제안했습니다. 이 제안에 따라 유네스코와 유니드로아가 협력하여 2011년에 제정한 것이 '미발견 문화유산의 국가 소유권에 관한 유네스코-유니드로아 모델 조항'입니다. 이 모델 조항은 각국이 미발견 문화유산의 국가 소유권을 확립할 수 있도록 효과적인 법률 제정을 돕고자 마련되었습니다.

도굴과 관련한 논란의 두 번째는 도굴 범죄에 대한 처벌 문제입니다. 미국

ICPRCP 설립 30주년 특별회의   2008년 11월 26일 서울에서 문화유산 환수 촉진 정부 간 위원회 설립 30주년 기념 전문가 회의 및 특별회의가 개최되었습니다.

을 비롯해 여러 나라가 도난에 대해서는 엄격히 처벌하면서도 국경을 이동하는 도굴 범죄에 대한 처벌 규정은 미비합니다. 앞서 서술했듯이 도난이 소유자의 의사에 반하여 점유가 박탈당하는 것인 데 반하여 도굴은 그 누구의 소유나 점유도 아닌 미발견 문화유산을 무단으로 절취하는 것입니다. 이 같은 법적 허점을 노린 도굴범들은 '누구도 소유한 적이 없기 때문에 도난이 될 수 없다'며 자신들을 변호했습니다.

　여기서 우리는 미국의 사례를 통해 효과적인 도굴 방지에 대하여 생각해 볼 필요가 있습니다. 미국은 「1943년 연방도품법(National Stolen Property Act, 'NSPA')」을 제정하여 각 주州나 국가의 경계를 넘는 '5,000달러 이상의 장물'에 대해서는 관련자를 형사처벌 할 뿐만 아니라 해당 장물을 몰수하는 등 강력하게 처벌하고 있습니다. 이 법은 외국에서 절도 후 '국경을 넘어' 미국으로 반입한 문화유산에 대해서도 적용할 수 있으나 도굴 범죄에까지 적용되는지는 명확한 판례가 없어 규정하기 어려웠습니다. 미국에서 도굴 범죄에 대해서는 「1979년 고고자원 보호법(Archaeological Resources Protection Act of 1979)」이 적용되기는 하지만 이 법은 미국 내 고고 유적지에서 발생하는 도굴 범죄에 한정함으로써 공간적 한계를 갖고 있습니다. 이러한 법적 허점을 도굴범들이 악용하는 것입니다.

국제사회는 문화유산 불법 거래가 마약과 무기 밀매에 이어 세 번째로 큰 국제범죄라는 점에서 경각심을 느끼고 있습니다. 2020년 기준 미술품이나 골동품 등 문화유산의 판매액은 500억 달러(한화 약 60조 원)를 넘어섰고, 전문가들은 불법 밀매가 매년 최대 100억 달러(한화 약 13조 원)에 이를 것으로 추정하고 있습니다. 불법 거래되는 문화유산의 상당수는 고고 유적지의 도굴품으로 보고 있습니다. 아마도 2011년 이집트혁명으로 북부 아프리카와 서아시아 지역에서 정치적 불안정이 증폭된 상황도 한 원인이었을 것입니다. 특히 2014~2017년 이라크 북부와 시리아 동부를 점령하고 국가를 자처했던 수니파 이슬람 원리주의 테러단체인 '이라크 레반트 이슬람국가(ISIL, ISIS)'(2014년 이슬람국가[IS]로 명칭 변경)가 고대 유적지를 도굴하고 출토 유물을 밀매하여 테러 자금으로 충당하면서 도굴의 심각성이 더해졌습니다. 인터폴은 이 수치가 지난 10년간 매년 증가해왔다고 밝혔습니다. 아시아에서는 무려 30배 이상 증가하는 기록적 수치를 보였습니다.

다시 미국의 도굴 범죄 이야기로 돌아가겠습니다. 도굴범들은 자신들의 도굴 행위가 소유나 점유가 확정되지 않은 땅속의 미발견 문화유산을 대상으로 했기 때문에 소유자의 점유를 박탈하는 절도가 아니라고 항변하면서 「1943년 연방도품법」을 적용하여 처벌할 수는 없고, 오로지 경범죄인 무단 반출로만 처벌이 가능하다고 주장했습니다. 미국 법원에서 보기에 도굴범들의 이러한 주장은 위험천만하기 그지없었습니다. 「1943년 연방도품법」이 도굴 범죄에 적용되지 않는다면 미국은 도굴과 같은 문화유산 범죄의 전 세계 중간 기착지라는 불명예가 뒤따를 것이기 때문입니다. 남미나 아프리카의 고고 유적지에서 도굴된 매장문화유산이 미국으로 유입된 후 다시 세계 각지로 퍼져 나간다는 의미입니다.

이에 따라 도굴 범죄에 대해서도 「1943년 연방도품법」을 적용할 필요가 생겼습니다. 그리하여 만들어진 것이 바로 미국 연방항소법원이 '1979년 미국 정부 대 맥클레인 사건(*United States v. McClain*, 593 F.2d 658, 660 [5th Cir. 1979])'을 통해 형성된 '맥클레인 법리(McClain doctrine)'입니다. 외국 고고 유적지에서 도굴된 매장문화유산이 미국으로 반입되는 경우 '맥클레인 법리'를 연결고리로 삼아 「1943년 연방도품법」을 적용하고 형사적 제재를 할 수 있도록 한 것입니다.

외국의 고고 유적지에서 도굴된 매장문화유산이 미국으로 반입되었을 때 '맥클레인 법리'를 적용하여 도난으로 간주하고 「1943년 연방도품법」을 통해 처벌하기 위해서는 세 가지 요건이 충족되어야 합니다. 첫째, '해당 유산이 소재국 영토 내에서 발견된 것'이어야 합니다. 소재국과 출토 유물 간의 영토적 연계성이 확인되어야 한다는 뜻입니다. 둘째, '물리적 점유가 없더라도 매장문화유산의 소유권을 국가에 귀속시키는 재산법의 효력이 발생'하고 있어야 합니다. 물리적 점유가 없다는 말은 유물이 매장 상태에 있다는 것을 뜻합니다. 매장문화유산의 실효적인 국유화 조항을 요구하고 있는 것입니다. 마지막으로, 해당 국가의 재산법은 미국 헌법의 '적법절차' 요건(due process requirements)을 위반하지 않을 정도로 분명해야 합니다. 미국 수정 헌법 제5조는 "누구든지 적법절차에 의하지 않고서는 생명·자유·재산을 박탈당하지 않는다"라고 규정하고 있습니다. 적법절차(due process)는 국가권력의 자의적 행사로부터 개인의 인권을 보장하기 위한 제도입니다. 오늘날에는 법률의 형식뿐만 아니라 내용도 합리적이고 정당해야 한다는 실질적 의미까지 포함하고 있습니다. 따라서 매장문화유산의 국유화 조항이 자의적으로 해석되지 않도록 모호하지 않아야 한다는 것입니다.

1979년 미국 연방항소법원에서 '맥클레인 법리'가 형성된 것은 멕시코의 매장문화유산인 '콜럼버스 이전의 고고 유물'과 관련 있습니다. 미국 판례 표기 인용 방식을 보면 '1979년 미국 정부 대 맥클레인 사건'으로 되어 있는데 원고인 미국 정부가 피고 맥클레인을 형사 기소한 사건임을 알 수 있습니다.

미주 국가들의 역사를 말할 때 '콜럼버스 이전 시대(Pre-Columbian era)'라는 역사 표기 방식을 곧잘 접해보았을 것입니다. 미주 국가들의 역사가 그만큼 유럽 백인의 영향을 많이 받았음을 알 수 있는 대목입니다. '콜럼버스 이전 시대'란 유럽의 영향을 받지 않았던 이전의 시기를 별도 구분 없이 표현하고자 할 때 사용하는 용어입니다. 구체적으로는 크리스토퍼 콜럼버스^{Christopher Columbus(1451~1506)}가 아메리카 대륙에 도착했던 1492년 이전의 시대를 가리킵니다. 하지만 콜럼버스의 상륙이 잔인했던 식민지 역사를 가리킨다는 점에서 대체 용어 사용에 관심이 증가하고 있습니다. 논의 중인 대체 용어로는 '접촉 이전의 아메리카(Precontact Americas)', '식민지 이전의 아메리카(Pre-Colonial Americas)', '선사시대 아메리카(Prehistoric Americas)' 등이 있습니다.

맥클레인 법리가 형성될 수 있었던 사건의 개요는 다음과 같습니다. 1973년 5월 멕시코인 조셉 로드리게스^{Joseph Rodriguez}가 멕시코에서 도굴된 '콜럼버스 이전의 고고 유물'을 가지고 미국 텍사스에 도착했습니다. 하지만 판매가 여의치 않자 그는 샌안토니오(San Antonio)에서 활동하는 골동품 매매상 심슨^{Simpson} 부부에게 판매 권한을 주고 자신은 멕시코로 돌아갑니다. 그해 12월 조셉 로드리게스는 멕시코 도굴 유물을 미국을 거쳐 유럽에 판매하기 위해 심슨 부부를 비롯해 여러 미국인이 참여하는 국제 밀매단을 구성했습니다.

이 밀매단에 대한 정보가 우연하게도 미국 연방수사국(FBI) 요원인 존 맥골리John McGauley의 귀에까지 들어갔습니다. 맥골리는 1974년 2월 영화의 한 장면처럼 신분을 위장하고 정보원을 통해 심슨 부인과 접촉했습니다. 그는 마피아에게 판매할 절도품을 찾고 있다며 심슨 부인에게 거짓 부탁을 했는데, 심슨 부인은 한 치의 의심도 없이 맥골리를 신뢰했습니다. 그녀는 맥골리에게 남편 윌리엄William Simpson과 동료이자 감정가인 패티 맥클레인Patty McClain이 도굴품을 멕시코에서 캘리포니아로 운송하기 위해 선적하고 있다는 정보를 귀띔해주었습니다.

1974년 3월 4일 맥골리는 샌안토니오에서 밀매단을 만나 도굴품에 대한 의견을 청취했습니다. 이 자리에서 윌리엄 심슨과 패티 맥클레인은 이보다 더 많은 도굴품이 멕시코 국경을 넘어 미국으로 반입될 것이기 때문에 캘리포니아에 있는 물건을 하루빨리 처리하고 싶다는 이야기를 했습니다. 이로써 맥골리는 그들의 도굴 사실과 범죄의사를 모두 확인한 셈입니다. 도굴 범죄가 어느 정도 소명되자 맥골리는 재빠르게 행동했습니다. 3월 6일 심슨 부부와 패티 맥클레인을 포함해 밀매단 전원을 체포한 것입니다.

미국 연방수사국은 텍사스 연방법원에 이 밀매자들을 「1943년 연방도품법」 위반 혐의로 기소했고, 법원은 유죄를 선고했습니다. 하지만 밀매자들이 연방항소법원에 이의를 제기하면서 논란은 계속되었습니다. 밀매자들은 자신들이 멕시코의 도굴품을 무단 반출하기는 했으나 미국 법률에 따른 도난은 아니라고 항변했던 것입니다. 실제로 「1943년 연방도품법」은 도품 취득이나 거래, 운송 등을 범죄화했지만 도난이라는 단어를 명확하게 정의한 것은 아니었습니다. 밀매자들은 고고 유물이 특정 개인의 의사에 반하여 취득

되었다는 증거가 부족하고 멕시코가 실제로 점유했는지를 보여주는 증거도 없기 때문에 도난이 될 수 없다고 강조했습니다. 또한 도난은 '소유권을 부당하게 박탈하는 행위'에만 적용되며, 그렇기 때문에 자신들의 범죄는 무단 반출에 한정된다고 주장했습니다.

연방항소법원은 우선 멕시코 법령을 검토하여 멕시코 정부가 미발견 매장 문화유산에 대해 실제로 국가 소유권을 확립했는지를 확인했습니다. 멕시코의 「1972년 고고학적·예술적·역사적 기념물 및 구역에 관한 연방법률」제 27조에서 '고고학적 기념물·동산·부동산은 양도할 수 없는 불가침의 국가 재산'으로 규정하고 있습니다. 이 법률에 따라 멕시코 정부는 법률이 시행된 1972년 이후에는 미발견 매장문화유산에 대한 소유권을 갖는 것입니다.

멕시코 법령이 이러하니 미국 연방항소법원의 고민도 깊어질 수밖에 없었습니다. 밀매자들의 주장처럼 도난의 개념을 좁게 잡는다면, 1972년 이후 멕시코에서 미국으로 무단 반출된 고고 유물에 대해서는 멕시코 정부가 소유권을 갖고 있음에도 「1943년 연방도품법」의 보호를 받지 못하게 됩니다. 이는 매우 불합리하다고 연방항소법원은 판단했습니다. 결국 연방항소법원은 밀매자로 기소된 패티 맥클레인의 이름을 따서 '맥클레인 법리'를 정립하고, 원소재지 국가가 세 가지 요건을 입증하는 경우 '도굴'에 대해서도 '도난'으로 간주하여 처벌할 수 있도록 했습니다. 맥클레인 법리 덕분에 고고 유물들은 몰수되어 멕시코로 반환되었고 지금은 멕시코시티 소재 국립인류학박물관(Museo Nacional de Antropología)에 전시되어 있습니다.

미국 연방항소법원의 판결은 도굴 방지를 위한 매우 획기적인 일이라고 할 수 있습니다. 가장 먼저 주목할 점은 맥클레인 법리가 '멕시코 정부에 대한 범죄'를 '미국 정부에 대한 범죄'로 전환하는 역할을 했다는 것입니다. 현대사회에서는 개인의 경제적 활동이 국경을 넘어서는 경우가 빈번하게 발생

멕시코에 반환된 고고 유물　멕시코에서 도굴되어 미국으로 반입된 '콜럼버스 이전의 고고 유물'로, 맥클레인 법리에 따라 멕시코로 반환되었습니다. 멕시코시티 국립인류학박물관 소장.

합니다. 이러한 경우에 적용되는 법률이 「국제사법」이지만 여기에는 하나의 불문율이 있습니다. 바로 '한 국가는 다른 국가의 공법과 형법을 집행하지 않는다'는 원칙입니다. 맥클레인 법리는 이 불문율을 극복했다는 점에서 「국제사법」 원칙의 한계를 뛰어넘은 첫 번째 선례가 되었습니다. 1973년에 멕시코의 「1972년 고고학적·예술적·역사적 기념물 및 구역에 관한 연방법률」을 위반한 범죄가 '맥클레인 법리'를 매개로 미국에서 「1943년 연방도품법」을 위반한 범죄가 되었기 때문입니다.

　두 번째로 주목할 점은 맥클레인 법리가 「1970년 유네스코협약」의 한계를 극복했다는 것입니다. 「1970년 유네스코협약」은 문화유산의 수출이나 수입과 같은 이동을 제한하여 불법 거래를 방지하기 위한 협약입니다. 그러나 이

협약 제7조에 따르면 박물관이나 유사 기관에서 문서로 기록된 문화유산에 대해서만 외교 절차를 통해 반환을 요구할 수 있습니다. 아프리카나 남미의 국가들은 미발견 매장문화유산의 경우 사전에 문서로 기록되는 것이 물리적으로 불가능하기 때문에 「1970년 유네스코협약」은 도굴품에 적용되지 못한다고 비판했습니다. 그런데 '맥클레인 법리'는 도굴 범죄를 도난 범죄로 간주하여 처벌한다는 점에서 「1970년 유네스코협약」이 갖는 맹점을 채웠다고 볼 수 있습니다.

맥클레인 법리가 갖는 세 번째 의의는 미국의 몰수 절차와 관련 있습니다. 보통 문화유산에 대한 도난 범죄가 발생하면 해당 문화유산은 범죄의 증거로 압수됩니다. 이때 압수는 '국가기관이 범죄자로부터 범죄 증거물의 점유를 빼앗는 강제처분'을 뜻합니다. 압수된 도품을 원소유자에게 원상회복하기 위해서는 범죄자의 모든 법적 권리를 소멸시켜야 하는데 이러한 행위가 바로 몰수입니다. 몰수는 '범죄자의 범죄 이익 취득을 금지할 목적으로 범행과 관련된 재산의 권리를 박탈'하는 것입니다.

이때 중요한 것이 몰수 방식입니다. 몰수는 형사몰수(criminal forfeiture)와 민사몰수(civil forfeiture)로 구분합니다. 형사몰수는 '범죄자를 형사적으로 처벌하고 이를 근거로 범죄 증거물의 권리를 박탈하는 형벌'입니다. 다만 형사몰수는 반드시 인적 처벌을 전제로 하는 '부가형'이라는 점에 유의해야 합니다. 따라서 인적 처벌을 할 수 없다면 범죄 수익이 발생했더라도 몰수할 수 없다는 문제점이 있습니다. 우리나라가 바로 형사몰수 제도를 채택하고 있습니다. 이에 반해 미국은 형사몰수뿐만 아니라 민사몰수도 채택하고 있습니다. 민수몰수의 가장 큰 특징은 형사몰수와 달리 인적 처벌을 전제로 하지 않기에 범죄 수익을 몰수할 수 있고 원소유자의 권리를 더 강하게 보호할 수 있습니다. 미국은 「1943년 연방도품법」을 통해 민사몰수를 가능하도록 만들었기 때문에 외국에서 반입된 도굴품에 대해서도 맥클레인 법리를 매개로 민사몰수를 할 수 있는 장점이 있습니다.

맥클레인 법리의 네 번째 유용성은 미국 연방 법집행기관들의 활동 공간을 보장하고 권한을 강화해주는 역할을 한다는 점입니다. 미국의 경우 국경을 넘는 도난 예술품에 대해서는 이민관세청(ICE) 산하 국토안보수사국(HSI)이 수사와 압수를 주관하고 있으며, 독립된 법집행기관으로는 미국 연방수사국(FBI)의 예술품수사대(Art Crime Team)가 활동하고 있습니다. 예술품수사대는 2004년 설립되어 2021년까지 9억 달러 이상의 가치가 있는 도난 예술품을 2만여 점 넘게 압수했습니다. 예술품수사대는 온라인으로 '연방 도난 예술품 파일(National Stolen Art File)'을 구축하여 외국 수사기관과 정보를 공유하고 있습니다.

문화유산의 '원상회복' 대상은 재산권을 침해하는 '절도'와 '전쟁 중 약탈'에 한정된다는 것을 앞에서 이미 살펴보았습니다. 반면, 불법 반출은 재산권과는 무관하고 문화유산의 반출허가제도를 운영하는 국가들의 법률 위반이라는 점에서 상대적으로 경미하다는 이유로 '반환' 대상이라고 인식했습니다. 그런데 도난(절도)과 불법 반출 사이에서 개념적으로 취약성을 드러낸 것이 도굴 범죄였습니다. '맥클레인 법리'는 도굴품이 불법 수출입된 경우에도 「1943년 연방도품법」을 적용하여 원상회복할 수 있도록 했다는 데 특별한 의의가 있습니다.

24
폴란드에 찾아온 운명의 장난과 소련의 전리품 여단

문화유산 환수의 R·R 공식에서 이질적으로 보이는 개념은 '동종물에 의한 원상회복(restitution in kind)'입니다. 제2차 세계대전의 피해국이면서 약소국인 폴란드가 국가이익을 반영하여 주장한 개념입니다. 폴란드가 이 개념을 왜 마련했는지를 이해한다면 질곡에 빠진 전쟁과 문화유산 관계의 답답함을 풀어낼 수 있을지도 모르겠습니다.

우선 반드시 기억해야 할 도시, 바르샤바를 빼놓고는 이 주제를 이야기할 수 없습니다. 1944년의 바르샤바는 당시 사진만 봐도 얼마나 참혹했는지를 알 수 있습니다. 나치 독일은 1944년 폴란드 바르샤바에서 유형의 형체를 가진 모든 것을 파괴하고 학살했습니다. 그 시작은 역시 히틀러입니다. 히틀러는 1939년 6월 20일 뷔르츠부르크(Würzburg)에 있는 나치 건축국을 방문했는데, 그곳에서 '미래 독일 도시 프로젝트'를 보고받고 매혹되었습니다.

이 프로젝트는 1939년 9월 1일 나치 독일이 폴란드를 침공하면서 시작됩니다. 역사는 이날을 제2차 세계대전의 시작으로 기록하고 있습니다. 히틀러는 그해 11월 4일 점령지 바르샤바의 새로운 시장으로 뷔르츠부르크의 재

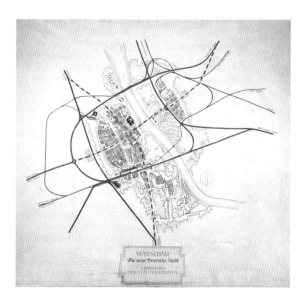

〈바르샤바, 새로운 독일 도시 설계도〉

1940년 2월 6일 나치가 작성한 바르샤바 도시 건설 설계도입니다. 당시 나치는 바르샤바를 파괴하고 행정과 통신 기능만 수행하는 인구 4만의 도시로 전환시키는 계획(파브스트 계획)을 수립했습니다.

정 책임자였던 오스카 루돌프 뎅겔Oskar Rudolf Dengel(1899~1964)을 임명했습니다. 시장에 취임한 그는 뷔르츠부르크에서 일하던 건축가 후베르트 그로스Hubert Groß(1896~1992)와 20명의 직원을 바르샤바로 불러들였습니다. 그들이 1940년 2월 「바르샤바, 새로운 독일 도시」라는 제목의 계획 문건을 작성했는데, 이에 따르면 130만여 명의 인구를 4만 명으로 줄이고 바르샤바를 행정과 통신 기능만 수행하는 도시로 전환하는 것이었습니다. 하지만 이 목표가 너무 급진적인 탓에 나치 내부에서조차 마찰이 일었고, 결국 뎅겔이 시장직에서 사임하면서 이 계획은 묻히는 듯 보였습니다.

　하지만 1942년 독일 육군의 건축가로서 '바르샤바의 수석 건축가'로도 불렸던 프리드리히 파브스트Friedrich Pabst(?~1943)가 이전보다 축소된 계획을 발표하면서 바르샤바 파괴의 프로그램이 다시금 수면 위로 떠올랐습니다. 오늘날에는 1939년부터 시작된 바르샤바의 모든 파괴 계획을 프리드리히 파브스트의 이름을 따서 '파브스트 계획(Pabst Plan)'이라 부릅니다. 파브스트 계획은 바르샤바를 남북으로 가르는 비스와강(Vistula R.)을 기준으로 오른쪽에는 8만 명의 폴란드 노예노동자 수용소를 건설하고, 왼쪽에는 13만 인구가 살 수 있는 독일 육군의 보급 도시로 탈바꿈시키는 것입니다. 이는 바르샤바의 역사적 건축물과 주거 지역의 95% 이상을 파괴하고 1944년 당시 인구 150만 명의 바르샤바 주민에 대한 인종청소가 전제되었던 까닭에 인류 역사상 가장 끔찍한 살인 계획으로 알려져 있습니다.

그런데 이 비참하고 끔찍한 살상과 파괴가 실제로 벌어졌습니다. 제2차 세계대전이 시작되기에 앞서 독일과 소련은 1939년 8월 23일 「독소불가침조약」(몰로토프-리벤트로프 조약)을 체결하고 폴란드를 피사강(Pissa R.)-나레프강(Narew R.)-부크강(Bug R.)-비스와강-산강(San R.)을 경계로 서부는 독일이, 동부는 소련이 분할하는 데 합의했습니다. 이 조약에 따라 독일은 폴란드를 침략해도 소련의 개입을 걱정할 필요가 없었습니다. 한 달이 채 지나지 않은 9월 17일 소련도 폴란드 동부를 침공했으며, 나치 독일은 9월 28일 폴란드의 수도 바르샤바를 함락했습니다. 공산주의를 증오한 나치 독일, 그리고 나치 독일을 경계하고 적대 세력이라 여겼던 소련. 두 나라가 공조하여 세계를 깜짝 놀라게 한 이 정치적 코미디는 오래가지 못했습니다. 1941년 6월 22일 나치 독일이 조약을 위반하고 146개 사단 300만 병력으로 소련을 침공했기 때문입니다. 바로 동부전선이 형성되었고, 소련은 이제 연합군 측에 서서 독일과 싸우는 상황이 되었습니다. 그로부터 3년여의 시간이 흐른 1944년, 동부전선의 전투는 소련에 유리하게 전개되었습니다.

1944년 여름 소련군이 바르샤바 가까이 진격해오자 이에 고무된 폴란드

파괴된 바르샤바   1944년 8월 14일 나치 독일은 바르샤바에 폭탄을 퍼부으며 초토화 작전을 감행했습니다. 사진은 1944년 9월 바르샤바 시내의 모습입니다.(출처: 바르샤바박물관)

지하저항군과 바르샤바 시민들은 독일 점령군에 대항하는 봉기를 준비했습니다. 소련이 독일 점령군을 몰아내는 데 힘을 보태기 위해서였습니다. 하지만 지하저항군 지도부는 걱정도 컸습니다. 히틀러를 바르샤바에서 제거했을 경우 그 공백을 스탈린이 메꾸는 것을 우려했기 때문입니다. 그래서 스탈린의 전위조직이 바르샤바에 들어오기 전에 선점하여 해방구로 만들기 위해 무장봉기를 결정했습니다. 63일간 독일군과 폴란드인들 사이에 벌어진 격렬한 시가전, 바로 '바르샤바 봉기'(1944. 8. 1~10. 2)입니다. 바르샤바 봉기는 63일 만에 독일군 SS(Schutzstaffel, 나치스친위대) 사령관 하인리히 힘러[Heinrich Himmler(1900~1945)]에 의해 무자비하게 제압되었습니다. 나치 독일은 여기에서 그치지 않았습니다.

  동부전선에서 독일군을 패퇴시키고 바르샤바로 곧 진격해올 것 같았던 소런군은 지체했고, 이 틈을 타서 독일군은 초토화 작전을 개시했습니다. 파브스트 계획을 구체적으로 실행할 적기라고 생각했던 것입니다. 8월 14일 독일군은 전차 부대를 앞세워 바르샤바의 구시가지를 초토화했습니다. 화염방사기와 폭탄이 어마어마하게 퍼부어진 결과 폴란드 저항군 2만여 명, 민간인 70만여 명이 사망했습니다. 또한 일반 주택지 10,455개소, 역사적 건물 923개소, 교회 25개소, 도서관 14개소 등이 소멸되었는데 바르샤바 전체의 85%에 해당했습니다. 도시와 주민들이 입은 피해는 통계가 가능한 것만 따져도 540억 달러에 달했습니다.

반나치주의자로 1969년에 서독 총리가 된 빌리 브란트^{Willy Brandt(1913~1992)}는 1970년 바르샤바 유대인 희생자 위령탑에 무릎을 꿇고 사과했습니다. 이를 가리켜 '바르샤바에서 무릎 꿇기(Kniefall von Warschau)'라고 하는데, 당시 독일 보수 정치인들은 그의 행동을 굴욕적이라며 비판하기도 했습니다. 한편 폴란드인들은 그의 사과를 바르샤바가 아니라 유대인에게 한 것으로 간주했습니다. 독일이 제2차 세계대전 중 바르샤바에서 자행했던 파괴와 살상에 대해 사과한 것은 훨씬 더 많은 시간이 지난 뒤입니다. 1994년 8월 1일 바르샤바 봉기 50주년 기념 추도식에 참석한 로만 헤어초크^{Roman Herzog, (1934~2017)} 독일 대통령이 처음으로 공개 사과를 했습니다. 그는 "독일인들이 당신들에게 했던 일에 대해 용서를 구합니다. 우리나라와 국민의 이름이 폴란드에 백만 번 가해진 고통과 슬픔에 영원히 연관될 것이라는 사실이 우리 독일인들을 부끄럽게 만듭니다"라고 말했습니다.

제2차 세계대전이 끝났을 때 폴란드와 독일 간에는 두 가지 문제가 남겨졌습니다. 하나는 국경선을 획정하는 일이고, 다른 하나는 전쟁배상이었습니다. 폴란드의 저항군은 제2차 세계대전이 연합국의 승리로 끝나는 데 기여했지만 종전終戰은 폴란드에 자유를 주지 않았습니다. 유럽은 얄타(Yalta)에서 분열했습니다. 처칠[Winston Churchill(1874~1965)]은 1946년 미국 풀턴(Pulton)에서 행한 연설 때 '철의 장막'이라는 단어를 통해 유럽 전승국이 동서 양 진영으로 분열된 상황과 소련의 영향권에 있는 폐쇄적인 동유럽을 비난했습니다. 폴란드는 종전 후에도 계속 소련의 영향하에 있다가 1989년 자유노조가 의회 선거에서 승리한 뒤 1990년 대통령에 취임한 바웬사[Lech Wałęsa(1943~)]가 제3공화국을 선포함으로써 공산 정권이 완전히 무너지고 폴란드 공화국이 수립되었습니다.

폴란드와 독일의 국경선 설정은 두 나라의 의사와는 무관했습니다. 제2차 세계대전 후 얄타회담에서 미국의 루스벨트, 영국의 처칠, 소련의 스탈린은 폴란드와 독일의 새 국경선을 오데르강과 나이세강을 연결하는 '오데르-나이세 선(Oder-Neisse line)'으로 결정했습니다. 소련의 탐욕과 독일을 견제하기 위한 심리적 피로감의 결과였습니다. 폴란드는 동쪽(지금의 리투아니아)에서 소련에 영토를 상실당하고 그 대가로 서쪽에서 독일 영토로 보상받았습니다.

독일 영토 슐레지엔(schlesien, 폴란드어로는 실롱스크)과 단치히(Danzig, 폴란드어로 그단스크)가 고스란히 폴란드의 차지가 되었습니다. 1946년 창당한 독일 사회주의통일당은 원래 오데르-나이세 선을 거부했습니다. 하지만 모스크바의 압력으로 1950년에 동독과 폴란드의 공산당 정부는 오데르-나이세 선을 '평화와 우정의 국경'으로 인정하는 「즈고젤레츠 조약(Treaty of Zgorzelec)」에 서명했습니다.

이를 지켜보는 서독은 오데르-나이세 선에 따른 영토 변경뿐만 아니라 그로 인해 과거 독일 영역에 거주했던 독일 국민이 강제 이주당하는 상황을 납득할 수 없었습니다. 서독과 폴란드의 관계는 오데르-나이세 선에 대한 서독의 입장에 따라 달라졌습니다. 서독이 그것을 수용하면 평화이고, 그렇지 않으면 팽팽한 긴장감이 감돌았습니다. 이 문제는 나중에 독일이 통일되면서 해결의 실마리가 풀렸습니다. 1990년 2월 캐나다 오타와에서 미국, 소련, 영국, 프랑스 등 4개국은 독일 통일을 지지했고, 자세한 내용은 동·서독(2)과 영국·프랑스·미국·소련(4) 간 '2+4회담'에서 결정하기로 합의했습니다. 2+4회담이 진행되는 동안 폴란드는 여러 외교 경로를 통해 오데르-나이세 선을 '유럽 안보의 기본 조건'으로 주장했고 4개국이 동의했습니다. 마침내 동독과 서독은 1990년 6월 21일 각자의 의회에서 오데르-나이세 선을 수용했습니다. 그리고 이 논의를 바탕으로 1990년 9월 12일 모스크바에서 흔히 「2+4조약」으로 일컫는 「독일에 대한 최종해결조약(Treaty on the Final Settlement with Respect to Germany)」을 체결한 것입니다.

두 번째 문제인 전쟁배상은 순탄치 못했습니다. 폴란드는 소련의 압력에 굴복해 1953년 소련과 동독에 대한 전쟁배상 청구권을, 1970년에는 서독에 대한 전쟁배상 청구권을 포기해야만 했습니다. 바르샤바를 초토화한 1944년 나치의 파브스트 계획에 따라 민간인 희생자만 70만 이상이고 측정 가능한 물적 피해만 따져도 540억 달러가 넘었지만, 이 엄청난 피해에 대해서는 고려되지 않았습니다. 소련의 개입은 폴란드에 가혹하기만 했습니다. 전쟁 피해에 따른 손해배상 문제는 뜻밖에 폴란드와 독일 간에 새로운 양상의 문제를 낳았습니다. 바로 '베를린카 컬렉션(Berlinka Collection)'을 두고 벌어진 문제입니다.

베를린카(Berlinka)는 폴란드어로 '베를린에서 왔다'는 의미입니다. 베를린카 컬렉션은 '프로이센의 보물'이라는 뜻에서 프루스키 스카르브(Pruski skarb)라고도 불립니다. 명칭에서 알 수 있듯이 원래는 독일의 국가보물이었으나 제2차 세계대전이 끝난 뒤에는 폴란드가 소장하게 되었습니다. 약 22만여 점에 이르는 이 보물들에는 16세기부터 20세기 초까지 독일을 대표하는 루터, 칼뱅, 괴테 등과 같은 사상가나 문학가들의 자필 서명이 있는 편지 및 육필 원고를 비롯하여 베토벤, 모차르트, 바흐 등의 친필 악보 443점이 포함되어 있습니다. 이러한 문서들은 창작자가 직접 손으로 작성한 유일한 원본이라는 점에서 대단히 중요하고 가치가 높습니다. 또한 팔러슬레벤^{August} Heinrich Hoffmann von Fallersleben(1798~1874)이 1841년에 작사한 독일 애국가 〈독일인의 노래^{Das Lied der Deutschen}〉 필사본이 포함되어 있어 그 자체로 독일의 국가적·문화적 정체성을 상징합니다.

독일의 국가보물을 폴란드가 소장하게 된 과정은 다음과 같습니다. 사건은 1941년 4월 9일과 10일 밤에 영국 공군기가 베를린을 폭격하면서 시작되었습니다. 이 공습이 나치의 수도를 처음 폭격한 것은 아니었지만 이전에 비해 큰 피해를 입혔던 것은 분명합니다. 나치의 선전장관 요제프 괴벨스^{Joseph} Goebbels(1897~1945)는 4월 11일 일기에서 "어제 베를린의 운터 덴 린덴(Unter den Linden)이 큰 피해를 입었다. 국립오페라극장(Berlin State Opera House)은 완전히 소실되고 울타리만 남았다. 비극적인 손실이다. 대학과 국립도서관도 심하게 손상되었다. 우리는 베를린 문화지구가 공격받았다는 메시지를 전 세계에 전해야 할 것이다"라고 썼습니다.

연합군의 전략적 융단폭격은 아직 본격적으로 시작되지 않았음에도 4월 공습은 독일의 문화유산 책임자들을 놀라게 하기에 충분했습니다. 당시 베를린의 프로이센국립도서관(Preußische Staatsbibliothek, 지금의 베를린 주립도서관)에는 베를린카 켈렉션을 포함해 소장 도서가 300만여 권에 달했습니다. 이제 선택의 여지가 없었습니다. 연합군의 폭탄이 모차르트, 브람스, 베토벤 등 세계에서 가장 풍부한 음악 원고 컬렉션을 파괴하도록 방치할 수 없었기에 대피 계획이 수립되었습니다.

하지만 프로이센국립도서관의 소장품을 대피시킬 경우 독일이 전쟁에서

프로이센국립도서관 　지금은 베를린주립도서관(Staatsbibliothek zu Berlin)으로 이름이 바뀌었습니다.

패배를 자인하는 것처럼 보일 수도 있기 때문에 히틀러는 망설였습니다. 그러다가 1942년 5월 영국 공군이 독일 북부의 뤼베크(Lübeck)와 로스토크(Rostock)를 공습하자 히틀러는 결국 프로이센국립도서관의 대피 계획을 승인했습니다. 이 대피 계획은 나치 당원이면서 나치의 고위직과 접촉할 수 있었던 빌헬름 푀베Wilhelm Poewe(1885~1946)가 주도했습니다. 푀베는 우선 가장 귀중한 도서관 컬렉션을 개별적으로 분리했습니다. 같은 작곡가의 작품이라 하더라도 분산해서 대피소로 보내도록 명령한 것입니다. 공습당할 경우 같은 작곡가의 작품 중 일부만 파괴되도록 하기 위해서였습니다. 대피소는 독일 전역의 29개 지역이 선별되었습니다. 대부분 오래된 성과 수도원이 있는 작은 마을이었습니다. 1942년 가을부터 차례차례 대피시키기 시작했습니다.

　프로이센국립도서관의 가장 중요한 컬렉션은 슐레지엔에 있는 퓌르스텐슈타인성(Fürstenstein Castle, 지금은 폴란드의 크시옹시성)으로 옮겨졌습니다. 원래 이 성은 나치에 적대적이었던 한스 하인리히 15세Hans Heinrich XV(1861~1938)가

나치의 소장품 대피 　1943년 프로이센국립도서관의 소장품을 독일 전역으로 대피시키는 모습입니다.

주인이었지만 1941년 나치에 압수당했습니다. 나치는 한스 하인리히 15세의 두 아들이 영국군과 폴란드군으로 복무하고 있기에 퓌르스텐슈타인성이 연합군의 공격 대상에서 멀어지리라 여기며 대피소로 적격이라고 판단했습니다. 처음에는 루터, 헤겔, 그림 형제를 포함하여 독일 음악인의 원고와 친필 서한들을 201개의 작은 상자에 나눠 담아 대피시켰습니다. 1943년에는 또 다른 304개 상자를 베를린에서 퓌르스텐슈타인성으로 옮겼습니다.

　그런데 1943년 9월 11일 히틀러의 군사 부관이 나치가 점령했던 폴란드 남서부의 올빼미 산맥을 요새화하여 히틀러 본부를 웅대하게 건설하라는 명령을 내렸습니다. 몇 달 후 이 명령은 그곳에 히틀러의 거주지도 함께 건설하는 사업으로 확대되었고 범위도 인근의 퓌르스텐슈타인성까지 확장되었습니다. 이 순간 프로이센국립도서관 소장품이 담긴 505개 상자는 새로운 위협에 직면했습니다. 연합군의 폭격이 집중될 것이 뻔했기 때문입니다. 프로이센국립도서관 소장품이 담긴 505개 상자는 또다시 옮겨졌습니다. 새로

크제슈프 수도원 원래 슐레지엔의 그뤼사우에 있는 성 요셉 교회였으나 1945년 슐레지엔이 폴란드 영토가 되면서 교회 이름도 크제슈프 수도원으로 바뀌었습니다.

운 대피소는 슐레지엔의 그뤼사우(Grüssau)에 있는 성 요셉 교회(church of St. Joseph)였습니다. 훗날 수도사들은 퓌르스텐슈타인성의 상자들이 1944년 7월 2일 또는 3일에 옮겨졌다고 회상했습니다. 제2차 세계대전이 끝난 뒤 슐레지엔이 폴란드 영토로 귀속되자 그뤼사우의 성 요셉 교회 또한 폴란드에 속하게 되었고 이름도 크제슈프(Krzeszów) 수도원으로 바뀌었습니다. 10개월 후 아돌프 히틀러가 죽고 베를린 주둔군은 항복했습니다.

마치 권선징악의 동화처럼 폴란드에도 '운명의 장난'이 찾아왔습니다. 나치 독일의 패색이 짙어지자 1945년 2월 크림반도의 휴양도시 얄타에서 루스벨트와 처칠, 스탈린은 나치 독일의 항복 문제와 전후 처리 문제를 논의하기 위해 만났고, 이 자리에서 독일과 폴란드의 국경선을 오데르–나이세 선으로 결정했습니다. 독일 점령하에 있던 슐레지엔이 이 결정에 따라 통째로 폴란드 영토로 귀속되었습니다. 1945년 7월 폴란드 교육부가 임명한 특별위원회가 텅 빈 크제슈프 수도원에서 505개의 상자를 발견했습니다. 바로 22만여점에 이르는 베를린카 켈렉션이었습니다.

폴란드는 크제슈프 수도원에서 발견된 그 모든 것을 비밀로 하고 505개의 상자를 1948년에 크라쿠프(Kraków)에 있는 야기엘론스키(Jagielloński)대학 도서관으로 이전했습니다. 폴란드가 철저히 숨겼음에도 불구하고 이 보물의 존재를 의심하여 찾아내려는 이들이 많았습니다. 이후 베를린카 컬렉션에 대한 소문이 빠르게 퍼져 나가면서 동독과 서독 모두 폴란드를 상대로 물밑 협상을 시도했습니다.

폴란드와 동독 간의 문화유산 반환은 1965년부터 시작되었습니다. 폴란드는 자신들의 공산 정부 설립 20주년과 동독의 15주년을 기념하기 위해 13대의 선물 열차를 우치에서 동베를린으로 보냈습니다. 이 선물 목록에는 19세기부터 20세기 초까지 제작된 기술 및 농업 관련 서적 9만 2,000여 권과 2만 7,400여 점의 신문 인쇄본이 포함되어 있었습니다.

하지만 폴란드가 숨기면 숨길수록 베를린카 컬렉션에 대한 궁금증은 더욱 커져갔습니다. 1970년 베토벤 탄생 200주년을 계기로 폴란드와 동독의 음악 교수들이 양국 정부를 상대로 청원에 나서면서 베토벤, 모차르트, 바흐 등의 친필 악보 443점이 전 세계의 관심을 끌었습니다. 이러한 분위기 속에서 1977년 「우호조약」이 체결되었고, 이를 계기로 폴란드의 에드바르트 기에레크[Edward Gierek(1913~2001)] 서기장이 동독의 에리히 호네커[Erich Honecke(1912~1994)] 서기장에게 베토벤 악보 1점(교향곡 9번), 모차르트 악보 3점(교향곡 41번, 오페라 마술피리, C단조 미사곡), 그리고 바흐 악보 2점(하프시코드 협주곡, 플루트 소나타) 등 거장들의 친필 악보 6점을 선물했습니다. 이로써 폴란드 정부가 베를린카 컬렉션의 존재를 처음으로 인정한 셈입니다. 그러나 2000년에 폴란드 예지 부제크$^{Jerzy\ Buzek(1940\sim)}$ 대통령이 독일 게르하르트 슈뢰더$^{Gerhard\ Schröder(1944\sim)}$ 총리에게 〈루터 초상화 판화〉 1점을 전달한 것을 제외하고 이후로는 양국 간에 어떠한 진전도 없었습니다.

그렇다면 왜 그토록 독일 보물에 대한 협상은 지지부진하고 오랜 시간 교착되었을까요? 이야기는 다시 그 복잡했던 1990년의 유럽으로 돌아가야 합니다. 1990년 독일 통일에 이어 1991년에는 소련이 해체되었습니다. 폴란드에서도 공산 정권이 무너지고 바웬사가 1990년 대통령으로 취임했습니다. 독일과 폴란드는 과거의 불행했던 역사의 청산을 더 이상 미룰 수 없었습니다. 양국은 1990년 「독일—폴란드 국경조약」으로 국경선 문제를 해결한 뒤 1991년에는 「우호조약」을 체결했습니다. 1992년에는 문화유산 반환 협상을 시작했습니다. 독일이 먼저 성의를 보이며 속내를 드러냈습니다. 나치 독일이 약탈했던 폴란드의 청동기시대 동전 등 1,700여 점을 반환하면서 베를린카 컬렉션을 요구했습니다.

그러자 폴란드는 1944년 여름의 바르샤바를 소환하면서 베를린카 컬렉션 문제를 전쟁배상과 함께 다룰 것을 요구했습니다. 독일은 감정에 호소했습니다. 베를린카 컬렉션이 독일 민족 고유의 유산이며 문화적 정체성이므로 조건 없는 반환을 희망했습니다. 이때 폴란드는 베를린카 컬렉션은 '유럽의 문화유산'이라고 응수했습니다. 과거 약소국의 문화유산을 약탈하여 인류의 보편 유산으로 둔갑시켰던 강대국들과 뒤바뀐 그림이었습니다. 독일 미디어는 베를린카 컬렉션을 '마지막 전쟁포로'라고 부르며, 그것의 반환 논리를 「1907년 헤이그 제4협약」부속 규칙에서 찾았습니다. 국가 소유 예술품을 사유재산으로 간주하여 전쟁 중에 강제 수용을 금지하도록 한 규정(부속 규칙 제56조)이었습니다. 그러나 폴란드는 확고했습니다. 전후 평화 상태에 자신들의 영토 내에서 합법적으로 발견되었기 때문입니다. 폴란드는 독일의 반환 요구에 맞서 자신들의 주장을 더 정밀하게 정립할 필요성을 느꼈습니다. 이미 1987년부터 합법적 소유를 연구했으며 그 결과가 바로 '동종물에 의한 원상회복(Restitution in kind)'입니다. 이는 문화유산 환수의 역사에서 탄생한 최고의 아이러니였습니다.

이번 주제에서 1944년의 바르샤바부터 베를린카 컬렉션을 거쳐 전후戰後 폴란드 외교사까지 설명한 이유는 바로 '동종물에 의한 원상회복' 개념을 온전하게 이해하기 위해서입니다. 사실 이는 제 개인의 경험과도 맞닿아 있습니다. 2009년 3월 저는 프랑스 파리에서 개최된 유네스코 정부 간 회의에 참석했습니다. 그해 유네스코는 '제2차 세계대전 시 이전된 문화유산 관련 원칙 선언안'을 채택하기 위해 분주했고, 파리 회의는 이를 논의하는 자리였습니다. '원칙 선언안'은 2006년, 2007년, 2009년 등 세 차례 정부 간 회의 끝에 초안이 마련되었으며, 우리나라는 파리에서 열린 마지막 회의(2009. 3. 17~18)를 재정적으로 지원했습니다. 이틀간의 회의 결과는 실망스럽기 그지없었습니다. 쟁점은 '전쟁배상물로서 문화유산을 억류할 수 없다'는 원칙 IX에 집중되었습니다. '원칙 선언안'의 11개 원칙은 다음과 같습니다.

제2차 세계대전 시 이전된 문화유산 관련 원칙 선언안(2009)

- 전문과 11개 원칙으로 구성
- 원칙: I. 적용 범위 / II. 소유권의 상실 혹은 이전의 의미 / III. 책임국이 취해야 할 조치 / IV. 다수 책임국 / V. 소재국 혹은 보관국이 취해야 할 조치 / VI. 수령국이 취해야 할 조치 / VII. 연속적 이전 / VIII. 문서화 / IX. 전쟁배상물로서 문화유산 억류 금지 / X. 시효 / XI. 국제법과의 관계

그때 폴란드 대표단은 외교적 항의 문서(Demarche)를 회의장에 배포했고 자신들의 주장을 관철하기 위해 장시간 논쟁했습니다. 폴란드는 전쟁배상물로서의 문화유산 억류를 금지한 원칙 IX에 불만이 많았습니다. 원칙 IX에 대해 폴란드 대표단은 "국가들의 연대, 정의, 형평한 대우의 원칙을 위배하는 것이며, 결과적으로 제2차 세계대전의 범죄자와 피해자를 똑같이 대우함으로써 엄청난 손실을 겪은 희생자들의 권리를 무시하는 처사"라고 비판했습니다.

그동안 독일은 베를린카 컬렉션을 두고 전쟁배상물로 억류된 것이라 주장하면서도 1944년 바르샤바 파괴에 따른 폴란드의 인적·물적 손실에 대해서는 침묵했습니다. 특히 1953년과 1970년 폴란드의 전쟁배상 청구권 포기를 자신들의 입지를 구축하는 데 이용했습니다. 사실 그 당시 전쟁배상 청구권 포기는 소련의 압력으로 인해 폴란드가 어쩔 수 없이 받아들였음에도 말입니다. 문화유산을 전쟁배상물로 억류할 수 없다는 주장은 비단 독일만의 논리는 아니었습니다. 문화유산은 한번 파괴되면 대체할 수 없기 때문에 「1954년 헤이그협약」 제1의정서에 "전쟁배상물로서 문화유산을 억류할 수 없다"는 원칙이 명문화된 것입니다. 하지만 폴란드는 그 논리를 받아들이려 하지 않아서 원칙 IX를 아예 삭제하든가, 아니면 새로운 문구를 추가해줄 것을 요청했습니다. 이 추가 문구가 바로 '동종물에 의한 원상회복'입니다.

유네스코에서 '원칙 선언안' 채택은 끝내 무산되었습니다. 표결보다는 총의總意(consensus)를 우선시하는 관행 때문이었습니다. 총의는 반대가 없으면 채택되는 의사결정 방식으로, 불참하거나 기권하는 경우에도 반대의 의사표시로 간주되지 않기 때문에 모두의 찬성을 요구하는 만장일치(unanimity)보다 합의가 쉽다는 장점이 있습니다. 그러나 폴란드가 끝까지 반대하면서 결국 채택되지 못한 것입니다.

이때, 강경한 입장의 폴란드를 러시아가 지지하고 나섰습니다. 러시아는 '동종물에 의한 원상회복'을 '보상적 원상회복'으로 부르고 있습니다. 제2차 세계대전 때 소련은 연합국 측의 일원으로 참전하여 승전국이 되었지만 나치 독일로부터 입은 피해도 막대했습니다. 제2차 세계대전에서 동부전선은 나치 독일이 소련을 침공한 1941년 6월 22일 바르바로사 작전(Unternehmen Barbarossa)으로 형성되었습니다. 작전명 '바르바로사(Barbarossa)'는 '붉은 수염'이라는 뜻으로, 동방에 관심이 많았던 신성로마제국 프리드리히 1세[Friedrich I(1657~1713)]의 별명에서 유래하지만 스탈린을 암시하기도 합니다. 소련을 침공하는 동안 나치 독일은 수많은 러시아정교회의 수도원과 교회를 불태우고 427개의 박물관, 4,000여 개의 도서관, 1억 1,000만 권이 넘는 책을 파괴했습니다. 무엇보다도 이때 3,000만 명의 소련인이 사망했습니다.

하지만 나치 독일의 바르바로사 작전은 1941년 12월 모스크바 전투에서 소련군에 패함으로써 실패하였고, 이제 나치 독일은 스탈린의 가혹한 보복에 직면해야 했습니다. 1942년 스탈린은 나치 군대의 무자비한 폭격으로 훼손되거나 파괴된 제정러시아 시대의 문화유산을 목록화하는 한편, 그 손실을 만회하기 위해 독일 문화유산에 대한 '보상적 약탈 목록'을 만들기 시작했습니다. 이 임무가 국방위원회에 맡겨졌습니다. 나치 독일의 패전이 가시화되자 소련과 미국, 영국의 정상은 소련 흑해 연안에 있는 크림반도의 얄타에 모여 1945년 2월 4일부터 11일까지 전후 질서에 대해 논의했습니다. 회담에서 돌아온 스탈린은 이전부터 준비해 놓았던 독일의 패전 이후를 본격적으로 실행에 옮깁니다. 이미 1944년 후반에 보복적 약탈을 수행할 특수부대인 '전리품 여단(Trophy Brigades)'을 만들고 전면적으로 활동하게 한 것입니다.

소련의 전리품 여단은 스탈린의 명령에 따라 1944년 후반 게오르기 말렌코프[Georgy Malenkov(1901~1988)]가 결성한 특수부대입니다. 그들은 나치 독일이 소런에서 파괴한 러시아의 보물과 '궁극적으로 동등한 것'을 베를린 및 드레스덴에서 찾아내는 임무를 맡았지만 실제로는 광범위한 약탈을 자행했습니다. 독일에 대한 보복이면서 소련 경제를 재건하는 데 활용할 만한 그 모든 것이 약탈 대상이었습니다. 전리품 여단은 산업시설과 전략물자, 농기계, 비료, 가축, 예술품, 고서古書 등 다양한 분야로 나뉜 임무를 적극적으로 수행했다고 알려집니다. 또한 문화유산 약탈에는 최소 5개 기관이 참여했다고 합니다. 예술품 수색과 압수에서 주요 역할은 예술위원회 산하 전리품 여단이 주관했지만 다른 기관들도 무차별적인 약탈에 관여했습니다. 도서관이나 기록물 보관소에 소장된 고서들은 과학교육위원회 산하 고스폰드(Gosfond)라고 불리는 전리품 여단이 주관했습니다. 또한 소련의 정보기관 스메르시(SMERSH: '스파이에게 죽음을'이라는 뜻의 러시아어 약자)도 각종 공문서나 필사본 약탈에 참여했습니다.

제2차 세계대전 발발 직후부터 독일은 그들 나름대로 국가보물을 지키기 위해 치열했습니다. 프로이센국립도서관을 비롯해 베를린의 여러 박물관이 쉴 새 없이 날아드는 포탄으로부터 소장품을 지키기 위해 노력했습니다. 특히 프로이센국립도서관은 300만여 권에 이르는 방대한 소장 도서를 독일 전역의 29개 수도원, 성, 광산 등지로 대피시키기 시작했습니다.

일반인들에게 공개되지는 않았지만 1939년부터 독일 베를린의 '박물관 섬 (Museumsinsel, Museum Island)' 또한 소장품 대피를 준비하고 있었습니다. 박물관의 섬은 베를린 중심부를 흐르는 슈프레강(Spree R.)의 북쪽을 일컫습니다. 섬의 북쪽에 알테스박물관(Altes Museum, 베를린 구 박물관), 노이에스박물관(Neues Museum, 베를린 신 박물관), 알테국립갤러리(Alte Nationalgalerie), 보데 박물관(Bode Museum), 페르가몬박물관(Pergamonmuseum) 등 세계적으로 이름난 박물관이 자리 잡고 있는 까닭에 '박물관의 섬'이라는 이름이 붙여졌습니다.

　당초 나치 사령부는 베를린이 공중폭격 받는 상황을 가정하지 않았기 때문에 1941년 4월 예상치 않게 영국의 공습을 당하자 전쟁 전략과 방어 계획을 전면 재검토했습니다. 연합군 전투기의 공중 위협에 나치의 건축가들이 생각해낸 대응은 초대형 요새 겸 방공호인 대공포탑이었습니다. 베를린의 3대 공원으로 손꼽히는 동물원(Tiergarten), 프리드리히샤인(Friedrichshain), 훔볼트하인(Humboldthain)에 가로세로 60m의 거대한 콘크리트 구조물을 건설하고 꼭대기에는 대공포를 설치하는 것이었습니다. 설계자 프리드리히 탐^{Friedrich Thamm}이 '발포하는 대성당'이라는 별명을 붙인 이 대공포탑은 나치 독일의 막강한 군사력을 상징했습니다.

　콘크리트 대공포탑은 연합군의 공습에 대항하기 위한 군사적 목적이 가장 컸지만 규모와 안전성으로 볼 때 최대 방어진지였습니다. 이러한 이유로 대공포탑은 군 병원과 예술품 대피소로도 사용되었고 벙커는 지역 주민들을 위한 방공호 기능을 했습니다. 대공포탑은 전투탑(G-Tower, Gefechtsturm)과 선도탑先導塔(L-Tower, Leitturm)의 두 종류가 있는데 그 역할이 달랐습니다. 규모가 큰 전투탑에는 중대공포를 설치하여 전투기 요격을 수행했고, 이보다 작은 규모의 선도탑은 지휘소 기능을 했습니다. 동물원과 프리드리히샤인에 설치된 대공포탑은 방공호의 기능을 충분히 갖추고 여유 공간도 있었으므로 박물관의 섬에서 대피시킨 독일의 예술품들을 보관했습니다. 동물원 대공포탑(Flakturm Tiergarten)에는 페르가몬박물관 소장품이, 프리드리히샤인 대공포탑(Flakturm Friedrichshain)에는 알테국립갤러리와 보데박물관의 소장품들이 옮겨졌습니다. 나치 독일이 국가를 대표하는 예술품을 베를린에 그대로 남겨두기로 결정했다는 것은 그만큼 베를린이 요새화되었다는 사실을 말해줍니다.

동물원 대공포탑   프리드리히샤인 대공포탑   공중 감시 중인 독일군

훔볼트하인 대공포탑   전쟁이 끝나고 부분적으로 철거되어 현재는 한쪽만 남아 있는데 일반인들이 들어가서 둘러볼 수 있습니다.

하지만 연합군의 공습이 더욱 거세지자 나치 독일은 1944년 11월부터 1945년 4월까지 비밀리에 수십여 대의 화물차를 동원하여 프리드리히샤인에 있는 예술품 1,200여 점을 베를린에서 남서쪽으로 약 400km 떨어진 메르케르스(Merkers)의 소금광산으로 대피시켰습니다. 그중에는 〈네페르티티 흉상〉도 포함되어 있었습니다. 메르케르스에 숨겨놓은 나치의 보물들은 1945년 4월 12일 아이젠하워^{Dwight D. Eisenhower(1890~1969)} 장군과 브래들리^{Omar N. Bradley(1893~1981)} 장군이 이끄는 연합군에 의해 발견되었습니다.

메르케르스의 소금광산 대피소가 미군에 발견된 것은 운이 좋은 경우입니다. 베를린에 남겨진 유물의 운명은 험난했습니다. 1945년 5월 2일 소련군이 베를린을 점령하자 스탈린의 전리품 여단이 움직이기 시작했습니다. 동물원 대공포탑은 원래 미국·소련·영국·프랑스 등 4개국 간의 베를린 분할 협정에 따라 영국의 관리 지역에 속했지만, 전리품 여단이 먼저 움직였습니다. 그들은 이 대피소에 보관된 〈프리암의 보물^{Priam' Treasure}〉을 포함하여 〈페르가몬 제단〉을 발견하고 레닌그라드(지금의 상트페테르부르크)에 있는 에르미타주국립박물관(State Hermitage Museum)으로 이전했습니다. 대규모의 〈페르가몬 제단〉은 300명의 소련군을 동원하여 단 이틀 만에 해체한 후 호송 기차에 실었습니다.

다른 곳으로 대피하지 못하고 프리드리히샤인 대공포탑에 그대로 남겨진 예술품은 더 불운했습니다. 스탈린의 전리품 여단이 1945년 5월 주둔 중에 대규모 화재가 두 차례 발생해서 카라바조^{Caravaggio}, 루벤스^{Rubens}, 고야^{Goya} 등의 작품 400여 점이 대부분이 소실되었습니다. 정확한 화재 원인은 밝혀지지 않았지만 방화라는 소문이 자자했습니다. 이 화재는 1734년 마드리드의 스페인 왕궁 알카사르(Real Alcázar de Madrid)가 파괴된 후 현대사에서 가장 큰 예술적 재난으로 간주됩니다.

하인리히 슐리만의 부인 소피아 슐리만이 발굴 유물을 착용한 모습(1874). 오른쪽은 〈프리암의 보물〉 중 목걸이.

〈프리암의 보물〉은 영국의 고고학자 프랭크 칼버트[Frank Calvert(1828~1908)]와 독일의 사업가 겸 고고학자 하인리히 슐리만[Heinrich Schliemann(1822~1890)]이 튀르키예 북서쪽 해안의 히사를리크(Hissarlik)에서 발굴한 일괄 유물을 말합니다. 슐리만은 호메로스의 『일리아드』에 나오는 전설의 도시 트로이(Troy)를 찾아 나서 1871년부터 히사를리크 일대 언덕을 발굴했고 몇 년 후 금제 유물을 발견했습니다. 그는 이 유물이 트로이의 마지막 왕 프리암[Priam]의 것이라고 추정했습니다. 당시 트로이의 지질 층위가 명백하게 규명되지는 않았지만 슐리만은 〈프리암의 보물〉이 발굴된 트로이 II층이 그리스신화 속의 트로이라고 주장했습니다. 훗날의 연구에 따르면 트로이 VI층 또는 VII층이 호메로스 시대의 것이라 합니다. 슐리만은 발굴한 금제 유물들을 오스만제국의 허가 없이 임의로 밀반출했고, 이는 국제적 논란이 되었습니다. 이후 그는 트로이의 재발굴을 조건으로 오스만제국과 협상을 벌였으며, 이에 따라 일부 유물을 이스탄불 고고학박물관에서 소장할 수 있게 된 것입니다.

독일로 반출된 유물은 1881년 베를린왕립박물관(Königliche Museen zu Berlin)에 기증되었습니다. 이후 제2차 세계대전 과정에서 베를린의 동물원 대공포탑으로 옮겨졌다가 1945년 5월 소련의 전리품 여단에 의해 탈취되어 지금은 모스크바의 푸시킨박물관(Pushkin Museum)이 소장하고 있습니다.

파손된 페르가몬박물관 제2차 세계대전 중에 파손된 페르가몬박물관을 전쟁이 끝난 뒤 청소하는 모습입니다. 〈페르가몬 제단〉은 전쟁 중 동물원 대공포탑으로 대피시켰으나 소련의 전리품 여단이 독일 점령 후 탈취해갔습니다. 제단의 부조가 뜯겨져 나간 것이 보입니다.

그나마 다행스럽게도 조각품이나 도자기, 장식물 등이 완전히 파괴되지는 않았습니다. 일부 예술품이 화재로 무너진 잔해 더미 속에 묻혀 있었던 덕분입니다. 모스크바국립대학교 교수 블라바츠키[V. Blavatsky]가 주도하는 발굴팀이 1945년 가을부터 1946년 봄까지 이곳을 발굴했고, 이때 출토된 수천 개의 파편을 두 편의 열차에 실어 모스크바의 푸시킨박물관과 레닌그라드의 에르미타주국립박물관으로 보냈습니다. 이렇게 소련으로 반출된 도자기나 테라코타 조각들은 2000년대 초반부터 복원을 위한 조사가 진행되었고, 푸시킨박물관은 2005년 '전쟁의 고고학, 존재하지 않는 것으로부터의 반환'과 2014년 '고대 키프로스의 예술' 등의 전시회를 통해 공개했습니다.

〈시스티나 마돈나〉, 1513~1514, 라파엘로,
드레스덴 알테마이스터 회화관 소장

1945년 4월 16일부터 5월 2일까지 소련군은 베를린 공방전에서 독일군을 무력화하고 사실상의 항복을 받아냈습니다. 이후 소련의 전리품 여단은 1945~1949년에 베를린, 뮌헨, 드레스덴 등 독일 점령지 전역에서 예술품 250만여 점과 서적 1,200만여 권을 몰수해갔습니다. 1941년 6월 히틀러가 바르바로사 작전을 통해 파괴했던 소련 예술품에 대한 명백한 보복인 동시에 그들이 생각하는 보상적 조치였습니다.

그런데 1955년에 갑작스러운 변화가 일어났습니다. 독재자 스탈린이 1953년에 사망하자 소련은 독일 민족과의 우정을 발전시킨다는 명목으로 전리품 여단이 독일에서 약탈한 예술품을 동독에 반환하기로 결정합니다. 이에 따라 1955~1958년 사이에 반환된 것이 〈페르가몬 제단〉을 비롯해 르네상스의 거장 라파엘로[Raffaello Sanzio(1483~1520)]의 〈시스티나 마돈나[Madonna Sistina]〉 등 무려 150만여 점입니다. 특히 르네상스를 대표하는 거장들의 그림만 1천여 점에 이릅니다. 약탈의 질량을 통계화하여 하나의 수치로 보여줄 수 있는 것 그 자체가 공산주의의 놀라운 점인데, 소련 문화부에 따르면 전리품 여단이 약탈한 독일 예술품은 261만 4,874점이고 1958년까지 동독에 반환한 것은 156만 9,176점이었습니다.

하지만 소련의 약탈품 반환은 하나의 착시 현상에 불과했습니다. 소련이 1958년 동독에 유물을 반환한 것을 끝으로 현재까지 러시아와 독일의 시계

소련이 약탈한 〈시스티나 마돈나〉 드레스덴에서 약탈해 온 라파엘로의 〈시스티나 마돈나〉를 푸시킨박물관 관계자들이 살펴보는 모습입니다. 〈시스티나 마돈나〉는 1955년 소련이 동독에 반환했습니다.

는 그대로 멈춰 있기 때문입니다. 이러한 상황은 심지어 양국 간에 긴장감을 조성하기도 했습니다. 중부 유럽의 청동기 문화를 상징하는 〈에베르스발데의 보물Eberswalde Hoard〉을 포함하여 소련군이 독일에서 약탈하고 돌려주지 않은 100만여 점의 전리품이 양국의 현안이 되었습니다.

　많은 학자가 소련의 약탈 행위는 「1907년 헤이그 제4협약」 부속 규칙(제56조)에 위반된다고 주장합니다. 소련의 그러한 행태는 연합국 간 전후 관리 체계와도 모순됩니다. 제2차 세계대전 후 패전국 독일과 오스트리아를 관할하기 위해 소련, 미국, 영국, 프랑스 등 4개국으로 구성된 '연합국통제위원회'는 "전쟁 중 취득한 예술품은 정당한 소유자에게 반환한다"는 기조를 내걸었기 때문입니다.

【더 알아보기】 〈에베르스발데의 보물〉

〈에베르스발데의 보물〉은 베를린에서 북동쪽으로 약 60km 떨어진 에베르스발데에서 1913년에 발견된 고대 금속 유물 컬렉션입니다. 총 81개의 금속 유물 2.59kg이 출토되었습니다. 제작 시기가 BC 10~BC 9세기로 거슬러 올라갈 정도로 중부 유럽 청동기시대의 중요한 발견으로 평가받고 있습니다. 1945년 베를린에서 〈프리암의 보물〉과 함께 소련의 전리품 여단에게 약탈되었습니다. 러시아가 이 유물의 존재를 처음 인정한 것은 2004년 독일 잡지 『슈피겔Spiegel』의 기자가 푸시킨박물관 비밀 창고에 보관되어 있는 것을 폭로한 뒤입니다. 이후 독일 정부가 러시아를 상대로 〈에베르스발데의 보물〉에 대한 원상회복을 주장하면서 양국 간 긴장이 조성되기도 했습니다.

이 같은 비판을 소련 측에서 순순히 수용하지는 않았습니다. 소련은 무엇보다 선전에 능했습니다. 소련인들은 전리품 여단이 약탈한 예술품을 두고 "두 번 구조되었다"라는 표현을 즐겨 사용했습니다. 독일인들이 메르케르스 소금광산 등 전국 도처에 산재한 나치의 은닉처 안에 썩게 내버려둔 예술품을 전리품 여단이 일차적으로 구조했고, 이후 푸시킨박물관이 복원 과정을 통해 이차적으로 구조했다는 것입니다.

독일과 소련 간의 약탈품 문제가 해결의 기미를 보인 것은 1990년 독일의 통일과 1991년 소련의 해체라는 정치적 사건과 관련 있습니다. 이해관계로 적대적인 국가들 사이에서 새로운 정부의 출현이 해결의 동기를 제공한 것입니다. 독일연방공화국은 1990년 11월 9일 소련과 「선린우호협력조약」을 체결하고, 이 협약(제16조 2항)에 "자신들의 영토에 소재하는 상실되거나 불법적으로 이전된 예술품은 소유자나 계승자에게 반환되는 데 동의한다"고 명시한 것입니다. 1990년의 조약은 1992년 12월 16일 「문화협력협정」으로 이어졌습니다. 이 협정 제15조는 "상실되거나 반대 지역으로 불법 이전되어 쌍방 영토에 소재한 모든 문화유산을 정당한 소유자나 법적 승계자에게 반환하는 약속"을 확인하고 있습니다. 옐친^{Boris Yeltsin(1931~2007)}의 러시아는 서방 세계와 관계 개선을 위해 약탈품 해결에도 적극적으로 관심을 보여 1992년 6월 '문화유산 원상회복에 관한 국가위원회'를 설립했습니다.

그런데 1994년을 기점으로 러시아의 태도가 돌변했습니다. 러시아 하원(Duma)에서 약탈품을 자신들의 손실에 대한 보상으로 여기는 분위기가 확산된 것입니다. 정부 측 인사도 이런 분위기에 동조하여, 1995년에 보리스 옐친의 문화부장관인 예브게니 시도로프^{Yevgeny Sidorov(1956~)}는 프랑스 통신사 AFP와의 인터뷰에서 "(독일의 침공으로) 30개의 러시아 마을이 지구상에서 지워졌고 수백 개의 박물관이 약탈되거나 잿더미로 변했습니다. 누가 이러한 손실을 보상할 수 있을까요?"라고 반문했습니다. 또 한편으로는 폴란드가 베를린카 컬렉션에서 활용했던 '동종물에 의한 원상회복' 주장을 펼치고 있습니다. 이러한 사회적 흐름은 결국 1997년 「제2차 세계대전의 결과 소련으로 이전된 러시아 연방 영토에 위치한 문화유산에 관한 연방법률」('1997년 러시아 문화유산 연방법률')의 제정으로 나타났습니다. 이 법률은 제2차 세계대전의 결과 소련으로 이전된 모든 문화유산의 합법적 소유자로 러시아를 명시했으며, 그 근거는 '동종물에 의한 원상회복' 개념에서 찾고 있습니다. 다만 제8조는 종교단체나 민간 자선단체의 소장품이거나 나치 독일에 대항하다가 약탈된 경우에는 러시아 정부의 소유 대상에서 제외하되 이 역시 교환에 의해서만 원상회복이 가능하도록 하고 있습니다. 서방 세계와 관계 개선을 바랐던 옐친에게 이 법률은 걸림돌이었습니다. 옐친은 처음에 거부권을 행사했지만 헌법재판소가 보상적 원상회복 개념을 합헌으로 인정했기 때문에 결국 법률안에 서명했습니다.

나치가 문화유산에 자행한 파괴와 약탈에 책임을 묻고자 폴란드가 고안한 '동종물에 의한 원상회복'이 세계 최초로 법률화된 것이 「1997년 러시아 문화유산 연방법률」입니다. 하지만 그것은 전쟁배상물로서 문화유산을 억류하는 것에 지나지 않습니다. 폴란드와 러시아는 「1863년 리버법전」에서 교훈을 얻어야 할 것입니다. 프란시스 리버는 세계 최초의 문화유산 보호 법률인 「1863년 리버법전」의 의미를 '평화를 보장하기 위한 조치'라고 평가했습니다 (☞06장 59쪽 참조). 전쟁의 승리자가 예술품을 전리품으로 약탈한다면 이것은 수백 년이 지나서도 국가 간의 평화를 위협하는 위험 요인일 수밖에 없기 때문입니다. 그리하여 「1863년 리버법전」은 전쟁 중에 국공립 예술품에 대해서도 사유재산과 마찬가지로 전리품으로 수용되는 것을 금지한 것입니다.

'동종물에 의한 원상회복'은 국가 간 잠재적이고 지속적인 갈등을 내포하고 있습니다. 만일 폴란드와 러시아, 독일이 항구적인 평화를 희망한다면 폴란드가 소장한 베를린카 컬렉션은 독일에 원상회복시키고, 또한 동시에 독일은 바르샤바 봉기에 대해 폴란드에 손해배상하는 식으로 일괄 해결해야 할 것입니다. 그들의 폭력에 대항하는 것이 우리의 새로운 폭력이 되어서는 안 되기 때문입니다. 이 점이 바로 '동종물에 의한 원상회복' 논쟁이 우리에게 주는 가장 큰 교훈입니다.

5부

국가를 알면 문화유산이 보인다

들어가는 글

문화유산 개념이 근대국가와 함께 발전되었다는 사실은 여러 번 설명했습니다. 특히 신생독립국은 국가를 상징하는 문화유산을 통해 국민을 하나로 뭉치게 했던 역사적 경험이 있습니다. 그만큼 국가와 문화유산은 긴밀하게 연결되어 있습니다. 여기서는 헝가리, 짐바브웨, 아이슬란드의 문화유산과 관련된 세 가지 사례를 살펴보도록 하겠습니다.

〈성 이슈트반 왕관Crown of Saint Stephen, Holy Crown of Hungary〉은 이슈트반 1세István I, Stephen I of Hungary(975~1038, 재위 1000~1038)가 프랑스인 최초로 로마 교황에 오른 실베스테르 2세Pope Sylvester II(약 946~1003)로부터 받아서 머리에 쓰고 1000년 12월 25일(또는 1001년 1월 1일)에 헝가리 왕국을 수립했다는 이야기가 전해집니다. 이후 헝가리 역대 왕들은 이 왕관을 쓰고 대관식을 치렀습니다. 그러니 헝가리에서는 아주 귀중한 국가보물입니다.

이 왕관은 제2차 세계대전 때 미국으로 옮겨졌으나 돌려받지 못하면서 헝가리와 미국 간에 최대 외교 현안이었습니다. 미국 정부는 헝가리가 공산 정부라는 이유로 30년 이상 반환에 반대했지만 1978년에 지미 카터Jimmy Carter(1924~) 대통령이 왕관 반환을 결정하면서 공산국가 중 최초로 헝가리와 수교했습니다. 2018년 1월 5일 왕관 반환 40주년을 기념하는 행사가 헝가리 국회에서 개최되었습니다. 양국 정부는 "왕관 반환이 양국 관계에서 획기적인 순간이자 냉전을 녹이는 결정이었다"고 평가했습니다.

〈성 이슈트반 왕관〉

1980년 독립한 짐바브웨는 아프리카 대륙 동남부에 위치하며, 오랫동안 참혹한 식민의 역사를 겪었습니다. 1890년 영국에 정복당했는데, 1980년 독립을 맞기 전까지 남로디지아(South Rhodesia)에서는 소수 영국계 백인이 다수 아프리카 흑인을 지배하며 극심한 인종차별이 자행되어 악명이 높았습니다. 짐바브웨는 다른 아프리카 국가들에 비해 독립 시기는 많이 늦었지만 사하라사막 이남에서 가장 유구한 역사를 가지고 있습니다. 짐바브웨의 원주민은 쇼나(Shona) 부족이며, 그들의 언어로 '짐바브웨'는 '돌집'을 뜻합니다. 국가 명칭은 짐바브웨 사람들의 조상인 쇼나 부족이 건축한 철기시대 석조 건축물 〈그레이트 짐바브웨Great Zimbabwe〉에서 따온 것입니다. 문화유산의 명칭이 그대로 국가명이 된 경우입니다. 이 건축물은 1986년에 세계문화유산으로 등재되었습니다.

〈짐바브웨 새Zimbabwe Bird〉는 쇼나 부족의 토템인 아프리카 바다수리(African Fish Eagle)를 형상화한 조각품으로, 이 새는 〈그레이트 짐바브웨〉를 지키는 수호신입니다. 짐바브웨의 오랜 역사와 정체성을 보여주는 이 조각품은 여러 개가 제작되었으나 1889년부터 유럽의 보물 사냥꾼들과 식민주의자들에게 모두 약탈된 후 영국의 케이프 식민지(Cape Colony) 총독이었던 세실 로즈Cecil John Rhodes(1853~1902) 및 베를린 민족학박물관에 매매되었습니다. 1891년 케이프 식민지 당국의 조사 기록에는 큰 조각품 6점과 작은 조각품 2점

1891년경 촬영된 3점의 〈짐바브웨 새〉 　　　　　　짐바브웨 국기에 그려진 〈짐바브웨 새〉

등 모두 8점의 〈짐바브웨 새〉가 있다고 했으나, 새 몸체는 떨어져 나가고 받침대만 있는 것들도 있어서 실제로는 더 많았으리라 추정합니다. 〈짐바브웨 새〉는 국기에도 그려져 있을 정도로 짐바브웨의 정체성을 나타내며, 1980년 독립과 함께 독일과 남아프리카공화국을 상대로 환수 추진에 나서면서 국민 통합의 구심점이 되었습니다.

　1944년에 독립한 아이슬란드는 사가 문서(Sagas) 환수운동을 전개하면서 단합했습니다. 사가는 고대 노르웨이 언어이며 '이야깃거리'라는 뜻으로 북유럽에서 발달한 산문문학을 통칭하는 말입니다. 9세기경 바이킹족의 일부가 아이슬란드에 정착한 뒤로 11세기경부터 이곳에 기독교가 전파되었습니다. 당시 인구 5만의 아이슬란드 주민들은 글쓰기에 몰두했는데, 이 시기 대부분의 유럽 문서가 라틴문자로 기록되었던 것과 달리, 사가 문서는 아이슬란드의 생생한 언어로 기록된 중요한 자료입니다.

　그런데 1397년 아이슬란드가 덴마크의 식민 통치를 받게 되면서 사가 문서의 대부분이 덴마크로 이전되었습니다. 1944년 독립하며 공화국을 선포한 아이슬란드는 국가 정체성을 확립하기 위한 일환으로 사가 문서의 환수를 추진했습니다. 1955년 5월 1일 노동자 행진이 그 시발점이 되었습니다. 사람

아이슬란드 사가 문서

들은 "사가 문서를 본국으로(Handritin heim, Manuscripts Home)"라고 쓴 플래카드를 들고 행진하면서 문서의 환수를 주장했습니다. 이런 상황은 덴마크 정부가 사가 문서의 반환 없이는 양국 관계가 개선될 수 없다는 사실을 깨닫는 계기가 되었습니다. 마침내 1965년 덴마크에서 「문서법」이 제정되면서 1971년부터 1997년까지 26년간에 걸쳐 사가 문서 1만여 점이 아이슬란드로 반환되었습니다.

이처럼 문화유산은 그 국가적 상징성으로 인해 제국주의 국가에 약탈되기도 하고, 또 피식민 국가에서는 독립의 구심점이 되기도 하면서 국가와 긴밀하게 연결되어 있습니다. 사실 국가와 문화유산은 우리가 생각하는 것보다 훨씬 더 긴밀하게 얽혀 있습니다. 하나의 문화유산에 두 개 이상의 국가가 자국을 기원국으로 주장하면서 갈등을 빚기도 하고, 또 국제문화유산법은 국가의 이익을 위해 개인에게 납득하기 어려운 특별한 희생을 요구하기까지 합니다. 국가에 특권을 부여한다고도 볼 수 있겠습니다. 이러한 상황은 문화유산의 환수 과정에서 수많은 법적 문제를 일으키곤 합니다. 5부에서는 문화유산과 국가에 얽힌 복잡한 관계를 따라가며 문화유산 환수의 진정한 의미를 살펴보고자 합니다.

25
창작과 발견으로 본 기원국 논쟁

'원산지(country of origin)'라는 말을 많이 들어보았을 것입니다. 주로 제품이나 재료가 만들어진 곳을 가리킬 때 사용하는 까닭에 원산지를 '제품의 국적'이라고 말하곤 합니다. 무역에서 원산지는 관세를 부과하는 중요한 근거가 되며, 원산지 표시는 소비자의 합리적 선택과 거래의 투명성을 보장하기도 합니다. 하지만 각국에서 수입한 다양한 재료들을 한데 모아 하나의 최종 제품을 만들었을 때 '원산지 표기'는 어려운 문제였을 것입니다. 국제무역 규범은 이러한 문제를 해결하기 위해 원산지 기준을 명확하게 설정하여 국가 간 분쟁을 해소하고 있습니다.

문화유산에서 원산지 개념은 '기원국'으로 표현할 수 있습니다. 그렇다면 문화유산은 어떤 방식으로 기원국 자격이 부여될까요? 아쉽게도 문화유산에는 기원국 자격을 부여하는 기준이나 국제적 합의가 명확하지 않습니다. 문화유산의 불법 거래를 방지하기 위해 채택된 「1970년 유네스코협약」은 기원국이라는 표현은 쓰지 않지만 제4조를 보면 각국의 문화유산 범주를 설정하고 있어 어느 정도 기원국의 개념을 추정할 수 있습니다.

「1970년 유네스코협약」 제4조

본 협약의 당사국은 다음 범주에 속하는 재산이 본 협약의 목적을 위하여 각국의 문화적 유산으로 구성됨을 인정한다.

ⓐ 관계국 국민의 각 개인 또는 집단에 의하여 창조된 문화재, 또한 관계국 영역 내에 거주하는 외국인 또는 무국적인에 의하여 그 국가의 영역 내에서 창조된 중요한 문화재

ⓑ 국가 영역 내에서 발견된 문화재

ⓒ 출처국 주무 관청의 동의하에 고고학, 인종학 또는 자연과학 사절단에 의하여 획득된 문화재

ⓓ 자유로이 합의된 교환의 대상이 되어온 문화재

ⓔ 출처국 주무 관청의 동의하에 선물로써 증여받거나 합법적으로 구입한 문화재

협약 제4조는 모두 ⓐ~ⓔ 5개 항으로, ⓐ는 창작, ⓑ는 발견, ⓒ는 국제 교류에 의한 획득, ⓓ는 교환, ⓔ는 기증이나 구입 등을 문화유산의 기원국이 될 수 있는 경로로 보고 있습니다. 이 다섯 가지 요소는 똑같은 위상을 가지며 우선적인 효력은 없다는 특징이 있습니다. 다시 말해 이 중 한 가지만 해당되어도 문화유산의 기원국이 되는 것입니다. 그로 인해 두 개 이상의 국가가 특정 문화유산의 기원국이 될 수 있으며, 이 경우 국가 간 갈등의 원인이 되기도 합니다.

이 문제를 '신라 황금 보검'으로 불리는 〈경주 계림로 보검〉을 통해 생각해볼 수 있습니다. 〈경주 계림로 보검〉은 1973년 경주 황남동 공사 때 계림로 14호 고분에서 출토된 길이 36cm의 칼입니다. 전문가들은 이러한 형태의 검은 유럽이나 중동 지방에서 제작되었을 가능성이 높기 때문에 국제 교

〈경주 계림로 보검〉, 5~6세기 신라시대, 국립경주박물관 소장

류를 통해 신라까지 유입된 것으로 추정합니다. 「1970년 유네스코협약」 제 4조의 기준으로 보면 〈경주 계림로 보검〉은 우리나라 영토에서 발견되었다는 점에서 ⓑ(발견)를 충족합니다. 또한 국제 교류 차원에서 수집되었을 수도 있으므로 ⓒ(국제 교류에 의한 획득)나 ⓔ(기증·구입)에도 들어맞습니다. 이렇듯 〈경주 계림로 보검〉의 기원국은 대한민국이 확실합니다. 하지만 유럽이나 중동의 국가가 제작국으로 명백하게 확인된다면 창작국의 관점에서는 ⓐ에 따라 기원국으로 주장할 수 있습니다. 하나의 문화유산을 두고 「1970년 유네스코협약」은 둘 이상의 국가를 기원국으로 인정한 셈입니다.

둘 이상의 국가가 서로 기원국이라고 주장하는 대표적인 유물 두 가지를 살펴보겠습니다. 첫 번째는 〈키루스 실린더Cyrus Cylinder〉입니다. 〈키루스 실린더〉는 고대 메소포타미아 도시 바빌론의 폐허에서 1879년에 발견된 고대 원통(Cylinder)입니다. 정확하게는 기원전 539년 페르시아 아케메네스 왕조의 전성기를 이끌었던 키루스 대왕Cyrus the Great(키루스 2세, 고레스 대왕, 통치 BC 559~BC 530)이 신바빌로니아 제국의 수도 바빌론을 정복한 일을 기록한 문서입니다. 페르시아가 지금의 이란으로, 신바빌로니아가 지금의 이라크로 각각 승계되었다는 점을 고려하면, 이란의 고대국가가 이라크의 고대국가를 정복한 뒤 이를 기념하기 위해 정복지 이라크의 영토에 설치한 기념물이라고 할 수 있습

〈키루스 실린더〉, BC 539~BC 538, 영국박물관 소장

니다. 창작국은 이란이고, 출토·발견된 영토국은 이라크이며, 현재 소장하고 있는 국가는 영국이라는 점에서 이 문화유산을 둘러싼 기원국 논쟁이 복잡할 수밖에 없습니다.

신바빌로니아 왕 나보니두스^{Nabonidus(재위 BC 556~BC 539)}는 신하와 백성들로부터 신임을 잃었던 것 같습니다. 그는 백성들을 강제 노동에 동원하는가 하면 바빌론의 수호신 마르둑(Marduk)의 위상을 낮추고 달의 신 신(Sin, 난나르 Nannar)을 숭배하여 백성들의 반발을 샀습니다. 결국 바빌론 사람들은 페르시아군이 바빌론을 포위했을 때 왕을 배반하고 성문을 열어서 키루스가 승리하도록 도왔습니다. 키루스는 정복지에 페르시아의 전통을 강요하기보다는 그들 고유의 문화와 전통을 존중했습니다. 〈키루스 실린더〉는 점령지 언어인 바빌론의 아카드(Akkad) 설형문자로 키루스의 업적을 기록했으며, 신의 은총을 기원하고 후손의 번영을 바라는 바빌론의 풍습에 따라 바빌론 성벽 아래 매장되었습니다. 페르시아의 아케메네스 왕조는 조로아스터교를 신봉했기 때문에 최고의 신은 '아후라 마즈다(Ahuramazda)'였지만, 놀랍게도 〈키루스 실린더〉에서 키루스 대왕은 바빌론의 신 '마르둑'을 숭배하고 있습니다.

이는 정복지의 관습과 종교를 존중하는 것으로도 볼 수 있겠으나, 달리 생각하면 제국을 발전시키는 수단으로 종교를 매우 치밀하고 교묘하게 이용했음을 보여줍니다.

〈키루스 실린더〉에는 45행의 대서사시가 새겨져 있는데, 특히 "내가 그들의 모든 백성을 모아 집으로 데려왔다"는 문구가 큰 관심을 끌었습니다. 특정 민족을 지칭하지는 않았지만 그 구절은 '포로가 된 유대인의 석방'을 뜻하기 때문입니다. 이는 『구약성경』이 하나의 역사서로서 실증되었다고 보는 근거가 됩니다. 『구약성경』에서 'Cyrus'는 '고레스(Koresh)'로 표현되는데, 선지자 이사야는 그를 칭송하고 히브리어로 '기름 부음을 받은 자'를 의미하는 메시아(messiah)라고 불렀습니다. 이러한 배경에서 키루스는 자비롭고 고귀한 통치자로 역사에 기록되어 있습니다.

이라크의 바빌론 유적에서 〈키루스 실린더〉를 처음 발견한 사람은 시리아계 영국인 호르무즈 라삼Hormuzd Rassam(1826~1910)입니다. 그는 1879년 3월 영국박물관의 대리인으로 바빌론의 수호신 마르둑에게 헌정된 에사길라(Esagila) 신전을 발굴하면서 다른 고고학 유물들과 함께 출토된 〈키루스 실린더〉를 영국으로 가져갔습니다. 당시 영국은 오스만제국의 통치자 압둘 하미드 2세Abdul Hamid II(1842~1918)로부터 1880년 10월까지 메소포타미아 지역의 발굴과 그곳에서 출토된 유물의 소유를 허가받은 상태였습니다. 〈키루스 실린더〉는 1879년 11월 17일 왕립아시아학회에서 공식 발표되었으며 영국박물관이 소장하게 되었습니다. 라삼이 발견한 실린더는 '조각 A'로 불리는 본체입니다. '조각 B'(8.6×5.6cm)는 예일대학교의 제임스 니스J. B. Nies가 골동품 딜러에게 구입한 것이며, 원래 1879년 발굴하던 중에 실린더 본체에서 떨어져 나와 소실되었던 부분입니다. 예일대학교가 조각 B를 영국박물관에 무기한 대여해주고, 영국박물관은 이에 대한 보답으로 설형문자판을 보내주면서

엠블럼에 그려진 〈키루스 실린더〉
1971년 페르시아 건국 2500주년 기념
엠블럼에는 〈키루스 실린더〉가 그려져
있습니다.

〈키루스 실린더〉 복제품   1971년 이란이 유엔에 선물했습니다.
(선물 기증 ID: UNNY068G)

1972년에 조각 A와 조각 B가 결합되어 현재의 모습을 갖춘 것입니다.

〈키루스 실린더〉는 고대 제국의 관용과 다양성을 보여주며 『구약성경』이 역사적 사실을 기록한 실증 사료라는 주장까지 뒷받침해준 유물이지만, 이란의 팔레비 왕조는 여기에 그치지 않고 '세계 최초의 인권헌장'으로 선전했습니다. 팔레비 왕조는 장교 출신의 리자 칸^{Rizā Khan(리자 샤 팔레비Rizā Shah Pahlevī, 1878~1944)}이 1921년 쿠데타로 정권을 잡은 뒤 1925년 왕위에 오르면서 시작되었고, 제2차 세계대전의 와중인 1941년에 그 아들 무함마드 리자 팔레비^{Muhammad Rizā Pahlevī(1919~1980)}가 뒤를 이었지만 1979년 2월 11일 이란혁명으로 퇴위하면서 막을 내렸습니다.

무함마드 리자 팔레비는 자신을 키루스 대왕에 비유하며 이란 국민의 지지를 얻으려고 했습니다. 1971년 페르시아 건국 2500주년을 맞이하여 그는 키루스 대왕을 자신의 정치 이데올로기로 상징화하기 위해 기념 엠블럼에 〈키루스 실린더〉를 그려 넣었습니다. 그의 여동생 아쉬라프 파히아바^{Ashraf Pahiava(1919~2016)} 공주는 더 나아가 1971년 10월 14일 유엔 사무총장 우탄트

↑ 이라크 화폐의 〈함무라비 법전〉 이라크의 25,000디나르
(Dinar)에는 〈함무라비 법전〉이 그려져 있습니다.

➡ 〈함무라비 법전〉 복제품 1977년 이라크가 유엔에 기증했습
니다.(선물 기증 ID: UNNY076G)

U Thant(1909~1974)에게 실린더의 복제품을 선물했습니다. 공주는 〈키루스 실린
더〉를 인간의 이해, 관용, 용기 그리고 무엇보다도 인간의 자유로 상징화했
습니다. 우탄트 사무총장은 무력 분쟁을 해소하려는 유엔의 노력 및 인권 존
중과 연결하는 의미로 이란의 선물을 받아들였습니다. 이처럼 이란의 정치적
상징으로 자리 잡은 〈키루스 실린더〉는, 이란이 창작국으로서 기원국의 주
장이 가능하다면 이라크는 비록 페르시아가 바빌론 정복을 기념하여 신전에
매장한 까닭에 역사적 치욕이기는 하지만 출토·발견된 영토국으로서 기원국
을 주장할 수 있는 것입니다.

두 번째로 살펴볼 유물은 〈함무라비 법전Code de Hammurabi〉입니다. 〈키루
스 실린더〉처럼 〈함무라비 법전〉도 그 복제품이 세계 정치의 장인 유엔에
기증되었습니다. 〈함무라비 법전〉은 바빌로니아 제1왕조의 여섯 번째 왕인
함무라비Hammurabi(BC 1810~BC 1750 추정)의 명령에 따라 높이 2.25m의 현무암 비

〈함무라비 법전〉의 상단부(전체 크기
79×225cm), BC 1792 ~ BC 1750, 루브
르박물관 소장

석에 고대 바빌로니아 방언으로 새긴 법전입니다. 1977년 9월 23일 이라크
외무장관 사둔 하마디Sa'adoun Hammadim(1930~2007)는 유엔 사무총장 쿠르트 발
트하임Kurt Waldheim(1918~2007)에게 〈함무라비 법전〉의 복제품을 기증하면서 '역
사상 최고最古의 국가 법전'이라는 상징성을 부여했습니다.

　〈함무라비 법전〉은 이라크 화폐에도 그려질 정도로 이라크의 국가적 정체
성을 상징합니다. 〈함무라비 법전〉의 상단부에는 함무라비 왕이 법과 정의
를 주관하는 태양신 샤마슈(Shamash)에게서 율법으로 상징되는 측정 막대와
테이프(원시적 형태의 줄자)를 받는 장면이 돋을새김되어 있습니다. 오른쪽에
앉아 있는 샤마슈는 뿔이 달린 신성한 관을 쓰고 있으며 어깨에서는 불꽃이
뿜어져 나와 태양의 형상을 보여주고 있습니다. 이 부조는 곧 〈함무라비 법
전〉이 인간이 만든 임의의 규칙이 아니라 신의 법률임을 선언하고 있는 것
입니다.

〈함무라비 법전〉 발굴 현장(1901. 12)　프랑스 발굴팀이 페르시아의 고도古都 수사를 발굴하던 중에 〈함무라비 법전〉을 발견했습니다. 오른쪽에서 세 번째 인물이 제키에입니다.

　부조 아래에는 4,130행의 설형문자로 새겨진 글이 있습니다. 300행의 프롤로그와 500행의 에필로그를 제외하면 대부분 법률 규정(전체의 80%)으로서 모두 282개 조항입니다. 프롤로그는 함무라비의 통치권이 신성에 따른 것임을 강조하고 있습니다. 에필로그는 함무라비가 '강자가 약자를 억압하는 것을 막기 위해' 통치를 시작했다는 내용입니다. 많은 학자는 〈함무라비 법전〉의 에필로그에서 법치주의와 공정성의 덕목을 찾아내고 의미를 부여합니다. 282개 법률 조항은 '만일~이라면' 형식으로 구성되어 있는데, 흔히 '눈에는 눈, 이에는 이'라는 개념의 보복적 정의(Lex talionis)를 보여주고 있습니다.

　함무라비가 죽은 후 바빌로니아 제국은 무너졌고 메소포타미아 지역은 수년에 걸쳐 반복적으로 약탈당했습니다. 기원전 1150년경 이란에 뿌리를 둔 엘람(Elam)의 왕 슈트루크 나쿤테Shutruk-Nakhunte는 바빌론 근처의 시파르(Sippar)를 약탈했고 전리품으로 〈마르둑 신상〉과 함께 〈함무라비 법전〉을 엘람의 수도 수사(Susa, 지금의 이란 슈시Shush)로 가져갔으리라 추정됩니다. 〈함무라비 법전〉이 발견된 것은 1901년 12월이었습니다. 프랑스 정부는 광산 엔지니어이자 지질학자인 자크 드 모건Jacques de Morgan(1857~1924)에게 페르시아의 고대 도시 수사 유적지 발굴을 의뢰했습니다. 모건의 발굴팀에서 일하던 스위스 출신의 이집트 고고학자 귀스타브 제키에Gustave Jéquier(1868~1946)가 1901년 〈함무라비 법전〉을 발견했고, 이후 루브르박물관이 그것을 소장하게 된 것입니다.

〈키루스 실린더〉와 다르게 〈함무라비 법전〉은 창작자의 국적이 이라크이지만 발견된 영토국은 이란이라는 점에서 정반대의 상황입니다. 〈함무라비 법전〉은 제작된 지 약 600년이 지나서 약탈당한 후 무려 2000년 동안 이란 영토에 매장되었다가 1901년에 발견되어 프랑스로 이전되었습니다. 이라크가 〈함무라비 법전〉의 복제품을 유엔에 기증한 것은 자국의 문화적 상징성을 강조하기 위한 목적이 컸습니다. 이렇듯 문화유산에서 기원국이란 정치적 상징 언어를 의미한다고 볼 수 있습니다.

그렇다면 둘 이상의 국가가 서로 기원국이라고 주장하여 분쟁이 발생하는 경우 어떻게 해결할 수 있을까요? 국제사회는 '기원국 기준의 명확한 설정'이 아니라 '분쟁의 관리'라는 측면에서 그 답을 찾습니다. 2015년 「1970년 유네스코협약」의 당사국들이 파리에서 총회를 개최하고 '운영 지침'을 채택했는데, 그것이 바로 하나의 해법을 제시해줍니다. 운영 지침은 26개에 이르는 협약 조문을 모두 133개 단락段落(Paragraph)을 통해 설명하며 협약 해석에 대한 분쟁을 최소화하고 있습니다.

이 가운데 기원국과 관련된 협약 제4조에 대한 해석은 단락 18번과 19번에서 하고 있습니다. 특히 단락 19번은 창작이든 발견된 영토든 기원국을 결

〈최흔 석각〉 일본 황궁의 비공개 구역에 있기 때문에 일반인들은 볼 수가 없습니다. 오른쪽 탁본은 〈최흔 석각〉의 정면 왼쪽 상단부에 새겨진 글자입니다.

정하는 데 우선순위가 없다는 점을 강조합니다. 또 분쟁이 발생하면 당사국 간 협상을 하거나 외부 조력을 받을 것을 권고하고 있습니다. 아울러 모두에게 이익이 될 수 있도록 대여 전시나 공동 연구와 같은 국제 문화 교류에 나서도록 당부하고 있습니다.

그러나 하나의 문화유산에 둘 이상의 기원국이 출현하는 문제를 분쟁의 관리 측면에서만 접근하는 것은 현실적이지 않습니다. 무엇보다도 국가의 문화유산이란 정치적 상징을 의미한다는 점에서 그 상징을 다른 국가와 나눠 갖는다는 것은 그리 쉬운 일이 아니기 때문입니다. 더구나 해당 문화유산이 제3국으로 반출된 경우에는 환수를 둘러싼 갈등이 동반되기도 합니다.

기원국 논란과 관련하여 마지막으로 살펴볼 문화유산은 한·중·일 역사학자들이 모두 주목하는 동아시아의 뜨거운 감자인 〈최흔 석각崔忻石刻〉입니다. 현재 일본 황거皇居(고쿄)의 어부御府에 속한 건안부建安府 정원에 있습니다. 〈최흔 석각〉은 〈홍려정각석鴻臚井刻石〉, 〈홍려정비鴻臚井碑〉, 〈정란제명

井欄題名〉 등 여러 이름으로 불리며 거대한 자연석(높이 180cm, 폭 300cm, 두께 200cm)에 해서체로 3행 29자의 한자가 새겨져 있습니다.

> 勅持節宣勞靺鞨使鴻臚卿崔忻, 井兩口永爲記驗, 開元二年五月十八日.
>
> 칙지절 선로말갈사 홍려경 최흔이 우물 두 개를 파서 영원히 기록하여 증거로 삼는다. 개원 2년(714) 5월 18일.

한자가 새겨진 각석의 크기는 가로 14cm, 세로 35cm입니다. 자연석 바위에는 최흔이 새긴 글자 외에도 중국 명·청대에 새겨진 6개의 제각題刻(표제를 돌이나 나무에 새긴 것)이 남아 있습니다.

〈최흔 석각〉은 713년 발해에 파견되었던 당나라 사신 최흔이 대조영大祚榮(?~719)을 발해군왕渤海郡王으로 책봉하는 임무를 수행하고 이듬해 돌아가는 길에 뤼순旅順 황진산黃金山에 들러 자연석 바위에 새긴 것입니다. 그런데 석각에 새겨진 '말갈사靺鞨使(말갈에 파견하는 사신)'라는 최흔의 직책을 두고 논란이 일었습니다. 『구당서舊唐書』는 발해를 고구려의 별종別種으로 보고 있고, 발해 스스로 일본과의 외교에서 국명을 고려로 표기했다는 기록도 있기 때문입니다. 중국 학자들은 〈최흔 석각〉에 새겨진 '말갈사'라는 직책을 근거로 발해 초기 국가의 명칭은 문헌상에 보이는 진국振國이 아니라 말갈이며, 발해는 말갈을 뒤이은 나라이기 때문에 중국의 한 지방정권이라는 주장을 합니다. 중국이 발해사를 왜곡하는 동북공정의 역사적 근거로 〈최흔 석각〉을 내세운 것입니다.

〈최흔 석각〉은 1895년 청나라 장군 유함방劉含芳이 석각 주변에 4개 기둥이 있는 보호각을 설치했지만 러일전쟁(1904~1905)으로 일본 해군이 뤼순에 주둔하면서 1911년 전리품으로 석각과 보호각 모두를 약탈한 후 일본 왕에게 진상했습니다. 중국은 〈최흔 석각〉이 발해가 자국 역사임을 알려주는 증거라고 주장하면서 2000년대부터 민간단체인 '중국민간대일배상연합회'를 중심으로 환수운동을 벌이고 있습니다. 이러한 중국의 주장은 「1970년 유네스코협약」 제4조의 기준에서 보면 창작과 발견된 영토를 근거로 자국을 기원국으로 간주했음을 알 수 있습니다.

그렇다면 우리나라는 〈최흔 석각〉을 어떻게 바라보아야 할까요? 명문 해석에 대한 논란을 배제하면 〈최흔 석각〉은 발해와 당나라가 공식적인 외교 관계를 수립했다는 것을 실증하는 역사 자료로 중요합니다. 조선시대에 간행된 역사서들은 발해사의 서술 시점을 당나라와 외교 관계를 수립한 713년으로 설정하고 있어 〈최흔 석각〉의 역사적 의미 또한 큽니다. 대조영은 고구려 멸망 이후 흩어진 유민들을 규합하여 고구려 계승을 주장하며 당의 지배에 적극적으로 항쟁하면서 698년 진국을 건국하고 국가적 기틀을 세웠습니다. 당나라로서는 대조영과 그가 세운 나라를 좋게 볼 리 만무했습니다. 당나라는 고구려에서 발해로 이어지는 국가적 연속성을 부정하기 위해 말갈이라는 호칭을 사용했을 것입니다. 이 같은 역사적 배경 속에서 〈최흔 석각〉을 우리 문화유산의 일부로 간주할 수 있을지 궁금증이 생기지 않을 수 없습니다. 이 궁금증에 대한 해답은 이 책을 읽는 여러분의 몫으로 남겨두고자 합니다.

26
국가의 자격과 원고가 될 권리

5부에서는 국가와 문화유산 간의 연결고리를 파악하기 위해 국가 개념을 중요하게 상정하고 있습니다. 문화유산의 원상회복이나 반환을 요구하는 일은 모두 국가에서 이루어지기 때문에 그 요구의 주체인 '국가'가 과연 대표성을 갖는 '진정한 실체'로 인정될 수 있는지 여부가 26장 이야기의 시작입니다. 어느 날 한 국가를 전복하여 그 실체를 무너뜨린 특정 반란 세력이 새롭게 국가의 자격을 주장한다면 그 세력에 기원국의 정당성을 부여할 수 있을까요? 이 문제에 대한 해답이 문화유산과 연결되는 '국가의 자격'입니다.

국제문화유산법에서는 국가의 자격을 부여하는 방식을 '승인(recognition)'이라고 부릅니다. 승인은 새로운 국가가 출현했을 때 발생하는 일입니다. 국가가 새롭게 출현하는 대표적인 경우는 제2차 세계대전 이후 아시아나 아프리카에서처럼 오랜 식민지 상태를 벗어던진 '신생 독립'입니다. 또한 제2차 세계대전 후 전쟁범죄국 독일이 동독과 서독으로 나뉜 '분열'도 새로운 국가가 출현하는 형태입니다.

이때 새로운 국가가 아직 외국의 승인을 받지 못한 상황이라면 승인 전까지의 그 국가를 유효한 존재로 볼 수 있는지의 문제를 놓고 의견이 갈렸습니다. 새로운 국가는 외국의 승인을 통해서만 국가로서 인정받을 수 있다는 주장을 '창설적 효과설'이라고 합니다. 이에 반해 국가의 존재는 사실의 문제이고 외국의 승인 여부와 무관하다는 주장을 '선언적 효과설'이라고 합니다. 아직까지는 어느 한 주장이 명확하게 우세하지는 않습니다. 아시아나 아프리카 등에서는 서구 열강의 간섭에서 벗어나기 위해 선언적 효과설을 지지하지만, 냉혹한 국제질서 속에서는 새로운 국가의 출현을 반기지 않는 경우도 있습니다. 특히 오늘날 '영원한 친구도, 영원한 적도 없다'는 국제관계를 감안하면 국가정책으로서의 창설적 효과설은 여전히 유효합니다.

창설적 효과설을 받아들인 대표적인 곳이 미국 법원입니다. 미국 연방대법원은 국무부의 승인을 받지 못한 국가에 대해서는 미국 법원에 제소할 수 없도록 하고 있습니다. 적어도 제소권(*locus standi* to sue)과 관련해 미국은 창설적 효과설의 강력한 지지자입니다. 이 사안이 문화유산에 미치는 영향은 의외로 매우 큽니다. 문화유산의 환수는 소송에 의해 이루어지는 경우가 많습니다. 그런데 신생 독립이나 분열을 통해 새로운 국가가 출현했다고 하더라도 미국 국무부의 승인을 받지 못했다면 해당 국가는 문화유산 환수와 관련하여 미국 법원에 제소할 수 없기 때문입니다. 따라서 국가승인이 문화유산에 미치는 가장 큰 영향은 제소권, 바로 '원고가 될 권리'에 있습니다.

미국 법원에서의 제소권이 문화유산 환수에 영향을 준 대표적인 사례는 독일 화가 알브레히트 뒤러^{Albrecht Dürer(1471~1528)}가 1499년에 그린 두 점의 초상화입니다. 초상화의 주인공은 15세기 독일 뉘른베르크에서 활동했던 한스 투허^{Hans Tucher}와 펠리시타스 투허^{Felicitas Tucher} 부부입니다. 남편 한스는 고위직의 상징인 모피 칼라가 달린 호화로운 옷을 입고 있습니다. 꾹 다문 입술이 조금은 고집스러워 보이기도 하고 자신감도 언뜻 비칩니다. 그림 상단에

〈한스 투어의 초상〉, 1499, 알브레히트 뒤러   〈펠리시타스 투허의 초상〉, 1499, 알브레히트 뒤러

는 'HANS TUCHER, 42 IERIG 1499'(한스 투어, 42세, 1499년)라고 쓰여 있어 그의 나이를 쉽게 알 수 있습니다. 검정색 베레모가 그림의 포인트로 강조되어 있으며, 특히 한스의 손가락에 결혼의 증거로 낀 금반지가 눈에 띕니다. 시선이 왼쪽으로 향한 아내 펠리시타스의 표정은 약간 우울해 보입니다. 결혼이라는 인생의 무게 때문이었을까요? 그렇다고 펠리시타스가 남편을 사랑하지 않았다거나 사랑을 거부했다고 볼 수는 없습니다. 그녀는 흰색 레이스로 장식된 옷을 입고 있는데 남편 이름의 이니셜(H. T)이 새겨진 버클로 여미었습니다. 살짝 쥐고 있는 꽃은 카네이션으로, 꽃말은 '당신을 사랑합니다'입니다. 투허 부부의 초상화는 결혼의 서약처럼 느껴집니다.

알브레히트 뒤러가 그린 투허 부부의 초상 출처가 정확히 확인되는 시기는 1927년으로 거슬러 올라갑니다. 이 두 점의 그림은 원래 작센–바이마르–아이제나흐(Sachsen-Weimar-Eisenach)의 마지막 대공인 빌헬름 에른스트^{Wilhelm} Ernst(1876~1923)의 개인 소장품이었습니다. 제1차 세계대전에서 독일이 패배하자 1918년 11월 9일 빌헬름 에른스트 대공은 독일제국의 다른 공국 군주들과 함께 퇴위해야 했습니다. 대공은 권리를 박탈당하고 영토도 포기할 수밖에 없었습니다. 결국 가족과 함께 슐레지엔으로 이주한 뒤 1923년에 사망했습니다. 포악한 성격과 문란한 생활로 당시 대공에 대한 독일인들의 평가는 부정적이었습니다.

대공의 퇴위와 동시에 작센-바이마르-아이제나흐 대공국은 자연스럽게 해체되었고, 튀링겐 주정부가 바이마르의 영토를 승계하면서 대공국의 재산도 몰수당했습니다. 1921년과 1927년 대공의 아내는 튀링겐 주정부와 협정을 체결하여 대공의 개인 예술품이 대중에게 전시될 수 있도록 재산 귀속에 합의했습니다. 대공의 재산은 건물만 해도 대공박물관(지금의 노이에스바이마르박물관Museum Neues Weimar)을 포함하여 드레스덴성(Residenzschloss Dresden), 벨베데레 궁전(Schloss Belvedere) 등 막대했습니다. 1922년에 튀링겐 주정부는 대공의 예술품을 관리하기 위해 국립바이마르예술품관(Staatliche Kunstsammlung zu Weimar)을 설립했습니다. 이 같은 과정을 거쳐 뒤러가 그린 투어 부부의 초상, 즉 〈한스 투어의 초상Portrait of Hans Tucher〉과 〈펠리시타스 투허의 초상Portrait of Felicitas Tucher〉은 1927년부터 독일 국유재산으로서 국립바이마르예술품관에서 전시하게 된 것입니다.

그런데 1933년 히틀러가 독일의 권력을 장악하고 제2차 세계대전을 일으키면서 전쟁의 포화가 국립바이마르예술품관에도 몰아쳤습니다. 국립바이마르예술품관은 연합군의 폭격을 우려하여 1943년 '한 쌍의 투어 부부 초상'을 포함한 모든 소장품을 튀링겐에 있는 슈바르츠부르크성(Schloss Schwarzburg)으로 이전했습니다. 이곳은 슈바르츠부르크 백작이 사냥을 즐기기 위한 여름

슈바르츠부르크성　제2차 세계대전 중 독일은 국립바이마르예술품관의 소장품을 이 성으로 옮겨 놓았습니다.

별장으로, 계곡을 따라 요새화된 건물들이 늘어서 있어 귀중품을 보관하기에 안성맞춤이었습니다.

　제2차 세계대전이 종료되자 독일은 연합군에 분할 점령되었습니다. 슈바르츠부르크성이 있는 튀링겐은 미군이 주둔하고 있었지만 곧 소련군 관할로 변경될 예정이었습니다. 그런데 소련군으로 관할이 변경되기 전, 1945년 7월 미군이 철수하는 과정에서 '한 쌍의 투어 부부 초상'을 탈취해 갔습니다. 1949년 독일 전체는 프랑스·영국·미국이 통제하는 서부 지역의 독일연방공화국(서독)과 소련이 점령한 동부 지역의 독일민주공화국(동독)으로 재편되었습니다. 이후 미소 냉전이 격화되면서 1950년 9월 19일 미국·영국·프랑스는 「1950년 3국 연합국선언」을 통해 독일 전체의 국가로 서독만을 승인했고, 소련은 이에 대항하여 동독만을 유일한 독일 승계자로 승인했습니다.

미군이 탈취하여 반입한 '한 쌍의 투어 부부 초상'은 1946년 뉴욕에서 변호사이자 예술품 수집가로 활동하던 엘리코폰^{Edward I. Elicofon(1904~1997)}이 도난품인지 모른 채 단돈 400달러에 구입했습니다. 1966년 친구이자 미술상을 하던 제럴드 스턴^{Gerald Stern}이 엘리코폰의 집을 방문했다가 투허 부부의 초상을 발견했습니다. 이즈음 그는 제2차 세계대전 때 독일에서 도난당한 예술품에 관한 서적을 읽고 있었는데 곧바로 엘리코폰이 소장한 '한 쌍의 투어 부부 초상'에 문제가 있다는 것을 알아챘습니다. 이 소식은 빠르게 퍼져 나갔습니다. 1966년 5월 30일 『뉴욕타임스』에 보도되면서 국제분쟁의 서막이 올랐습니다. 엘리코폰을 상대로 서독과 동독뿐만 아니라 작센-바이마르-아이제나흐 대공의 상속인까지 반환을 요구한 것입니다. 하지만 엘리코폰이 이들 모두의 반환 요구를 거부하면서 미국 법원의 소송절차가 개시되었습니다.

1969년 1월 27일 서독이 먼저 엘리코폰을 상대로 뉴욕 법원에 소송을 제기했습니다. 서독은 두 점의 그림이 1945년 미군이 슈바르츠부르크성에서 철수할 때 도난당한 독일의 국가재산이라는 점을 강조하며 「1950년 3국 연합군선언」에 따라 독일 전체를 대표하는 자신이 그림의 소유자임을 주장했습니다. 서독에 이어 대공의 상속인, 그리고 동독을 대표하여 국립바이마르예술품관도 소송에 참가하면서 세계의 이목이 뉴욕 법원으로 쏠렸습니다. 자신이 진짜 소유자라고 주장하는 3명의 원고와 합법적 취득임을 강조하는 1명의 피고가 연출하는 세기의 재판이 된 것입니다.

이 재판에서 쟁점이 된 문제는 우선 누가 독일을 대표하는지를 결정하는 일이었습니다. 앞서 언급했듯이 미국 법원은 제소권에 대해서는 국가승인의 창설적 효과설을 지지했는데, 당시 동독은 미소 냉전의 한복판에서 미국 국무부로부터 정식 국가로 승인받지 못한 상태였습니다. 결국 1972년 9월 26일 뉴욕 동부지방 연방법원은 동독이 국가로 승인받지 못했다는 이유를 들어 국립바이마르예술품관의 소송 참가를 받아들이지 않았습니다.

동독의 국립바이마르예술품관이 다시 뉴욕 소송에 참가하게 된 것은 1974년 9월 이후입니다. 마침내 미국 국무부가 동독을 국가로 승인했고, 이에 따라 1975년 뉴욕 동부지방 연방법원은 국립바이마르예술품관의 원고 자격을 회복시켜주었습니다. 동독의 정부기관이 원고로 인정받자 서독은 더 이상 소송을 수행할 의미가 사라졌습니다(튀링겐주는 동독의 행정구역에 속하기 때문입니다). 서독은 1978년에 소송을 중단했고, 대공의 상속인들은 튀링겐 주정부와의 협정에 따라 작품이 합법적으로 이양되었음을 확인하여 원고에서 배제되었습니다. 이 재판이 시작된 지 12년 만인 1981년, 뉴욕 법원은 엘리코폰에게 '한 쌍의 투허 부부의 초상'을 국립바이마르예술품관에 반환하도록 판결했습니다. 1982년에 엘리코폰이 항소했지만 결과는 바뀌지 않았습니다.

엘리코폰은 1981년 7월 8일 『워싱턴포스트』와 인터뷰를 가졌습니다. 그는 이 인터뷰에서 "아내와 결혼했을 때 나는 그녀가 훌륭하다는 것을 깨달았지만 얼마나 훌륭한지는 결코 알지 못했습니다. 이 그림들을 샀을 때 나는 그것들이 훌륭하다는 것을 깨달았지만 얼마나 훌륭한지는 결코 알지 못했습니다"라며 겸연쩍게 웃었습니다. 그는 주식시장이 붕괴된 1929년부터 예술품을 수집하기 시작했습니다. 엘리코폰은 소송에서 최종적으로 패소했지만 그가 상대해야 하는 대상이 국가라는 점에서 어쩌면 이미 기울어진 운동장이었을 것입니다.

문화유산에서 국가의 자격을 묻는 국가승인은 남북으로 분단된 국가에 사는 우리에게 현실의 문제이기도 합니다. 북한에서 중요한 문화유산이 절도를 당해 미국으로 반입되었다면 어떻게 환수할 수 있을 것인가의 문제로 연결되기 때문입니다.

이 문제를 〈유점사楡岾寺 53불〉을 통해 살펴보도록 하겠습니다. 삼국시대

일제강점기 금강산 유점사 전경(『조선고적도보』 권12, 1932, 圖5426)

부터 금강산은 풍경이 뛰어난 명산이자 불교의 성지로 이름났습니다. 금강산의 '금강金剛'이라는 말 또한 불교 『화엄경』에서 유래한다고 합니다. 그만큼 금강산에는 크고 작은 사찰과 암자가 엄청 많았습니다. 그중에서도 유점사, 신계사神溪寺, 장안사長安寺, 표훈사表訓寺 등 네 곳이 큰 사찰이 꼽힙니다.

　유점사 창건 설화에 따르면 인도에서 불상 53개를 조성하여 배에 띄워 보냈고, 서기 4년(신라 남해왕 원년) 배가 도착한 곳에 절을 세웠다고 합니다. 우리나라에서 불교는 372년 고구려 소수림왕 때 중국을 거쳐 전래되었다고 하는데 유점사 창건 설화는 한국 불교가 중국보다 63년, 고구려보다는 약 370년이나 앞서 불교의 발상지 인도에서 직접 전래되었음을 알려줍니다. 정수일 전 단국대 교수는 2002년 『문명교류사 연구』에서 유점사 창건 설화에 신화적 요소가 있기는 하나 한국 불교의 남래설南來說 가능성이 있다고 보았습니다.

일제강점기에 조선총독부는 조선의 사찰이 독립운동의 거점이 되지 않도록 강력하게 통제했습니다. 1911년 「조선사찰령」을 통해 사찰의 재산 등록을 의무화했고 30본산本山(1924년 31본산으로 확대) 제도를 도입하여 본산의 중심 사찰이 말사를 관리하도록 했습니다. 그리고 본산의 주지와 말사의 주지는 각각 조선총독과 도지사의 허가를 받아야 임명될 수 있었습니다. 당시 유점사는 30본산 중 하나였고 말사가 60개에 이를 정도로 매우 큰 사찰이었습니다.

역사적·종교적 상징성뿐만 아니라 규모와 조선인에게 미치는 영향력으로 보아도 유점사는 일제 당국의 주목을 끌었고, 자연스럽게 조선총독부의 고적古蹟 조사 대상이 되었습니다. 고적 조사는 조선총독부가 '내선일체內鮮一體'(일본과 조선은 하나라는 말)나 '임나일본부설任那日本府說'(4~6세기경에 일본이 한반도 남부를 통치했다는 주장) 등을 입증하기 위한 고고학적 증거를 찾아 일제의 식민 통치를 정당화하고 우리 역사를 왜곡하려는 의도로 시행된 식민지 문화 정책입니다. 고적 조사 후에는 일본인 학자들이 개별적으로 조사 결과를 학술지에 등재하거나 보고서 형태로 조선총독부에 보고했습니다. 조선총독부는 고적 조사를 통해 얻은 우리 문화유산 정보를 시대별·유형별로 정리하여 1915년부터 1935년까지 총 15권에 이르는 『조선고적도보朝鮮古蹟圖譜』를 발간했습니다. 그런데 우리 문화유산의 소장 정보와 사진이 함께 실리면서 『조선고적도보』는 일본 도굴꾼이나 절도범 들에게 일종의 약탈 안내서 역할을 했습니다.

도쿄제국대학 교수였던 세키노 다다시関野 貞(1868~1935)와 그의 조수 야쓰이 세이이치谷井濟一(1880~1959)는 조선총독부 촉탁囑託(계약직 공무원) 신분으로 1912년에 〈유점사 53불〉의 조사를 직접 진행했습니다. 조사 결과는 1913년 1월 『고고학잡지考古學雜誌』(제3권 5호)와 1914년 9월 조선총독부 보고서인

유점사 능인전에 있었던 53불상 중 일부(왼쪽부터 『조선고적도보』 권5, 1917, 圖1947, 圖1948, 圖1949)

『대정원년조선고적조사약보고大正元年朝鮮古蹟調査事略報告』를 통해 공개되었습니다. 1913년 『고고학잡지』에는 야쓰이 세이이치의 논문 「조선통신朝鮮通信」이 실려 있는데, 거기에 "53불이 유점사 능인전能仁殿에 안치되어 있고 이 중 44점이 신라시대의 유물이다"라고 밝히고 있습니다. 하지만 1914년 조선총독부 보고서에는 "예전에는 53점의 불상을 안치했지만 지금은 3점이 없어졌다. 그중 44점은 당대當代(신라시대)의 것, 6점은 고려시대의 것이다. 이처럼 당대의 소형 불상을 다수 보유한 것은 하나의 기적으로 보아야 할 것이다. … 모두 수려하고 우아한 기상을 보여준다"라고 되어 있습니다.

1914년에 〈유점사 53불〉 중 불상 3점이 이미 분실되었지만, 분실 시기나 경위는 확인되지 않았습니다. 나머지 불상 50점은 1917년 조선총독부가 발간한 『조선고적도보』(제5권)에 선명한 사진으로 실렸습니다. 그러나 안타깝게도 이 또한 일제강점기와 6·25전쟁을 거치면서 모두 분실되고 말았습니다. 한편에서는 6·25전쟁 중 유점사가 화재로 전소되면서 불상 역시 모두 파손되었을 것으로 추정합니다. 또 다른 한편에서는 〈유점사 53불〉의 종교적 상징성과 예술적 가치를 고려할 때 절도를 당해 미국으로 반입되었을 가능성을 얘기합니다. 그만큼 북한을 소재지로 하는 문화유산 중에 불법적으로 반출되어 미국에서 발견될 가능성이 높은 것이 〈유점사 53불〉이라 할 수 있습니다.

어디까지나 가정이지만 〈유점사 53불〉 중 일부가 미국에서 발견되었을 경우를 상상해봅시다. '한 쌍의 투어 부부 초상' 사례를 보면 미국 법원은 국무부가 동독에 대해 국가승인을 하지 않았다는 이유로 동독의 소송 참가를 거부했습니다. 동독은 미국 국무부로부터 국가승인을 받은 1974년 9월 이후에야 소송에 참가할 수 있었습니다. 마찬가지로 북한은 현재 미국과 미수교 상태이기 때문에 미국 법원에 소송을 제기할 수 없습니다. 국가승인은 흔히 외교 관계의 수립을 뜻하는 '수교修交'를 통해 행해지는 것이 일반적입니다. 결국 북미 수교 이전에는 대한민국 정부가 한반도 유일의 합법 정부라는 자격을 가지고 원고의 입장에서 미국 법원에 소송을 제기할 수밖에 없습니다. 북한은 일본과도 미수교 상황이기 때문에 북일 수교 이전에는 남북 간의 긴밀한 협력을 통해 문화유산의 환수를 진행해야 합니다. 남북 분단의 상황에서 국가의 자격을 묻는 국가승인이 우리에게 주는 특별한 교훈은 남북 간 환수 협력의 과제를 부여한 것이라고 할 수 있습니다.

27
국가의 특권을 극복한 〈우먼 인 골드〉

2015년 영국 감독 사이먼 커티스^{Simon Curtis(1960~)}가 만든 영화 〈우먼 인 골드^{Woman in Gold}〉는 전형적인 법정 드라마처럼 보입니다. 유능한 변호사와 고집 센 할머니가 의기투합하여 제2차 세계대전 때 숙부가 빼앗긴 구스타프 클림트 그림을 분주하게 찾아다니는 이야기입니다. 변호사 역의 라이언 레이놀즈^{Ryan Reynolds(1976~)}와 할머니 역의 헬렌 미렌^{Helen Mirren(1945~)}의 연기는 흠잡을 데 없을 만큼 인상적이었으나, 영화는 평단으로부터 좋은 평가는 받지 못했습니다. 실화를 바탕으로 만들어졌지만 극화된 이야기는 실제의 감동을 뛰어넘을 수 없기 때문에 그런지도 모르겠습니다.

헬렌 미렌이 연기했던 할머니는 마리아 알트만^{Maria Altmann(1916~2011)}으로 오스트리아 빈 태생의 유대인입니다. 그녀는 1938년 나치 독일이 오스트리아를 합병한 후 미국으로 이주했고, 60년이 지나서 나치 독일이 몰수했던 숙부의 유산인 클림트의 그림들을 찾기 위해 8년간 고군분투했습니다. 그 과정에 법정 소송만도 오스트리아와 미국을 번갈아가며 진행했습니다.

클림트가 보수적이고 전통적인 빈 미술계에 새로운 바람을 일으키고 감각적인 예술을 추구할 무렵 사교계를 주도했던 고귀하고 유쾌하며 지적인 한 여성이 있었습니다. 빈 살롱의 주인이자 예술가들의 후원자였던 아델레 블로흐-바우어^{Adele Bloch-Bauer(1881~1925)}입니다. 그녀의 살롱에는 작곡가 구스타프 말러^{Gustav Mahler(1860~1911)}, 언론인이자 미술 평론가 베르타 주커칸들^{Berta Zuckerkandl(1864~1945)}, 시인이면서 극작가 슈테판 츠바이크^{Stefan Zweig(1881~1942)} 같은 유명인들이 늘 드나들었습니다.

그녀의 아버지는 빈에서 유명한 유대인 은행가였습니다. 그는 딸들의 정략결혼을 통해 산업자본과 결탁하려고 했습니다. 아델레의 언니 테레제 바우어^{Therese Bauer(1874~1961)}가 열

1920년 39세의 아델레 블로흐-바우어

두 살 연상의 법학박사였던 구스타프 블로흐^{Gustav Bloch(1862~1938)}와 결혼했고, 뒤를 이어 1899년에 아델레가 구스타프 블로흐의 동생이자 열일곱 살 차이가 나는 페르디난트 블로흐^{Ferdinand Bloch(1864~1945)}와 결혼했습니다. 당시 페르디난트 가문은 빈에서 설탕 산업으로 큰돈을 벌었습니다. 1917년부터 이들 가문의 성姓은 유대인 사회의 전통에 따라 남편과 아내의 성을 결합한 '블로흐-바우어(Bloch-Bauer)'를 사용했습니다.

아델레는 부유한 집안으로 시집갔지만 결혼 생활은 행복하지 못했던 것 같습니다. 사산을 두 번이나 경험했고 1904년에는 아들을 출산했지만 하루 만에 잃었습니다. 아이를 모두 잃은 그녀였지만 클림트의 중요한 후원자로서 그의 사생관死生觀에 대해 이야기를 나누면서 둘은 급속도로 가까워졌습니다.

1890년대의 빈을 미국 프린스턴대학의 문화사학자 칼 에밀 쇼스크$^{Carl\ Emil}$
$^{Schorske(1915\sim2015)}$는 '세기말의 비엔나(Fin-de-siècle Vienna)'라고 불렀습니다.
이 말은 19세기에서 20세기로의 대전환을 앞두고 오스트리아의 수도 빈이
정치적·사회적 위기를 겪었지만 문학과 예술에서는 새로운 사상이 출현했음
을 뜻합니다. 1860~1890년대에 빈에서는 중산층의 성장이 늦어지면서 정치
적·사회적으로 불안했는데, 이런 가운데 젊은 예술가들이 기성의 주류를 뚫
고 뛰쳐나오기 시작했습니다. 이 젊은 예술가들이 성공할 수 있었던 배경은
금융과 산업을 통해 성장한 유대인 사회의 강력한 후원 덕분이었습니다. 아
델레와 클림트의 관계는 바로 '세기말의 비엔나'를 상징합니다. 실험적이고
주류에 도전적인 예술가와 막강한 자본력으로 이들을 후원했던 살롱 여주인
의 만남은 이제부터 우리 이야기가 시작됨을 알립니다. 아델레는 정략결혼으
로 행복하지 못한 결혼 생활에 아이들마저 모두 잃어 고통스러웠습니다. 이
때 클림트가 그녀에게 큰 위안이 되었습니다. 클림트 또한 두 살 아래 동생
에른스트$^{Ernst\ Klimt(1864\sim1892)}$의 죽음 이후 삶과 죽음을 작품의 주요 주제로 삼
았습니다.

클림트는 아델레를 모델로 여러 그림을 그렸습니다. 〈아델레 블로흐-바
우어의 초상 I〉은 1903년에 시작하여 1907년에 완성했습니다. 이 그림은 남
편 페르디난트가 아델레의 부모님에게 선물하기 위해 의뢰한 것입니다. 클림
트는 스물두 살의 아델레를 그리기 위해 100여 점의 스케치를 그렸다고 합
니다. 아름다운 여성의 섬세한 표정이 살아 있으면서 화폭 가득 찬란한 황금
빛은 그의 상징주의적 화법을 잘 보여줍니다. 이 그림은 '오스트리아의 모나
리자'로 불리며 클림트의 황금기를 대표하는 작품입니다. 〈아델레 블로흐-
바우어의 초상 I〉은 *The Lady in Gold* 또는 *The Woman in Gold*로 불리기도
합니다. 오스트리아국립미술관(Österreichische Galerie Belvedere, 벨베데레 오스

〈아델레 블로흐-바우어의 초상 I〉, 1907, 구스타프 클림트, 미국 노이에갤러리 소장

트리아 갤러리)은 그림 속 여성이 유대인이라는 사실을 감추기 위해 이 그림을 *The Woman in Gold*로 불렀고, 그것은 그대로 영화 제목이 되기도 했습니다. 오스트리아국립미술관은 아름다운 전망을 가졌다는 뜻으로 흔히 '벨베데레(Belvedere)'라고도 부릅니다.(이 글에서는 오스트리아국립미술관을 칭할 때 간단히 '벨베데레'라고 쓰겠습니다.)

　1903년에 작품 의뢰를 받은 클림트는 이탈리아 라벤나(Ravenna)에 있는 산 비탈레 대성당(Basilica of San Vitale)을 방문했는데, 그곳에서 547년에 제작된 비잔틴 황제 유스티니아누스 1세Justinian I(482~565)와 그의 아내 테오도라 황후Empress Theodora(500~548)의 모자이크를 보고 깊은 영감을 받았다고 합니다. 특히 테오도라 황후의 모자이크 기법은 클림트가 아델레의 초상화를 진행하면

<아델레 블로흐-바우어의 초상 II>,
1912, 구스타프 클림트, 개인 컬렉션

서 금을 비롯한 여러 장식을 사용하는 데 영향을 주었습니다. 클림트는 "믿
을 수 없이 화려한 모자이크가 나에게는 계시"라고 말했습니다.

〈아델레 블로흐-바우어의 초상 II〉는 1912년에 완성된 아델레의 두 번째
초상화입니다. 1907년의 첫 번째 초상화가 클림트의 화려한 황금시대의 대
표작이라면, 1912년의 두 번째 초상화는 유화 형식이라는 점이 특징입니다.
아델레는 챙이 넓은 검은색 모자를 쓰고 정면을 향하여 꼿꼿이 서 있습니다.
여린 모습이면서 강인함도 느껴집니다. 예술가들의 후원자로서 아델레의 지
위가 견고하다는 것을 보여주는 듯합니다.

아델레는 1918년에 주소를 프라하 근처로 옮기면서 체코 시민권을 신청했

지만 빈에서 계속 활동하며 살롱의 주인으로 살았습니다. 그러나 불행하게도 1925년 1월 24일 뇌수막염으로 44세 나이에 사망했습니다. 아델레는 죽기 직전에 남긴 유언장에서 남편 페르디난트에게 클림트 그림을 벨베데레에 기증해주기를 간청했습니다. 그런데 아델레의 이 유언장은 훗날 그녀의 조카가 국가를 상대로 긴 소송을 진행하게 되는 발단이 되고 맙니다. 그림의 법적 소유자가 남편 페르디난트였기 때문에 비롯된 일이었습니다.

지금부터는 그림에 얽힌 복잡하면서도 비극적인, 그러나 국가를 상대로 끈질기게 소송을 벌여나간 이야기를 살펴보겠습니다. 나치 독일은 제2차 세계대전을 일으키기 직전인 1938년에 오스트리아를 병합(안슐루스Anschluss)했습니다. 이는 곧 오스트리아에 사는 유대인과 그들이 소유한 예술품이 모두 위기에 처했다는 것을 뜻합니다. 남편 페르디난트는 겨우 몸만 빠져나와 프라하, 파리를 거쳐 스위스 취리히에 정착했습니다. 그는 취리히에 있는 벨 리브 호텔(Hotel Belle Rive)에서 궁핍하게 살다가 1945년 11월 13일 사망했습니다. 그의 시신은 화장된 후 빈에 있는 아델레의 무덤 옆에 묻혔습니다.

페르디난트는 1945년 유언장에서 자신의 전 재산을 조카들에게 상속했습니다. 페르디난트와 아델레에게는 로버트, 루이제, 마리아라는 세 명의 조카가 있었습니다. 이들은 아델레의 언니 테레제와 페르디난트의 형 구스타프 사이의 자녀들입니다. 1938년 나치 독일이 오스트리아를 병합하자 조카들은 미국으로 이주했습니다. 사건의 주인공인 마리아 알트만은 LA의 체비엇힐스(Cheviot Hills)에 정착했습니다. 페르디난트와 아델레 부부 재산의 일부인 그림 상속과 관련해 페르디난트의 1945년 유언장이 아델레가 1925년에 작성한 유언장과 다르다는 사실은 이 사건의 가장 중요한 분기점입니다. 클림트 그림에 관해서 1925년 아델레의 유언장은 벨베데레를, 1945년 페르디난트의 유언장은 조카들을 각각 정당한 상속인으로 지목하며 엇갈렸기 때문입니다.

나치 독일은 1938년에 페르디난트가 오스트리아를 떠나자 탈세를 구실로 그의 설탕 공장뿐만 아니라 건물과 예술품에 이르기까지 전 재산을 몰수했습니다. 나치의 이 같은 유대인 재산 몰수 정책을 '아리안화(Arisierung, Aryanization)'라고 합니다. 유대인의 재산을 압류하여 비유대인에게 이전하는 것으로, 합법을 가장한 유대인 재산의 몰수였습니다. 나치가 이때 몰수한 페르디난트의 재산 중 두 점의 〈아델레 블로흐-바우어의 초상〉을 포함한 클림트의 작품들이 있었습니다. 나치는 페르디난트의 재산관리인으로 변호사이자 히틀러의 친위부대(SS) 장교인 에리히 퓌러^{Erich Führer}를 임명했습니다. 퓌러는 1939~1943년에 이 그림들을 여러 소장처에 무상으로 양도하거나 판매했는데 최종적으로는 모두 벨베데레가 소장하게 되었습니다.

제2차 세계대전이 한창이던 1943년 10월 모스크바에서 미국, 영국, 소련의 외무장관 회담이 열렸는데 이때 나치 독일의 오스트리아 합병을 무효화하고 오스트리아에 독립을 회복시켜주는 내용의 의제도 논의되었습니다. 1945년 4월 13일 소련군이 나치를 공격해 들어가며 빈을 점령했고 마침내 해방시켰습니다. 전쟁이 끝난 뒤 오스트리아는 나치 독일에 대한 기억을 지우기 위해 노력했습니다. 첫 번째 조치는 「1946년 무효법」을 통해 1938~1945년 동안 나치에 의해 무차별적으로 몰수된 후의 모든 거래를 무효화하는 것이었습니다. 하지만 「1946년 무효법」에는 이른바 독소 조항이라 할 만한 내용이 있었습니다. 즉, 오스트리아를 떠나길 원하는 유대인들에게 재산 반출을 할 수 있게 해주는 대신 그들이 소장하고 있는 예술품을 국가에 기증토록 한 것입니다. 미국에 거주하는 페르디난트의 상속인들 또한 어쩔 수 없이 클림트 작품을 오스트리아 정부에 기증하거나 권리를 포기하는 것에 동의해야 했습니다.

모두의 기억에서 아델레가 잊혀갈 무렵 1998년에 새로운 변곡점이 나타났습니다. 미국 클린턴 행정부와 홀로코스트 기념관이 주도하는 '워싱턴회의(Washington Conference Principles on Nazi-Confiscated Art)'가 개최된 것입니다. 이 회의는 제2차 세계대전 중 나치 독일이 약탈한 유대인 예술품 문제를 해결하기 위한 것입니다. 44개국 대표와 13개 비정부기구, 그리고 전 세계 주요 박물관과 경매소가 참여했습니다. 미국 국무장관 매들린 올브라이트Madeleine Albright(1937~2022)가 개회사를 하는 등 정관계 인사가 총출동해서 나치 약탈품 문제의 적극적인 해결을 위해 목소리를 높였습니다.

1998년 워싱턴회의는 오스트리아를 강력하게 흔들었습니다. 이런 와중에 오스트리아 탐사 저널 언론인 후베르투스 체르닌Hubertus Czernin(1956~2006)은 페르디난트가 클림트의 그림을 자유의사로 기증한 것이 아니며 벨베데레 역시 클림트 그림이 약탈품이라는 사실을 알고 있었다는 문서를 발견하여 폭로했습니다. 1998년 워싱턴회의와 체르닌의 폭로에 대응하기 위해 오스트리아 정부는 「1998년 예술품 원상회복법」을 제정했습니다. 이 법률은 원소유자가 「1946년 무효법」에 따라 재산을 해외로 반출하기 위해 조건부로 기증했던 예술품을 원소유자에게 원상회복하기 위한 것입니다. 또한 분쟁 해결을 위해 '원상회복위원회(Restitution Commission)'를 설립했습니다. 원상회복위원회는 법원의 소송을 거치지 않고 행정절차에 따라 분쟁을 해결한다는 점에서 '대체적 분쟁 해결(ADR)' 방식의 한 형태입니다.

오스트리아 정부에서 「1998년 예술품 원상회복법」과 원상회복위원회를 만들었다는 소식은 마리아를 기쁘게 했습니다. 마리아는 1998년 벨베데레를 상대로 클림트 회화의 원상회복을 요구했고, 1999년에는 원상회복위원회에 해결을 부탁했습니다. 그런데 1925년의 아델레 유언장이 문제가 되었습니다. 원상회복위원회는 1925년의 아델레 유언장을 근거로 벨베데레가 클림트 작품을 합법적으로 취득했다고 판단하여 마리아의 요구를 거부했습니다. 마리아는 오스트리아 법원에 소송을 제기했지만 오스트리아에서는 소송 시작전에 거액의 소송가액(1.2%, 약 160만 달러)을 공탁해야 했기 때문에 소송을 철회할 수밖에 없었습니다.

결국 마리아는 미국 캘리포니아 중부지방법원에 다시 소송을 제기했습니다. 미국은 재판에서 승소한 후에 법원 공탁금을 납부해도 되었으므로 경제적 압박을 덜 받았습니다. 그러자 오스트리아 정부가 반발했습니다. 2000년에 들어서 오스트리아 정부도 캘리포니아 중부지방법원에 마리아의 소송을 각하해달라는 청구를 제기했습니다. 그 근거가 바로 국가의 특권, 곧 '국가면제(State immunity)'입니다.

국가면제는 국가에 대한 우월하고 강력한 보호책입니다. 국가승인이 '국가가 원고가 될 권리'라고 한다면, 국가면제는 '국가가 피고가 되지 않을 권리'라고 할 수 있습니다. 국가면제는 주권면제(Sovereign immunity)라고도 불리며 국제사회의 기본 원칙인 주권평등의 원칙에 기반을 두고 있습니다. 국가주권은 절대적이고 최고의 권리입니다. 따라서 주권보다 하위에 있는 법원이 타국의 주권을 심사한다는 것은 국제문화유산법이 갖는 위계상 맞지 않은 것입니다.

하지만 국가면제 이론은 일반 개인이 소송 상대자가 될 경우 그 개인에게 과도한 피해를 발생시키기 때문에 제한해야 한다는 주장이 제기되었습니다. 국가는 군대나 경찰과 같은 강력한 모습을 갖고 있는 동시에 무역과 같은 상업적 행위에 관련해서는 일반 개인과 비슷한 모습을 가지고 있습니다. 국제문화유산법에서는 이를 가리켜 국가가 지닌 '이중적' 모습이라고 말합니다. 이 상반되는 모습 중에서 어떤 모습으로 행동했는지에 따라 대우를 달리하자는 이론이 등장했습니다. 이것이 바로 '제한적 국가면제 이론'입니다. 적어도 국가가 상업적 행위를 할 때에는 국가면제의 혜택을 제한해야 한다는 주장입니다. 제한적 국가면제 이론을 실제로 채택한 경우가 미국의「1976년 외국주권면제법(Foreign Sovereign Immunity Act of 1976, 'FSIA')」입니다.

미국 법률은 연방의회에서 제정되며 의원이 발의하는 법안(Bill)이 의회 의결을 거쳐 대통령이 서명하면 공법(Public Law)으로 확정됩니다. 이 공법은 다시 주제별로 편찬되며 『미국법전(United States Code, 'USC')』의 형태로 발표되는 것입니다. 공법과 『미국법전(USC)』의 조문은 동등한 지위를 갖고 있지만, 『미국법전』에 수록되는 과정에서 주제별로 나뉘기 때문에 각각의 조문 내용을 찾는 일은 쉽지 않습니다. 「1976년 외국주권면제법」은 대통령의 서명을 통해 확정된 공법이지만 『미국법전』에서는 '사법 및 사법절차(Judiciary and Judicial Procedure)'를 다루는 제28편(Title 28)의 제1330조, 제1332조, 제1391조 (f)항, 제1441조 (d)항 그리고 제1601조부터 제1611조까지 등 모두 15개 조항으로 흩어져 있습니다.

한 국가가 자국의 영토 내에서 자국민이 소유한 재산을 취득 또는 처분하는 것은 외국 법원의 규율 대상이 아니라는 법리를 가리켜 '국내 수용의 법리(domestic takings rule)'라고 합니다. 이 법리와 관행에 따르면 국적국은 미국 법원에서 국가면제의 혜택을 누릴 수 있습니다. 국가 주권에 대한 존중이라 할 수 있습니다. 이에 반해 국가가 자국 영토에서 외국인의 예술품을 강탈한 경우에는 국제적 논란이 발생할 수 있습니다. 특히 전쟁 중인 경우에는 '사유재산의 전시 수용 금지 원칙'과 맞물리면서 국제법 위반 문제가 대두될 수 있습니다. 이때 미국 법원은 '수용 예외(expropriation exception)' 법리를 통해 국가면제 주장을 제한할 수 있습니다. 경우에 따라서는 미국 법원이 개입하여 재판을 할 수 있다는 것입니다.

수용 예외의 상세한 기준은 『미국법전』 제28편 제1605조 (a)항 3호에서 규정하고 있는데 크게 세 가지입니다. 첫째, 국제법을 위반하여 취득한 재산에 관한 권리를 주장할 때이고, 둘째, 사건 당시 해당 재산의 점유자가 외국의 정부기관이나 정부조직이어야 하며, 셋째, 해당 재산이 외국의 상업적 활동과 관련하여 미국에 존재하는 경우입니다. 외국의 상업적 활동을 수용 예외의 요건에 포함한 것은 「1976년 외국주권면제법」이 제한적 국가면제 이론을 채택했다는 의미입니다. 이 세 가지 요건을 충족하는 수용 예외에 대해서 미국 법원은 국가면제의 예외를 인정하여 외국에게 피고가 되지 않을 특권을 거부할 수 있는 것입니다.

　마리아가 제기한 클림트 그림 소송에서 오스트리아 정부는 국가면제 이론에 따라 자국은 피고가 되지 않을 특권이 있기 때문에 마리아의 소송을 각하해달라고 청구했습니다. 하지만 「1976년 외국주권면제법」이 제한적 국가면제 이론을 채택하고 있기에 결국 클림트 그림들이 '수용 예외'의 요건에 해당하는지 여부가 소송의 쟁점이 되었습니다. 첫 번째와 두 번째 요건에 대한 논란은 크지 않았습니다. 나치 독일이 전쟁 중 페르디난트의 개인 재산을 강제로 몰수했으며, 또 소장처가 오스트리아 정부기관인 벨베데레인 만큼 수용 예외의 요건에 부합하기 때문입니다. 중요한 점은 클림트 그림들이 과연 미국에서 오스트리아 정부의 상업적 활동과 관련되어 있는지를 판단해야 하는 세 번째 요건이었습니다.

　일반적으로 수용 예외의 세 번째 기준인 상업적 활동에 대한 논란은 외국 정부가 운영하는 박물관이 자신의 소장품을 미국 박물관에 대여 전시하는 경우, 이 대여 전시가 국가의 이중적 모습 중에서 군대나 경찰과 같은 모습인지 아니면 무역 활동과 같은 일반 개인의 모습인지를 두고 의견이 분분했습니다. 미국 법원은 대여 전시를 상업적 활동으로 간주해왔습니다. 그런데 클림트 그림들의 경우에는 미국 박물관에 대여 전시한 실체가 없다 보니 벨베데레가 미국에서 발간한 책자들까지 상업적 활동으로 볼 수 있는지 여부에 대한 논란으로 확대되었습니다.

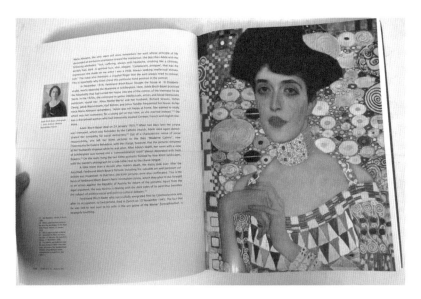

2000년에 발간된 *Klimt's Women* 본문에 실린 〈아델레 블로흐–바우어의 초상 Ⅰ〉

　이에 대해 마리아의 변호인은 벨베데레가 『클림트의 여성들Klimt's Women』과 영어 가이드북을 발간하면서 페르디난트 소유 예술품 사진을 사용했다는 이유로 미국 내에서 상업적 활동을 한 것이라고 주장했습니다. 『클림트의 여성들』은 2000년에 미국 예일대학교 출판부에서 영문판으로 출간되었고 소송 대상에 해당하는 클림트의 그림 중 3점의 이미지가 사용되었습니다. 또한 박물관 가이드북은 영어로 출간되면서 〈아델레 블로흐–바우어의 초상 Ⅰ〉을 표지에 사용했습니다.

　반면, 벨베데레는 『클림트의 여성들』 소유권이 책의 저자에게 있다고 주장했습니다. 자신들은 감독 책임만 있을 뿐이고 두 명의 미술관 직원이 책을 저술했다고 주장했습니다. 하지만 책의 출판이나 판매, 마케팅은 그 자체로 상업적 행위이며 미국 관광객을 오스트리아로 끌어들이기 위한 수단입니다.

이 점을 중시한 캘리포니아 중부지방법원은 2000년 바로 그해 「1976년 외국주권면제법」에 따른 수용 예외를 인정하여 오스트리아 정부의 소송 각하 청구를 거부한 것입니다. 이후 오스트리아 정부가 바로 항소했지만 2002년 항소법원의 판결 또한 원심과 같았습니다. 결국 오스트리아 정부는 전략을 변경하여 「1976년 외국주권면제법」은 1976년에 시행되었지만 클림트 작품의 약탈은 1938년의 일이었으므로 소급하여 적용할 수 없다고 주장했습니다. 오스트리아 정부의 이 주장은 2004년 6월 7일 미국 연방대법원의 판결로 다시 거부되었습니다. 미국 연방대법원은 「1976년 외국주권면제법」에 대해서는 1976년 이전이라도 소급하여 적용하는 것을 인정했기 때문입니다.

오스트리아 정부는 결국 협상하기로 태도를 바꿨습니다. 2005년 5월 오스트리아 정부는 마리아와 미국에서 진행 중인 소송을 중단하고 오스트리아에서 중재로 사건을 해결하기로 합의했습니다. 이후 중재 패널은 1925년의 유언장을 분석한 후 이 유언장은 아델레가 남편에게 자신의 희망을 간청한 것에 불과하다고 결론을 내렸습니다. 당시 클림트 그림의 소유권은 법적으로 남편 페르디난트에게 있었기 때문입니다. 이에 따라 중재 패널은 2006년 3월 클림트 작품 5점을 마리아에게 원상회복하도록 결정했습니다.(원래 마리아의 청구 대상은 6점이었지만 클림트의 1910년 작품 〈아테제 호수의 캄머 성 III Schloss Kammer am Attersee III〉은 1936년에 페르디난트가 벨베데레에 자발적으로 기증했다는 사실이 확인되면서 원상회복 대상에서 제외되었습니다.)

오스트리아 정부는 페르디난트가 오스트리아를 떠난 지 68년 만에야 그의 조카이자 상속인인 마리아에게 클림트 그림 5점을 돌려주었습니다. 이로써 모든 이야기가 끝난 듯하지만 알트만의 사연은 계속됩니다. 8년에 걸친 외로운 싸움은 그녀에게 막대한 재정적 손실을 가져왔습니다. 결국 마리아는 원상회복된 클림트의 그림 모두를 크리스티(Christie's)에 위탁해 판매했습니다.

알려진 바로는 〈아델레 블로흐-바우어의 초상 I〉은 개인 간 합의 판매 형식으로 1억 3,500만 달러(한화 약 1,785억 원)에, 〈아델레 블로흐-바우어의 초상 II〉는 8,800달러(한화 약 1,163억원)에 매매되었습니다. 5점 그림의 총 판매액은 3억 2,700만 달러(한화 약 4,324억 원)에 이릅니다.

영화 〈우먼 인 골드〉의 상징인 〈아델레 블로흐-바우어의 초상 I〉을 구입한 사람은 화장품 회사 에스티 로더의 거물인 로널드 로더^{Ronald S. Lauder(1943~)}입니다. 그는 2007년부터 세계유대인의회의 회장을 맡았습니다. 그가 천문학적 금액으로 아델레의 초상화를 구입하여 뉴욕에 있는 노이에갤러리(Neue Galerie)에 기증한 배경에는 그 자신이 유대인이라는 점이 영향을 미쳤습니다. 여기까지가 해피 엔딩으로 끝난 마리아 알트만의 이야기입니다.

우리는 국가와 문화유산의 관계에 대한 복잡한 여행을 하고 있습니다. 마리아가 클림트 그림 소송을 미국에서 제기했을 때 오스트리아는 국가면제에 대한 기대로 처음부터 소극적이었습니다. 국가라는 이유로 소송의 피고가 될 위기에서 면제받는 것은 국가의 특권인 동시에 개인에 대한 불합리한 차별이라고 할 수 있습니다. 달리 말하면 약탈 예술품 문제를 놓고 국가를 상대로 싸워야 하는 개인은 국제문화유산법의 국가면제에 대해 잘 알지 못한다면 자신의 권리를 온전히 지키기 어려울 수밖에 없습니다. 국가면제는 개인보다 국가를 더 중시하고 보호하려는 국제사회의 단면을 잘 보여줍니다. 그렇기 때문에 평범한 개인은 국제문화유산법에 대한 이해를 바탕으로 치밀하게 대응해야 합니다. 마리아의 소송이 특별한 것은 바로 희망을 잃지 않은 개인이 마침내 국가의 특권을 무너뜨렸다는 사실입니다.

28
국가의 특권에 무너진 자크 고드스티커의 비극

비극悲劇을 뜻하는 라틴어 'Tragoedia'는 고대 그리스어에 뿌리를 두고 있으며 Tragi(산양)와 Oide(노래)의 합성어입니다. '산양의 노래'라는 의미를 지닌 비극이라는 단어가 어떻게 유래했는지는 정확하지 않습니다. 많은 학자는 고대 그리스의 봄을 알리는 디오니소스 축제(Dionysia)에서 시작되었다고 봅니다. 디오니소스 축제는 매년 4번 행해졌는데 봄에 열린 제전은 비극으로, 겨울에 열린 제전은 희극으로 발전했다고 합니다. 축제는 일주일 정도 계속되었으며 술의 신이자 풍요의 신 디오니소스(Dionysus)를 위해 각 부족들은 최대 50여 명의 소년으로 구성된 합창단을 꾸려 찬가를 부르며 경쟁했습니다. 이때 승자가 결정되면 신전에 산양을 제물로 바쳤고, 산양의 죽음을 슬퍼하며 노래했던 관습에서 '비극'이라는 단어가 유래했다는 것입니다.

이러한 고전적 비극이 고대 축제에서 번제물燔祭物로 바쳐진 산양에 대한 가여운 마음에서 시작되었다면, 현대적 서사에서 비극은 전쟁과 약탈로 파괴된 개인의 삶과 관련되어 있을 것입니다. 인류 역사상 가장 큰 비극은 제2차 세계대전입니다. 이번 글에서는 유대계 네덜란드인 자크 고드스티커Jacques

자크 고드스티커

Goudstikker(1897~1940)를 통해 전쟁이 개인의 삶과 예술품에 가져온 엄청난 비극을 탐구할 것입니다.

고드스티커 집안은 대대로 네덜란드 암스테르담을 중심으로 활동했던 유명한 미술상이고 자크 고드스티커 또한 유럽 미술계에서 존경받는 학자이자 내로라하는 감정가였습니다. 주로 네덜란드와 플랑드르 거장들의 그림을 전문으로 수집했습니다. 암스테르담의 헤렌그라흐트(Herengracht) 458에 위치한 그의 갤러리는 명함에도 건물 모습을 박을 만큼 고드스티커를 상징하는 이미지이기도 합니다. 그의 아내는 빈국립오페라단(Wiener Staatsoper)에서 가수로 활동했던 데지레 폰 할반-쿠르츠Désirée von Halban-Kurz(1912~1996)입니다.

1939년 고드스티커와 데지레 사이에 아들 에두아르드Edouard(1939~1996)가 태어났습니다. 이때까지만 해도 고드스티커는 행복한 나날을 보냈습니다. 하지만 나치 독일이 제2차 세계대전을 일으키면서 모든 것이 급변했습니다.

↑ 고드스티커 명함　갤러리 건물(왼쪽 사진) 이미지가 명함에 크게 그려져 있습니다.

← 고드스티커의 갤러리　암스테르담 헤렌그라흐트 458에 위치하며, 현재 이곳은 네덜란드 국가유산으로 보호되고 있습니다.

1939년 폴란드를 침공한 나치 독일은 1940년 5월 10일부터 네덜란드군이 항복한 5월 14일까지 대규모 공중폭격을 퍼부었고 낙하산병을 투입하여 군사작전을 벌였습니다. 이른바 '네덜란드 공방전'으로 불리는 나치 독일의 네덜란드 침공입니다. 나치 독일은 공군과 육군을 동원하여 전략적 요충지인 로테르담과 헤이그를 무참하게 파괴했습니다. 5월 14일 나치 공군이 로테르담을 폭격한 이후 히틀러는 네덜란드군이 항복하지 않으면 다른 도시들도 가차 없이 폭격하겠다고 위협했습니다. 결국 네덜란드는 더 이상 폭격을 막기 어렵다는 것을 깨닫고 항복했습니다.

　전황이 심상치 않다고 판단한 고드스티커는 가족과 함께 미국으로 이주하기 위해 1939년에 비자를 신청했었습니다. 그러나 네덜란드 공방전이 발생하기 하루 전인 1940년 5월 9일 불행하게도 고드스티커의 비자가 만료되었

헤르만 괴링　1941년 고드스티커의 갤러리에서 약탈품 쇼핑을 즐기고 나오는 모습입니다.

습니다. 1940년 5월 13일 나치 독일이 암스테르담까지 밀고 들어오자 고드스티커는 급히 탈출하기 위해 상선 SS보드그래븐(SS Bodegraven)호를 수소문했습니다. 당시 항구 경비를 선 군인이 군대 위문 콘서트에서 공연했던 데지레를 알아본 덕분에 비자 없이 겨우 탑승할 수 있었습니다. 긴 서사극의 첫 번째 비극은 1940년 5월 15일 밤 영국해협을 건너는 중에 발생했습니다. 고드스티커가 SS보드그래븐호 갑판에서 떨어져 사망한 것입니다. 급작스러운 죽음으로 고드스티커는 영국의 팰머스(Falmouth)에 묻혔고, 데지레와 아들 에두아르드만 캐나다를 거쳐 미국으로 이주했습니다.

고드스티커가 사망하고 몇 주 후 그의 갤러리는 나치 독일에 약탈당했습니다. 예술품만 1,200여 점이었고 각종 귀중품도 있었습니다. 나치 독일에서 제국원수(Reichsmarschall)라는 최고위 장성 호칭을 받으며 히틀러 다음가는 2

인자로 활약한 헤르만 괴링^{Hermann Göring(1893~1946)}은 암스테르담을 찾아 고드스티커의 갤러리에서 약탈품 쇼핑을 즐겼습니다. 괴링의 동조자이면서 부하인 알로이스 미들^{Alois Miedl(1903~1970)}이 그의 약탈을 도왔습니다. 미들은 주로 네덜란드에서 추방당한 유대인 재산을 훔쳐 강제 판매하는 나치 범죄의 협조자였습니다. 전쟁이라는 급격한 상황 속에서 나치 독일의 많은 재산가는 안전자산을 선호했기 때문에 이 시기 예술품 시장은 전례 없는 호황을 누렸습니다.

1940년 7월 13일 괴링과 미들은 고드스티커의 재산을 두고 이중 계약을 체결했습니다. 첫 번째 계약은 고드스티커를 대신해 갤러리 직원과 미들이 체결한 것으로, 갤러리 명칭을 포함하여 고드스티커의 재산 일체를 미들이 헐값에 구입하는 형식인데 실상 약탈이나 다름없었습니다. 미들은 이 계약으로 전쟁이 지속되는 기간에 줄곧 '자크 고드스티커'라는 이름을 내걸고 갤러리를 운영하는 뻔뻔함까지 보였습니다. 두 번째 계약은 미들이 구입한 고드스티커 예술품을 다시 싼 가격에 괴링에게 양도한 것입니다. 이런 식으로 괴링이 약탈해 간 800여 점 중 300여 점만 자신의 자택에 보관했고 나머지는 미들이 운영하는 아리안화된 고드스티커 갤러리를 통해 판매했습니다. 괴링과 미들은 고드스티커의 어머니를 추방하겠다고 위협하는가 하면, 갤러리 직원들을 막대한 보너스로 회유하여 당시 법적상속인인 데지레의 동의도 받지 않은 채 고드스티커의 전 재산을 약탈하는 계약을 체결했던 것입니다. 이 약탈은 나치가 벌인 단일 규모 중 가장 큰 것으로 간주됩니다. 괴링과 미들은 나치 점령지에서 유대인의 재산을 몰수하는 '아리안화'를 명분으로 사리사욕을 채운 것입니다.

소소하지만 약탈자 괴링과 미들에 대한 복수도 있었습니다. 네덜란드 화가이자 위조범으로 알려진 메헤렌^{Han van Meegeren(1889~1947)}은 나치에 복수하기

고드스티커의 갤러리에서 메헤렌이 〈박사들에 둘러싸인 예수 그리스도〉를 직접 위조하는 시범을 보이고 있습니다.

위해 네덜란드를 대표하는 화가 요하네스 페르메이르^{Johannes Vermeer(1632~1675)}의 작품을 위조한 후 마치 페르메이르의 알려지지 않은 작품인 것처럼 속여서 괴링에게 팔았습니다. 괴링은 진짜로 믿고 그 대금을 고드스티커에게서 약탈한 그림 50여 점과 교환하는 형식으로 지급했습니다. 메헤렌이 괴링에게 판매한 대표적인 그림이 1942년에 위조한 〈간음 중에 잡힌 여인과 함께 계신 그리스도^{Christ and the Woman Taken in Adultery}〉입니다.

1945년 5월 전쟁이 끝나자 연합군은 메헤렌이 독일군에 부역했다는 혐의로 체포했습니다. 그러나 메헤렌은 오히려 자신이 위조를 통해 나치 독일을 속였다고 주장했습니다. 당시 암스테르담에 주둔했던 연합군은 마침 고드스티커의 갤러리를 사무실로 사용하고 있었기 때문에 메헤렌은 그곳에 억류되었습니다. 메헤렌은 고드스티커의 갤러리에서 자신이 나치 독일을 위해 일하지 않았음을 증명해야 했습니다. 그는 갤러리 2층 다락방에서 형사들과 기자들이 지켜보는 가운데 페르메이르 작품인 것처럼 〈박사들에 둘러싸인 예수 그리스도Jesus Among the Doctors〉를 위조해 그렸습니다. 메헤렌은 나치가 약탈한 고드스티커의 예술품과 가짜 페르메이르 작품을 교환했기 때문에 스스로 영웅이라고 생각했습니다. 1937년 이후 미술 시장에 등장한 가짜 페르메이르 작품 5점이 바로 메헤렌의 위조품이었습니다. 재판이 끝나갈 무렵 그의 혐의는 나치 부역에서 미술품 위조로 바뀌었고, 1947년 11월 법원은 그에게 1년 형이라는 관대한 판결을 내렸지만 감옥에 가기 전 심장마비로 사망했습니다.

실력 있는 미술사학자인 동시에 철두철미한 미술상이기도 했던 고드스티커는 자신의 소장품을 꼼꼼하게 기록해 두었습니다. 그가 남긴 기록들은 제2차 세계대전으로 약탈된 예술품의 원상회복을 하는 데 이상적인 출처 기록으로 인정되고 있습니다. 그중에서도 가장 놀라운 기록은 '검정 노트'라고 불리는 개인 수첩입니다. 바인더로 철할 수 있는 형태의 검정색 가죽 노트입니다. 1940년 5월 나치 독일이 침략하여 네덜란드 공방전이 벌어지자 고드스티커는 시중에서 급하게 검정색 노트를 구입하여 자신이 소장하고 있는 1,241점의 예술품을 일일이 화가 이름의 알파벳 순서대로 정리한 것입니다.

갤러리의 '소장품 장부(inventory Register)' 또한 그의 소장품 현황을 파악하는 데 도움이 됩니다. 1940년 초까지 판매된 예술품 정보를 포함하여 수집일을 기준으로 연대순에 따라 소장 번호가 부여되어 있습니다. 검정 노트와 갤러리 소장품 장부의 기록은 서로 보완하는 성격을 띠면서 일종의 색인으로 활용이 가능합니다. 이 두 건의 출처 기록은 고드스티커의 소장품에 각각의 관리번호를 부여하고 화가들의 이름을 표시했다는 점에서 훗날 약탈품 여부를 식별하는 데 귀중한 기록으로 평가되고 있습니다. 이에 비해 '갤러리 소

고드스티커가 소장품 목록을 기록한 검정 노트　자신이 소장한 1,241점의 예술품을 화가 이름의 알파벳 순서대로 꼼꼼하게 정리해 놓은 노트입니다.

장품 카드(Inventory Card)'는 예술품 사진을 찍는 경우 사진작가의 이름을 비롯하여 전시회 정보를 수록하는 등 상세하기는 하지만, 그의 갤러리가 나치 독일에 몰수당하여 괴링의 부하 미들이 운영하는 동안에도 같은 형태의 카드를 계속 사용했기 때문에 정보의 혼선이 있습니다.

　고드스티커의 소장품임을 확인할 수 있는 또 다른 출처 기록은 액자 뒷면에 붙어 있는 레이블입니다. 액자 레이블은 출처 정보의 1차 자료에 해당합니다. 1차 자료는 문화유산의 물리적 존재가 출처 정보를 제공하는 경우입니다.(☞ 10장 92쪽 참조) 고드스티커의 갤러리는 원래 암스테르담의 번화가인 칼베르스트라트(Kalverstraat) 73에 있었습니다. 이때부터 그는 다양한 형태의 액자 레이블을 사용했습니다. 이후 갤러리를 헤렌그라흐트 458로 이전했을 때 고드스티커 컬렉션임을 한눈에 알아볼 수 있도록 이전과 유사한 도안을

고드스티커가 사용한 액자 레이블 위의 3개는 암스테르담 칼베르스트라트(Kalverstraat) 73에서 사용한 액자 레이블이고, 아래 2개는 암스테르담 헤렌그라흐트(Herengracht) 458에서 사용한 액자 레이블입니다.

사용하되 다른 색깔의 종이를 쓰고 바뀐 주소를 표기하는 작은 변화를 주었습니다. 이러한 액자 레이블의 변화는 소장품의 취득 시기를 특정할 수 있고 손으로 직접 관리번호를 부여한 것이어서 위조가 쉽지 않습니다.

제2차 세계대전이 끝나고 1946년에 데지레는 남편이 소장했던 예술품을 원상회복하기 위해 소장품 목록이 기록된 검정 노트를 들고 네덜란드로 돌아왔습니다. 데지레는 7년간의 길고 험난한 법정투쟁 끝에 1952년 8월 1일 일부만 돌려받는 것으로 네덜란드 정부와 합의했습니다. 그녀가 고드스티커의 모든 예술품에 대해 원상회복을 요구하지 못했던 이유는 네덜란드 법의 소멸시효와 관련이 깊습니다. 네덜란드 정부가 전후戰後 원상회복권의 소멸시효를 1951년 7월 1일로 한정했기 때문입니다. 괴링과 미들 간 1940년 7월 계약으로 괴링 소유가 된 약탈품은 제2차 세계대전이 끝나고 연합군에 몰수되었음에도 불구하고, 1952년 데지레가 정부와 합의함에 따라 고드스티커 소장 예술품은 네덜란드 국가의 소유로 인정되었습니다.

1950년에 데지레는 아우구스트 폰 사히르August von Saher(1890~1973)라는 네덜란드인 변호사와 재혼했습니다. 아들 에두아르드도 계부의 성을 따라 폰 사히르로 성姓이 바뀌었습니다. 훗날 에두아르드는 서독의 피겨스케이팅 선수 출신인 마레이 랑겐바인Marei Langenbein과 결혼하는데, 그녀가 바로 마레이 폰 사히르Marei von Saher(1945~)로, 나중에 고드스티커의 유일한 법정상속인으로서 예술품 원상회복 소송의 전면에 나서는 인물입니다.

데지레와 에두아르드 사망 후 1998년 1월 마레이는 괴링과 미들 사이에 거래되었던 모든 예술품의 원상회복을 네덜란드 정부에 요구했습니다. 하지만 네덜란드 정부는 1952년에 이미 데지레와 합의를 보았다면서 마레이의 요구를 거부했습니다. 마레이는 소송을 제기했지만 1999년 헤이그 법원은 네덜란드 정부의 손을 들어주었습니다. 그 후 2002년에 네덜란드 정부가 제2차 세계대전 당시 약탈된 예술품 문제를 해결하기 위해 '원상회복위원회'를 설립하자, 마레이는 2004년 이 위원회에 고드스티커 소장 예술품을 괴링이 강탈해 갔다며 주장하면서 267점의 예술품에 대한 청구를 제기했습니다. 다행스럽게도 원상회복위원회는 청구한 예술품 중 무려 202점을 마레이에게 돌려줄 것을 권고했습니다. 267점 중 40점은 고드스티커와 관련성이 없고 21점은 미들의 소유였으며 4점은 분실되거나 누락된 것으로 판단했습니다. 2006년 2월 6일 네덜란드 정부는 마침내 원상회복위원회의 권고를 받아들여 200점을 마레이에게 반환했습니다.

환영할 만한 몇 가지 성공 사례가 있기는 했으나 고드스티커의 이야기는 여전히 비극을 향해 갔습니다. 우선, 괴링과 그의 부하 미들이 약탈한 1,200여 점의 고드스티커 소장품 중에서 현재까지 소재조차 파악되지 않는 행방

 없음 — 다음은 캡션입니다.

〈아담과 이브〉, 1530, 루카스 크
라나흐, 미국 노턴사이먼미술관
소장

불명 상태가 836점이나 됩니다. 게다가 소장품을 원상회복하는 과정에서 지
난한 소송과 복잡한 법 규정의 적용 문제를 놓고 많은 논란이 일었습니다.
무엇보다 가장 큰 논란을 일으킨 것은 독일 르네상스를 대표하는 루카스 크
라나흐^Lucas Cranach der Ältere(1472~1553)의 실물 크기(190.5×69.9cm) 작품 〈아담과
이브〉입니다. 이 작품은 두 폭 제단화祭壇畵(diptych) 형식으로 1530년에 제작
되었습니다. 『구약성경』의 창세기(제2장 16~17절)를 보면 하느님은 아담에게
모든 나무의 열매를 따 먹어도 좋지만 선과 악을 알게 하는 나무 열매만은
먹지 말라고 명령합니다. 이 열매가 바로 '선악과善惡果'인데, 루카스 크라나
흐의 제단화를 보면 이브는 이미 뱀의 유혹을 받아 금단의 열매를 한 입 베
어 먹으려고 마음을 굳힌 듯싶습니다. 이에 반해 아담은 오른손으로 머리를

붉적이면서 열매를 먹을지 말지 고민하는 모습입니다. 이때 이브가 선악과의 그 달콤한 맛, 바로 지식에 대한 갈증으로 인해 아담을 설득하여 곧 금단의 열매를 함께 먹을 것 같습니다.

루카스 크라나흐의 1530년 작품 〈아담과 이브〉는 제2차 세계대전 중 나치가 약탈한 고드스티커의 컬렉션 중 하나였습니다. 고드스티커는 〈아담과 이브〉를 1931년 5월 베를린 경매에서 구입했습니다. 경매 카탈로그에는 '스트로가노프–셰르바토프 컬렉션(Stroganoff-Scherbatoff collection)'으로 명시되어 있습니다. 경매 카탈로그를 제외하면 〈아담과 이브〉를 스트로가노프 – 셰르바토프 컬렉션과 연결지을 수 있는 문서는 존재하지 않습니다.

게오르기 스트로가노프–셰르바토프^{George Stroganoff-Scherbatoff(1898~1976)}는 러시아 귀족 집안 출신인데 1917년 러시아혁명 당시 예술품 등을 포함한 재산을 몰수당했습니다. 이후 소련의 스탈린^{Joseph Stalin(1878~1953)} 정권은 국가 재정을 마련한다는 명분으로 1931년 베를린 경매에 게오르기 스트로가노프–셰르바토프의 소장품이었던 〈아담과 이브〉를 출품한 것입니다. 이 경매에서 최고 입찰자가 바로 고드스티커였습니다. 게오르기 스트로가노프–셰르바토프는 공산화된 러시아를 탈출해서 미국으로 갔고, 미국 정보부에서 화려한 경력을 쌓았습니다. 1945년 2월 얄타회담 때는 루스벨트^{Franklin Delano Roosevelt(1882~1945)} 대통령의 통역사로 일했습니다. 이후에도 태평양과 인도양에서 미국 군인으로 참전하여 일본과 싸웠습니다.

볼셰비키가 게오르기 스트로가노프–셰르바토프의 예술품을 몰수했던 1917년에 그의 국적은 제정러시아였기 때문에 제정러시아를 승계한 소련 정부가 자국민의 재산을 강탈하여 1931년 베를린 경매에서 매매한 일에 대해서는 법적 책임을 물을 수 없습니다. 국가가 자국의 국민이 소유한 재산을 강탈(수용)하는 것을 국제법의 규율 대상으로 인정하지 않는 이른바 '국내 수용의 법리'는 기존 관행대로 국가면제를 주장할 수 있기 때문입니다.(☞ 27장 367쪽 참조) 그러므로 1931년 베를린 경매에서 〈아담과 이브〉를 구입했던 고드스티커의 재산권은 법적으로 온전하게 보호받을 수 있습니다. 고드스티커의 1940년 검정 노트에는 〈아담과 이브〉가 2721번과 2722번으로 기록되어 있습니다.

이러한 사연이 담긴 〈아담과 이브〉는 고드스티커의 비극과 함께 결국 괴링에게 약탈되어 그의 저택에 보관되었습니다. 1945년 5월 나치 독일이 항복한 뒤 연합군이 괴링의 저택에서 〈아담과 이브〉를 발견하여 뮌헨 중앙수집소(Munich Central Collection Point: 나치에 의해 약탈된 예술품을 회수하고 수집해서 원소유자에게 반환하기 위해 설립한 보관소)로 보냈고, 그곳에서 1946년에 다시 네덜란드로 보냈습니다. 연합군의 원상회복 정책의 대상은 원소유자의 국적국이었기 때문입니다. 연합군이 네덜란드로 보낸 약탈품 중에서 300여 점은 고드스티커의 소장품이었습니다. 이 무렵에 데지레도 네덜란드로 돌아와서 남편의 유산을 회복하기 위해 노력했습니다.

하지만 네덜란드의 반나치 법령은 고드스티커나 데지레 모두에게 호의적이지 않았습니다. 전쟁이 끝나고 미군이 압수한 유대인 희생자들의 예술품은 국적국에 반환되었지만, 국적국이 돌려받은 약탈품을 원소유자에게 다시 반환하는 문제는 전혀 다른 차원이기 때문입니다. 네덜란드는 원소유자에게 피해 재산의 일부만 반환하며 국유화의 길을 열어 놓았습니다. 제2차 세계대전의 포화 속에서도 네덜란드는 예술품 약탈을 막기 위해 강력한 법률을 제정했습니다. 1940년 나치 독일의 침공 이후 런던에 수립된 네덜란드 망명정부는 「칙령 A6」을 제정하여 나치 독일을 비롯한 적국과의 모든 예술품 거래를 무효화했습니다. 1944년 9월에는 「칙령 E100」에 따라 적국과의 거래를 무효화할 수 있는 광범위한 권한을 가진 '권리회복위원회'를 설립하고 재산의 법적 소유자가 나타나지 않을 경우 정부가 미청구 재산을 매각할 수 있도록 했습니다.

　전쟁이 끝나자 네덜란드 정부는 약탈 피해자가 권리 회복을 청구할 수 있는 소멸시효를 1951년 7월 1일로 정했습니다. 또한 「칙령 E133」을 제정하여 "적국이나 적국 국민에게 속했던 모든 재산은 자동으로 국가에 소유권이 이전된다"고 규정했습니다. 일종의 자동 몰수인 셈입니다. 이 칙령은 네덜란드와 독일이 「1951년 7월 평화조약」에 서명하면서 효력이 발생했습니다. 〈아담과 이브〉는 「칙령 E133」에 따라 네덜란드 국가재산이 되었고 「칙령 E100」에 따라 네덜란드 정부가 자유롭게 매각하는 일이 가능해진 것입니다.

　그런데 1966년 네덜란드 정부가 뜻밖의 갑작스러운 결정을 내립니다. 〈아담과 이브〉를 나치 약탈의 희생자인 고드스티커의 상속자에게 반환하기는커녕 오히려 러시아 소비에트 정권 몰수의 희생자였던 게오르기 스트로가노프-셰르바토프에게 매각한 것입니다. 2000년 10월 네덜란드 정부가 발간한 보고서 「기원 불명(Herkomst Gezocht, Origins Unknown)」을 보면 1966년에 정부 차원에서 게오르기 스트로가노프-셰르바토프에게 그림을 매각했습니다. 게오르기 스트로가노프-셰르바토프는 다시 〈아담과 이브〉를 1971년에 미술품 수집가인 노턴 사이먼Norton Simon(1907~1993)에게 80만 달러에 판매했고, 그는 이 그림을 미국 캘리포니아 패서디나(Pasadena)에 자신의 이름을 내걸고 설립한 노턴사이먼미술관(Norton Simon Museum)에 전시했습니다. 〈아담과 이브〉는 2006년에 보험 목적의 평가액이 2,400만 달러에 이를 정도로 가치가 높아졌습니다.

　1966년의 네덜란드 조치는 이해하기 어려운 결정입니다. 게오르기 스트로가노프-셰르바토프가 〈아담과 이브〉의 한때 소유자였던 것은 맞지만 그의 소유권은 이미 1917년 소비에트 정권의 몰수로 상실되었습니다. 이 사실은 고드스티커의 유일한 상속인인 마레이와 현 점유자인 노턴사이먼미술관 간의 길고 긴 법정투쟁에서 첨예한 논란이 되었습니다. 마레이가 노턴사이먼미술관에 〈아담과 이브〉가 소장되어 있다는 사실을 확인한 것은 2000년 10월 25일이었습니다.

나치 약탈 예술품 문제를 해결하기 위해 '1998년 워싱턴회의'가 개최되면서 미국을 비롯해 유럽의 박물관 사회는 분주하게 움직였습니다. 나치 희생자들은 박물관을 상대로 빈번하게 소송을 제기했고, 박물관들은 도덕의 심판대에 오르며 여론의 압박을 받았습니다. 이러한 분위기 속에서 미국 캘리포니아주는 2002년에 「홀로코스트 시기 청구 규정」을 새롭게 마련했습니다. 이 규정은 나치 약탈품과 관련하여 2010년 12월 31일 이전에 박물관에 제기된 청구에 대해서는 별도의 제소기간을 적용하지 않도록 한 것입니다. 미국 연방법은 주로 절차적 사항만을 규정하고 민사에 관한 실질적 내용은 주법州法에서 규정했기 때문에 캘리포니아주의 2002년 규정은 실질적인 의미가 있습니다.

2002년부터 마레이와 노턴사이먼미술관이 협상을 시작했습니다. 그러나 협상은 마레이의 예상대로 흘러가지 않았고, 결국 그녀는 2007년 5월 1일 캘리포니아 지방법원에 〈아담과 이브〉의 반환을 요구하는 소송을 제기했습니다. 이에 맞서 7월 9일 노턴사이먼미술관도 자신들의 합법적 소유를 주장하며 법원에 마레이의 청구를 기각해줄 것을 청구했습니다. 2007년 10월 18일 지방법원은 마레이의 소송을 각하했습니다. 법원은 「홀로코스트 시기 청구 규정」을 위헌으로 결정하면서 원래의 실제적 발견일을 기준으로 3년의 제소기간이 적용되기 때문에 마레이의 청구는 이미 시기가 지났다고 판단했습니다. 마레이가 노턴사이먼미술관에 소장된 〈아담과 이브〉를 실제적으로 발견한 것이 2000년 10월 25일이기 때문에 소송은 2003년 10월 24일까지만 가능하다고 본 것입니다.

마레이가 항소하자 2010년 1월 14일 항소법원은 청구인이 소장을 변경하도록 허용해야 한다는 취지에서 원심 결정의 일부를 파기했습니다. 캘리포니아주 의회 또한 마레이의 소송 변경을 지원했습니다. 캘리포니아주 의회는 「홀로코스트 시기 청구 규정」이 위헌 판결을 받자 「캘리포니아주 민사소송법」을 개정하기 위해 법안 2765호(Assembly Bill 2765)를 발의했습니다. 이 법안은 캘리포니아에 소재하는 박물관이나 경매소와 같은 전문기관을 대상으로 소송을 제기하는 경우 제소기간을 6년으로 연장하고 소급 적용이 가능하도록 했습니다. 2011년 11월 8일 마레이는 개정된 법률에 따라 변경된 소장을 제출할 수 있었습니다.

미국 연방정부도 유대인들의 나치 약탈품 소송을 지원하기 위해 노력했습니다. 2016년 12월 16일 오바마 대통령Barack Obama(1961~)은 「홀로코스트 약탈미술품 회수법(HEAR)」에 서명했습니다. 이 법률은 '세계 유대인 원상회복 기구(WJRO)'와 '독일에 대한 유대인 재산 청구회의(JCC)'와 같은 민간단체들의 지속적인 노력이 이루어낸 결과물입니다. 미국에서 민사소송을 제기하는 경우 각 주의 법률을 적용하다 보니 주마다 제소기간이 달라 혼란이 발생했던 것입니다. 그리하여 나치 약탈품에 대해서는 실제적 발견일로부터 6년이라는 동일한 제소기간을 보장해주었습니다. 다만 한시법적 성격이어서 제소기간의 변경은 2026년 12월 31일까지만 가능하도록 했습니다.

자, 이제 변경된 소장을 제출한 마레이의 청구는 과연 성공했을까요? 아쉽게도 항소법원은 마레이의 청구를 받아들이지 않았습니다. 이때 논란이 된 문제는 1966년 네덜란드 정부가 〈아담과 이브〉를 소비에트 정권의 재산 몰수 희생자였던 게오르기 스트로가노프–셰르바토프에게 매각한 행위 그 자체에 대한 것이었습니다. 이는 미국 법원의 소송 과정에서 국가면제 이론만큼이나 국가에 특권을 부여하는 '국가행위 이론(Act of state doctrine)'과 관련된 사안입니다.

국가행위 이론은 미국 연방대법원이 발전시켜온 독특한 법 이론이라고 할 수 있습니다. 얼핏 보기에 국가면제 이론이나 국가행위 이론 모두 개인보다 국가를 우선시하는 공통점이 있는데 세부적인 사항을 들여다보면 차이가 있습니다. 국가면제가 주권평등의 원칙에 따라 주권보다 하위에 있는 사법권이 외국의 주권을 심사할 수 없다는 것을 의미한다면, 국가행위 이론은 미국 법원이 행정부의 외교정책을 위해 재판을 스스로 회피하는 '사법 자제(judicial self-restraint)'라고 할 수 있습니다.

사안의 쟁점은 1966년 네덜란드 정부가 〈아담과 이브〉를 게오르기 스트로가노프-셰르바토프에게 매각한 행위가 국가행위 이론에 해당되는지 여부였습니다. 2014년에 항소법원은 이 사안을 다시 심사하도록 사건을 파기하고 지방법원으로 돌려보냈습니다. 결국 2016년 지방법원이 국가행위 이론을 받아들였고 2018년 항소법원 또한 원심의 판결을 지지하면서 재판은 마레이의 불행으로 끝나고 말았습니다. 미국 법원은 국가행위 이론을 적용하여 네덜란드 정부가 「칙령 E133」에 따라 〈아담과 이브〉를 국유화한 후 매각한 일을 국가행위로 보고 사법심사를 자제한 것입니다.

국가면제나 국가행위와 같이 문화유산을 두고 국가와 개인을 차별하는 국제문화유산법의 구조적 불평등성이 고드스티커의 비극을 발생시킨 원인 중 하나일 것입니다. 〈아담과 이브〉가 나치 독일의 단순한 약탈품이었다면 고드스티커의 상속인인 마레이는 원상회복을 통해 시아버지의 유산을 회복할 수 있었을 것입니다. 국제문화유산법에 구조화된 국가와 개인 간 고질적인 불평등의 문제를 해결해 나가는 일이야말로 약탈의 비극을 방지할 수 있는 문화유산의 과제라 할 수 있습니다.

드라마보다 더 극적인 고드스티커의 예술품 이야기. 고드스티커의 사례는 작은 교훈을 주고 있습니다. 문화유산에서 출처뿐만 아니라 법과 제도가 갖는 의미가 얼마나 중요한지를 하나의 실증된 역사로써 보여주기 때문입니다.

고드스티커의 이야기는 국가의 특권에 무너진 비극으로 끝났지만, 그나마 다행스러운 일은 고드스티커 소장품의 행방을 찾기 위해 국제사회가 분주하게 움직인다는 점입니다. 독일 정부는 2000년에 분실 예술품 데이터베이스(Lost Art Internet Database: www.lostart.de)를 구축했고, 2015년에는 연방정부 차원에서 나치가 약탈한 유대인 예술품을 추적하고 반환하기 위해 '독일분실예술품재단(Deutsches Zentrum Kulturgutverluste, German Lost Art Foundation)'을 설립했습니다. 독일분실예술품재단은 고드스티커 소장품 문제를 해결하기 위해 2019년 6월 1일부터 '고드스티커 예술품 연구 프로젝트'를 지원하고 있습니다. 네덜란드 또한 나치 약탈품의 출처를 연구하기 위해 에카르트위원회(Ekkart Committee)를 설치했는데 그 실제적인 업무는 1998년에 설치된 기원불명위원회(Herkomst Gezocht Committee)가 담당하고 있습니다. 기원불명위원회는 1945~1952년 사이의 예술품 회수와 원상회복에 중점을 두고 연구를 진행하고 있습니다. 아직까지 소재가 파악되지 않는 836점의 고드스티커 소장품을 찾는 일, 이는 인류 최대의 비극을 치유하는 하나의 길일 것입니다.

29
세상을 바꾼 에곤 실레의 〈발리의 초상〉

해리엇 비처 스토^{Harriet Beecher Stowe(1811~1896)}가 1852년에 쓴 『톰 아저씨의 오두막』은 미국 최초의 저항 소설이자 밀리언셀러입니다. 「1850년 도망노예 단속법안」과 노예제도의 비인간성을 고발했고, 나아가 남북전쟁(1861~1865)을 통해 노예제도가 폐지되는 계기를 제공했습니다. 문학작품 하나가 세상을 바꿨다고 할 수 있겠습니다.

문화유산의 역사에도 세상을 변화시킨 사례가 있습니다. 바로 나치 독일이 오스트리아에서 약탈한 에곤 실레^{Egon Schuele(1890~1918)}의 1912년 작품 〈발리의 초상^{Portrait of Wally}〉이 불러온 변화입니다. 〈발리의 초상〉에 대해 국제적 미술 전문 매체 『아트 뉴스페이퍼^{The Art Newspaper}』 2012년 4월 24일 기사의 첫 문장 속 한 구절은 "세상을 바꿨다(change the world)"였습니다. 이 그림으로 인해 미국 클린턴 행정부는 1998년 워싱턴회의를 개최했고, 유럽 각국이 나치 약탈 예술품의 해결 방안을 모색하면서 그 문제 해결에 획기적인 전환이 마련된 것입니다. 이후 나치 약탈품에 대한 소송이 봇물처럼 터져 나와 〈발리의 초상〉을 '천 건의 소송을 일으킨 그림'이라고 부르기도 합니다.

에곤 실레와 발리 노이칠 1913년 7월 오스트리아 북부의 오버외스터라이히(Oberösterreich, Upper Austria)로 여행했을 때의 모습으로, 실레는 23세, 노이칠은 19세였습니다.

　에곤 실레는 흔히 천재 화가로 불리며 구스타프 클림트, 오스카 코코슈카 Oskar Kokoschka(1886~1980)와 함께 오스트리아 표현주의를 대표합니다. 에곤 실레의 1912년 작품 속 주인공은 발리 노이칠Wally Neuzil(1894~1917)로, 실레의 뮤즈(Muse)로 불리는 여성입니다. 발리는 1894년 오스트리아의 작은 마을 타텐도르프(Tattendorf)에서 사생아로 태어났고 아버지는 일찍 죽었습니다. 1906년에 발리는 어머니와 여동생들과 함께 빈으로 왔습니다. 빈에 등록된 주소가 무려 16개나 될 정도로 잦은 이사는 발리의 가족이 가난했음을 보여줍니다. 그녀는 어려서부터 판매원이나 계산원으로 일하며 생계를 위해 돈을 벌어야 했습니다. 오스트리아는 여전히 계급사회였지만 인구가 폭발적으로 증가하면서 자유주의적인 쾌락주의가 확산되기 시작했습니다. 당시 빈에서 화가의 모델과 매춘부의 직업적 차이는 구별할 수 없었습니다.

1911년 클림트의 소개로 열일곱 살의 발리가 스물한 살의 실레를 만났습니다. 처음에는 직업 모델과 화가라는 협업적인 관계였을 것입니다. 1년 뒤 둘 사이는 연인처럼 깊어졌습니다. 실레와 발리는 자유분방한 삶을 꿈꾸었기 때문에 빈에서의 팍팍한 삶에 염증을 느끼고 체코 보헤미아 남부의 작은 마을인 체스키 크룸로프(Český Krumlov)로 갔습니다. 하지만 그곳에서 두 사람은 환영받지 못했습니다. 실레가 10대 소녀들을 그림 모델로 고용하면서 주민들의 강력한 반반로 인해 빈의 서쪽 외곽에 있는 노이렝바흐(Neulengbach)에 정착하여 화실을 열었습니다. 그러나 그곳에서 그의 화실이 비행 청소년들의 도피처가 되면서 실레는 미성년자 유인·납치 혐의로 체포되어 24일 동안 감옥 생활을 해야 했습니다.

실레가 감옥에서 나온 후 얼마 지나지 않아 그린 그림이 바로 그의 예술적 성숙과 화풍의 전환점을 보여주는 〈발리의 초상〉과 〈꽈리 열매가 있는 자화상Self-Portrait with Physalis〉입니다. 이 두 그림은 나란히 놓았을 때 서로 사랑하는 연인에 대한 감정이 잘 느껴지며, 그래서 두 점이 한 쌍으로 간주되는 디프티카(diptych, diptycha)로 불립니다. 디프티카는 기독교 미술에서 '두 폭 제단화'를 뜻하는 용어로, 두 점이 있어야만 완결성을 갖는 그림을 말합니다. 이전까지 실레가 그린 초상화는 에로티시즘을 노골적으로 드러냈으나 이 작품은 현실의 연인을 묘사하고 있는 듯합니다. 〈발리의 초상〉 속 여성은 흰색 레이스 칼라가 있는 검은 옷을 입고 고개를 오른쪽으로 살짝 기울인 채 맑고 푸른 눈으로 앞을 바라보면서 미소인지 모를 묘한 표정을 짓고 있습니다. 수수께끼 같은 묘한 표정 때문일까, 오스트리아 사람들은 〈발리의 초상〉을 '빈의 모나리자'로 부릅니다.

발리와 실레의 관계는 그리 오래가지 못했습니다. 실레는 빈으로 돌아왔지만 재정 상황은 좋지 못했습니다. 1914년에 들어서자 그는 안정적이고 번듯

〈꽈리 열매가 있는 자화상〉, 1912, 에곤 실레, 레오폴트미술관 소장

〈발리의 초상〉, 1912, 에곤 실레, 레오폴트미술관 소장

한 삶을 원했던 것 같습니다. 그는 자신의 스튜디오 건너편에서 자물쇠 제조업을 하는 부모와 함께 살던 아델레[Adele Harms]와 에디트[Edith Harms] 자매에게 접근하여 관계를 발전시켜갔습니다. 그리고 1915년 6월 17일 실레는 에디트와 결혼했습니다. 제1차 세계대전 발발과 곧이어 유행한 스페인독감은 세 사람의 운명을 바꾸어 놓았습니다. 발리는 간호사가 되어 빈 군인병원에서 일했고 1917년 부상자 구조를 위해 크로아티아를 방문했다가 성홍열에 걸려 사망했습니다. 스물세 살의 나이였습니다. 실레는 결혼 후 3일 만에 징집을 당해 프라하에서 복무했습니다. 군인 신분이지만 지휘관의 배려로 포로수용소에서 포로로 붙잡힌 러시아 장교를 관리하며 작품 활동을 계속했습니다. 1917년 빈으로 돌아와 본격적으로 작품 활동을 재개하여 1918년 무렵에는 49번째 전시회를 개최했을 만큼 명성을 쌓았습니다. 하지만 그해 가을 스페인독감이 유럽에 퍼지고 2천만 명이 사망했을 때 실레 역시 피해 가지 못했습니다. 임신 중이었던 아내 에디트에 이어 실레도 스페인독감으로 스물여덟의 나이에 생을 마감했습니다.

실레를 사랑하는 오스트리아 사람이라면 〈발리의 초상〉의 역사적·예술적 가치를 단번에 이해했을 것입니다. 그들 중 한 사람이 레아 본디-야라이[Lea Bondi-Jaray(1880~1969)]입니다. 그녀는 독일 마인츠(Mainz)의 유대인 가정에서 태어났고 이후 오스트리아 빈으로 이주했습니다. 1919년 6월 빈의 뷔르틀레 갤러리(Galerie Würthle)를 인수하면서 미술품 수집상으로 명성을 얻었습니다. 그녀는 뛰어난 예술적 안목으로 〈발리의 초상〉이 지닌 가치를 알아봤고 1920년대 중반에 구입했습니다. 레아는 이 기념비적인 초상화를 갤러리가 아닌 자신의 저택에 두고 개인적으로 소장했습니다. 1936년 레아는 헝가리 유대계 출신의 조각가 알렉산더 산도르 야라이[Alexander Sándor Járay(1870~1943)]와 결혼하면서 행복한 삶을 살았습니다.

에곤 실레의 작품을 사랑하고 수집했던 사람들

레아 본다-야라이

프리츠 그륀바움

하인리히 리거
에곤 실레가 1917년에 그린 하
인리히 리거 초상, 개인 컬렉션

　그 무렵 빈에서는 젊고 도전적인 예술가들을 부유한 유대인이 재정적으로 후원하는 분위기가 형성되어 있었습니다. 특히 클림트를 비롯해 오스트리아 표현주의 작품은 유대인 추종자가 많았습니다. 레아 외에도 영화배우이자 수집가였던 프리츠 그륀바움Fritz Grünbaum(1880~1941)과 치과 의사 하인리히 리거Heinrich Rieger(1868~1942)가 대표적입니다.

　프리츠 그륀바움은 체코의 미술상 집안에서 태어나 빈을 중심으로 베를린과 부다페스트의 오페라·영화계에서 활동했던 유명 인사였습니다. 그 역시 실레의 그림을 수집했는데 소장품 449점 중에서 실레 작품만 81점이었습니다. 1938년 3월 13일 나치 독일이 오스트리아를 병합하면서 프리츠 그륀바움의 전 재산은 '아리안화'라는 명목으로 몰수되었고, 그 자신은 그해 5월 24일 독일 다하우(Dachau) 강제수용소로 끌려갔습니다. 이곳은 독일 영토에 세워진 최초의 강제수용소로 많은 사람이 질병과 영양실조, 자살로 사망하면서 아우슈비츠와 함께 나치의 잔인성을 상징합니다. 프리츠 그륀바움 역시 그곳에서 결핵과 영양실조로 고생하다가 자살까지 시도한 바 있습니다. 그의 사망 원인은 확실치 않지만 나치가 작성한 1941년 1월 14일 사망확인서에는 심장마비로 기록되어 있습니다.

하인리히 리거는 빈에서 평범한 치과 의사로 살면서 1900년경부터 오스트리아 표현주의 작품을 수집하기 시작했습니다. 종종 무일푼의 예술가를 치료해주고 치료비 대신 작품을 받았는데, 이것이 인연이 되어 빈에서 활동하는 젊은 작가들을 후원했습니다. 한때 그가 소장한 오스트리아 표현주의 작품은 800여 점에 이를 정도로 방대하고 수준이 높았습니다. 하지만 나치 독일의 오스트리아 합병은 그의 삶을 송두리째 무너뜨렸습니다. 그의 전 재산은 다른 유대인들과 마찬가지로 나치에 몰수되었습니다. 그의 소장품 가운데 특히 실레 작품 26점은 잘츠부르크의 미술상이자 나치 당원인 프리드리히 벨츠Friedrich Welz(1903~1980)에게 강탈당했습니다. 하인리히 리거는 1942년 9월 24일 체코에 있는 테레진 강제수용소(Theresienstadt ghetto)로 끌려간 뒤 한 달도 채 지나지 않은 10월 21일 살해당했습니다.

프리츠 그륀바움과 하인리히 리거의 비극은 빈에서 활동했던 유대인 수집가의 평균적 삶을 그대로 보여줍니다. 나치 독일은 오스트리아를 병합한 후 유대인 재산을 약탈하고 그들을 살해했습니다. 이때 합법을 가장하기 위해 나치가 동원한 크고 작은 법률만도 400여 개입니다. 특히 몰수 절차를 간소화하기 위해 1938년 4월 26일 「유대인 소유 재산 보고 법령」을 제정하여 오스트리아에 거주하는 모든 유대인에게 5,000라이히스마르크(Reichsmarks: 1924~1948까지 통용되었던 독일 통화 단위) 이상의 재산을 소유하고 있으면 반드시 보고하도록 했고, 이렇게 파악한 재산은 1938년 11월 18일 「오스트리아 국민과 국가에 적대적인 자산 몰수에 관한 법령」을 통해 강탈했습니다. 이에 발맞춰 빈에서는 유대인 재산만 전문으로 약탈하는 나치 추종 조직인 '부게스타(Vugesta)'가 악명을 떨치고 있었습니다. 부게스타는 '게슈타포에 의해 제거된 재산(Vermögens-Umzugsgut von der Gestapo)'이라는 뜻으로, 이 조직원들은 1940~1945년까지 빈에 거주하는 유대인 6,000여 명의 재산을 약탈했습니다. 그리고 이렇게 강탈한 약탈품을 빈의 도로테움(Dorotheum) 경매소를 통해 매매하여 이득을 챙겼습니다.

오스트리아 유대인들이 백척간두의 위기에 놓인 상황에서 레아는 남편과 함께 1939년 영국으로 탈출하여 살아남을 수 있었습니다. 레아의 열여섯 형제자매 중에서 살아남은 사람은 그녀를 포함하여 네 명에 불과했습니다. 그녀 또한 강제수용소로 끌려갈 상황이었기에 어쩔 수 없이 나치 당원이자 미술상인 프리드리히 벨츠와 1938년 3월부터 협상을 시작하여 결국 뷔르틀레 갤러리를 거저 주는 것이나 다름없는 가격(13,550라이히스마르크)에 매각하면서 겨우 목숨만 건질 수 있었습니다. 사실 그녀는 1937년에 재정난으로 인해 뷔르틀레 갤러리를 벨츠에게 매각할까도 고민한 적이 있었으나, 그때의 협상은 각자 생각하는 가격의 차이가 너무 커서 결렬되었습니다. 그런데 나치 독일이 오스트리아를 병합하자 레아의 갤러리가 '아리안화'될 것은 불을 보듯 뻔했고, 결국 그녀는 헐값에 갤러리를 벨츠에게 넘긴 것입니다. 벨츠는 갤러리를 매입하고 나서 이를 나치 독일의 작은 성과로 내세우고 싶었던 모양입니다. 거의 1년이 지난 1939년 3월 15일 뷔르틀레 갤러리의 '아리안화'에 대해 나치 당국의 허가를 얻어낸 것입니다.

벨츠는 레아의 갤러리를 뺏는 것으로 만족하지 않았습니다. 그는 나치의 승인을 받은 이튿날인 3월 16일에 레아의 자택을 찾아갔습니다. 공교롭게도 이날은 레아 부부가 런던으로 탈출하기 전날이었습니다. 레아는 〈발리의 초상〉을 응접실 벽에 걸어 놓았는데 벨츠가 그 그림을 보자마자 자신에게 넘

FEMALE ENEMY ALIEN—EXEMPTION FROM INTERNMENT—REFUGEE — 754

(1) Surname (block capitals) _____ JARXY.
Forenames _____ Lea.
Alias _____ ++++
(2) Date and place of birth _____ 12/12/80. Mainz.
(3) Nationality _____ German prev. Austrian prev. German.
(4) Police Regn. Cert. No _____ 726882.
(5) Address _____ 13. Thurlow Road,
Hampstead. N. W. 3.
(6) Normal occupation _____ Housewife.
(7) Present Occupation _____ Housewife.
(8) Name and address of employer ++++

(9) Decision of Tribunal _____ Exempt from internment Date 6th December 1939.
(10) Whether exempted from Articles 6 (a) and 9 (a) (Yes or No) _____ Yes.
(11) Whether desires to be repatriated (Yes or No) _____ No.

레아 본디-야라이의 영국 억류면제서 1939년 12월 6일 영국 정부로 받은 억류면제서입니다. 영국은 1939년 9월 3일 나치 독일에 선전포고한 뒤 약 7만여 명의 자국 내 독일인과 오스트리아인을 '적 외국인'으로 분류하고 억류재판소를 설치하여 3가지 범주(A, B, C)로 구분했습니다. 이때 C로 분류되면 억류와 제한에서 면제되었습니다. C는 1930년대 나치 독일의 박해를 피해 이주해온 유대인들로 5,500여 명에 이르렀으며, 레아 본디-야라이도 그들 중 한 사람이었습니다.

기라며 강하게 요구했습니다. 그녀는 처음에는 단호히 거절했습니다. 뷔르틀레 갤러리의 소유도 아닐뿐더러 판매용도 아니었으며, 수년 동안 그녀만을 위한 애장품이었기 때문입니다. 하지만 계속 거부한다면 다음 날로 예정된 탈출 계획이 어그러질 수 있다는 남편의 설득으로 〈발리의 초상〉을 벨츠에게 내줄 수밖에 없었습니다.

이때 〈발리의 초상〉을 넘겨주는 조건으로 금전 거래가 있었는지는 훗날 소송 과정에서 치열한 논쟁의 대상이 되었습니다. 미국 정부는 벨츠가 어떠한 경제적 보상도 없이 〈발리의 초상〉을 강탈한 것이라고 주장한 데 반해, 레오폴트미술관 측은 갤러리가 매각되면서 그림도 함께 매각되었다는 주장을 하며 맞섰습니다.

5년 넘게 참혹한 전쟁이 계속되다가 나치 독일의 패색이 짙어질 무렵 소련 군이 독일 치하의 오스트리아를 점령했고, 곧이어 1945년 5월 미군도 빈에 입성했습니다. 미군은 벨츠를 나치 협력자로 체포하여 2년간 구금했으며 그림 14점도 압수했습니다. 당시 미군은 나치 약탈품을 약탈의 희생자가 아니라 국적국에 반환했기 때문에 〈발리의 초상〉을 포함하여 벨츠로부터 압수한 그림 14점을 모두 1947년 12월 4일 오스트리아 정부기구인 연방역사기념물보존사무소(BDA)에 반환했습니다. 그런데 연방역사기념물보존사무소는 미군으로부터 넘겨받은 에곤 실레 그림 14점 모두를 하인리히 리거의 소장품으로 착각하여 〈발리의 초상〉마저 1950년 7월 7일 그의 상속인에게 돌려주었습니다. 소장자를 오인했을 만큼 하인리히 컬렉션이 갖는 오스트리아의 상징성이 매우 컸던 것으로 보입니다. 하인리히 상속인은 그해 12월 27일 〈발리의 초상〉을 포함해 실레 그림 11점을 벨베데레(Belvedere)에 매각했습니다.

레아는 나치의 강압으로 자신의 갤러리와 〈발리의 초상〉을 빼앗겼기 때문에 제2차 세계대전이 끝난 후 이를 되찾고자 부단히 노력했습니다. 우선, 빈에서 활동하는 변호사 에메리히 훈나Emerich Hunna를 대리인으로 선임하여 오스트리아 정부를 상대로 원상회복 청구에 나섰습니다. 오스트리아 정부는 1948년 3월 벨츠에게 뷔르틀레 갤러리를 원소유자인 레아에게 반환하도록 명령했습니다. 레아는 1948년 9월이 되어서야 벨츠와 비공개로 합의한 끝에 그토록 소망했던 갤러리를 되찾을 수 있었습니다. 그렇지만 〈발리의 초상〉과 관련해서는 어떠한 진전도 없었습니다.

여기서 우리가 주목해야 할 또 한 명의 인물이 등장합니다. 그 역시 에곤 실레의 추종자로서 안과 의사인 루돌프 레오폴트Rudolf Leopold(1925~2010)입니다. 그는 의학과 함께 미술사를 연구하면서 1950년대 초부터 에곤 실레의 작품을 수집했습니다. 또한 지속적인 연구와 전시를 통해 실레 작품의 예술적 가

레오폴트미술관 2001년에 개관했으며, 전 세계에서 에곤 실레의 작품을 가장 많이 소장한 미술관으로 유명합니다.

치가 전 세계적으로 재평가되는 데 공헌했습니다. 1994년까지 그의 컬렉션은 실레, 클림트, 코코슈카 등 오스트리아를 대표하는 표현주의 작품들을 포함하여 5,400점이 넘었습니다. 이즈음 그의 소장품 전체는 5억 달러 이상으로 평가받았는데, 1994년 8월 오스트리아 정부와 국립은행은 그에게 평가액의 3분의 1을 주고 소장품을 구입하는 대신 그의 이름을 딴 레오폴트미술관에 관리를 위탁했고 레오폴트에게는 종신직의 관장 자리를 맡겼습니다. 미술관은 레오폴트의 컬렉션을 바탕으로 2001년 새로운 건물에서 개관했습니다.

　1997년 『뉴욕타임스』는 레오폴트를 '너무 열성적인' 수집가로 묘사했는데, 실제로 그는 실레의 그림을 소장하기 위해 온갖 수단과 방법을 동원했습니다. 실레의 작품이라면 어디든 찾아다니며 수집에 열을 올리던 레오폴트는 1953년 런던에 사는 미술품 수집가 아서 스테머Arthur Stemmer(1919~1954)를 찾아갑니다. 그 무렵 레오폴트는 에곤 실레 전문가로서 국제적 명성을 얻기 시작했습니다. 이때 아서는 레오폴트에게 레아의 집을 방문하라고 권하면서 그녀의 주소를 알려주었습니다. 레오폴트 또한 런던에 사는 레아에 대해 어느 정도는 알고 있었습니다. 레아가 나치에 빼앗긴 갤러리를 전쟁이 끝나고 되찾은 이야기는 당시 미술품 수집가들 사이에서 꽤 유명했습니다. 레오폴트는 아서의 도움으로 레아를 방문하고 실제로 그림 몇 점을 구입했습니다. 레아는 레오폴트에게 〈발리의 초상〉이 어디에 있는지를 물었습니다. 그는 벨베데레라고 알려주었습니다. 이 말을 들은 레아의 반응은 매우 간절했습니다. 그녀는 레오폴트에게 "그 그림은 제 것이에요. 제발 찾아서 저에게 보내주세요"라고 부탁했습니다.

오스트리아 미술사학자 오토 칼리르[Otto Kallir(1894~1978)]는 1930년에 예술품 카탈로그('1930년 칼리르 카탈로그')를 제작하면서 〈발리의 초상〉 소유자로 레아를 명시했습니다. 이는 실레 그림에 어느 정도 전문성을 가진 사람이라면 누구나 레아가 〈발리의 초상〉의 주인임을 알 수 있다는 말입니다. 그렇다면 레아는 자신이 〈발리의 초상〉의 명백한 소유자이고 1953년 당시 〈발리의 초상〉의 소재를 이미 파악하고 있었으며 또 간절히 원했던 만큼 환수를 위해 무슨 일이든지 했어야 합니다. 하지만 이에 대해서는 훗날 소송 과정에서 의견이 극명하게 엇갈리면서 논란이 되었습니다. 레오폴트는 레아가 〈발리의 초상〉을 스스로 포기했다고 주장했습니다. 그는 레아에게 벨베데레의 카를[Karl Garzarolli-Thurnlackh(1894~1964)] 관장을 비롯해 여러 관계자와 면담할 수 있도록 주선했고 더 나아가 소송을 제기하도록 권고했지만, 1954년 여름 런던에서 다시 레아를 만났을 때 어떠한 반응도 나타내지 않았다고 강조했습니다. 레오폴트는 레아의 소송 제기가 없었다는 사실을 들어 그녀가 〈발리의 초상〉을 단념한 것이라고 간주했습니다.

사실 레오폴트는 이미 1954년 6월부터 벨베데레를 상대로 〈발리의 초상〉을 얻기 위한 교환 협상을 하고 있었습니다. 몇 차례 협의가 진행된 끝에 1954년 7월 12일 회의에서 벨베데레는 자신들이 소장한 〈크루마우(현 체스키 크룸로프)에서의 발리Vally aus Krumau〉와 레오폴트가 소장한 1910년 실레 작품 〈라이너부프Reinerbub〉(약 6세의 헤르베르트 라이너Herbert Reiner 초상화)를 교환하는 데 합의했습니다. 당시 벨베데레는 〈발리의 초상〉을 〈크루마우에서의 발리〉로 부르고 발리Wally를 'Vally'로 표기하고 있었습니다.

그런데 이 합의에서는 이상한 점들이 발견됩니다. 벨베데레도 「1930년 칼리르 카탈로그」를 통해 〈발리의 초상〉 원주인이 레아였음을 알았을 것입니다. 레오폴트와 벨베데레가 주고받은 서한에서도 「1930년 칼리르 카탈로그」가 반복적으로 언급되어 있습니다. 그런데도 카탈로그 내용은 전적으로 무시되었으며 오히려 후속 조치가 일사천리로 진행되었습니다. 곧바로 벨베데레를 관리하는 오스트리아 연방교육부가 1954년 8월 27일 양측의 교환 합의를 최종 승인하면서 같은 해 9월 1일 레오폴트는 그토록 소망해오던 〈발리의 초상〉을 손에 넣을 수 있었습니다. 협상을 시작한 지 3개월도 지나지 않아서 복잡한 행정절차를 완료하고 원하던 그림을 얻은 것입니다. 아마도 벨베데레는 「1930년 칼리르 카탈로그」로 인해 〈발리의 초상〉 출처에 문제가 있음을 알아챈 뒤 꺼림칙하여 빨리 처리하고 싶었을 것입니다. 레오폴트 또한 벨베데레에 하인리히 리거 상속인이 그림을 어떻게 소장하게 되었는지를 확인했어야 하지만 그 어떤 자료도 요구하지 않았습니다. 이러한 일련의 과정으로 미루어 짐작건대 이때 레오폴트와 벨베데레 모두 〈발리의 초상〉이 오스트리아 정부의 착오로 인해 하인리히 리거 상속인에게 반환되었음을 알고 있었던 것으로 볼 수 있습니다.

레오폴트와 벨베데레 간의 작품 교환이 끝나고 3년이 지난 1957년에 〈발리의 초상〉을 둘러싸고 새로운 갈등이 전개되었습니다. 레오폴트는 자신이 〈발리의 초상〉을 취득한 사실을 레아에게 끝까지 숨겼습니다. 이 상황에서 1957년 10월 중순 이전에 레아의 변호사 에메리히 훈나가 레오폴트에게 서한을 보냈던 것으로 보입니다. 그의 편지는 1953년 레오폴트가 레아를 만났을 때 〈발리의 초상〉을 찾는 일을 돕겠다고 했던 약속을 상기시켰습니다. 또한 어떤 이유로 이 약속을 무시하고 레오폴트 본인이 그림을 취득했는지를 따져 물었습니다. 레아가 〈발리의 초상〉을 스스로 포기했다는 레오폴트의 주장을 정면으로 반박한 것입니다.

그러자 레오폴트도 재반박에 나섰습니다. 그해 10월 16일 답장에서 레오폴트는 1953년에 레아를 만났을 때 그녀에게 소송 제기를 권유했지만 이후 벨베데레의 관계자 그 누구로부터도 레아가 반환을 청구했다는 말을 들어보지 못했다면서, 이는 그림을 스스로 포기한 것과 같다는 기존 주장을 되풀이했습니다.

이에 대해 레아의 변호사는 같은 해 11월 12일 다시 반론하는 답장을 레오폴트에게 보냅니다. 이 편지에서 그는 레아가 〈발리의 초상〉 소유권을 결코 포기한 적이 없다고 분명하게 못 박았습니다. 또한 이 그림이 착오로 하인리히 리거 상속인에게 반환되었으니 마땅히 레아에게 반환해줄 것을 레오폴트에게 요청했습니다. 비록 서한이기는 하지만 갈등의 골이 깊어지자 이번에는 레오폴트를 대신해 카를 벨베데레 관장이 같은 해 12월 3일 레아 변호사에게 편지를 보내 대응했습니다. 하지만 카를 관장의 서한 역시 레오폴트의 기존 주장을 반복했을 뿐 새로운 내용은 없었습니다.

카를 관장의 서한을 마지막으로 결국 레오폴트와 레아 간의 연락은 모두 중단되었습니다. 1969년 레아가 사망하고 20여 년이 지나서야 왜 그녀가 벨베데레를 상대로 소송을 제기하지 못했는지 의문이 풀렸습니다. 훗날 소송이 진행되는 동안 미국 정부는 레아의 사무실에서 먼지가 수북이 쌓인 서한을 발견하고 그 이유를 찾아냈습니다. 레아는 레오폴트를 만나기 전 벨베데레에 찾아가 〈발리의 초상〉을 확인하고 자신의 소유를 주장했지만 아무 답변도 얻지 못했습니다. 그즈음 뷔르틀레 갤러리를 되찾은 상황인지라 오스트리아 빈에서 미술품 수집상의 자격을 계속 유지하기 위해서는 벨베데레와도 사업상 거래를 해야 했기 때문에, 당시 평가 금액이 크게 높지 않았던 실레 그림을 문제 삼아 미술관과 다투는 것은 유익하지 않다고 여겼습니다. 레아는 자신의 변호사에게 "판사는 빈 주민들의 편만 들기 때문에 빈의 의사를 상대로 소송하는 것은 어려운 일이에요. 소송에서 패소하면 내 그림은 영원히 잃어버리게 될 것입니다"라며 레오폴트를 상대로 소송을 제기하더라도 승소하기는 어려울 것으로 봤습니다. 그 대신 레아는 미술사학자 오토 칼리르를 비롯해 여러 사람에게 도움을 요청하며 백방으로 뛰어다녔습니다.

레오폴트는 이를 교묘하게 이용하면서 레아에게 분명히 돕겠다고 말했지만, 사실 이미 벨베데레와 교환 협상을 시작하는 이중적인 모습을 보였습니다. 일부 논문에서는 이때의 레오폴트 행위를 '순수한 속임수'로 표현했지만 그것은 '더러운 속임수'였음이 분명합니다. 아마도 레오폴트는 실레의 〈꽈리 열매가 있는 자화상〉을 소장하고 있었기 때문에 한 쌍의 디프티카로 불리는 〈발리의 초상〉에 대한 소장 욕망이 매우 컸을 것입니다. 레오폴트미술관은 에곤 실레의 작품을 가장 많이 보유한 곳으로 유명하지만 지금까지도 미술관을 상징하는 작품은 이 두 점의 초상화입니다.

레아는 죽기 전까지 〈발리의 초상〉을 되찾기 위해 계속 노력했지만 1969년에 끝내 사망했고, 레오폴트는 1994년에 자신의 소장품을 오스트리아 정부에 매각하고 레오폴트미술관의 평생 관장이 되면서 실레 추종자들 간의 엇갈린 명암의 역사가 시작되었습니다. 레오폴트는 처음에는 〈발리의 초상〉

출처를 공개하는 것을 무척 꺼렸습니다. 그는 1972년 『에곤 실레: 채색화, 수채화, 드로잉화Egon Schiele—Gemälde, Aquarelle, Zeichnungen』를 출판하면서 〈발리의 초상〉 출처에는 첫 번째 소유자인 에밀 퇴퍼Emil Toepfer와 마지막 소유자인 자신의 이름만 적어 넣었습니다.

레오폴트미술관에서 〈발리의 초상〉 출처가 온전하게 공개된 것은 1995년입니다. 그만큼 레오폴트가 자신감을 찾았던 것일까요? 레오폴트미술관은 세 건의 전시회를 준비하면서 전시 카탈로그를 준비했는데, 〈발리의 초상〉에 대해서는 관장인 레오폴트가 직접 출처를 작성했습니다. 이때 처음으로 출처 표기에 레아의 이름을 밝혔습니다. 그 내용은 다음과 같습니다.

1995년 레오폴트미술관 전시 카탈로그에 밝힌 〈발리의 초상〉 출처

에밀 퇴퍼Emil Toepfer, 빈(Wien)

리차드 라니Richard Lanyi, 빈

레아 본디 야라이Lea Bondi Jaray, 빈 이후 런던(Wien später London)

하인리히 리거Heinrich Rieger, 빈

리거 주니어Rieger, Jr., 런던

벨베데레(Belvedere, Österreichische Galerie), 빈

루돌프 레오폴트Rudolf Leopold, 빈

〈발리의 초상〉에 대한 논란은 뜻밖의 상황에서 발생했습니다. 1997년 레오폴트미술관이 100여 점의 소장품을 미국 뉴욕의 현대미술관(The Museum of Modern Art, 약칭 모마MoMA)에 대여하면서 국제적인 관심이 집중된 것입니다. 뉴욕 현대미술관은 '에곤 실레: 레오폴트 컬렉션, 빈(Egon Schiele: The Leopold Collection, Vienna)'이라는 특별전시회를 1997년 10월 8일부터 1998

뉴욕 현대미술관에서 개최된 에곤 실레 특별전　1997년 10월 8일부터 1998년 1월 4일까지 뉴욕 현대미술관에서 〈꽈리 열매가 있는 자화상〉과 〈발리의 초상〉이 함께 전시된 모습입니다.(출처: 뉴욕 현대미술관 누리집)

년 1월 4일까지 개최했습니다.

　이때 논란을 일으킨 작품이 〈발리의 초상〉과 〈죽은 도시 Ⅲ〉이었습니다. 〈죽은 도시 Ⅲ〉은 오스트리아의 유명 영화배우였던 프리츠 그륀바움의 소장품이었습니다. 그는 유대인이라는 이유로 전 재산을 나치 독일에 몰수당하고 1941년 독일 남부의 다하우 강제수용소에서 죽임을 당했습니다.

　레오폴트는 노련한 사업가이면서 매우 깐깐하고 철저한 수집가였으므로 뉴욕 현대미술관에 미술품을 대여할 경우 발생할 수 있는 나치 약탈품 문제에 대한 논란을 예상하지 못했을 리 없습니다. 그럼에도 불구하고 왜 그는 자신이 소유했던, 아니 이제는 레오폴트미술관이 소장한 에곤 실레의 작품을 뉴욕 현대미술관에 대여하기로 결정했을까요? 바로 뉴욕주가 제정한 압류면제법의 일종인 「1968년 예술 및 문화법」이 보호 장벽이 되어주리라고 확신했기 때문입니다.

미국은 1965년에 연방정부 차원에서 외국과의 문화 교류를 활성화하기 위해 「일시적 전시 또는 전람회 및 다른 목적을 위해 미국에 반입된 문화유산의 압류를 면제하는 법률」을 제정했습니다. 이 법률을 간단하게 「1965년 압류면제법」으로 부르며 『미국법전(USC)』에서는 제22편 제2459조(22 USC § 2459)에서 규정하고 있습니다. 「1965년 압류면제법」은 외국으로부터 미술품뿐만 아니라 종교적 성격을 갖는 문화유산 등도 비영리 목적으로 대여할 때 국무부의 허가를 받고 관보에 공고된 경우에는 전시하는 동안 압류라는 강제 조치를 면제하고 있습니다.

뉴욕주의 「1968년 예술 및 문화법」은 「1965년 압류면제법」의 연장선에 있지만 국무부의 사전 승인이나 관보 고시와 같은 절차를 밟지 않아도 된다는 특징이 있습니다. 다만 뉴욕주의 「1968년 예술 및 문화법」은 압류 면제의 대상이 '미술품'에 한정되며 주법州法이라는 점에서 연방법에 따른 압류 조치에는 대항하기 어렵다는 한계가 있습니다.

〈발리의 초상〉이 뉴욕 현대미술관에서 레오폴트 컬렉션으로 전시되자 레아의 조카가 법정상속인을 대표하여 나섰습니다. 그녀는 미국 뉴저지주 프린스턴에서 생화학 엔지니어로 활동했던 헨리 본디Henry Bondi입니다. 레아의 형제자매 16명 중 12명이 나치의 강제수용소에서 살해되고 겨우 4명만 살아남았지만 이들의 후손을 모두 합하면 법정상속인은 50여 명이나 되었습니다. 헨리는 〈발리의 초상〉이 전시를 끝내고 미국에서 떠나는 것을 막기 위해 최선을 다했습니다.

헨리가 이처럼 적극적으로 활동할 수 있었던 데는 미국의 저널리스트로서 『뉴욕타임스』와 『월스트리트저널』에 기고하는 프리랜서 작가 주디스 헬렌 도브진스키[Judith H. Dobrzynski(1949~)]의 도움이 컸습니다. 그녀는 1997년 12월 24일 『뉴욕타임스』에 특별기고 형식으로 「열성적인 수집가: 어떤 식으로든 예술품을 모으는 특별한 열정(THE ZEALOUS COLLECTOR: A Singular Passion For Amassing Art, One Way or Another)」이라는 기사를 썼습니다. 주디스 헬렌 도브진스키는 이 기사에서 레오폴트를 열성적인 수집가로 묘사하면서도 출처가 의심되는 그림을 소장하고 있다고 지적했습니다. 특히 〈발리의 초상〉은 나치 독일이 1938년 오스트리아를 병합한 후 레아 본디-야라이에게서 강제 취득한 것으로, 레오폴트도 약탈된 작품이라는 사실을 알고 있었을 것이라 주장했습니다. 도브진스키는 상속인과 미국 당국 모두에게 〈발리의 초상〉을 회수하도록 권유하고 고무했습니다. 또한 후속 기사를 계속 쓰면서 미국 여론이 〈발리의 초상〉에 주목하게끔 만들었습니다.

헨리를 비롯해 상속인들은 〈발리의 초상〉이 1939년에 약탈되었다고 주장하면서 미국 박물관 사회의 관심을 받기 시작했습니다. 이런 가운데 1998년 1월 1일 뉴욕 카운티의 로버트 모건소[Robert M. Morgenthau(1919~2019)] 검사가 레오폴트미술관과 뉴욕 현대미술관이 〈발리의 초상〉과 〈죽은 도시 Ⅲ〉이 장물임을 알았음에도 미국으로 반입한 것은 문제의 소지가 있다며 소환장을 전격 발부했습니다. 뉴욕 현대미술관에서 진행 중인 실레의 특별전시가 끝나기 3일 전의 일이었습니다. 이 소환장 발부는 미국에서 첨예한 논란을 낳았습니다. 나치 독일의 예술품 약탈에 경종을 울렸다는 긍정적 평가가 있는가 하면, 미술관에서 전시 중인 미술품은 뉴욕주의 「1968년 예술 및 문화법」에 따라 압류를 할 수 없는데도 소환장을 발부하여 국제 문화 교류를 위축시켰다는 비판도 있었습니다.

논란은 더욱 커져만 갔습니다. 뉴욕 현대미술관이 소환장 발부에 반발하며 항소했는데 1998년 9월 21일 뉴욕 항소법원이 뉴욕주의 「1968년 예술 및 문

〈죽은 도시 Ⅲ〉, 1911, 에곤 실레,
레오폴트미술관 소장

화법」에 근거하여 로버트 모건소 검사가 발부한 소환장을 기각한 것입니다.
이제 나치 약탈품에 대한 논쟁은 태풍이 되어 미국 전역을 휩쓸아쳤습니다.
나치가 약탈한 유대인 예술품 문제의 심각성이 언론을 통해 보도되었고, 미
국의 주요 박물관들은 나치의 전리품을 은닉하고 있다는 거센 비판을 받으
며 공격당하기 시작했습니다.

그런데 더 충격적인 일이 다음 날 발생했습니다. 1998년 9월 22일 미국 국
토안보부(DHS) 소속의 세관국경보호청(CBP)이 〈발리의 초상〉과 〈죽은 도시
Ⅲ〉에 대해 「1943년 연방도품법」을 위반했다는 이유로 연방 치안판사로부터
영장을 발부받아 압수한 것입니다. 「1968년 예술 및 문화법」은 뉴욕주법이
어서 상위 법인 연방법에 대항하기 어렵습니다. 다시 말해 연방법에 따른 압
수 조치에 뉴욕 현대미술관은 반발하거나 거부할 수 없었던 것입니다. 외국

박물관이 소장품을 미국 박물관에 대여하는 과정에서 미국 정부에 의해 압수될 수 있다는 사실은 국제 박물관 사회에서는 공포 그 자체였습니다.

뉴욕 현대미술관이 실레 특별전을 개최했던 1997년만 해도 국제사회에서 나치가 약탈한 유대인 예술품은 해결하기 어려운 과제라는 인식이 높았습니다. 제2차 세계대전 동안 나치 독일이 수백만 명의 유대인을 학살했고 약탈한 예술품은 수없이 많았지만 뚜렷한 해결의 기미는 보이지 않았습니다. 오랜 시간이 흐르면서 약탈을 입증하기도 어려웠을 뿐만 아니라 유럽 국가들 대부분이 약탈품의 원상회복을 청구할 수 있는 소멸시효를 1950년대 초반으로 설정했기 때문에 재판 자체가 불가능했습니다. 설사 소송을 제기한다고 하더라도 오랫동안 지속되는 재판과 그에 따른 엄청난 비용을 감당하기 어려웠습니다. 더욱 큰 문제는 미국을 비롯하여 유럽의 거의 모든 박물관·미술관이 자신들의 소장품이 나치와 관련되어 있는지 여부에 대한 출처 조사가 미비했고 때로는 필요성조차 느끼지 못했습니다.

〈발리의 초상〉은 나치 희생자들 앞에 놓인 이 거대한 현실의 벽을 조금씩 무너뜨리며 나치 약탈품 해결을 위한 선구자 역할에 충실했습니다. 미국 정부가 나치 약탈품 문제 해결에 나서도록 강력한 동기를 부여한 것입니다. 마침내 클린턴 행정부는 1998년 11월 30일부터 12월 3일까지 워싱턴 DC에서 '워싱턴회의'를 개최하고 회의 마지막 날에 약탈품 문제 해결을 위한 11가지 원칙을 채택했습니다. 곧이어 영국, 네덜란드, 프랑스, 독일 등 유럽 각국은 나치 약탈품의 출처를 조사하고 원상회복을 위한 법적·제도적 방안을 마련하기 시작했습니다.

그런데 〈발리의 초상〉이 압수된 이후 최종 해결되기까지는 무려 12년이라는 오랜 시간이 걸렸습니다. 그 이유는 미국의 독특한 소송절차에서 기인한 것도 있지만 무엇보다 몰수 과정에서 〈발리의 초상〉을 둘러싸고 당사자 간의 여러 주장이 엇갈리면서 첨예하게 대립했기 때문입니다.

좀 어렵고 복잡하기는 하나 이 주제를 이해하기 위해서는 미국의 소송절차에 대해 알아보고 양측이 대립했던 이유를 하나하나 따져보아야 합니다. 〈발리의 초상〉이야말로 나치 약탈 예술품 해결의 모범적인 선례이기 때문입니다. 앞서 언급했듯이 몰수의 방법에는 형사몰수와 민사몰수가 있습니다.(☞ 23장 300~301쪽 참조) 여기서 주목해야 하는 것은 미국의 민사몰수입니다. 민사몰수는 인적 처벌 없이도 독립적인 몰수가 가능하며, 물건을 대상으로 하기 때문에 물건 자체를 범죄인으로 간주하는 특징이 있습니다. 또, 범죄 사실의 입증도 그럴듯한 개연성이나 상대방을 압도할 만한 수준의 '증거의 우월'을 보여주면 되므로 몰수가 쉽다는 특징도 있습니다.

민사몰수는 다시 두 가지로 나뉘는데, 행정 당국의 명령에 따라 몰수를 추진하는 '행정몰수'와 법원의 재판을 거쳐야 하는 '사법몰수'가 있습니다. 미국 정부는 〈발리의 초상〉을 압수한 이후 사법몰수 방식으로 몰수를 추진했지만 법 절차대로 진행된 것은 아니었습니다. 미국의 독특한 소송제도라 할 수 있는 '약식판결(summary judgement)'의 영향이 컸습니다. 미국은 20세기 초부터 많은 사람이 소송을 통해 자신의 권리를 찾을 수 있도록 법원의 문턱을 낮추는 데 주안점을 두었습니다. 상황이 이렇다 보니 실제로는 근거가 부족한 소송들이 넘쳐났고 결국 불필요한 소송을 막는 방법으로 도입된 것이 약식판결입니다.

일반적으로 재판에서 판사는 '실제 일어난 일'이 무엇인지를 판단한 뒤 그에 따른 법을 적용합니다. 이때 '실제 일어난 일'에 대해 당사자 간에 분쟁이 없다면 판사는 오직 적용할 법을 판단하는 것만으로 사건을 해결할 수 있습니다. 이것이 약식판결의 가장 큰 장점입니다. 그러나 '실제 일어난 일'에 대해 분쟁이 있다면 약식판결은 불가능하며, 시간이나 비용이 아무리 많이 들더라도 결국 공판(Trial)을 통해 시시비비를 가릴 수밖에 없습니다.

〈발리의 초상〉에 대한 사법몰수가 진행되면서 미국 정부와 레아 상속인들은 몰수 선언을 요청하는 약식판결을, 이에 반해 레오폴트미술관은 압수 영장의 효력을 중지하고 그림을 자신들에게 인도해줄 것을 요청하는 약식판결을 각각 청구했습니다. 양측 모두의 약식판결 청구에 대해 법원은 누구의 손을 들어주었을까요? 이는 〈발리의 초상〉에 대한 범죄 사실이 「1943년 연방도품법」에서 정한 구성요건에 들어맞는지를 따져본 뒤 판단할 수밖에 없습니다. 첫 번째는 객관적 요건이라고 할 수 있는데, 〈발리의 초상〉이 장물이라는 사실이 확인되어야 합니다. 두 번째는 주관적 요건으로서 레오폴트미술관이 장물인지 알고도, 다시 말해 범죄의사(Mens Rea)를 가지고 미국으로 반입했다는 사실이 규명되어야 합니다.

양측의 청구 결과로 2009년 9월 30일 뉴욕 남부지방법원의 로레타 프레스카Loretta Preska(1949~) 판사는 무려 109쪽 분량의 약식판결(사건번호: 99 Cv. 9940 [LAP])을 내립니다. 프레스카 판사는 객관적 요건, 즉 〈발리의 초상〉이 장물인지에 대해서는 다툼의 여지가 없다고 판단했습니다. 미국 정부의 주장에는 그럴듯한 이유가 있지만 레오폴트미술관은 미국 정부의 주장을 뒤엎을 정도로 '증거의 우월'을 보여주지 못했다고 판단한 것입니다. 요컨대 나치당의 일원이자 협력자인 벨츠가 레아로부터 〈발리의 초상〉을 강탈했음을 인정한 것입니다.

그러나 주관적 요건, 즉 레오폴트미술관이 〈발리의 초상〉이 장물인지 알면서도 미국으로 반입했는지는 '공판을 통해 사실을 규명해야 할 사안(a triable issue of fact)'으로 보았습니다. 결국 이를 이유로 프레스카 판사는 양측 모두의 약식판결 청구를 기각했습니다.

이와 별개로 약식판결이 진행되는 동안 레오폴트미술관은 국가행위 이론을 주장하며 소송 기각을 요청했습니다. 국가행위 이론은 앞서 살펴보았듯이 법원이 행정부의 외교정책에 방해가 되지 않도록 외국 정부의 특정 행위와 관련된 재판을 스스로 회피하는 일종의 국가의 특권이라고 할 수 있습니다.(☞ 28장 388쪽 참조) 특히 〈발리의 초상〉이 미군에 의해 연방역사기념물보존사무소(BDA)로 반환된 후 하인리히 상속인을 거쳐 벨베데레에 매매되었고, 또다시 레오폴트의 소장품이 되기까지 오스트리아 중앙 부처인 연방재무부와 연방교육부가 관련되었다는 사실이 확인되면서 국가행위 이론에 해당되는지를 두고 논란이 일었습니다.

레오폴트미술관이 주장하는 국가행위의 이론적 근거

① 연방역사기념물보존사무소가 〈발리의 초상〉을 포함한 실레 그림 14점을 하인리히 상속인에게 인도하는 것에 대한 1950년 5월 10일 연방재무부 승인

② 벨베데레가 〈발리의 초상〉을 포함한 실레 그림 11점을 하인리히 상속인으로부터 매입하는 것에 대한 1950년 12월 13일 연방교육부 승인

③ 벨베데레 소장 〈발리의 초상〉과 레오폴트 소장 〈라이너부프〉의 교환에 대한 1954년 8월 27일 연방교육부 승인

이에 대해 로레타 프레스카 판사는 부정적인 견해를 내비쳤습니다. 국가행위 이론은 행정부의 외교정책에 지장을 주지 않기 위한 법원의 배려라고 볼 수 있는데 〈발리의 초상〉의 경우 사법몰수 청구의 당사자가 바로 행정부였기 때문입니다. 적어도 법원 재판으로 행정부의 외교 관계가 영향을 받았다고 할 수 없는 것입니다. 또한 당시 오스트리아 정부 내에서 나치 약탈 예술품 문제 해결은 원상회복위원회의 권한이었으나 〈발리의 초상〉이 어떠한 근

거로 연방역사기념물보존사무소, 연방재무부, 연방교육부 등을 통해 처리되었는지는 설명하지 못했던 것입니다.

마침내 민사몰수의 최종 선고가 2010년 7월 26일 내려질 예정이었지만 사건의 중심인물인 레오폴트가 그 한 달 전인 6월 29일 지병인 다발성 장기부전으로 85세에 사망하면서 이 사건은 새로운 국면을 맞이합니다. 〈발리의 초상〉을 두고 12년간 법정 공방을 거듭하면서 국제 박물관·미술관 사회를 충격과 공포에 몰아넣었던 이 세기의 사건은 2010년 7월 20일 레아 상속인들과 레오폴트미술관이 다섯 가지 사항에 극적으로 합의하면서 매듭짓게 되었습니다. 합의 사항은 첫째, 레오폴트미술관이 레아 상속인들에게 1,900만 달러(한화 약 254억 원)를 지불하는 것입니다. 둘째, 〈발리의 초상〉을 뉴욕의 유대인유산박물관(Museum of Jewish Heritage)에 3주간 대여하는 것입니다. 이는 유대인 사회에 대한 오스트리아의 존경심을 표현하기 위해서였습니다. 셋째, 소송은 비용 청구 없이 취하하기로 했습니다. 넷째, 〈발리의 초상〉에 대한 레오폴트미술관의 권원을 그대로 인정하기로 한 것입니다. 마지막으로, 레오폴트미술관은 이에 대한 보답으로 박물관 전시 레이블에 〈발리의 초상〉에 대한 희생자와 약탈 이력을 표기하는 것입니다.

한편, 〈발리의 초상〉이 오스트리아 정부의 재산이라는 점에서 곰곰이 따져볼 점이 있습니다. 만일 〈발리의 초상〉이 뉴욕주법이 아니라 미국 연방법에 따라 압류면제의 특권을 부여받았다면 그 결과는 어떻게 되었을까요? 압류면제는 외국 소장품을 대여하여 전시하는 경우 전시 기간 중에 강제집행을 면제해줌으로써 관람객의 접근과 향유를 보장하는 문화정책이라고 할 수 있습니다. 이에 반해 국가면제는 외국 정부에 소송에서 피고가 되지 않을 특권을 부여하는 사법정책입니다. 하지만 이때 미국 법원은 외국 국립박물관의 소장품 대여 행위를 상업적 활동으로 간주하여 '수용 예외의 법리'를 통해 국가면제의 특권을 인정하지 않을 수 있습니다. 결국 〈발리의 초상〉은 미국에서 압류면제는 가능하지만 소송으로부터 면제되는 것은 아니라는 뜻입니다.

이러한 차이는 미국 박물관의 관점에서 보면 납득하기 어려운 일입니다. 압류면제의 목적은 전 세계의 박물관이 소장품의 대여 전시를 통해 교류하고 그 이익을 문화 향유의 방식으로 관람객에게 돌려주기 위한 것입니다. 그렇다면 압류면제의 혜택을 누리는 외국 정부의 소장품에 소송까지 면제해주는 것이 오히려 자연스러운 일입니다. 압류면제만 인정하고 소송면제를 인정하지 않는다면 그만큼 박물관의 국제 교류나 전시 협력은 위축될 수 있기 때문입니다. 그러나 나치 약탈의 피해자 관점에서 본다면 국가 소장품을 전시한다는 이유만으로 강력한 특권을 부여하는 것이어서 결코 받아들일 수 없는 일입니다.

이렇듯 결코 쉽게 생각할 수 없는 까다로운 문제인데 미국 의회에서는 박물관의 입장에 동조하는 분위기가 형성되었습니다. 미국 상원은 압류면제를 받는 외국 정부의 소장품을 전시하는 경우 소송면제의 특권을 부여하는 방안을 고민했고, 그 결과 2012년 3월 법안 제2212호(Senate Bill 2212)를 발의했습니다. 하지만 이 법안은 1998년 이후 나치 약탈품 문제를 해결하기 위한 국제사회의 노력에 찬물을 끼얹은 것입니다. 따라서 표결은 고사하고 상원 법사위원회의 심의조차 받지 못했습니다. 결국 제114차 의회(2015~2016)에서 미국 하원이 나치 약탈품은 소송면제 대상에서 제외하는 것으로 법안(H.R. 6477)을 보완하여 발의하면서 2016년 12월 16일 오바마 대통령의 서명을 받아 법률(Public Law No: 114-319)로 확정할 수 있었습니다. 이 법이 이른바 「대외문화교류 관할권 면책에 관한 명확화법」입니다. 『미국법전』에서는 제28편 제1603조, 제1605조, 제2459조 등에서 확인할 수 있습니다. 그리고 같은 날 오바마 대통령은 나치 약탈품의 원상회복을 지원하기 위해 제소기간을 실제적 발견일로부터 모두 6년으로 통일하는 「홀로코스트 약탈 미술품 회수법(HEAR)」에 서명했습니다. 이는 미국 사회에서 나치 약탈품 문제가 얼마나 중요하게 인식되는지를 보여준다고 할 수 있겠습니다.

〈발리의 초상〉이 우리에게 들려주는 이야기는 끝이 없습니다. 사랑하는 연인의 아름다운 모습을 진솔하게 보여주고, 자신의 모습과 함께 디프티카의 완결을 맺으려는 상징을 보여주면서, 또한 참혹했던 전쟁에서도 결코 놓으려 하지 않았던 한 여성의 삶의 의지이기도 합니다. 또 어쩌면 꼭 손에 넣고 싶었던 한 사업가의 노련한 속임수도 숨어 있습니다. 그 이야기들이 하나둘 모여 세상의 벽을 허문 것입니다.

여러분이 오스트리아의 레오폴트미술관을 방문하게 된다면 〈꽈리 열매가 있는 자화상〉과 나란히 전시되어 있는 〈발리의 초상〉을 마주하게 될 것입니다. 그때 전시 레이블에 있는 다음의 표현에 주목하시기 바랍니다. 서구 박물관의 전시 레이블에 유대인 희생자를 표기한다는 것 자체가 특별한 일이기 때문입니다.

> 2009년 미국 뉴욕 법원은 이 그림이 레아 본디-야라이의 개인 재산이며 1930년대 후반 빈에서 나치 당원이자 협력자였던 프리드리히 벨츠가 그녀에게서 훔친 것이라고 판결했다.
>
> The United States District Court in New York concluded in 2009 that the Painting was the personal property of Lea Bondi Jaray and that it was stolen from her in Vienna in the late 1930's by Friedrich Welz, who was a member and collaborator of the Nazi party.

1998년 이후 수많은 유대인 피해자의 이야기가 봇물 터지듯 세상을 향해 분출하기 시작했고, 서구 박물관들은 소장품에서 나치와의 연관성을 확인하기 위해 출처 조사로 분주했습니다. 또한 미국과 유럽 등 이해관계가 있는 국가들은 나치 약탈품에 관한 해결 방안을 담은 법과 제도를 경쟁적으로 마련하기 시작했습니다. 이것이 〈발리의 초상〉이 불러온 기적과 같은 세상의 변화입니다.

약탈에 대응하는 힘

로마 티투스 개선문, 1948 (출처: 이스라엘국립도서관)

여기 한 장의 사진이 있습니다. 수많은 사람이 로마의 개선문 앞에 모여 행진하고 있는 듯합니다. 무슨 일일까요?

사진 속 건물은 로마 황제 티투스를 기념하기 위해 세운 〈티투스 개선문〉입니다. 01장에서 이미 살펴보았듯이 티투스는 제1차 유대-로마전쟁에 최고사령관으로 참전하여 예루살렘을 함락한 장본인입니다. 개선문 남쪽 내벽에는 로마의 병사들이 예루살렘 성전에 침입하여 유대의 상징인 '메노라'를 비롯해 이스라엘의 보물을 약탈하는 장면이 돋을새김되어 있습니다. 어떻게 보면 이스라엘에게는 굴욕적인 역사의 한 장면일 것입니다.

이 사진에 나오는 사람들은 누구일까요? 놀랍게도 유대인입니다. 제2차 세계대전이 끝나고 얼마 지나지 않은 1948년, 이스라엘의 독립이 확정되자 유럽 실향민 수용소에 있던 유대인들이 고국 이스라엘로 돌아갈 수 있게 된 것을 기념하기 위해 축하 행사를 하는 장면입니다. 그런데 그 축하 장소가 〈티투스 개선문〉이었던 것입니다. 유대인들은 조국(이스라엘)의 건국 축하 행사를 2천 년 전에 자신들을 파괴하고 약탈했던 정복자의 기념물 앞에서 거행한 것입니다.

이 같은 방식이야말로 문화유산 약탈에 대응하는 가장 멋진 형태라고 생각합니다. '시간은 흘러도 우리는 결코 잊지 않는다'는 것을 보여주기 때문입니다. 약탈자의 시간이 아무리 흘러간다 해도 결코 잊지 않고 있음을 보여주는 일은 우리의 책무이기도 합니다. 우리나라도 일제강점기에 민족의 수난을 겪은 바 있습니다. 1920년대 한국을 당시 일본인들은 '대난굴大亂掘의 시대'라고 불렀습니다. 한반도 전역의 고분과 유적지 들은 모두 파헤쳐지고 허물어졌습니다. 실로 약탈의 시대였습니다.

그럼에도 오늘날 약탈자들은 반성과 사과는커녕 세계 도처에서 자신들의 행위를 합법으로 주장하며 집단적 망각에 빠지거나 오히려 기억을 왜곡하여 자신들을 피해자로 둔갑시키고 있습니다. 대표적으로, 1952년부터 1965년까지 진행된 한일회담에서 한국 정부의 '배상청구권' 요구에 대해 일본 정부는 어이없게도 '역청구권'을 주장했습니다. 해방 후 한반도에 남아 있던 소수의 일본인 재산이 미군정에 의해 압수된 것을 이유로 일본 정부는 자신들이 피해자라고 항변했던 것입니다. 이 같은 그들의 행태는 프랑스 역사가 피에르 비달-나케$^{Pierre\ Vidal-Naquet(1930~2006)}$가 나치의 유대인 학살의 상징이 된 아우슈비츠를 부정하는 사람들에게 '기억의 살해자들(Les assassins de la mémoire)'이라고 외쳤던 이유와 맥이 닿아 있습니다.

우리의 싸움은 그들의 약탈뿐만 아니라 그들의 망각과 왜곡에까지 향해야 합니다. 바로 세대와 세대를 이어가며 결코 잊지 않고 기억하는 것, 하나의 역사로서 꼼꼼하게 기록하는 것, 교과서에 싣는 것, 가정이나 학교에서 가르치는 것, 지역에서 정보를 나누는 것 등등 이 모두가 그들의 약탈뿐만 아니라 망각과 왜곡에 대항하는 우리의 강력한 힘입니다. 그때마다 이 책이 여러분과 함께할 수 있기를 진심으로 바랍니다.

참고문헌

I. 공문서(국내 법률 포함)

1. 국제정부기구

(1) UN
UNSC Res., 661 (1990)
_____, 1483 (2003)
_____, 2199 (2015)
_____, 2347 (2017)
UNGA Res., 3187 (1973)
_____, 61/295 (2007); United Nations Declaration on the Rights of Indigenous Peoples.

(2) UNESCO
Records of the General Conference, 20th session, Paris, 24 October to 28 November 1978, v. 1: Resolutions.
Statutes of the Intergovernmental Committee for Promoting the Return of Cultural Property to its Countries of Origin or its Restitution in Case of Illicit Appropriation (2005).
Draft UNESCO Declaration of Principles Relating to Cultural Objects Displaced in Connection with the Second World War (2009).
UNESCO-UNIDROIT Model Provisions on State Ownership of Undiscovered Cultural Objects (2011).

2. 국제비정부기구

(1) International Council of Museums(ICOM).
The ICOM Code of Ethics for Museums, 1986.
Guidelines on Deaccessioning of the International Council of Museums, 2019.

(2) Association of Art Museum Directors(AAMD).
AAMD Policy on Deaccessioning, 2010.
Resolution to Provide Additional Financial Flexibility to Art Museums During Pandemic Crisis, 2020.

3. 주요 국가

(1) 미국

US An Act to provide for the collection and preservation of such flags, standards, and colours as shall been or may hereafter be taken by the land and naval forces of the United States, from their enemies (1814).

Instructions for the government of armies of the united states in the field (1863).

Tariff Act (1930).

National Stolen Property Act (1943).

Immunity from Seizure Act (1965).

NY Arts and Cultural Affairs Law (1968).

United States, Foreign Sovereign Immunity Act (1976).

Archaeological Resources Protection Act (1979).

Convention on Cultural Property Implementation Act (1983).

Visual Artists Rights Act (1990).

Holocaust Expropriated Art Recovery Act (2016).

Foreign Cultural Exchange Jurisdictional Immunity Clarification Act (2016).

NY Education Law (2023).

(2) 독일

Statement on the handling of the Benin Bronzes in German museums and institutions, 2021. 4. 29.

German Lost Art Foundation, *Provenance research manual to identify cultural property seized due to persecution during the national socialist era*, 2019.

Minister of state for Culture and the Media, *Provenance research on Nazi-looted art in Germany*, 2021.

(3) 영국

UK British Museum Act (1963).

UK Export Control Act (2002).

UK Export of Object of Cultural Interest (Control) Order (2003).

UK Human Tissue Act (2004).

UK Export Control Order (2008).

Department of Culture, Media and Sport, *Working Group on Human Remains Report*, 2003.

_____, *Export Controls on Objects of Cultural Interest — Statutory guidance on the criteria to be taken into consideration when making a decision about whether or not to grant an export license*, 2005.

_____, *Guidance for the Care of Human Remains in Museums*, 2005.

_____ and Department for Digital, Culture, Media & Sport, *Report of the Spoliation Advisory Panel: Four drawings in the British Museum*, HC 1052, 2006.

(4) 오스트리아

Federal Law on the annulment of contracts and other legal acts that have occurred during the German occupation of Austria (1946).

Art Restitution Law (1998).

(5) 프랑스

Loi du 9 décembre 1905 concernant la séparation des Eglises et de l'Etat (1905).

Loi musée (2002).

Loi n° 2002-323 du 6 mars 2002 relative à la restitution par la France de la dépouille mortelle de Saartjie Baartman à l'Afrique du Sud (2002).

Code du patrimoine (2004).

Code général de la propriéte des personnes publiques (2006).

Felwine Sarr, Bénédicte Savoy, *The Restitution of African Cultural Heritage Toward a New Relational Ethics*('the Sarr–Savoy Report'), 2018.

Jean-Luc Martinez, *Shared heritage: universality, restitution and circulation of works of art*('the Martinez report'), 2023.

(6) 폴란드

Ministry of Foreign Affairs, *Demarche of Poland concerning the draft, UNESCO Declaration of Principles relating to Cultural Objects displaced in connection with the Second World War*, 2009. 3. 18.

II. 국내 자료

1. 논문

권채리, 「문화유산의 입법과제: 프랑스의 접근방식」, 『유럽헌법연구』 통권 30호, 유럽헌법학회, 2019.

김용덕, 「독일 통일에 대한 폴란드의 입장 연구」, 『동유럽발칸학』 제13권 1호, 아시아·중동부 유럽학회, 2011.

남현우, 「동일성유지권과 소유권의 긴장관계―도라산역 벽화사건(대법원 2015. 8. 27. 선고 2012다204587 판결)을 중심으로」, 『Law & technology』 Vol. 15 No. 1, 서울대학교 기술과법센터, 2019.

황경환, 「미국저작권법상 시각예술가권리법(The VisualArtists Rights Act of 1990)에 관한 연구―인격권을 중심으로」, 『법학연구』 제24권 제1호, 2016.

Irina Tarsis, 「Basics of Due Diligence in Provenance Research」, 『미래세대를 위한 국제사회의 책임』, 국외소재문화재재단, 2016.

2. 단행본

국외소재문화재재단, 『우리 품에 돌아온 문화재』, 눌와, 2021.

김경임, 『클레오파트라의 바늘』, 홍익출판사, 2009.

김대순, 『국제법론』(제17판), 삼영사, 2013.

김형만, 『문화재 반환과 국제법』, 삼우사, 2001.

양상현·유영미, 『그리피스 컬렉션의 한국사진: 럿거스대학교 도서관 특별 컬렉션』, 눈빛, 2019.

오르한 파묵 지음, 이난아 옮김, 『내 이름은 빨강』, 민음사, 2019.

정수일, 『문명교류사연구』, 사계절, 2002.

차미애 등 9명, 『어재연과 신미양요 연구』, 충장공어재연장군추모 및 신미양요기념사업회, 2021.

황수영 엮음, 이양수·이소령 증보, 『일제기 문화재 피해자료』, 사회평론아카데미, 2014.

3. 주요 판례

서울중앙지방법원 2011가합49085 손해배상.

서울고등법원 2012나31842 손해배상.

대법원 2015. 8. 27. 선고 2012다204587 판결.

4. 언론 기사

대검찰청 보도자료; 「대검찰청, 몽골에서 불법유출되어 우리나라로 반입된 공룡화석을 몽골에
　　　반환」 2017. 4. 10.
변종필, 「철거되느냐 칭송받느냐 신념에 달렸다」, 『대한민국 정책브리핑(www.korea.kr)』
　　　2017. 08. 18.
「환경조형물 '아마벨' 철거반대 조영남 – 이성락씨」, 『문화일보』 1999. 7. 21.

5. 기타

국립문화재연구원 (www.nrich.go.kr)
국사편찬위원회 한국사데이터베이스 (https://db.history.go.kr/)
세계한민족문화대전 (http://www.okpedia.kr/)
우리옛돌박물관 (www.koreanstonemuseum.com)
이진숙 영상 강의 (최강 1교시, 홍미진진 서양미술사 1부 르네상스와 매너리즘)
한국민족문화대백과사전 (https://encykorea.aks.ac.kr)

III. 외국 자료

1. 논문

Ann Brickley, "McClain Untarnished: The NSPA Shines Through the Phiale Controversy",
　　　DePaul Journal of Art, Technology & Intellectual Property Law, Volume 10 Issue 2, 2000.
Anne Laure Bandle, Sarah Theurich, "Alternative Dispute Resolution and Art-Law-A New
　　　Research Project of the Geneva Art-Law Centre", *Journal of International Commercial Law
　　　and Technology*, Vol. 6, Issue 1, 2011.
Chris Davies, Kate Galloway, "The Story of Seventeen Tasmanians: The Tasmanian
　　　Aboriginal Centre and Repatriation from the Natural History Museum", *Newcastle Law
　　　Review*, 2009.
Dermasin, Bert, "The Third Time Is Not Always a Charm: The Troublesome Legacy of a

Dutch Art Dealer — The Limitation and Act of State Defenses in Looted Art Cases", *Cardozo Arts and Entertainment Law Journal* 28, 2010.

Flescher, Sharon. "The British Museum Exhibits 5 Drawings once Looted From Feldmann Collection." *IFAR Journal*, Vol. 9, No. 1, 2006.

Gabriel, Mille, "The Return of Cultural Heritage from Denmark to Greenland.」, *Museum International*, No. 241-242, Vol. 61 (No. 1-2), 2009.

Goldberg, Adam, "Reaffirming McClain: The National Stolen Property Act and the Abiding Trade in Looted Cultural Objects", *UCLA Law Review* 53, 2006.

Gronnow, Bjarne, and Einar Lund Jensen, "Utimut: Repatriation and Collaboration Between Denmark and Greenland", *Utimut : past heritage — future partnerships : discussions on repatriation in the 21st Century*, IWGIA, 2008.

Helen L. Ostenberg, "International Law in Domestic Forums: The State of the Art. Kunstsammlungen zu Weimar v. Elicofon," *Brooklyn Journal of International Law* 9, 1983.

Lucian J. Simmons, "Provenance and Auction Houses", *Resolution of Cultural Property Disputes: Papers Emanating from the Seventh PCA International Law Seminar*, 2004.

Lydel V. Prott, "Responding to World War II Art Looting", *Resolution of Cultural Property Disputes: Papers Emanating from the Seventh PCA International Law Seminar*, 2004.

Lyndel V. Prott, "The Return of Saartjie Baartman to South Africa", *In Witnesses to History, A Compendium of Documents and Writings on the Return of Cultural Objects*, UNESCO, 2009.

Lyndel V. Prott, "Return of the Remains of Seventeen Tasmanian Aboriginals", *In Witnesses to History, A Compendium of Documents and Writings on the Return of Cultural Objects*, UNESCO, 2009.

Maurice, Claire, and Richard Turnor, "The Export Licensing Rules in the United Kingdom and the Waverley Criteria", *International Journal of Cultural Property*, Cambridge University Press, 2007. 6. 4.

Pamela F. Scully, "Race and Erasure: Sara Baartman and Hendrik Cesars in Cape Town and London", *Journal of British Studies*, Vol 47, No. 2, 2018.

Randall Lesaffer and Erik-Jan Broers, "Private Property in the Dutch-Spanish Peace Treaty of Münster (30 January 1648)", *Tilburg University Legal Studies Working Paper* No. 002/2007, 2007.

Rodney M. Zerbe, "Immunity from Seizure for Artworks on Loan to United States Museums", *Northwestern Journal of International Law & Business*, Vol 6, Issue 4, 1985.

Rosing, Emil, and Birte Haagen, "Aron From Kangeq and the Dano-Greenlandic Museum

Cooperation", *Arctic Anthropology*, Vol. 23, Nos. 1-2, 1986.

Sutherland, NM. "The Origins of the Thirty Years War and the Structure of European Politics", *The English Historical Review* Vol. 107, No. 424, 1992.

Thorleifsen, Daniel, "The Repatriation of Greenland's Cultural Heritage", *Museum International*, No. 241-242, Vol. 61 (No. 1-2), 2009.

Tracey Leigh Dowdeswell, "The Brussels Peace Conference of 1874 and the Modern Laws of Belligerent Qualification", *Osgoode Hall Law Journal*, Vol. 54, Issue 3, 2017.

Tullio Scovazzi, "The «First Time Instance» as Regards Restitution of Removed Cultural Properties", *Agenda International*, Vol 19, No. 30, 2012.

Vrdoljak F. Ana, *International Law, Museums and the Return of Cultural Objects*, Cambridge: Cambridge University Press, 2006.

William E. Griffis, "Our Navy in Asiatic Waters", *Harper's New Monthly Magazine*, Vol 97 Iss 581, 1898.

Wojciech W. Kowalski, "Claims for Works of Art and Their Legal Natur", *Resolution of Cultural Property Disputes: Papers Emanating from the Seventh PCA International Law Seminar*, May 23, 2003, 2004.

2. 단행본

Arthur Nussbaum, *A concise History of Law of Nations*, Macmillan, 1964.

Boz, Zeynep, *Fighting the Illicit Trafficking of Cultural Property*, UNESCO, 2018.

Christie's, "Lot 20/Sale 7782: William Hoare of Bath, Portrait of Ayuba Suleiman Diallo", *Old Master & 19th Century Paintings, Drawings & Watercolours Evening Sale*, 2009.

Cynthia Saltzman, *Plunder: Napoleon's theft of Veronese's Feast*, Macmillan, 2021.

Edward Tregear, *Maori-Polynesian Comparative Dictionary*, Cadsonbury Publications, 2001.

Frederick A. Mckenzie, *The Tragedy of Korea*, 1908.

Gustav Klimt, Österreichische Galerie Belvedere, *Klimt's Women*, Yale University Press, 2000.

Ian Brownlie, *Principles of Public International Law*, Clarendon Press, 1990.

Merryman, John Henry, and Albert E. Elsen, *Law, Ethics and the Visual Arts*, Kluwer Law International, 1998.

Jason Felch, Ralph Frammolino, *Chasing Aphrodite. The Hunt for Looted Antiquities at the World's Richest Museum*, Boston/New York: Houghton Mifflin Harcourt, 2011.

Jiří Toman, *The protection of cultural property in the event of armed conflict*, Taylor & Francis, 2017.

Marie Cornu, Marc-André Renold, *New Developments in the Restitution of Cultural Property: Alternative Means of Dispute Resolution*, Cambridge University Press, 2010.

Maurice Halbwachs, *Les cadres sociaux de la mémoire*, F. Alcan, 1925.

Patty Gerstenblith, *Art, Cultural Heritage, and the Law*, Carolina Academic Press, 2012.

Sassoon, Donald, *Mona Lisa: The History of the World's Most Famous Painting*, HarperCollins, 2002.

Vrdoljak F. Ana, *International Law, Museums and the Return of Cultural Objects*, Cambridge University Press, 2006.

Winfield Scott Schley, *Forty-five Years Under the Flag*, D. Appleton, 1904.

3. 주요 판례

(1) 영국

Attorney-General v. The Trustees of the British Museum, Chancery Division Sir Andrew Morritt VC, [2005] EWHC 1089 (Ch), (2005) Ch 397.

(2) 미국

Authocephalous Greek-Orthodox Church of Cyprus v. Lans, District Court of Rotterdam', Case number 44053, Roll number Ha Za 95-2403, Ruling, 1999.

Cohen v. G&M Realty L.P., No. 18-538 (2d Cir. Feb. 8, 2019).

Maria V. Altmann v. Republic of Austria, et al., 142 F. Supp. 2d 1187 (CD Cal), 2001.

Maria V. Altmann v. Republic of Austria, et al., 317 F. 3d 954 (9th Circle), 2002.

Republic of Austria et al. v. Maria V. Altmann, 541 U.S. 677 (U.S. 2004). Opinion of the Court and Dissident Opinions.

United States of America v. Portrait of Wally, a painting by Egon Schiele, Defendant in Rem, 105 F. Supp. 2d 288 (S.D.N.Y. 2000) (granting motion to dismiss).

United States of America v. Portrait of Wally, a painting by Egon Schiele, Defendant in Rem, Opinion and Order, 663 F. Supp. 2d 232 (S.D.N.Y 2009) (denying motions for summary judgment and ordering trial).

Von Saher v. Norton Simon Museum of Art, 754 F.3d 712 (9th Cir. Cal. 2014) (reversed and remanded).

Von Saher v. Norton Simon Museum of Art at Pasadena, CV 07-2866-JFW (SSx), (C.D. Cal. Aug. 15, 2016) (judgment).

Von Saher v. Norton Simon Museum of Art at Pasadena, No. 16-56308(9th Cir), 2018.

Federal Republic of Germany v. Elicofon, 358 F. Supp. 747 (E.D.N.Y. 1972).

Kunstsammlungen zu Weimar v. Elicofon, 478 F.2d 231 (2d Cir. 1973).

Kunstsammlungen zu Weimar v. Elicofon, 536 F. Supp. 829 (E.D.N.Y. 1981).

Kunstsammlungen zu Weimar v. Elicofon, 678 F.2d 1150 (2d Cir. 1982).

Serra v. US General Services Admin, 667 F. Supp. 1042 (S.D.N.Y. 1987).

United States v. Turley, 352 U.S. 407 (1957).

United States v. McClain, 545 F.2d 988 (5th Cir. 1977).

United States v. McClain, 593 F.2d 658 (5th Cir. 1979).

(3) 오스트리아

Arbitral Award, *Maria V. Altmann and others v. Republic of Austria*, 2004. 5. 6.

4. 언론 보도

Admin, "Uncovering the Naval Academy's Captured Flags Collection", *Chesapeake Bay Magazine*, 2018. 2. 28.

Alex Greenberger, "Germany Commits to Returning Benin Bronzes Starting in 202", *The ARTnews*, 2021. 4. 29.

Andrew McClellan, "Museums need to move with the times—that's why deaccessioning isn't always bad news", *Apollo Magazine*, 2019. 3. 14.

Anna Sansom, "What Is 'Shared Heritage'? Here Are the Big Takeaways From Embattled Former Louvre President Jean-Luc Martinez's New Report on Restitution", *The Artnet news*, 2023. 5. 3.

Annabelle Steffes-Halmer, "Germany returns Benin Bronzes to Nigeria", *Deutsche Welle*, 2022. 7. 2.

Alastair Sooke, "Was Picasso behind an art heist at the Louvre?", *The Telegraph*, 2021. 4. 24.

Allison McNearney, "How Gustav Klimt's Unfinished 'Ria Munk Ⅲ' Finally Escaped the Nazis", *The Daily Beast*, 2018. 4. 7.

A. Srivathsan, "Sripuranthan awaits its Nataraja", *The Hindu*, 2014. 3. 30.

Catherine Hickley, "Germany returns Nazi-looted, Dutch Golden Age painting to Jewish dealer's heir—but more than 800 works are still missing", *The Art newspaper*, 2022. 1. 25.

Catherine Hickley, "Austrian exhibition to reveal story of Wolfgang Gurlitt, art dealer for the Nazis turned museum director", *The Art newspaper*, 2019. 3. 13.

Dan Butler, "The power of Truganini: reclaiming a hero's story", *The NITV News*, 2022. 9. 28.

D'Arcy, David. "Norton Simon Museum Can Keep Cranachs, California Judge Decides.", *The Art newspaper*, 2016. 8. 17.

Dobrzynski, Judith. "The Zealous Collector: A Singular Passion For Amassing Art, One Way or Another.", *The New York Times*, 1997. 12. 24.

Eileen Kinsella, "Leonardo DiCaprio Surrenders $3.2 Million Picasso and $9 Million Basquiat to US Government", *The Artnet news*, 2017. 6. 16.

Gareth Harris, "What has happened to France's grand plans to return Africa's heritage?", *The Art Newspaper*, 2023. 6. 1.

Henri Neuendorf, "Nicolas Cage Returns $276,000 Stolen Skull to Mongolia", *The Artnet news*, 2015. 12. 22.

Hubbard, Anthony, "The trade in preserved Maori heads", *Sunday Star Times*, 2008. 1. 16.

Justin Kamp, "Following controversial sales, US museums association revises its deaccessioning policy", *The Art newspaper*, 2022. 10. 1.

Katie Rogers , "Nicolas Cage Agrees to Return Stolen Dinosaur Skull to Mongolia", *The New York Times*, 2015. 12. 22.

Kinsella, Eileen. "Gold Rush", *The ARTnews*, 2007. 1. 1.

Manuel Charr, "President Macron Told to Give African Art and Heritage Back", *MuseumNext*, 2021. 10. 13.

Marina Manoukian, "The tragic true story of truganini: the last tasmanian aboriginal", *GRUNGE, com*, 2022. 6. 9.

Martin Bailey, "France promised Mona Lisa to Mussolini to avert war: The untold story of Leonardo's 1939 Milan retrospective", *The Artnet news*, 2006. 7. 1.

Mulholland, Malcom, "Mokomokai are home where they belong", *The Timaru Herald*, 2011. 5. 19.

Nicolas Rapold, "The Multidimensional Fate of a 1912 Schiele Portrait", *The New York Times*, 2012. 5. 10.

Peter W. Kaplan, "Cyrus Cylinder, world's oldest human rights charter, returns to Iran on loan", *The Guardian*, 2010. 9. 10.

Pes, Javier, "Qatar and UK agree to share portrait of a former African slave from America",

The ARTnews, 2011. 1. 20.

Philip Oltermann, Germany hands over two Benin bronzes to Nigeria, The Guardian, 2011. 8. 5.

Povoledo, Elizabeth, "The Getty Villa in Malibu Returns Venus of Morgantina to Sicily", Eye on Art, 2011. 5. 19.

Rachel Treisman, "New York City's natural history museum has removed a Theodore Roosevelt statue", NPR, 2022. 1. 20.

Sarah Cascone, "Controversial Banksy Salvaged From Detroit Ruins Is a Bust at Auction", The ARTnews, 2015. 10. 1.

Shelley Esaak. "The Bloch-Bauer Klimts." About.com Art History, 2011. 6. 29.

Stuart Jeffries, "A private view", The Guardian, 2005. 10. 22.

Taylor Dafoe, "SFMOMA Sold a Rothko for $50 Million to Diversify Its Collection. Here's What They Bought With the Proceeds", The ARTnews, 2019. 6. 26.

Vincent Noce, "France's long-awaited restitution policy is finally here", The Art newspaper, 2023. 4. 27.

_____, "Why Macron's radical promise to return African treasures has stalled", The Art newspaper, 2022. 9. 3.

Von Reinhard Müller, "Rückgabe von Beutekunst—Die letzten deutschen Kriegsgefangenen", Frankfurter Allgemeine Zeitung, 2007. 7. 26.

5. 기타

Goudstikker Art Research Project (https://goudstikker.com)

Heidelberg University Library (https://www.ub.uni-heidelberg.de)

Leopold Museum (www.leopoldmuseum.org)

Lost Art Database (www.lostart.de)

Maine Memory Network (https://www.mainememory.net)

Monuments Men and Women Foundation (www.monumentsmenfoundation.org)

Nunatta Katersugaasivia Allagaateqarfialu (https://en.nka.gl/)

Portal de Archivos Españoles (http://pares.mcu.es)

United States Holocaust Memorial Museum(www.ushmm.org)

US National Archives (www.archives.gov)

YIVO Institute for Jewish Research (www.yivo.org)